COMMON SENSE

디지털 전환으로 문명사적 대변화가 태동하고 있는 지금, 반세기 만에 세계 10위의 경제대국이 된 한국의 기업들이 이제 신발 끈을 고쳐 매고 글로벌 초일류 기업으로 도약해야 할 때다. 예측 불가능한 시대, 30년간 보스턴 컨설팅 그룹에서 생생하게 기업 현장을 지켜봤던 이병남 대표가 우리 기업들에게 미래의 나침반을 보여주는 책을 펴냈다. 이 책은 기업 경영의 기본 상식을 다시 생각하면서 기업들이 '해야 할 일'과 '하지 말아야 할 일'을 국내외 기업의 성공과 실패 사례를 통해 자세히 설명하고 있다. 기업 오너, 주주, CEO, 사외이사 들이라면 반드시 읽어보아야 할 기업의 미래전략 필수 교과서다.

_**염재호**, SK Inc. 이사회 의장, 고려대 19대 총장

이 책은 탁월함을 추구하려는 기업에게 필요한 것들을 설명한다. 비상식과 불합리에서 벗어나 상식을 바탕으로 기업 경영을 한다면 그 탁월함을 얻을 수 있다고 말한다. 사실 탁월함은 멀리 있는 게 아니다. 기업 경영의 모든 면에서 상식이 통한다면 가능하다.

_**변양호**, VIG 파트너스 고문, 전 재정경제원 금융정책국장, 금융정보분석원장

성공하는 기업은 혁신적 사고로 가치 기반의 경영을 한다. 이러한 기업이 되기위해 저자는 '해야 할 일'과 '하지 말아야 할 일'을 핵심적으로 제시하고 있다. 이 책은 다양한 현장 경영 경험과 폭넓은 컨설팅 사례에서 나온 보석 같은 '결정체'이다.

_**임종룡**, 율촌 고문, 전 금융위원장

저자의 오랜 컨설팅 경험을 바탕으로, 기업 경영진들에게 전하는 조언들이 무척 마음에 와닿는다. 기업은 끝없는 가치창출을 추구해야 하고 모든 연관된 사람들을 위한 것이어야 한다. 상장회사라면 더욱더 철저하게 모든 주주를 위한 가치 창출 철학을 기본으로 삼아 상식적인 경영을 해야 할 것이다. 의외로 이 '상식'이 기업에서는 잘 지켜지지 않는 경우가 허다하다. 이 '상식'의 중요성은 아무리 강조해도 지나치지 않다. 한 기업의 흥망을 떠나 한 나라의 경쟁력과 직결된다. 책 제목이 《Common sense 상식: 불변의 원칙》이기도 하지만 모든 기업이 상식을 보다 충실히 지킨다면 한국 자본주의 미래는 훨씬 밝지 않을까.

_**존 리**, 메리츠자산운용 대표이사

상식과 비상식이 혼재하는 격변의 시대다. 경영이론과 현실이 맞부딪히는 치열한 전쟁터인 컨설팅 업계에서 30년의 독보적인 업력을 쌓은 저자가 초일류 기업이 되기 위해 무엇을 해야 하고, 무엇을 하지 말아야 하는지 정확히 짚어준다. 제2의 아마존을 꿈꾸는 스타트업의 창업자부터 단단한 체계를 갖춘 대기업의 직장인들까지, 회사의 성장을 고민하는 독자라면 누구나 반드시 읽어야 할 책이다.

_**김난도**, 서울대 교수, 《트렌드 코리아》 시리즈 대표저자

몇 년 전 함께 프로젝트를 하면서 이병남 대표의 통찰력과 사람들의 의견을 조율하고 이끄는 놀라운 능력을 옆에서 지켜볼 행운이 있었다. 컨설팅 업계의 살아있는 전설이라고 할 수 있는 이병남 대표의 30년 기업 컨설팅 노하우를 한 권의 책에 모았다.

_**유현준**, 건축가, 홍익대학교 건축대학 교수

COMMON SENSE

상식, 불변의 원칙

이병남·김양우·신규섭 지음

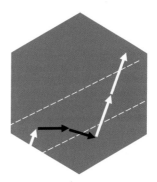

시공사

해야 할 것들
DOs

1. 본질 쉬지 말고 혁신하라, 언제나 변화하라 · 34

2. 미션 가치 창출만이 모든 판단의 시작과 끝이다 · 68

하지 말아야 할 것들
DON'Ts

성공하는 기업의
'상식을 뛰어넘는' 성공 여정

기업활동을 영위하는 많은 이들은 상식 밖의 탁월함을 추구하고 성장하기 위해 최선을 다한다. 기업의 상식은 본질적 목적에서 출발해 가치 창출에 도달하는 여정으로 구성된다. 올바른 결정은 그 여정을 완수하는 데 힘을 북돋고 도움을 주지만, 잘못된 결정은 반대 효과를 낳을 뿐이다. 본질과 미션에 대한 올바른 이해를 기반으로 적절한 경로, 속도, 기업가정신entrepreneurship을 구축하고 선순환의 사이클을 구성하면 모두가 바라는 탁월한 결과에 도달할 수 있다. 하지만 안타깝게도 우리는 우리를 상식 이하의 수준으로 끌어내리는 실수를 계속 반복한다. 경영자와 임직원들은 독단과 아집에 빠진 결정을 하고, 현재의 경영 성과를 우수한 실적으로 착각하거나 로컬 스탠다드와 적당히 타협하며, 항상 존재하는 모순을 애써 외면한다. 이런 인간적인 한계가 계속해서 우리를 상식 이하의 존재가 되도록 만든다. 외나무다리를 걷는 것처럼 엄격한 잣대로 실수를 돌아보고 탁월함을 추구해야 한다. 험난하고 외로운 여정이지만 코먼 센스Common Sense를 견지하고 항상 함께하길 기원한다.

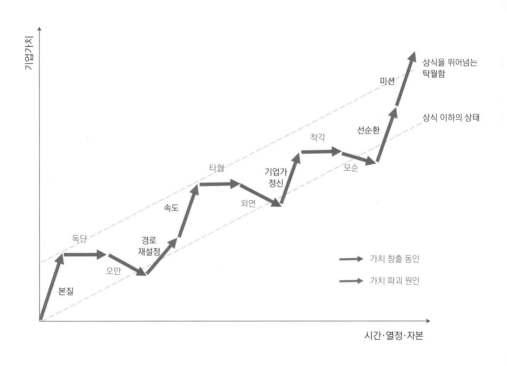

해야 할 것들DOs

1. 본질: 쉬지 말고 혁신하라, 언제나 변화하라

기술혁신과 새로운 사업모델로 무장한 혁신적 스타트업과 벤처기업의 등장으로 경기순환 사이클과 기업의 생애주기life cycle가 짧아지고 사업의 불확실성은 커지고 있다. 성장 산업의 기업들은 불확실성을 받아들여야 하며, 이미 성숙한 산업일지라도 수요와 공급의 법칙에 의한 사이클이 반복된다. '미래에도 지속 가능한' 기업을 위한 가치 증대는 끊임없는 자기 혁신과 신사업 추구를 통해서만 가능하다. 산업군 내의 균형은 '3의 법칙'으로 요약된다. 적정 시간이 지난 산업은 최소한의 플레이어에게만 지속 가능한 사업의 기회를 부여한다. 이를 위해 산업군 밸류체인 내에서 영역을 확대하는 수직 확장, 새로운 영역으로의 진출을 꾀하는 다각화를 고려해 볼 수 있다. 기업에게 가만히 앉아서 쉴 수 있는 순간은 없다. 기업은 규모 확장, 수직·수평 영역의 확대, 신사업 진출을 끊임없이 추구해야 생존할 수 있는 숙명을 가지고 있다.

2. 미션: 가치 창출만이 모든 판단의 시작과 끝이다

경영 일선 현장에서 의사결정 기준이 애매하고 혼란스러운 경우가 많다. 매출, 영업이익과 같은 재무 목표가 최우선일 수도 있지만, 때때로 기업들은 모호한 자기만의 기준으로 방향을 설정한다. 정치적 요구에 부응하거나, 승계나 상속과 관련된 목적이거나, 외부에 보여주기 위한 선언적인 목표를 설정하기도 한다. 이는 성장의 정체와 조직의 위축은 물론, 최악의 경우에는 회사나 그룹이 분해되어 사라지는 결과를 초래한다. 이러한 모호한 성과 기준과 투명성 이슈가 '코리아 디스카운트'의 핵심 원인 중 하나였고, 우리 기업의 미래가치가 상대적으로 덜 주목받는 이유가 되기도 했다.

기업의 본질에 집중해야 한다. 기업의 최우선 판단 기준은 언제나 '기업가치Enterprise Value', 즉 총주주수익률Total Shareholder's Return, TSR에 맞춰져야 한다. 다른 모든 것은 부차적이다. 기업 성장 초기의 미래에 대한 높은 기대(고PER)는 시간이 흐름에 따라 가시적인 실적(EPS)으로 전환되며, 이 두 수치의 결합인 기업가치가 지속적으로 유지되어야 한다. 기업은 주주들이 납득할 수 있는 사업 스토리와 전략을 전달하고 가치를 키워나가야 한다. 현재와 미래가치에 대한 균형적인 시각을 겸비해야 한다. 대주주의 입장이 강조되어 전체 주주의 관점이 희생되어서는 안 되며, 외형만을 중시해서 수익성의 관점이 희생되어서도 안 된다. 기업가치에 대한 균형 잡힌 시각이 장기적인 성장을 이끈다.

3. 경로 재설정: 혁신을 위해 끊임없이 인수합병하라

기업이 경쟁력을 유지하며 계속 전진하기 위해서는 혁신이 필요하다. 새로운 시장과 고객을 대상으로 새로운 제품과 서비스를 준비해야 한다. 하지만 안타깝게도 기존 조직은 현재의 사업을 잘하는 데 최적화되어 있고, 신사업과 해보지 않은 일을 하는 데는 익숙하지 못하다. 인수합병M&A이 하나의 해결책이다. 경영 목표를 채우기 위해서 행하는 소규모 인수합병이 아니라 기존 사업에 영향을 주는 과감한 인수합병이 필요하다. 인수합병은 혁신의 DNA를 수혈하는 핵심 수단이다. 과거 한국 기업은 산업 발달이 미숙했던 시절, 인수합병, 파트너십, 합작사를 통해 성장의 시간을 단축하고 사업 기반을 마련했다.

하지만 성공의 경험이 쌓인 현재 한국 기업은 인수합병에 대한 민첩성이 둔화되었다. 지나치게 인색한 기업가치 평가, 성공에 대한 보상보다는 실패에 대한 우려를 먼저 하는 내부 관리체계가 원인이다. 또한 과거의 실패로부터 고통스러웠던 경험이 과감한 결정을 뒤로 미루게 한다. 다수의 한국 기업이 취약한 분야인 플랫폼, 소프트웨어, 하이테크 분야에서 혁신을 위한 인수를 과감하게 추구하고, 기존 사업과 시너지를 내도록 도전해야 한다. 인수합병을 통해 인적자원과 사업 자산을 확보하고, 사업 영역과 시장을 확대할 수 있다. 기존에 가지지 못했던 신기술과 사업 노하우를 수혈할 수도 있다. 지속적인 사업 포트폴리오 조정으로 기존 사업에 긴장감을 불러일으키고, 신사업 확장으로 다양성을 통해 조직의 정체를 최소화할 수 있다.

4. 속도: 시스템과 관행을 3년 주기로 갈아엎어라

매년 신입사원과 경력직이 충원되는 대다수 성장 기업에서 근무 경력이 3년 이내인 구성원은 항상 15~25% 정도이고, C 레벨 전문경영진은 3~5년에 한 번씩 교체된다. 한편, 산업환경은 새로운 경쟁자의 출현과 산업 사이클의 변동성으로 2~3년에 한 번은 새로운 국면에 진입한다. 이제까지 성공적이었던 시스템을 관행적으로 반복해서는 새로운 경영 어젠다, 시장 변화, 직원들의 요구, 고객의 목소리는 물론, 무엇보다 혁신 사업을 담는 그릇을 만들 수 없다. 마이크로소프트, 디즈니와 같은 과거 최고 수준의 기업들도 헤게모니 위기에 처했을 때 과감한 혁신을 통해 새로운 산업을 리드할 수 있는 기반을 마련했다. 최소 3년에 한 번씩은 경영 시스템을 갈아엎는다는 생각으로 실행력과 속도를 극대화해야 한다. 먼저 과거 5년의 변화를 복기하고, 미래 5년의 변화를 예측해서 사업전략에 중대한 영향을 주는 요소를 파악하는 것이 필요하다. 현재의 사업 실행체계가 최적인지 확인해야 한다. 사업부 단위부터 세부 실행 단계까지 조직구조가 적합한지, 새로운 시도를 위한 인력과 자원은 마련되어 있는지, 동기부여를 위한 평가와 보상이 준비되어 있는지 검토한다.

5. 기업가정신: 빅테크 기업처럼 실행하고 보상하라

대다수 기업에게 현 시점에서 최고의 교훈을 주는 글로벌 베스트 프랙티스best practice는 아마존이다. 아마존은 기업가치 증대를 최우선으로 거래처와 고객의 만족도를 동시에 높이고, 압도적인 경쟁 차별화를 구축하기 위해 재투자 비율은 높이되 단기적인 현금 이익은 과감히 후순위로 내려놓았다. 세계에서 가장 큰 기업이 된 후에도 수많은 영역에서 인수합병과 신사업을 전개하고, 신제품 개발을 통해 끊임없는 혁신을 시도하고 있다. 또한, 창업자인 제프 베이조스는 CEO직에서 물러나 이사회 의장Executive Chair을 맡고 있다. "아마존이 지금 최고로 혁신적인 상황이기 때문에 이렇게 CEO를 교체할 적기라고 생각한다."고 말했다.

열정적이고 실력 있는 젊은 직원들이 야망을 실현할 수 있도록 비전을 제시하며 패스트트랙fast track을 만들고, 투명한 내부 채용시장internal job market을 통해 사내에서 새로운 도전을 하도록 장려해야 한다. 더 많은 기회와 더 많은 권한을 주고, 공정하게 평가해서 파격적으로 보상해야 한다. 최고의 직원들은 오너보다 많은 연봉을 받을 수 있어야 한다. 인센티브와 스톡옵션에 인색하지 마라. 그들이 계획하고 도전하는 것이 올바르다면, 주주들은 그 직원이 창출하는 기업가치의 상승으로 막대한 수익을 올릴 것이다.

6. 선순환: 스스로의 성공 방정식과 플라이휠을 찾아라

성공적인 기업들은 공통의 '선순환 고리flywheel'를 가지고 있다. 추구하는 목표가 뚜렷하고, 직원 개개인들은 이에 공감하고 스스로 무엇을 해야 할지 알고 있다. '실행 중심'으로 조직과 제도가 구축되어 있고, '자기 주도적 학습과 업무 추진'을 위한 조직문화와 남보다 앞선 '변화의 속도'를 즐긴다. 고객 중심의 탁월한 실행 결과로 창출된 재무적 성과는 다시 미래 고객을 위한 재원으로 사용되고, 여기에 만족하지 않고 지속적인 성장을 위해 투자한다. 경영진은 현재 사업과 미래 성장에 대한 뚜렷한 비전으로 기업가정신을 발휘하며 헌신한다. 업계에서 최고의 인재를 영입하여 걸맞은 대우를 해주고 개개인의 야망을 실현하기 위한 확실한 지원을 통해 최상의 능력을 이끌어낸다. 고객에게 매 분기, 매년 새로운 제품과 서비스를 선보이고, 시대의 변화에 발맞춰 일부 사업은 과감히 철수하여 사업 중심을 계속 변모시켜 나가야 한다. 이에 필요한 역량을 수혈하기 위해 수시로 인수합병을 실행하고, 이런 다양성과 변화를 수용하기 위해 경영관리 시스템을 끊임없이 업그레이드한다.

기존 경영원칙의 기본틀을 돌아보고, 실패를 극복하고 성공 궤도에 진입한 국내외 사례를 분석해 나름의 성공 모델을 구축해야 한다. 스스로의 구체적인 성공 방정식winning formula을 명시적인 도식과 이미지로 만들어 임직원들과 반복해서 공유해야 한다.

하지 말아야 할 것들DON'Ts

1. 독단: 비상식적 목표를 설정하지 마라

아무리 좋은 말이라도 계속 반복해서 듣다 보면 무뎌진다. 이렇게 자주 등장하는 클리셰cliché가 또 있다. 10년 후에 세계 최고가 되겠다는 비전이다. 기업마다 'World Best XX(기업명) 2030' 같은 비전과 목표를 발표한다. 1990년대에는 새천년이 목표였고, 2000년에는 2010년이 목표였으며, 그다음은 2020년 비전이 발표되었고, 지금은 2030이 목표다. 최고를 지향하고자 하는 간절함은 잘 전달된다. 하지만 안타깝게도 거기까지다. 달성 불가능한 목표를 조직에 부여하면, 비전과 리더십을 조직 안팎에 보여주고 잠재력의 최대치를 끌어낼 수 있다는 착각에 빠진다. 많은 경우, 이를 측정하고 관리할 수 있는 핵심성과지표Key Performance Indicator, KPI도 불분명하다. 비전과 목표를 혼동하지 말아야 한다. 기업가치의 상승을 목표로 두고 어떤 사업에 새로 진출할지, 최상의 고객경험을 위해 내부 경영자원을 어떻게 활용할지, 이를 위해 필요한 재무구조는 어떻게 구성되어야 할지 현실적이고 냉철하게 판단해야 한다. 정교한 전략, 담대하지만 달성 가능한 목표, 과감하고 철저한 실행만이 성공에 이를 수 있다.

2. 착각: B급 경영 성과를 A급이라고 우기지 마라

코로나19 시대에 급격히 성장한 많은 기업들이 시장의 풍부한 유동성을 바탕으로 주식시장의 활황을 등에 업고 시가총액이 증가하자 스스로 A급 경영을 하고 있다고 평가하는 경우를 보게 된다. 우리 기업들을 냉정하게 평가한다면 몇 학점일까? 비교 대상은 세계 최고의 기업들이나 업계 리더global best practice가 되어야 하고, 평가 잣대는 객관적이되 경영의 요소들 중 한두 가지 측면만을 과도하게 확대 해석하여 침소봉대해도 안 되며, 실적 평가는 업계의 최고치와 평균을 정확히 비교해 이루어져야 한다. 한국의 최고 기업들조차도 펀더멘털과 글로벌 경쟁력, 사업 관행 등을 글로벌 수준에서 비교하면 아직 갈 길이 멀다. 한국의 증권사 애널리스트 보고서는 거의 대부분의 주식을 매수buy 아니면 보유hold로 추천한다. 내부적인 사정은 있겠으나, 기업 평가에 엄격하지 못한 현실에 대해 돌아볼 필요가 있다. '좋은 기업', '미래가 기대되는 기업', '불투명한 기업' 그리고 '좀비기업'을 구분해야 한다. 객관적 평가기준과 이를 받아들이는 '사회적 공감대'가 만들어지고 정확한 기업 정보가 공개되어야 한다.

3. 오만: 자기중심적으로 사고하지 마라

많은 기업들이 자기 확신에 빠져 있다. 특히 국내 입지와 브랜드 기반이 공고한 주요 그룹의 몇몇 계열사들은 과거 성공 방정식과 미래 성공 요건 사이의 괴리를 인지하지 못하는 경우가 많다. 우리가 하면 다르고, 꼭 우리가 해야 한다는 생각을 경계하자. 탁월한 기업이라도 구체적인 개별 사업에서는 실패할 수 있다. 특정 산업군에 대한 집착, 그룹 체제하에서 계열사 역량 부족에 따른 효율 저하, 그릇된 내부 역량 활용 등으로 인해 산업 성장의 기회를 놓치게 된다. 기업은 본업을 효과적으로 수행하도록 핵심 역량이 최적화되어 있다. 안타깝게도 신사업 추진 시에 이러한 기존 역량은 크게 도움이 되지 않는다. 외부로부터 새로운 역량을 수혈받아야 하고, 인수합병과는 다른 파트너십이 대안으로 활용될 수도 있다. 상대에게 기대하는 것만큼 내 것도 내줄 준비가 되어 있어야 하며, 최고의 팀을 투입해 역량을 쏟아붓고 헌신해야 한다. 기업 경영에도 에코 시스템에 대한 고민이 필요하다. 거래 기업과 경쟁자를 포함해 전체 파이를 키우는 관점에서, 오픈 이노베이션과 파트너십을 통해 기업가치를 높이는 데 집중해야 한다.

4. 외면: 고객의 목소리를 무시하지 마라

세상에 기업한다는 사람 중에 고객이 중요하지 않다고 생각하는 사람은 없을 것이다. 그런데 경영진은 고객에 대해 '실제로' 얼마나 알고 있는가? 위기 상황에도 고객을 중심으로 사고하고 결정하는가? 대다수 경영진은 고객 세그먼테이션에 기반하여 잘 정리한 분석 보고서를 보고 과거의 경험에 비추어 고객을 판단한다. 실제로는 어디에도 존재하지 않는 이 같은 '평균의 함정'에서 벗어나라. 기존 시각에 갇혀 고객을 5~7개의 범주로 일반화하지 마라. 고객 한 사람 한 사람을 고유한 대상으로 바라보고, 고객의 마음을 읽으며, 고객이 원하는 바를 반드시 실행하라. 많은 스타트업들은 제품 피드백을 대표가 직접 듣고 실시간으로 서비스에 반영한다. 고객가치경영을 하고 있다면, 그 성과 평가는 고객에게 직접 받아야 한다. 고객의 감동과 충성도만이 진정한 만족의 척도다. 순고객추천지수Net Promoter Score, NPS와 같은 고객의 평가에 귀를 기울이고 '놀라운 고객 체험'을 목표로 늘 고객에 몰입하는, 초심을 잃지 않는 기업들에게 끊임없이 자극받고 배워야 한다.

5. 타협: 글로벌 스탠더드를 어설프게 흉내 내지 마라

한국 기업 다수는 1990년대 후반 IMF 외환위기를 겪고, 이후 약 20년 동안 내부관리, 전략, IT 시스템 업그레이드를 통해 현재의 경영관리체계를 만들었다. 특히 2010년대 이후 글로벌 스탠더드를 적용하려는 노력이 폭넓게 전개되었으며, 경영의 기본 영역(인사, 재무, 전략, 운영, 조직, 관리)에서 제도적 개선이 이뤄졌다. 하지만 아직까지는 절반의 성공에 불과하다. 반쪽짜리 경영 혁신의 현실을 엄정하게 돌아보고, 어설픈 흉내는 그만두어야 한다. 진정한 의미의 '글로벌 스탠더드'를 도입하고, 디지털 네이티브를 위한 디지털 혁신 플랫폼을 구축하며, 변화의 속도를 높여야 한다. 인사정책도 기본적으로 '직무 중심으로의 전환'과 '수평적 조직 재구축' 콘셉트를 바탕으로 변화를 시도했지만, 아직도 직무 중심 조직과 원칙, 운영방식을 제대로 접목하고 있는 곳은 없다. 실질적인 연공서열과 내부관리가 과거의 체계에서 크게 벗어나지 못하고 있다.

6. 모순: 소유와 경영의 불편한 동거를 끝내라

한국 기업의 많은 문제점들은 근본적으로 가치 중심의 합리적인 의사결정을 하지 못하는 데 있다. 다양한 원인들이 있겠지만 이 중 '소유와 경영의 역할'을 정확히 정의하지 못한 것에서 많은 문제가 비롯되었다. 오너가 경영에 직접 참여함으로써 과감한 투자와 신속한 의사결정이 이루어지고 혁신이 가속화되는 장점도 분명 존재한다. 하지만 글로벌 초일류를 지향한다면 글로벌 스탠더드 관점에서 새로운 지배구조를 고민해야 한다. 스웨덴의 '인베스터 AB Investor AB' 사례를 살

펴보자. 지속적으로 큰 가치를 창출할 수 있는 검증된 전문경영인에
의한 경영, 그리고 주주의 소유권을 정당하게 행사하는 데 제도의 초
점을 맞춰야 한다. '독립성을 갖춘 선진형 이사회'가 운영되어야 한다.
치열하게 공개 토론하고 다수 의견으로 합리적 결정을 내려야 한다.
선진형 이사회를 충실히 수행하는 구조가 구축되면, 바람직한 지배구
조의 삼각구도(주주-이사회-전문경영인) 내에서 '견제와 균형'이 가능
해진다. 새로운 형태의 소유와 경영의 분리·전문화 모델도 도입될 수
있다.

"지금부터 여러 쪽에 걸쳐, 나는 지극히 단순한 사실,
평범한 논의, 그리고 상식을 말하겠다."

– 토머스 페인, 《상식Common Sense》,
1776년 당시로서는 비상식이었던 미국의 독립과 인권에 대해 언급하며

비상식과 상식이 혼재된
경영 현장의 아쉬움

'전략적 의도', '핵심 역량' 같은 다수의 비즈니스 개념을 만들고 전 세계 수많은 언론으로부터 이 시대 최고의 경영전략가로 평가받는 게리 해멀Gary Hamel은, 2008년 출간된 《경영의 미래Future of Management》라는 저서에서 최선을 다하는 조직원들이 꿈을 이뤄나가는 열정 넘치는 비즈니스의 미래를 꿈꾸며 혁신 조직을 이야기한다. 그가 기대하는 조직은 급격한 변화에도 위기를 자생적으로 극복하고, 변화를 좋아하는 사람들이 창의성을 제대로 인정받으며 부단한 혁신을 추구하는 열정 넘치는 조직이다. 기존의 관습을 타파하기 위한 혁신의 원칙을 구글 등 몇몇 사례와 함께 소개한 이 책은 발간되자 마자 아마존닷컴이 뽑은 그해 최고의 경영 서적으로 선정되었다. 한국에서도 번역본이 출간되어 한동안 혁신의 지침서가 되었다.

그로부터 10년이 훌쩍 더 지난 2022년 대한민국의 현실은 어떠한가? 그동안 성장하고 발전한 것은 무엇인가? 우리는 과거보다 열정 넘치는 조직을 얼마나 쉽게, 얼마나 더 많이 찾을 수 있는가? 글로벌 경제에서 높아진 대한민국의 위상과 세계시장에서 인정받는 대표 산업과 기업 브랜드의 증가는, 이제 본격적으로 선진국의 일원이 된 우리의 자존심을 한껏 높여주는 게 분명한 사실이다. 동시에 경제성장 잠재력이 이미 낮아지기 시작했고, 국내 대표 산업과 기업의 여러 가지 리스크(원천기술 개발 속도 저하, 핵심 소재 부품의 해외 의존도 심화, 신사업 부문의 연구개발R&D 지출 하락, 노사관계 갈등지수 악화 등)를 고려하면 미래 성장을 위한 기업 혁신과 역동성이 상대적으로 떨어지는 것을 알 수 있다. 불확실성이 높아지고 경쟁이 거세질수록 위기 대응 능력은 높아져야 하고, 혁신이 더욱더 요구된다. 변화를 만들어내는 조직원의 열정과 도전 정신은 이 모든 것을 가능케 하는 힘의 원천이다.

2020년 동학개미운동으로 불리우는 개인투자자들의 금융시장 참여로 기업의 본질 가치에 대한 관심이 커졌다. 2022년 삼성전자 주주총회에서는 500만 국민주 삼성전자의 현재와 미래에 대한 토의가 벌어졌다. 소액주주들은 제품의 성능과 서비스 수준, 생산 수율, 미래 먹거리 준비, 그리고 배당과 자사주 소각 규모까지 과거에 볼 수 없던 전문적인 질문을 쏟아냈다. 삼성전자 주주총회의 예에서 볼 수 있듯이, 합리성과 동시에 개인적 발전을 추구하는 MZ세대의 눈에 비친 대한민국 대표 기업의 현실은 어떠한가? 충분히 상식적이고 합리적이며 정상적인가? 안타깝게도 반기업 정서는 여전하고, 비상식적인 사건과 사고가 넘쳐난다.

불투명한 기업 간 거래와 인수합병, 불공정 거래에 대한 과징금 발생, 이사회 구성과 운영을 둘러싼 다툼, 평가 및 보상에 대한 내부 반발과 분쟁의 증가, 장기투자의 하락, 인재성 산업재해의 증가 등 수많은 '비상식'과 '불합리'가 여전히 넘쳐난다. 특히 이 모든 사항들이 다름아닌 국내 대표 기업에서 발생했고, 잊힐 만하면 또다시 등장하고 반복된다. 특히 최근 들어 너나없이 경쟁하듯 외쳐대는 ESG Environmental, Social, and Governance (환경·사회·지배구조) 경영 선언 속에서도 여전히 '비상식의 구태'가 만연해 있다. 과연 무엇이 문제인가? 산업화와 민주화를 거치며 경제발전 과정 속에 언뜻 성숙한 듯 보이는 '선진형 경영'과 '글로벌 운영체계' 구축을 주장함에도, 여전히 '주주 중심 경영'과 '가치 기반 경영'에 대한 인식과 시스템 변화가 근본적으로 필요하다.

직장 생활을 이미 30년 이상 한 분들께서 이 책을 접한다면 크게 공감할 부분이 없을 가능성도 있다. 이 책에서 얘기하는 대부분의 경영 원칙과 사례, 경영 그루들의 시각과 관점에 대해 상세히 알고 있을 것이고, 동시에 저자들이 '꼭 하라', '절대로 하지 마라'고 얘기하는 전략적 방향이나 의사결정 기준에 대해서도 이미 자신만의 뚜렷한 시각과 자신이 처한 경영 현실에 대한 분명한 관점이 있을 것이기 때문이다. 혹시라도 일부 공감하더라도 제한된 시간에 실천할 수 있는 변화의 폭과 실질적인 성과의 개선 정도가 높지 않음을 금방 알아차릴 것이다. 그러한 변화에 동참하는 세력을 모으고 조직 내에서 공감대를 형성하는 것이 얼마나 어려운지 너무나 잘 알고 있다. 실천할 수 있는 변화에 집중하고, 그 안에서 개인이 빛나는 선택을 하는 것이 아마도 현명한 선택일 것이다.

만일 직장 생활을 20년쯤 한 분들이 이 책을 접하고 끝까지 읽게 된다면, 선택은 반반이다. 80%쯤 아는 이 책의 내용을 돌아보며 추천 도서 중 몇 권을 찾아보고 자신의 경영관을 다시 한번 정비하는 첫 번째 선택을 쉽게 할 수 있다. 또 다른 선택은 남은 10년 정도의 직장 생활 기간 동안 과연 어느 정도의 변화와 도전을 시도해 볼 것인지 곰곰이 생각하고, (만일 정말 내킨다면) 자신만의 도전과 혁신 어젠다를 만드는 것이다.

직장 생활을 10년쯤 한 분들이 이 책을 접한다면 아마도 60~70%쯤 알고 있는 이 책의 내용을 제대로 들여다보고 자신의 현실에 기초하여 변화와 혁신, 그리고 도전에 대해 생각해 보기를 권한다. 책 말미의 추천 도서를 통해서 좀 더 폭넓게 자신만의 시각을 정리할 수도 있다. 나아가 이런 고민을 해보면 어떨까? 20년 이상 남은 커리어 기간 중에 어떤 변화와 도전 어젠다를 만들지 생각해 보고 그 변화를 지금 조직에서 실천할지, 새로운 기업을 찾아 시도할지 깊이 고민하는 것이다. 아니면, 변화와 혁신을 자신과 뜻이 맞는 사람들과 새로운 조직을 만들어 시도할 수도 있다.

대한민국 대표 기업은 충분히 가슴 떨 만큼 혁신적이고 열정적인가? 순수하고 창조적인 열정을 가진 이들이 도전하는 곳이 과연 우리 기업인가? 이 질문에 쉽게 '그렇다'는 대답을 하는 사람은 많지 않을 것이다. 한국의 대표 산업과 기업은 찬란했던 고도 성장기의 혁신 동력과 국제 경쟁력을 계속 키워나가고 있는가? 전 세계에서 일어나는 혁신적인 변화의 중심에서 한발 뒤처진 것은 아닐까? 일자리가 더 늘지 않고 있다. 청년들은 열정을 펼칠 무대를 쉽게 찾지 못하고 있다. 많은 문제가 기업의 혁신성에서부터 비롯된다. 중요한 것은 기업이 고성장과 혁신을 멈추면서 지배구조의 문제점과 후진적 경영 관행이 여실히 노출되기 시작했다는 점이다.

선진국형 민주화 단계로의 진입을 요구하는 시민사회의 눈으로 보더라도, 우리 기업은 선진적인 자본주의의 베스트 프랙티스와는 현저한 괴리를 보여주고 있다. 새로운 경제모델, 산업모델, 기업 운영모델이 제시되어야 하고, 소유와 지배가 분명한 역할과 책임의 정의 없이 뒤섞여 있는 현재의 지배구조도 바뀌어야 한다. 이를 위해서는 미래를 아우르는 경제 주체의 사회적 담론이 형성되어야 한다. 다만, 미래 대안 없이 정부 정책을 비판하거나 반기업 정서가 서서히 사라지기를 바라지는 않는다. 정부는 사회안전망을 확충하고, 많은 국민이 기본권을 누릴 수 있는 시스템과 조직을 갖추기 위해 부단히 노력해야 한다. 이러한 변화는 환영해야 마땅하다. 하지만 근본적인 해결책이 될 수는 없다. 청년들이 만족하고 즐겁게 일할 수 있는 기업이 더 많아져야 한다. 나이에 상관없이 도전하고 창조하며 가슴 뛰게 일할 수 있는 일자리가 더 많이 필요하다.

정부, 공공정책, 교육 등 수많은 인프라가 함께해야 하지만, 이 책의 관심사는 '기업'이고 기업가다. 그래서 기업의 내부를 먼저 이야기하고자 한다. 경영자와 직원들, 자본가와 투자자, 경제의 많은 부분을 차지하는, 우리 모두가 함께 논의해야 하는 주제다. 거시경제학은 산업별 생산량과 고용 지표, 제조업 투자에 대해 이야기한다. 정부는 고용과 노동의 안정성, 근무시간과 연금을 이야기한다.

우리는 기업활동의 변화를 통해 더 나은 세상을 만들어가고 싶다. 국내 대기업과 다국적 기업에 직접 채용되어 일했고, 외부에서 컨설턴트로서 일하며 기업인으로 살아왔다. 운이 좋게도 그 과정에서 해외 선진 기업과 그들의 혁신 사례도 많이 경험했다. 글로벌 파트너십

체결과 국내 기업의 대표적인 해외 기업 인수 자문도 다수 수행했다. 그 과정에서 '우리에게 기업은 무엇인가?', '우리 기업의 미래는 어디로 가야 하는가?', '현재의 경영 관행은 과연 글로벌 베스트 프랙티스라고 할 수 있는가?'라는 질문을 수없이 주고받았다. 지난 30년 동안 기업 안팎에서 활동하며 한국 기업이 바뀌어야 하는 방향에 대해 고민했다. 이 책은 그 고민에 대한 작은 결론이자 앞으로 마주할 더 큰 고민의 시작이다.

물론 기업이 모든 것이라고 생각하지는 않는다. 하지만 한국 경제의 가장 중요한 구성 요소 중 하나임은 분명하다. 많은 사람들이 회사에서 하루의 절반 가까운 시간을 보낸다. 이 안에서 무슨 경험을 하는지, 개개인의 열정과 노력과 지성과 경험은 어떻게 활용되는지가 사회 전반으로 보면 인적자원의 생산성과 삶의 만족도에 큰 영향을 미친다. 기업활동으로 이 사회의 모든 문제를 해결할 수 없다. 다만, 많은 문제를 해소하는 데 중요한 역할을 할 수 있다. 기업가정신의 근저에는 세상에 필요한 변화를 스스로 만들어내겠다는 생각이 담겨 있다. 세상을 바꿀 수 있다는 생각이다. 스스로 변화를 만들어내겠다는 굳은 의지와 도전이 수없이 많은 혁신을 이뤄냈고, 결국 미래를 더 밝게 만든다. 지난 10~20년 동안 발전한 한국 기업이 경험한 변화의 진폭을 고려하면 앞으로의 변화는 더 클 것이고, 또한 예측하지 못한 위기 상황도 도래할 것이다.

많은 한국 기업들이 전통적인 대표 수출 산업 영역에서 '혁신'을 추구하고 새로운 사업을 추진하는 동력이 떨어지고 있다. 일상생활에서 느끼는 변화의 흐름은 대부분 스타트업이 만들어내고 있다. 기존 대

기업은 증명된 세분 시장에서 점유율 확장을 추구하며 과거의 자본수익률 기준과 프레임으로 사업을 바라보고 있다. 신사업에 대한 보상체계가 부족하다 보니 직원들은 위험이 높은 신사업에 참여할 이유가 없고, 오히려 혁신을 방관하는 존재가 되기도 한다. 기업 밖을 둘러보면 스타트업과 자본시장이 혁신으로 인한 성과를 거두고 있지만, 대기업들은 그런 변화의 바람을 또 다른 성장으로 만들어낼 만큼 내재화하지 못하고 있다. 경제의 중심을 차지하는 많은 기업들이 과거 프레임에 갇혀 있어 우리 기업들은 하나같이 답답하고 재미없어 보인다. 하지만 대기업 내부의 변화와 '이미 검증된' 혁신적인 벤처기업과의 결합이 이루어진다면 새로운 변화를 만들어낼 수 있다. 기존 사업과 자원에 얽매이지 않는 방식으로 우리의 많은 대기업들도 가슴 뛰는 사업을 창조할 수 있다.

기업가정신을 되살려야 한다. 혁신 인재의 발굴과 육성, 성과에 비례한 파격적인 보상, 신사업 아이디어의 발굴과 실패를 두려워하지 않는 실행과 피보팅 등 유니콘 기업의 성공 방정식을 접목시켜야 한다. 기업가정신은 교육이 아니라 직접 부딪쳐서 체화해야 한다. 대기업과 벤처기업의 결합이라는 새로운 변화의 흐름을 만들 수 있다면, 기업 간 파트너십과 인수합병을 통한inorganic 기업 성장을 보다 활발하게 만드는 미래형 비즈니스 패러다임 전환의 크나큰 계기가 될 것이다.

많은 기업들과 그보다 더 많은 사람들과 만나서 함께 느끼고 논의한 내용을 정리하는 활동이 지금 필요한 변화에 조금이라도 보탬이 될 수 있을 거라 기대한다. 현재 한국 기업에 대한 관찰을 기초로 중요한 12개의 주제를 선정했고, 이를 크게 '해야 할 것들'과 '하지 말아야 할 것들'로 구분했다. 글로벌 선진 사례와 비교하고 그 원인이 무엇인지 분석했다. 각 주제와 분야별로 정통한 인물을 직접 만나 심층적인 논의를 통해 의견을 조율하고 추가적인 질의응답은 서면으로 진행했다. 앞으로 우리 기업이 더욱 가슴 뛰는 조직으로 거듭나기 위해 필요한 생각을 정리하는 데 많은 분들이 기꺼이 고견을 제시해 주었다. 이를 통해 미래에 보고 싶은 변화 방향을 정리하는 동시에, 기업을 둘러싼 이해관계자들과 공감대를 이루고 싶은 핵심 화두를 정리했다.

책을 진행하는 과정에서, 지금 한창 왕성하게 현장에서 일하고 있고 앞으로 우리 경제에서 더 중요한 역할을 하게 될 후배들에게 도움을 요청했고, 그들은 기꺼이 공동 저자로 참여했다. 바라건대 앞으로 10년, 20년 동안 일어날 변화와 도전에 동참하고 싶지만, 점점 경제와 사회 변화의 주역은 다음 세대가 되어가고 있다. 앞으로의 변화는 지금 2030 젊은 청년들이 리더로 성장하는 과정에서 만들어낼 터이다. 지금 대한민국의 가장 중요한 성장 자원이자 미래의 기업가들이, 이 책을 통해 이야기하는 변화의 제안들을 각자 상황에 맞게 건설적으로 발전시켜 그들의 일상에서 실천하며 가슴 뛰는 일터를 더 많이 만들어내기를 기대한다. 그리고 이 작업을 함께한 후배들이 5~10년 후쯤 우리가 바라는 기업의 눈부신 성과에 대한 기록과 함께, 우리가 이 책에서 다 풀지 못한 고민의 해결 방안과 '앞서가는' 글로벌 초일류 기업과 산업의 탄생을 위한 또 다른 혁신 과제를 제시하기를 바란다.

저자들을 대표하여,
이병남

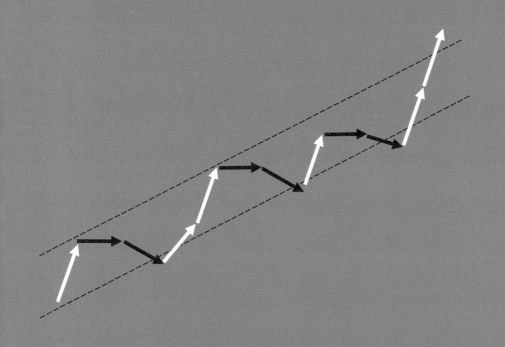

DOs

해야 할 것들

본질

미션

경로 재설정

속도

기업가정신

선순환

1
본질

쉬지 말고 혁신하라,
언제나 변화하라

핵심 질문

기업활동에서 정상상태란 무엇인가? 과연 존재하는가?

시장 평균의 성과를 보이고, 혁신과 도전이 필요하지 않다면 그
상태에 머물러도 좋은가?

결국 기업이 하는 일은 무엇일까? 기업의 존재 이유는 무엇일까?

매년 3월 주주총회 시즌이 되면, 기업들은 작년 성과를 되짚어보고 올해의 주요 계획을 주주들과 공유하며 경영진과 이사회 구성을 논의한다. 이를 통해 이사회와 새로운 경영진을 최종 확정하고, 배당과 이사의 보상 한도를 포함한 성과 보상안을 최종적으로 승인한다. 그렇다면 이러한 주총 전후 과정을 통해서 해당 기업의 주주들은 기업의 현 상황을 정확히 이해하고 미래의 불확실성 등을 고려하여 다음 해 주총에서 발표될 기업의 성과를 짐작할 수 있을까? 현 상황이 과연

어느 정도의 변화를 필요로 하고, 주총에서 공유한 향후 개선 과제들은 과연 어느 정도의 성과 창출에 기여해서 기업가치를 증대할 수 있을까? 새롭게 확정된 경영진은 경영활동을 보다 충실히 수행하고, 이 사회는 신의성실의 의무에 따라 '견제와 균형'이라는 역할을 잘 수행해 나갈지 신뢰할 수 있을까?

사실, 이러한 판단과 평가는 현실적으로 쉽지 않다. 특히 해당 기업들이 지금의 상황을 '잘해왔고, 잘하고 있다'라고 선언하면 더욱더 현황에 대한 구체적 질문을 던지기는 쉽지 않다. 실제로 많은 기업들이 지난해와 다가올 해를 비교하며, 지난해의 특수한 상황에서도 의미있는 성과를 이루었고, 올 한해를 준비하는 과정에도 최선을 다했다고 말한다. 이는 매년 초 주요 그룹의 회장단이 발표하는 신년사에서 '또 다른 위기의 시작과 부단한 변화의 노력'이 필요함을 강조하는 것과는 분명 온도 차가 있다. 대내외적으로 '선언적 위기의식'을 매년 초에 고취하기는 하지만, 3월경 주총에서 발표하는 내부 성과 평가는 상대적으로 후한 편이고 그 평가기준은 애매하다. 특히 사내이사의 보상 내용에서 수년에 걸친 실제 기업 성과와의 연계성이 높지 않은 사례들을 쉽게 찾아볼 수 있다. 성과가 저조한 해에도 대주주인 최고경영자의 보수가 높아진 사례가 너무 많다.

기업의 본질적 가치 창출 역량만이 현재의 성과를 정확히 설명하고, 미래의 현금흐름cash flow 창출 가능성을 파악해야 미래의 기업가치 증대를 예측할 수 있다. 따라서 총주주수익률과 현금 창출 역량을 기준으로 지난해와 당해 연도를 비교하고, 기업에서 제시하는 내년도의 현금 창출 계획치를 함께 비교하여 현재 상황을 평가해야 한다. 많은 경우 정상상태처럼 보이는 기업의 성과도 일시적이며 외부 변수 및 산업 사이클에 많은 영향을 받는다. 이런 착시현상을 가려내고 일차원적인 데이터 왜곡 가능성을 따져서 현 상황을 평가해야 한다. 또한 기업 평가기관, 감사기관, 그리고 은행, 증권 등 금융 섹터의 애널리스트들은 (최근 부쩍 높아진 일반 주주들의 관심과 지식, 전문성 수준을 고려하여) 매년 더 정확한 평가를 내리고 그 사업적 의미를 주주와 시장에 전달해야 한다.

완성차 부품업계 CEO와 중장기 전략 수립 고민

해당 산업에서 30년 이상의 경력을 가진 CEO와 함께 중장기 비전과 사업 포트폴리오 설계를 고민한 적이 있다. 해당 기업은 외형은 컸지만, 사업 포트폴리오는 단순했고 주력 사업의 성과는 좋지 못했다. 게다가 수년 전부터 시작한 신규 사업도 실제 성과를 내지 못하고 흑자 전환 시기는 계속 늦춰지고 있었다. 이런 상황에서 그룹 차원에서 미래 중장기 전략을 수립하는 시기와 맞물려서 해당 기업과 사업 부문도 중장기 포트폴리오를 다시 점검하게 되었다. 이에 따라 미래의 기업가치를 예측했고, 그룹 차원에서 부가가치를 추가로 창출하기 위해서는 현재의 내부 유동성을 가지고 의미 있는 글로벌 사업을 인수합병해서 사업구조를 재편하는 것이 바람직하다는 초기 결론을 도출했다. 아울러 이러한 투자를 위해 현재의 자원배분과 성과 창출 여부를 정확히 파악하는 것이 첫 단계임을 적시했다.

현재의 현금 창출 능력과 앞으로 2~3년간의 현금흐름을 최대한 객관적이고 보수적으로 예측해서 정확하게 투자 가능 규모를 도출해야

DOs

했다. 이렇게 확보된 자원을 바탕으로 인수 가능한 사업이 포함된 새로운 포트폴리오가 향후 3~5년간 창출할 수 있는 현금 창출 능력에 기반하여 미래 기업가치를 추정해야 하기 때문이다. 여러 차례 실무미팅을 통한 숫자 점검, 임원진과 복수의 미래 대안 검토를 거치면서 전반적인 인수합병의 필요성과 미래 방향, 나아가 자원배분의 원칙과 미래가치 도출 방법론에도 합의하게 되었다.

그런데 대주주인 그룹 지주사의 최종 승인을 받기 위해 그룹 기획팀 및 재무 팀과 사전 조율을 위한 회의를 준비하던 중 예기치 못한 문제에 봉착했다. 해당 기업의 CEO가 현재 포트폴리오의 진단 작업을 할 필요가 없다고 판단한 것이다. 세부 진단이나 사업부와의 추가 논의 없이 미래 방향성에 대해서만 외부 의견을 정리하고 작업을 마무리할 것을 요청해 왔다. 이에 대해 미래 방향 제시만으로는 구체성이 떨어진다는 이견을 제시했다. 투자 규모와 대상에 따라 미래 포트폴리오가 정해지는 만큼 정밀한 단기 예측과 현금 창출 능력의 확인이 중요하고, 이를 위해서는 흑자 전환 시기 점검이 절대적이며, 이 시기는 현재의 사업부 역량과 경쟁 차별화 정도에 따라 결정된다는 점을 명확히 했다. 하지만 작업 자체의 초점이 중장기 방향이고, 더욱이 외부 업체가 특수한 영역의 역량 진단과 경쟁 차별화, 그리고 수익 창출 시점을 예측하는 것은 쉽지 않으며, 또한 남은 용역 기간도 길지 않으므로 미래 방향성을 실현하기 위한 로드맵까지만 설계하고 필요한 사항의 벤치마킹에 전념해 달라는 주문이었다. 최종 보고도 미래 방향성 위주로 내부에서 진행하겠다는 추가 통보를 받았다. 결국 작업은 고객사의 요청에 따라 마무리되었고, 정확한 흑자 전환 시기에 대한 검토는 포함되지 않았다.

현재의 답보 상태를 돌파하는 새로운 미래를 설계하고 미래 성과를 제대로 예측하기 위해서는 냉정한 현실 인식이 우선되어야 한다. 항상 현 상황의 정확한 진단에서 업무가 시작되어야 하고, 미래 전략의 성공적인 실현 가능성 역시 현재의 역량 진단에 기초해야만 정확도가 높아진다. 결국 해당 기업도 관련 작업 이후 (여러 가지 추가적인 외부 불확실성과 내부자원 배분 등의 기타 변수가 있었겠지만) 신규 사업의 흑자 전환 시기는 내부 계획보다 2배 이상 길어졌고, 외부 기업에 대한 인수는 시도조차 되지 못했다.

정상상태 유지는 기업 생존의 충분조건인가?

○
●

삼성전자의 권오현 전 회장이 쓴 《초격차》라는 책에서 다룬 두 가지 사례를 통해 정상상태의 의미와 변화의 필요성에 대해 살펴보고자 한다. 저자는 '기업의 생존'을 원하는 중소기업 대표를 만나서 "개선이 아닌 개혁을 통해서만 생존이 가능하다."고 조언한다. 우리 필자들도 이 내용에 공감하며 이는 기업 규모를 떠나 진리이고, 부분적 개선을 통한 성과는 분명한 한계가 존재한다고 강조하고자 한다. 확실한 경쟁우위에 근거한 성과 차이만이 지속성을 담보한다. 끊임없는 혁신을 통한 경쟁사와의 차별화가 기업의 추가 가치 창출을 가능케 하고, 이를 통해서만 생존 가능성이 높아질 수 있다. 기업이 속한 해당 산업이나 섹터 내에서 일시적으로 평균 수준의 수익성과 성장률을 보인다고 해서, 그것이 모두가 개선을 추구하는 완전경쟁 상황에서 반드시 온전한 지속성을 의미하는 것은 아니다. 산업 패러다임이 과거보다 빠르게 변화하고, 지속적으로 새로운 사업모델로 무장한 경쟁자가 출현하는 현실에서는 평균 정도의 개선 노력만으로 '기업의 생존'을 담보할 수 없다.

또 다른 사례는 조직 내 리더들의 현실 인식에 관한 내용이다. 《초격차》의 저자는 부단한 변화 노력이 필요하고, 새로운 도전을 시도해야 하며, 이를 위해서는 예산이나 인력 등 한정된 자원을 보다 잘 활용하기 위해 선택과 집중이 필요하다고 설명한다. 하지만 동시에 이러한 전략 방향과 변화에 대한 인식이 일반적인 것은 아님에 주목한다. 선택과 집중이 필요한 부문의 리더들은 오히려 하나같이 자신들은 선택과 집중을 하고 있다고 얘기한다며, '나는 선택과 집중을 하지 않고 있다'고 말하는 리더는 만나지 못했다고 쓰고 있다.

필자 역시 다양한 분야에서 여러 기업과 공동 작업하며 수많은 리더를 만났지만, '지금 우리 기업과 사업부에 필요한 변화를 수행하고 있지 않다'고 말하는 리더는 한 사람도 만나지 못했다. 오히려 너무 많은 리더들이, 자신이 관장하는 사업부와 기업은 '지속적인 변화 노력으로 지쳐 있다', 혹은 '변화의 피로감이 너무 쌓여 있어서 한두 해는 쉬어갈 필요가 있을 정도다'라고 이야기했다. 하지만 안타깝게도 그렇게 변화에 지쳐 있던 기업과 사업부, 그 리더들 중 많은 수가 더 이상 같은 자리에 있지 않다. 《초격차》에서도 혁신이 필요한 곳에서는 반드시 인원 교체와 조직 변동이 필요함을 강조해서 다룬다. 1만 명을 먹여 살릴 수 있는 인재를 찾기는 어렵지만 10명, 100명이 힘들여 노력한 성과를 망칠 수 있는 인사는 뜻밖에도 너무 많다.

해운업계 CEO와 턴어라운드 프로그램 고민

많은 산업 사이클을 목격한다. 주기가 짧은 경우도 있고, 그 패턴이 조금씩 달라지는 경우도 있다. 산업 전체의 공급량capacity이 계단식으로 증가하는 석유화학, 철강, 자동차 등 자본집약형산업은 다른 산업에 비해 훨씬 보수적으로 불황기를 대비해야 한다. 불황기가 예상되는 경우에는 선제적으로 투자를 줄이고, 고정비용의 비중을 축소하며, 유동성을 충분히 확보해야 하고, 가급적 시장 변동에 연동하는 형태로 공급업체나 협력업체와의 계약을 변경하도록 최대한 노력해야 한다. 특히 불황기가 생각보다 빨리 또는 갑작스럽게 온 경우에는 훨씬 더 보수적으로 호황기의 도래를 예상함과 동시에 경쟁사의 목표치를 넘어서는 수준으로 구조조정 목표를 정하고, 다양하고 새로운 방법을 총동원하여 고정비를 줄여야 한다. 또한 실시간으로 변화 추이를 모니터링하며 협력업체와 끊임없이 소통하여 개선 과제를 실행하고, 고객과 함께 부가가치 창출을 위한 다양한 아이디어를 도출하여 개선된 성과를 공유해야 한다.

모든 과정에서 단계별로 치밀한 세부 설계와 엄정한 실행이 중요하다. 하지만 중요한 것은 '변화의 폭과 깊이'에 대한 인식과 공감대, 그리고 기대보다 훨씬 빠른 '변화의 속도'를 감내할 수 있는 용기다. 더욱더 중요한 것은 변화의 과정이 예상보다 길어져도 쉽게 '변화의 끝'을 선언하거나, 조직의 변화 피로도를 내세워서 변화의 속도를 떨어뜨리고 최초에 설계한 혁신 목표치를 조정해서는 안 된다는 점이다.

이것이 변화 과제, 턴어라운드turn-around 프로그램의 핵심이다.

국내 해운업계는 과거 두세 번의 호황과 불황을 겪었고, 그때마다 다른 양상의 대응 전략과 실행 성과를 보였다. 최근에는 그 정도가 가장 심했고, 결국 대형 업체 한 곳은 그 과정에서 파산하고 말았다. 불황기가 시작되고 이미 3~4년간의 엄청난 적자를 겪는 시점에서 그룹 회장실의 요청으로 해당 해운사의 CEO와 함께 턴어라운드 계획을 논의하게 되었다. CEO는 해당 업계에서 30년 이상 근무하며 업계의 부침을 모두 경험했고, 첫 번째 위기는 일선 부서에서, 두 번째 변화는 후선 부서에서, 세 번째 불황은 CEO로서 맞고 있었다.

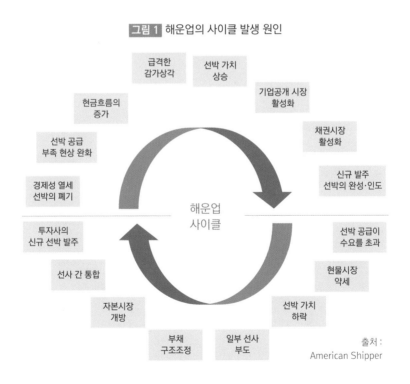

그림 1 해운업의 사이클 발생 원인

출처 : American Shipper

하지만 과거 경험에서 얻은 개인의 시사점은 앞서 설명한 턴어라운드 원칙과는 그 궤를 달리하고 있었다. 자신이 주도했던 설비투자에 대한 과거 예측과 논리에 대한 집착이 매우 강했고, 공급업체를 위기 대응 역량으로 구분하는 새로운 방식은 불편해했다. 무엇보다 '변화의 폭과 깊이, 그리고 변화의 속도와 기간'에 대한 의견이 달랐다. 더욱이 변화 대응을 위해서는 조직 단위를 잘게 나누고, 세부적인 개선 과제를 부여하며, 주간 단위로 점검하며 대응방안을 바꾸고, 손익 모니터링도 가능한 한 많은 부문에서 그리고 일선에서 직접 파악하고 변동 상황을 느끼도록 해야 한다는 변화의 접근방식에 대해서는, 기존 운영방식과는 차이가 너무 크고 (과거 중앙집중형 관리체계에 비하여) 일선에 너무 많은 권한과 정보를 부여한다는 점 때문에 쉽게 동의하지 못했다.

그림 2 벌크선의 해운 수요와 공급 균형

출처: BIMCO, Clarkson

이러한 원칙적인 사항에 대한 공감이 없고, 게다가 변화의 폭과 속도에 대해서도 크게 불편을 느끼다 보니 주간 단위로 벌어지는 각종 회의에서 많은 이견이 도출되었다. 따라서 신속한 개선안의 마련과 즉시 실행, 그리고 성과 평가에 따른 실시간 수정안을 가동하기 위한 비상대응체계(워룸War Room 운영)를 구축하는 데 어려움이 있었다. 다양한 프로그램의 이해도를 높이고 실적에 따라 변화하는 수정 목표치와 그에 따른 부서 간 조율을 위한 내부 회의와 시간 투자는 턴어라운드 프로그램에서 반드시 필요하고, 내부 설득과 공감대 형성을 위해서도 매우 중요하다. 하지만 이는 변화의 폭과 속도에 대한 기본적인 공감대가 있는 경우에만 해당되는 이야기다. 실적 점검과 계속되는 협의에도 불구하고 신속하고 과감한 구조조정은 시행하기 어려웠다.

이렇게 쉽지 않은 2~3개월을 보내고 나서, (변화의 원칙과 성공 요인에 대한 내부 공감대를 형성하기 위해) CEO에게 어떻게 하면 구조조정의 원칙을 잘 설명할 수 있을까 고민하다가 《불타는 투혼》이라는 책을 떠올리게 되었다. 이 책은 일본에서 경영의 신이라고 불리는 교세라 그룹의 창업자 이나모리 가즈오가 적자에 빠진 일본의 대표 국적항공사인 일본항공JAL을 되살리기 위하여 무보수로 참여, 3년 반이라는 시간 안에 완전 적자 기업을 흑자로 전환시킨 일본 경영사에 길이 남을 턴어라운드 성공 사례에 관한 것이다. 이나모리 가즈오는 턴어라운드와 구조조정의 원칙에 기반한 엄정한 실행을 통해 시장의 기대보다 훨씬 빠른 시기에 적은 투자로 회사를 완전히 변화시켰다. 단순한 흑자 전환뿐만 아니라, 구조조정의 과정을 거치며 임직원은 기업가치 창출의 원칙을 이해하고 이를 실천하는 소중한 경험과 역량을 갖추게 되었다. 가장 작은 하부 단위에서도 손익 개념을 이해하게 되었고 순환 보직과 개선 아이디어를 도출하는 노력을 통해 가치 창출이라는 경영의 기본을 직접 체득하게 된 것이다.

주말을 앞둔 금요일 비상경영 회의가 끝나자 CEO를 찾아뵙고 "요즘 여러 가지로 고민도 많으시고 새로운 변화 아이디어 도출로 힘드시겠지만, 주말에 시간를 내서 이 책을 한번 보시죠. 저는 이번 작업 과정에서 다시 한번 찾아보고, 여러 가지 시사점을 얻었습니다."라고 말씀드리고 가즈오의 책을 전달해 드렸다. 내심 주말에 이 책을 보면 필자처럼 사업 전환의 원칙과 용기 있는 도전에 대해서 아마도 비슷하게 느끼리라 기대했다. 주말이 지나고 월요일 오전 임원회의를 마치고, 다시 CEO를 찾아뵈었다. "사장님, 혹시 《불타는 투혼》을 읽어 보셨는지요?" 사장님께서 확실하게 말씀하셨다. "그래요. 내용을 언뜻 알고 있었지만 지난 주말에 자세히 보았어요.. 이나모리 가즈오 회장의 생각은 내 생각과 정확히 일치하더군요. 책 선물 고마웠어요." 안타깝게도 필자는 '혁신과 변화 노력이 아직 부족하다'라고 말하는 CEO를 많이 만나지 못했다. 대부분은 오히려 변화의 피로도를 얘기한다. 이 사례의 해당 기업은 턴어라운드 프로그램 이후로도 수많은 시간을 보냈다. 경영진도 세 번 이상 교체되었다.

산업의 최적 균형, '3의 법칙'

○
●

유비, 관우, 장비가 의기투합하여 한나라를 재건하기 위한 노력을 담은 《삼국지》는 경쟁전략이라는 관점에서도 많은 시사점을 제시한다. 특히 제목에서도 담고 있듯이 '삼국'의 균형은 거대한 세력으로 성장하는 조조의 위나라가 나머지 두 나라를 제압하지 못하는 상황으로부터 발생한다. 강력한 1등으로부터의 독립을 요구하는 2등, 3등 세력은 서로 경쟁하면서 살아남는 전략을 구사하며 견제의 균형 상태를 이룬다.

산업계에서도 3이라는 균형으로 이루어진 사례는 얼마든지 발견할 수 있다. 한국의 이동통신사는 SK텔레콤, KT, LG유플러스이며, 프리미엄 자동차 브랜드는 벤츠, BMW, 아우디가 대표적이다. 한국의 대표 산업인 메모리 반도체도 글로벌 수준에서는 삼성전자, SK하이닉스, 그리고 미국의 마이크론이 시장점유율의 대부분을 차지하고 있다. 이처럼 많은 산업에서 시장 지배적인 3개 업체가 균형을 이루며 산업구조가 형성되어 있는 현상을 발견할 수 있다. 시장점유율뿐 아니라 산업 내 대부분의 수익성이 3개 기업에 집중되는 경우가 많다. 이를 '3의 법칙Rule of 3'이라고 한다.

미국의 경우에도 자동차 시장이 형성되던 20세기 초반에는 500여 개 이상 기업이 난립하며 서로 경쟁을 했다. 하지만 시간이 지나며 다수 기업이 수익성 악화로 문을 닫았고 나머지는 큰 기업에 인수합병되었다. 결국 1950년대 이후로는 대표적인 제너럴 모터스, 포드, 크라이슬러 세 개 업체로 통합되었다. 자동차 산업의 이러한 통합과정은 글로벌 수준에서도 지속되고 있다. 미국 3개 업체 중 크라이슬러는 2015년 피아트에 인수되었다. 미래 자율주행 전기차로 산업구조가 바뀌는 현재, 자동차 산업의 격변이 모두 끝나고 나면 또 몇 개의 소수 업체가 존재하게 될지 지켜봐야 한다.

3의 법칙은 다수 기업이 난립하는 산업구조에서 최적점을 찾아가는 과정을 통해 자연스럽게 진행된다. 시장 지배적인 사업자가 5개 이상 되는 경우 시장점유율 경쟁이 심화되어 수익성이 떨어진다. 따라서 개별 기업은 점유율과 수익성을 높이기 위해 서로 간의 합병이나 인수를 검토하게 된다. 이 과정에서 업체 수가 급격히 줄어든다. 하지만 어느 정도의 임계점을 넘어서면 산업 내 업체 수가 지나치게 적은 탓에 비효율이 발생할 수 있다. 하나의 업체에 대한 의존도가 지나치게 높아지면 독점 규제가 강화되어 강제로 해체되거나 분리될 수도 있다. 또는 경쟁이 사라진 산업에서 기업의 혁신 동력이 사라져 수익성이 훼손되기도 한다. 2개 업체에 의한 일대일 경쟁 구도에서는 조금이라도 규모가 큰 회사가 다른 회사를 제압하기 위해 과도한 가격할인, 투자 집행 등으로 수익성을 떨어뜨리는 경우도 발생한다.

결과적으로 한 업체에 의해 시장이 완전히 좌지우지되지는 않지만, 각 기업이 충분한 수익성을 달성할 수 있는 지점에서 균형을 찾아야 한다. 이와 같은 원리로 많은 산업에서 '3의 법칙'이 적용된다. 산업 초기에 수백 개의 업체가 난립하지만, 시간이 지나면서 대부분의 기업들이 인수합병으로 통합이 진행된다. 이 과정은 각 기업의 생존과 수익성이 균형을 이루는 어느 시점까지 계속된다. 이에 관한 실증 연구가 있다. 미국 채프먼대학 연구 팀이 〈저널 오브 마케팅〉 2010년 3월호에 발표한 내용에 따르면, 시장의 주도적인 기업이 3개인 산업의 평균 총자산이익률ROA이 2개 이하이거나 4개 이상인 산업에 비해 월등히 높았다. 시장이 3개 업체로 재편되었을 경우에 가장 높은 수익성을 달성한다는 것이다.

이와 같은 원리를 고려한다면, 각 산업의 초기에 진입한 기업은 최소한 3위권 이내의 지위를 달성하기 위한 생존 전략을 수립해야 한다. 초기 시장에서 어느 정도 규모를 달성한 이후에는 공격적인 투자를 직접organic 진행하여 시장점유율을 높이거나, 인수합병inorganic을 통해 경쟁 입지를 확보해야 한다. 이런 과정에서 산업이 재편되고 전체 산업의 수익성이 향상된다. 이런 관점에서 보자면, 인수합병 과정을 개별 기업의 덩치 키우기로만 해석하는 것은 단순한 접근이다. 오히려 산업구조가 바뀌면서 업계 수위 기업의 사업성이 전반적으로 개선되고, 업계 2~4위 간 합종연횡을 위한 대규모 인수합병이 일어나는 경우 전체 산업의 평균 주가가 상승한다.

3의 법칙 근간에는 인간의 인식 구조도 영향을 끼친다. 하나의 산업에서 최고의 브랜드를 기억하는 수준은 일반적으로 3개로 제한된다. 고객들은 유명 브랜드를 세 개 이상 기억하기 어렵다. 업계에서 가장 인정받는 히트 상품은 하나인 경우가 대부분이다. 여기에 이와 필적하는 품질과 서비스, 가격을 제공하는 2개 정도의 대안이 존재할 수 있다. 하지만 3개의 제품이 주도권을 잡은 경우에는 그 외의 대안들은 여러모로 차별화의 한계가 있다.

3의 법칙에 의해 산업구조가 형성되어 있다면, 각 기업은 일반적인 전략 방향에 따라 대응한다. 1위 기업은 점유율 격차를 유지하기 위해 2, 3위를 견제하며 계속 규모를 확대해 나간다. 투자를 통해 지배력을 확장하고, 운영 효율화로 수익성을 개선한다. 역설적으로 1위 업체는 새로운 제품이나 서비스를 출시하는 모험으로 리스크를 감수하기보다는 기존에 형성된 구조를 공고히 하는 전략을 취할 가능성이 높다. 2, 3위 업체들이 혁신을 시도할 경우, 이를 재빠르게 모방하여 더 큰 규모의 투자를 통해 산업구조를 안정화한다. 비정하게 보일 수 있지만 안정적으로 구조를 유지하는 방법이다. 또 산업 내 표준을 채택하고 막대한 비용을 투입하여 자신의 브랜드를 강화시키는 방법도 존재한다.

2위 업체는 1위 업체를 철저히 벤치마킹하며 따라가는 전략을 취할 가능성이 높다. 2위의 포지션으로도 어느 정도 수익성 확보가 가능하기 때문에 1위를 따라잡는 노력을 무리하게 하기보다는 자신의 포지션을 유지하며 적정한 수익성 확보를 목표로 한다. 오히려 3위 기업이 혁신적인 새로운 방안을 모색하는 경우가 있다. 1, 2위와의 규모 격차가 어느 정도 존재하고 있기 때문에 투자를 확대하는 단순한 접근으로는 성장에 한계가 존재한다.

한편, 기술혁신에 의해 새롭게 등장한 플랫폼 기업들은 '3의 법칙'을 바꿔가고 있다. 빅테크 플랫폼 기업은 2위와의 압도적인 격차를 기반으로 기존의 법칙을 무너뜨리고 있다. 미국 이커머스e-commerce 시장의 2019년 점유율 중 아마존이 차지하는 비중은 37%로, 2위인 쇼피파이(5.9%)나 3위 이베이(5.7%)보다 6배 이상으로 압도적인 격차를 보인다. 검색엔진 시장에서 구글의 글로벌 점유율은 이보다 훨씬 더 압도적이다. 2020년 기준 92.5%의 검색이 구글을 통해 이뤄졌고, 2위인 마이크로소프트의 Bing(2.4%)과는 비교가 무색할 정도다.

여전히 3의 법칙은 대다수 산업에 적용되고 있다. 하지만 강력한 네트워크 효과가 발생하는 소수 산업군에서는 다소 다른 방식으로 나타나는 것처럼 보인다. 그럼에도 탁월한 성과와 품질, 고객경험을 제공하는 소수 기업에게 해당 산업의 과실이 대부분 돌아간다는 점에서 차이가 없다. 산업의 경쟁 구도가 아직 완성되지 않은 초기 및 중기라면 더욱 경각심을 가져야 한다. 지금의 사업을 유지하는 것에 만족해서는 안 되고 보다 더 공격적인 성장과 혁신을 통해 3위 이내 자리를 반드시 차지하도록 집중해야 한다.

끝없는 시각 차이: 다각화, 그리고 선택과 집중

하나 이상의 사업을 운영하고 있는 기업이 다른 사업에 진출해 사업 범위를 넓히는 것을 다각화diversification라고 한다. 사업 다각화의 목적은 크게 네 가지를 생각해 볼 수 있다.

첫 번째는 기존 사업의 성장 정체를 타개하기 위해 새로운 영역으로 진출하여 지속적인 성장을 모색하는 경우다. 사업 성장 속도가 둔화되고 있는 산업에서 벗어나 성장이 예상되는 미래 산업에 조기에 진입할 수 있다면, 경쟁사보다 앞서 새로운 성장 기회를 확보하게 된다. 즉 대다수 제품은 생애주기에 따른 성장과 정체, 쇠락을 반복하는데, 사업과 제품군을 적절히 확장하여 성장 둔화를 최소화하고 지속 성장을 시도할 수 있다.

두 번째는 기존 사업과 가치사슬 경로가 유사한 인근 산업으로 진출해 시너지를 확보하기 위한 경우다. 유통 경로가 같거나, 생산시설이 유사하거나, 고객 기반이 중복되는 경우 가치사슬을 확보하기 위한 수단으로 활용할 수 있다. 두 개 이상의 영역에서 사업을 전개하여 한 개의 사업만 영위할 때보다 규모 증가에 따른 비용 감소 효과가 나타날 경우, 이를 범위의 경제economy of scope라고 부른다. 경제학의 규모의 경제economy of scale와 유사하다. 규모의 경제가 한 제품의 생산 규모에 따라 나타나는 효과라면, 범위의 경제는 여러 제품을 동시에 생산하는 데 따른 효과를 일컫는다. 초기 인프라에 막대한 비용이 소모되는 전력, 가스 등 유틸리티 산업utility industry이나 물류 산업logistics industry, 또는 대규모 판매망과 생산시설이 존재하는 경우에 이를 활용해 유사한 제품 라인업을 확장하는 것이 용이해진다.

세 번째는 사업의 리스크를 감소시키기 위한 목적이다. 하나의 제품과 사업만 영위할 경우, 단일 제품의 일시적인 시장 환경 변화나 고객 수요 변동, 또는 제품 원가구조에 핵심적인 요소의 비용 변동에 취약한 사업구조를 가지게 된다. 하지만 서로 다른 수요층으로 보완재 역할을 하는 제품을 생산하거나, 경기변동에 민감한 사업과 둔감한 사업을 동시에 영위할 경우 사업 위험도가 낮아진다.

마지막으로 다수 사업을 통합한 대규모 기업을 형성하여 시장지배력을 높이기 위한 수단으로도 활용된다. 원자재나 생산수단을 대규모로 구입하여 여러 사업에 함께 사용하거나, 유통 채널을 장악하거나, 유틸리티 인프라를 확보할 수 있다면 시장지배력을 키울 수 있다. 또, 단일 사업으로 운영되면 상대적으로 경쟁력이 떨어질 수밖에 없는 사업부가 대형 사업의 보조를 받으며 양호한 수익성을 올릴 수도 있다. 반대로 높은 사업성을 가진 거대 기업이 통합을 통해 인프라를 공유하면서 그렇지 못한 개별 기업을 가격으로 견제하는 경우도 있다.

현재 대다수의 빅테크 기업, 그리고 한국의 대표 기업들은 다각화된 사업 포트폴리오를 가지고 있다. 예를 들어, 아마존은 세계 최대의 이커머스 플랫폼 기업이지만 다양한 사업 영역을 가지고 있다. 세계 최대의 클라우드 서비스인 AWSAmazon Web Service와, 음악과 비디오 스트리밍 서비스를 제공하는 아마존 프라임Amazon Prime 서비스가 빠른 속도로 성장하고 있다. 이 외에도 킨들을 통한 전자책 서비스는 물론, 오프라인 식재료 유통, 아마존 고Amazon Go 같은 새로운 포맷의 유통에도 진출했다. 제프 베이조스 역시 기업의 지속적인 성장은 사업 다각화가 중요한 원동력이 된다는 점을 언급하고 있다. 다양한 성장동력을 갖지 못한 정체된 기업은 미래를 기약하기 어렵고 결국 도태된다는 것이다. 따라서 지속적인 성장을 위해 경쟁사가 진출하지 않은 신규 사업을 끊임없이 시도하고 있다.

다각화 시도는 사업을 정체시키지 않고 경영자원을 효과적으로 활용하려는 경영자의 의지를 반영한다. 항상 성공적이라고 할 수 없지만 끊임없는 신사업 진출 노력은 많은 경우 성공적이고, 경영자원을 수동적으로 보유하는 것보다 높은 가치를 창출할 수 있다. 또한 기업에게 변화와 위기에 능동적으로 대응할 수 있는 준비 기반을 만들어준다. 시장과 산업환경의 끊임없는 변화를 맞아 다양한 사업 포트폴리오를 폭넓게 검토함으로써 기회를 엿볼 수 있다. 이는 기업이 변화에 대한 긴장의 끈을 놓지 않도록 도와주며, 언젠가 하락할 수도 있는 기업가치의 변화에 주목하게 한다.

다각화에 따른 기업가치 효과는 장기적으로 역 U자 형태를 그린다. 그림 3은 다각화의 방식과 수준에 따른 기업가치, 즉 주가 수준 평가

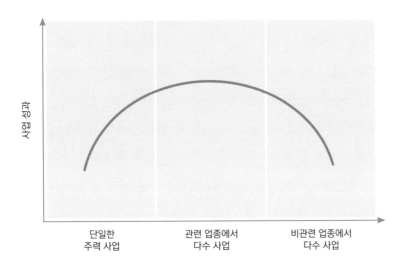

그림 3 다각화의 효과와 성과

(세로축: 기업 성과)

단일한
주력 사업 관련 업종에서
다수 사업 비관련 업종에서
다수 사업

를 도식화한 그래프다. 다각화 전에 단일 사업 영역에서 사업을 영위하는 기업은 단일 사업의 성장성이 둔화됨에 따라 다소 낮은 수준의 평가를 받는다. 인접related 영역 다각화를 통해 사업 자산과 역량을 효과적으로 활용할 경우 기업은 높은 성과를 달성한다. 일반적으로 적절한 수준의 다각화는 단일 사업을 영위하는 기업에 비해 사업 위험도는 낮추면서 자원 공유를 통한 비용을 줄임으로써 긍정적인 효과를 얻는다. 하지만 다각화가 기업이 보유한 핵심 영역을 벗어나 비인접 영역까지 확장되면 오히려 그 효과가 감소한다.

네덜란드의 대표 기업인 필립스Royal Philips는 2000년대 초까지만 해도 유럽에서 가장 혁신적인 기업이었으며, 글로벌 차원에서도 상위 수준에 위치해 있었다. 하지만 필립스는 과도한 다각화 과정을 통해 의료용 스캐너, 웹 카메라, 시스템반도체, 소프트웨어, 서비스 등 60

개 이상 영역에서 사업을 벌이고 있었다. 이러한 지나친 사업 확장으로 인해 고객관리가 갈수록 복잡해지고 고객의 니즈에 일관되게 대응할 수 없게 되었다. 결국 2010년까지 지속적으로 매출은 하락했고, 이익과 시장가치도 계속 감소했다.

많은 기업이 신규 사업에 진출할 때 기존 사업과의 충돌과 카니벌라이제이션cannibalization을 고려한다. 하지만 사업의 복잡성 증가로 내부관리 비용이 증가하는 것도 고려해야 한다. 마틴 모커Martin Mocker와 잔 W. 로스Jeanne W. Ross의 연구에 따르면, 사업 다각화로 인해 사업가치가 본질적으로 훼손되지는 않지만 장기적으로 고객만족도에는 부정적인 영향을 끼칠 수 있다고 한다. 내부관리 시스템이 지나치게 복잡해짐에 따라 사업부 내의 정보 교류가 원활하지 못해 고객 대응 부서가 필요한 정보를 찾지 못한다. 이로 인해 고객들은 적절한 서비스를 적시에 제공받지 못한다. 예를 들어, 제품 종류가 아주 다양한 전자제품 회사는 각 제품의 애프터서비스를 제공하기 위해 수많은 종류의 엔지니어와 부품군을 동시에 보유하고 있어야 한다.

이와 같은 사업 다각화의 역효과를 방지하려면 무분별한 다각화에 주의해야 한다. 기존 사업이 가지고 있는 핵심 역량과 자산에 대한 평가를 기반으로 적절한 수준의 통합integration에 집중해야 한다. 또한 앞에서 언급한 것처럼 카니벌라이제이션 효과 외에 사업 다각화에 따른 내부관리나 고객관리 시스템의 고도화에 필요한 비용 요소들을 꼼꼼하게 검토할 필요가 있다. 궁극적으로 사업 다각화의 목적은 지속적인 성장이므로 사업 다각화와 동시에 수익성과 가치가 하락하는 기존 사업이 있다면 과감한 정리가 필요하다.

수직적 통합의 추가 가치

수직적 통합vertical integration은 하나의 산업 내에서 완제품이 만들어지기까지 연결되는 가치사슬로 사업을 통합하기 위한 확장을 의미한다. 자동차 산업을 예로 들면, 완성차 회사가 핵심 부품인 엔진과 트랜스미션, 헤드램프는 물론, 유통을 위한 물류회사, 애프터서비스, 보험과 금융회사까지 모두 보유하는 경우다.

수직적 통합의 유형은 여러 가지가 존재한다. 제품의 원료부터 완제품까지 전 과정을 보유할 수도 있고, 기초 원료에서 중간 원료까지의 과정은 외주화하고 나머지 과정을 내재화하는 경우도 있다. 원자재나 부품을 받아 생산하고 유통 경로와 소비자 공급 및 사후 관리를 담당할 수도 있다. 수직적 통합을 통해 고객 접점에서 고객 요구를 신속하게 반영해 빠르게 원재료와 부품을 개발·제조할 수 있다. 또 이 과정에서 원가절감을 통해 가격경쟁력 확보가 가능하다. 산업 전체 과정에서 발생하는 부가가치를 폭넓게 향유할 수 있는 것도 장점이다. 전방산업에서 원자재, 부품 수급이 부족하거나 일시적인 가격 상승으로 조달이 어려울 경우에 대비할 수도 있다.

수직적 통합은 기업의 자연스러운 전략적 판단에 의해 진행된다. 기업은 하나의 사업에서 안정적인 지위를 확보하면 그것을 활용해 계속 성장을 이어나가려고 한다. 새로운 산업 영역에 진출하는 것을 목표로 삼을 수도 있지만 기존 사업의 인근 영역으로 진출하는 것이 더 용이하다. 기업의 성장이 어느 정도 진행되고 경쟁 입지가 확보되면, 이러한 수직적 통합은 기업가치에 긍정적인 영향을 준다. 부품과 원

DOs

자재의 안정적인 수급을 통해 완성품의 품질과 가격을 담보할 수 있고 지속적인 공급이 가능해진다.

고객 응대를 위한 서비스나 부품의 품질을 차별화할 수도 있다. 예를 들어, ARS 전화 응대 서비스는 대부분 기업들이 아웃소싱하고 있다. 하지만 핵심 고객이나 VIP, 또는 기업 고객 등 필수적인 대응이 필요한 경우에는 아웃소싱만으로 해결할 수 없다. 직접 내재화를 통해 차별화된 서비스와 고객 맞춤형 서비스를 제공할 수 있다. 이와 같이 특정 고객을 위한 차별화된 품질 서비스 등의 투자가 필요할 때는 시장을 통한 거래보다 내부화를 통한 운영이 더 유리하다. 시장에서 획득할 수 있는 제품과 서비스라도 거래 비용을 축소할 수 있는 이점이 생긴다. 기업 간 거래는 수수료, 세금, 물류비용 등 부가적인 비용이 발생한다. 이를 한 기업에 내재화한 경우에는 가치사슬에 따라 거래 비용이 크게 발생하지 않는다. 이는 기업의 산출 대비 비용을 축소하여 결과적으로 기업가치의 최종 목적지가 되는 현금흐름을 극대화할 수 있다.

반면, 수직적 통합에도 맹점이 있다. 후방산업과 완제품 사업이 호황일 경우에는 원자재와 부품을 생산하는 사업도 함께 좋아지면서 전체적인 실적이 급격히 좋아진다. 반대로 후방산업 경기가 위축되는 시기에는 전 사업에 걸쳐 광범위한 어려움을 겪을 수 있다. 또한 고도의 수직적 통합이 이뤄진 경우 조직의 유연성이 떨어지거나 핵심 분야의 내부화에 따른 관리비용이 증가할 수도 있다. 사업 환경이 급변하면 신속한 의사결정이 이뤄져야 하는데 융통성 있는 대응이 힘들 수 있다. 부품이나 원자재를 생산하는 사업부에서 외부 매출을 확대할 경우, 완성품 사업자가 경쟁 대상이 될 수도 있다. 기술 유출이나 정보 노출, 경쟁 관계에 대한 민감성으로 인해 상대 회사가 공급을 꺼릴 수도 있다. 이런 경우에는 개별 기업으로 존재했을 때보다 기대할 수 있는 기업가치의 증가 폭이 제한적이다.

2000년대 중후반 STX그룹은 조선업, 해운업 등 다양한 업종으로 사업을 확장하며 빠르게 성장했다. STX팬오션은 국내 3위 선사였고, STX조선해양은 글로벌 4위의 조선업체로까지 성장했다. 중국의 경제성장과 함께 급격히 늘어난 국제무역량으로 조선업과 해운업은 동시에 큰 호황을 누렸다. 2001년 시작한 STX그룹은 6년 만에 매출액 10조를 달성하고, 2011년에는 총자산이 20조를 넘는 그룹으로 급격히 성장했다. 세계 최대 크루즈선 제조사인 아커야즈Aker Yards와 중국의 다렌조선소를 인수하는 등 해외 기업 인수에도 적극적이었다. 이는 모두 수직적 통합을 향한 인수합병 덕분이었다. 하지만 불행하게도 이런 영광은 오래가지 않았다. 2008년 금융위기와 이로 인한 실물 경제 위축으로 해운업 경기가 2010년부터 급락했다. 물동량이 감소하면서 선주들의 선박 발주가 급감했다. 배를 생산할 수 없으니 부품 수요도 줄었다. 강력하게 통합된 STX의 계열사들은 동시다발적인 어려움을 겪었다. STX그룹은 결국 2012년 회생절차를 신청했고, 그룹은 해체되었다.

수직적 통합 자체를 좋다 나쁘다 단정하기는 어렵다. 단일 사업을 영위하는 강소기업이 개별 산업의 영역에서도 충분한 경쟁력을 바탕으로 성장하는 경우가 있다. 반면, 강력한 수직 계열화를 통해 글로벌 차원의 네트워크를 형성하여 산업 주도권을 행사하는 기업으로 성

DOs

장한 사례도 종종 발견된다. 중요한 점은 수직적 통합 후 각 계열사가 개별 기업으로서 경쟁력을 충분히 가지고 있는가다. 개별 업종의 업황과 계열사 간 협업이 어려워지더라도 산업 내 확실한 경쟁력이 있다면 그 영향은 제한적일 것이다. 가치사슬 인근 영역으로의 수직적 통합은 전략 수립 과정에서 쉽게 고려할 수 있다. 인수를 통해 단기간에 사세를 키우고자 하는 것은 전략 검토 테이블에 자주 올라오는 단골 메뉴다. 하지만 기존 사업의 비즈니스가 얼마나 탄탄한지가 훨씬 더 중요하다.

수직적 통합은 기업 성장전략의 대안 중 하나일 뿐이며, 사업 경쟁력 증대의 절대적 요소는 아니다. 오히려 인근 영역으로의 성급한 확장이 본업에 주게 될 부담과 위험도 고려해야 한다. 산업 내 경쟁력을 장기적으로 유지할 수 있는지, 경기변동에 따라 업황이 나빠져도 충분히 살아남을 수 있는지 등을 냉철하게 점검해야 한다. 스스로 살아남을 수 없는 산업에서 새로운 영역으로 확장한다고 해서 반드시 생존 가능성이 높아지는 것은 아니다.

사모펀드 산업 성장이 주는 시사점
○
●

최근 인수합병 시장에서 존재감을 드러내고 있는 사모펀드Private Equity Fund 투자는 소수 출자자로부터 비공개 자금을 모아 다양한 산업 내의 여러 형태 기업들에 자본 참여 투자 및 경영권 인수를 하고 단기간 내 기업가치를 높인 후, 매각을 통해 그 차익을 향유하는 사업모델이다. 보통은 3~5년, 길게는 7~8년 정도의 투자 기간 동안 피투자기업의 가치 제고 활동을 전개한다.

사모펀드는 법적으로 '사모투자합자회사'로 불리는 상법상의 회사다. 따라서 수익 창출을 목적으로 하는 일반적인 기업들과 동일한 경영활동을 수행하되, 수익을 실현하는 기간이 단기간이라는 차이점이 있을 뿐이다. 그렇다면 단기간 내 고수익을 창출한 후 투자회수exit를 추구하는 사모펀드가 주로 투자하는 영역이나 선호하는 기업들은 어떠한 차별화된 특징이 있는 것일까? 이 질문에 대한 대답은, 사모펀드들의 투자 대상이 보편적 기업이라는 전제하에 특별한 '차별적인 특징'은 없다는 것이다. 실제로 사모펀드는 소규모 스타트업이나 벤처기업을 제외한 거의 모든 산업 영역과 기업을 투자 대상으로 한다. 심지어 '기업구조혁신펀드'와 같이 재무구조가 열악하거나 사전적·사후적 회생절차 중인 리스크가 큰 기업들을 대상으로 구조조정 투자를 하는 펀드도 있다.

또한 기업의 생애주기상 단계나 규모, 재무적 상황에 따른 구분 이외에도 지배구조 개선, 가업승계 등이 필요한 기업, 사회경제적인 니즈가 있는 기업 들에도 사모펀드가 적극 투자하고 있어, 이들 기업에는 좋은 선택이 되는 경우도 있다. 대리점 갑질 사태와 자사 제품의 코로나19 억제 허위 광고에 따른 실적 악화로 결국 사모펀드 운용사에 최대주주 지분을 매각하기로 한 남양유업이나, 경영권 승계 대신 IMM 프라이빗 에쿼티에 회사를 매각한 한샘이 대표적인 사례다. 이렇게 다양한 유형의 기업들에, 달리 표현하면 일반적인 기업들에 투자한 사모펀드가 대부분 시중 정기예금 금리를 훌쩍 뛰어넘는 높은 수익률로 투자회수에 성공했다는 사실은 기업 경영인에게 시사하는 바가 크다.

바이아웃펀드들이 인수한 기업에 대한 사업가치 제고 활동은 인수 대상 기업이 놓인 상황에 따라 접근법이나 세부 내역이 달라질 수 있지만, 일반적으로 다음과 같은 영역에서 이루어진다. 최우선적으로 수행하는 업무는 지배구조governance를 재정립하는 것이다. 한국 기업들은 대부분 소유와 경영이 분리되지 않은 채, 최대주주이자 경영자인 오너 개인 역량에 따라 회사 실적이 좌지우지되는 경우가 많다. 그러다 보니 전체 조직이 오너의 일거수일투족만 바라보는 비효율적인 운영과 의사결정 관행이 만연해 있고, 이로 인해 외부자 시각에서는 기업가치 개선 여지가 존재하게 된다. 사모펀드 투자자들은 기업가치를 높이는 전략과제에만 집중하는 반면, 일부 기업들은 소위 오너 어젠다로 불리는 최대주주의 다양한 관심사에 자원이 투입되고 있는 실정이다.

사모펀드 투자자는 기업을 인수한 이후 풍부한 경험과 전문성을 겸비한 업계 최고의 전문경영인을 영입하고, 사내외 적합한 인력으로 이사회를 강화하여 의사결정을 지원하고 감시한다. 경영의 전문성을 강화하고 의사결정의 리스크를 축소하는 조치다. 간혹 기존 최고경영자를 유임시키는 경우도 있으나, 이는 업에 대한 전문성을 보유하고 있다는 것을 전제로 한다. 가치투자로 유명한 워렌 버핏도 그의 투자 성공 이유를 합리적인 인수 가격과 유능한 경영진 때문이라고 말한다. 그만큼 훌륭한 전문경영인의 역할은 기업가치 제고의 핵심 요인이다. 이어서 조직을 정비하고 그에 따른 평가기준과 보상체계 등의 운영 인프라를 정비한다. 이 작업이 중요한 이유는 모든 이해관계자들이 같은 곳을 바라보고 주어진 목표를 달성하기 위해 최선을 다하도록 동기부여를 하며, 그 과정에서 불필요한 시간과 노력의 낭비를 방지할 수 있기 때문이다.

이렇게 갖춰진 새로운 인력과 조직 구성에 맞춰 오퍼레이션상의 효율성 극대화operational excellency 작업을 추진한다. 이는 보통 인수 작업이 진행되는 실사 과정에서 그 밑그림이 그려진다. 실사 과정에서 경영 컨설팅 회사 등 전문가의 도움을 받아 대상 회사의 장단점과 성과 창출 기회 영역을 미리 파악하고 개선 전략을 수립한다. 연구개발, 구매, 생산, 영업·마케팅 등 밸류체인 전 영역에 걸쳐 기업가치에 미치는 중요도에 따라 우선순위 전략과제를 설계하고, 이것에만 집중하여 실행하며 끊임없이 점검하고 관리한다. 물론 이러한 전략과제는 조직별 성과 평가지표에 연동되어 있고, 따라서 보상체계에도 확실하게 영향을 미쳐 실행력을 보강한다.

내부 정비가 끝난 후 외적인 성장을 위한 볼트온bolt-on 인수합병도 사모펀드가 추구하는 주요한 기업가치 제고 활동 중 하나다. 볼트온 전략은 이미 인수한 투자 대상 기업이 동종 업체 혹은 연관 업체를 추가 인수하여 시너지를 창출하는 투자전략이다. 볼트온 전략이 기업가치 창출에 도움이 되는 이유는 기존 사업에서 획득한 경험과 지식을 통해 추가로 인수한 기업에 대한 리스크 관리가 용이하고, 또한 외형 확대를 통해 규모 있는 사업으로 탈바꿈함으로써 시장지배력 강화와 규모의 경제를 통한 원가절감으로 수익성 제고가 가능하기 때문이다.

부수적으로 이 방법을 사모펀드가 선호하는 이유는, 투자 대상 기업의 여유 자금 또는 현금흐름을 기초로 한 인수 금융을 주로 활용하므로 사모펀드 자체 투자자금을 최소화하면서 내부투자수익률로 표시되는 사모펀드의 투자수익률을 높이는 효과도 발생하기 때문이다. 최근 사모펀드의 볼트온 인수합병은 이익 성장이라는 기본적인 목표뿐 아니라, 투자 대상 기업의 제품과 서비스 다변화, 고객 세그먼트 확장과 신시장 진출 등 장기적인 성장잠재력을 키워서 기업 가치를 높이려는 형태로 진화하고 있다. 이러한 투자 대상 기업의 기업가치를 높이고자 추진하는 다방면의 활동들이 개별적으로 진행될 수도 있겠지만, 사모펀드에게 주어진 3~5년이라는 시간 내에 가치 제고 효과나 규모를 극대화하기 위해 보통은 인수 직후부터 동시에 추진하여 기업 체질을 조기에 개선하고 실적 향상에 매진한다.

사모펀드 투자 대상 기업이 일반 기업에 비해 성장률이 3배나 높게 나타났다는 실증 통계가 있다. 매일경제와 컨설팅회사 베인앤컴퍼니가 2010년부터 2020년까지 10년간 경영참여형사모펀드의 인수 후 매각 기업(지분가치 1천억 원 이상) 50개 사를 조사한 결과, 이들 기업의 매출액 증가율은 연평균 11.3%로 같은 기간 국내 기업 평균 매출 증가율 4%보다 3배 가까이 높게 나타났다고 한다. 영업이익 증가율은 연평균 10.6%를 기록, 1.3%에 그친 국내 평균의 8배를 웃돌았다. 단순히 운이 좋아서라든가 우호적인 외부 환경의 영향이라고 하기에는 너무나 확연한 차이임에 틀림없다. 일반 기업인들은 현재의 자사 실적이 '최선'이라고 얘기했지만, 사모펀드 투자자들은 이 기업을 인수하여 추가적인 실적 개선을 이루어내고 기업가치를 증가시켰다.

일반 기업의 현재 성과 수준에 대한 해당 기업 경영진과 사모펀드

그림 4 사모펀드 인수 기업의 성과

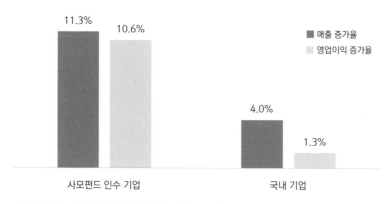

11.3% 10.6%

■ 매출 증가율
□ 영업이익 증가율

4.0%

1.3%

사모펀드 인수 기업   국내 기업

사모펀드가 2010~2020년 투자금 회수한 기업 50개 비교 분석
국내 전체 기업 수치는 2010~2019년 연평균   출처: Bain & Company, 통계청

투자자 간의 시각 차이는 결과적으로 기업가치 창출 역량의 차이에서 기인한다. 바이아웃펀드와 같은 전문가들의 시각에서는 대부분의 한국 기업들에서 기업가치 개선 여지가 발견된다. 업계에서 두고두고 회자되는 한 사례로, 과거 미국 투자회사 KKR이 홍콩계 사모펀드 운용사 어피너티 에퀴티 파트너스Affinity Equity Portners, AEP와 함께 오비맥주를 인수하여 국내 맥주 산업의 판세를 뒤엎은 일을 들 수 있다. 2009년 7월, 당시 오비맥주의 최대주주였던 AB인베브는 자신들의 재무구조 개선을 목적으로 18억 달러에 오비맥주를 KKR과 AEP에 매각했다. 이 새로운 주주들은 인수 직후부터 노후 설비를 교체하고, 생산능력을 증대했으며, 공격적인 마케팅 전략을 실행함으로써 인수 당시 국내 시장점유율 40.6%이던 오비맥주를 5년 후 2014년 4월에 매각할 즈음에는 61%로 상승시키며 시장 1위를 탈환했다. 이 사모펀드

투자자들이 오비맥주를 경영하는 동안 매출액은 연평균 13.2% 성장했고 EBITDA(기업이 영업활동으로 벌어들인 현금 창출 능력 지표)는 매년 15.0%씩 증가해, 결국 인수 후 5년 만에 58억 달러에 AB인베브에 재매각함으로써 매각 차액만 40억 달러(한화 약 4조 4천억 원)에 달하는 막대한 수익을 거두었다. 하지만 AB인베브가 재인수한 이후 현재 오비맥주는 사모펀드가 운영할 때보다는 상대적으로 큰 성과를 거두지 못하고 있다. 한편, 개별 바이아웃펀드마다 가치 개선 역량 차이로 펀드끼리 손바뀜으로 거래되는 2차 딜secondary deal에서도 각 거래마다 기업가치가 상승하곤 한다.

대기업에서 근무하는 지인들로부터 사모펀드의 투자 대상 기업 수익성 개선 노하우를 배우고 싶다는 질문을 간혹 받는다. 그럴 때마다 앞에서 언급한 내용들을 가감없이 공유하면 반응은 뻔하다. 우리도 그렇게 하는데, 왜 잘 안되느냐고……. 그만큼 사모펀드 투자자들의 기업가치 제고 방식이 상식적이고 교과서적으로 들릴 수 있다. 결국 선택과 집중을 위한 엄정한 판단, 과감한 의사결정을 위한 용기와 실행력 문제로 귀결된다. 단기간에 수익을 창출해야 하는 사모펀드 입장에서는 절박한 심정으로 핵심 전략과제의 실행에 오롯이 집중할 수밖에 없다. 또한 간과해서는 안 되는 것이 실행을 잘 관리하는 것도 중요하지만, 관리가 필요 없도록 모든 조직의 이해관계를 사전에 완벽하게 일치시키는 것이다. 기업이 성장의 한계에 도달했다고 평가받을 때, 월급쟁이의 눈에는 제약 사항들이 먼저 보일 수 있지만 주주 시각에서는 좀 더 키워낼 여지가 있는 것이다.

이렇듯 일반적인 기업 경영자들과 비교했을 때, 상대적으로 높은

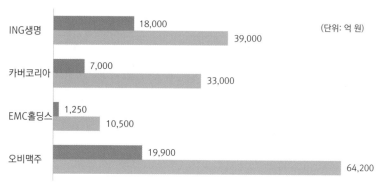

그림 5 사모펀드 인수 전후 기업가치 변화

■ 인수 ■ 투자금 회수

ING생명 18,000
39,000

(단위: 억 원)

카버코리아 7,000
33,000

EMC홀딩스 1,250
10,500

오비맥주 19,900
64,200

출처: 국내 IB업계

기업가치를 창출해 내는 사모펀드 투자자들은 분명히 경영의 전문가다. 실제 비즈니스 세계에서 이들 사모펀드는 잘 정리된 매물을 시장에 제공하는 공급자일 뿐만 아니라, 그런 기업을 운영하고 키워내는 업계 내 막강한 경쟁자이기도 하다. 성장하는 사모펀드 산업을 보면서 경영자들은 끊임없이 혁신하지 않으면 안 되는 위기감을 느껴야 한다. 또한 혁신을 위한 변화의 폭과 속도에 대한 기존 시각을 바꿔야만 한다.

혁신으로 위기를 돌파하라

○
●

기업 성과는 전략과 실행의 함수로 결정된다. 뛰어난 전략으로 차별화된 성과를 낳기도 하고, 남들보다 치열한 노력의 결과로 실행 역량이 앞서면 그에 걸맞은 성과로 이어지기도 한다. 하지만 주요 경쟁사를 뛰어넘는 성과를 창출하고 상대적 격차를 누리기 위해서는 전략과 실행이라는 양 측면에서 모두 확실한 차별화를 만들어야 한다. 앞에서 살펴본 내용은 전략적 측면에서 차별적 노력으로 탄생했던 대표적 선택들(톱 3 달성, 다각화, 수직적 통합 등)이 어느 정도 상대적 경쟁우위를 보장해 주었는가, 그러한 경쟁우위가 얼마나 유지 가능했는가 등을 살펴봄으로써 '지속적인 변화 노력 없는 안정적인 경쟁 차별화가 과연 가능한가'라는 질문에 대한 답을 구하고자 했다. 결론적으로 일시적인 안정화나 경쟁우위는 가능하지만, 이러한 경쟁 구도의 지속 가능성은 거의 없다는 시사점을 공유하고자 한다.

또한 사모펀드 경제라고 불리는 새로운 경쟁의 축이 형성된 현재의 산업 구도하에서 더 이상 주관적인 평가기준은 유효하지 않다는 점을 강조하고 싶다. 산업 평균 이상의 수익성과 성장성을 보이는 정상 상태의 기업은 나름 최선의 개선 활동을 지속한다는 전제로 차년도의 성과 유지를 전망하며 주주와 소통하지만, 사모펀드가 바라보는 산업 전망과 경쟁력 차원에서는 항상 추가적인 개선 잠재력이 있다. 일단 인수가 마무리되면 사모펀드는 기존 경영진과는 완전히 다른 시각으로 업의 본질에 접근하여 사업 포트폴리오와 모델을 재편하기도 하고, 기존과 유사한 형태의 전략을 구사하는 경우에도 차원이 다른 변화의 폭과 속도를 접목하여 '새로운 시간 개념'으로 업을 재정의하며, 기존 경영진에게는 먼 미래의 목표일 수밖에 없는 개선치를 3~4년이라는 시간 안에 달성한다. 그렇다면 과연 무엇부터 바꾸어야 할까? 앞에서 몇 가지 사례를 통해 CEO조차도 많은 경우 지속 혁신에 주저

표 1 혁신과 변화를 방해하는 주요 사례

현재의 경영 성과를 엄정하게 검토할 동기가 없음
→ 근본적인 재점검보다는 주어진 임기 안에서 개선을 추구함
현재의 경영 현황 개선에 대한 인식이 부재함
→ 현재의 상황은 과거와 다르지 않고 근본 원인도 유사하다는 시각
엄정한 실행 역량의 보완 필요성을 인정하지 않음
→ 과도한 실행력 배가와 모니터링이 주는 반작용에 대한 거부감
제도나 시스템 개선 폭에 대한 통념
→ 혁신적 접근보다는 부분적 보완과 일부 개선 위주의 변화 방식 선호
전략의 변화와 실행 역량의 보완을 함께 추진하지 않음
→ 동시 진행에 대한 부담으로 한 번에 한 가지에만 집중

한다는 점을 보여주었다. 혁신적인 변화를 망설이게 하는 주요 사례들을 표 1과 같이 정리할 수 있다.

결국 이러한 제약을 극복하여 생존을 담보하는 혁신을 시작하기 위해서는 냉정하게 현실을 인식할 수 있어야 한다. 이는 물론 최고경영자의 역량과 자질에 관련된 문제일 수 있다. 하지만 이를 가능케 하고 권장하기 위해서는 이사회와 주주, 그리고 투자기관을 포함한 시장의 역할이 매우 중요하다. 앞에서도 이야기한 것처럼 뛰어난 전문경영인에게 확실한 기업가치 창출 미션을 부여해야 하고, 이사회는 경영진의 핵심 투자 의사결정과 주요 경영활동을 모니터링하며 건전한 '견제와 균형' 역할과 이사의 '신의성실의 의무'를 다하면서 생산적인 경영활동과 지속 혁신에 관한 의사결정은 전폭적으로 지원해야 한다. 투자기관들도 분기별 컨퍼런스콜과 주요 공시 사항에 대한 점검 활동을 통해 기업가치 창출 활동을 평가하고 필요한 피드백을 제공해야

DOs

한다. 또한 연 단위 주주총회와 임시 주총을 통해서 주주들은 이사회의 활동과 경영진의 성과를 엄정하게 평가하고, 이를 통해 임원진의 선임과 이사회 구성, 그리고 평가에 따른 합리적이고 때로는 파격적인 보상안을 마련해야 한다.

이러한 냉정한 평가 위에서 장기적 목표가 수립되고, 그러한 목표를 달성하기 위한 다양한 선택지가 마련되어야 한다. 엄격하고 객관적인 현상 인식에 기반한 장기 계획이 아니라면 기업가치 증대 가능성은 매우 낮아지게 마련이고, 검증 가능한 중간 마일스톤milestone의 수립도 실제로는 불가능하다. 성과 기반 위에서만 업의 본질도 다시한번 검증되고 재정의할 수 있다. 또한 엄정한 업의 정의를 통해 차별적인 사업모델 수립도 가능하다. 사업모델의 차별적 우위는 다양한 혁신 아이디어와 변화 프로그램을 통해 완성된다. 이렇게 경영의 핵심 요소들은 서로 연계되어 있고, 차별화 유지를 위해서는 이러한 모든 핵심 요소들이 선순환의 과정으로 설계되고 개선될 수 있어야 한다. 이 모든 것의 시작은 냉정한 현실 인식이다.

2

미션

가치 창출만이
모든 판단의 시작과 끝이다

── 핵심 질문 ──

기업의 가장 근본적인 사명은 무엇인가?

기업이 가치라는 본질에 집중하지 못하는 이유는 무엇인가?

기업가치의 올바른 평가방식은 무엇인가?
가치 왜곡과 오해는 왜 생기는가?

왜 지금 기업가치 중심의 경영을 이야기하는가? 기업가치를 정확히 알 수 있다면 무엇이 달라지는가? 삼성전자와 현대자동차의 기업가치가 변하면 한국 경제에 어떠한 영향을 미치는가? 미국 기업인 애플이나 테슬라의 기업가치 변화는 한국 경제와는 어떤 관계가 있는가? 주식시장에서 가치의 왜곡이 있다면 이러한 현상은 왜 발생하는가? 좋은 기업, 좋은 주식을 평가하는 기준은 시대에 따라 바뀌는가?

2020년부터 시작된 주식시장 활황으로 개인투자자들, 특히 MZ세대로 불리는 2030 젊은이들의 주식투자에 대한 관심이 급증했다. '동학개미', '서학개미'로 불리며 주식시장의 대세로 등장한 이들 개인투자자들의 움직임에 언론과 방송, 기존 금융투자 업계에서도 많은 관심을 보였다. 금융시장에 대한 이러한 관심은 당연히 긍정적이다. 왜냐하면 개인투자자의 관심과 참여는 금융·자본시장의 성장으로 연결되고, 이는 국가 경제에서 생산을 담당하는 기업의 투자 기반이 되기 때문이다. 개인과 기관투자자의 투자자산이 시장에 유입되어 기업이 직접 자본을 조달할 수 있으며, 이는 전체 금융시장의 규모를 확대시키는 효과를 가져온다. 그렇다면 주식시장은 과연 기업의 본질가치를 적절하게 반영하고 있는가? 우리는 과거에 바이코리아Buy Korea 열풍과 닷컴버블을 경험했다. 이 시절 개인투자자들은 투자 열풍 속에서 기업의 본질보다 과열된 흐름과 분위기에 더 휩쓸렸다. 본질적인 기업가치를 논하기 전에 우리가 과거에 경험했던 몇 가지 사례와 현재 상황을 비교하며 그 시사점을 살펴보도록 하자.

현재 주식투자 열풍과 과거 바이코리아 열풍의 차이는 무엇인가?

IMF 외환위기 발생 후인 1999년 3월 현대증권과 현대투신운용이 선보인 '바이코리아펀드'에서 시작된 바이코리아 열풍은 20년이 지난 오늘날 '동학개미운동'으로 그 맥이 이어지고 있는 모양새다. 그러나 그 내용을 자세히 들여다보면 이 두 번의 주식투자 열풍은 몇 가지 측면에서 차이점이 있다. 바이코리아 주식투자 열풍은 IMF 외환위기 당시 '금 모으기 운동'의 연장선상에서 다소 애국적인 동기로 시작되었다. 펀드 출시 넉 달 만에 판매액 10조 원을 돌파했으며, 이후에 이어진 IT 주가 상승과 맞물려 빠르게 성장했다. 예금금리에 만족하지 못했던 개인투자자(소액투자자)의 비중이 높았다. 그러나 곧이어 터진 닷컴버블 붕괴와 이를 운용하던 기관들의 비리가 드러나면서 펀드 원금이 반토막 나는 사태가 벌어졌고 열풍은 잠잠해졌다.

오늘날의 동학개미가 바이코리아 열풍 당시의 개인투자자들과 다른 점은, 무엇보다도 그들이 스마트 투자자로 불릴 만큼 주식과 기업에 대해 분석하고 많이 공부한다는 것이다. 이는 우리나라의 사회적·경제적 현실과 무관치 않다. 물론 코로나19 사태로 인해 폭락하는 국내 증시의 반등을 기대하며 개인투자자들이 등장한 배경에는, 과거 IMF 외환위기나 2008년 글로벌 금융위기 당시의 주식시장에 대한 학습효과가 있었다는 것을 부인할 수 없다. 그러나 한국증권거래소의 투자 주체별 매매 데이터가 존재하는 1999년 이래 개인, 기관, 외국인 통틀어 주식·ETF 시장의 월간 순매수 금액이 10조 원을 넘긴 적이 없었는데, 2021년 3월 한 달간 개인이 약 15조 원을 순매수했다.

이는 역사상 최대 규모의 주식 매수가 일어난 배경을 과거의 학습효과라고만 평가하기엔 뭔가 부족하다는 것을 시사한다. IMF 외환위기와 글로벌 금융위기라는 두 차례 폭락장에서 경험했던 시장 복원력에 대한 학습효과 외에도, 역사상 최저의 예금금리 탓에 풍부해진 유동성이 투자처를 찾지 못하고 주식시장으로 몰린 표면적인 이유와, 그 이면에 저금리 시대가 고착화되면서 개인의 자산 증식을 위해 주식투자가 필수가 되기 시작한 시대적인 변화의 흐름이 있다. 2017년부터 시작된 강력한 부동산 규제로 투자처가 제한된 것도 한 요인이었다. 갑자기 급등한 부동산 가격으로 인해 내 집 마련의 꿈이 멀어

DOs

진 개미들에게 상대적 박탈감과 미래에 대한 불안감을 탈피하기 위해 주식이 선택할 수 있는 유일한 돌파구라는 희망도 함께 녹아 있을 것이다. 그 결과, 부동산 매각 자금, 전세 보증금을 월세로 전환한 차액, 사상 최고치를 경신한 개인신용 대출 등 말 그대로 '영끌'하여 주식에 투자한 것이니만큼, 단순한 저가 매수를 떠나 투자 대상에 대한 철저한 분석을 바탕으로 전문가 못지 않은 현명한 투자를 해야 하는 절박한 상황이 되었다. 삼성전자 주식을 보유한 우리나라 국민이 약 300만 명이라고 하니 동학개미의 저변은 물론, 나름 전문성을 갖춘 개인 투자자의 등장을 체감할 수 있다.

2001년 닷컴버블과 2021년 유니콘 기업의 탄생 배경에는 차이가 있는가?

닷컴버블 시대는 제4차 산업혁명의 시작이라고 여겨졌던 인터넷 산업이 막 등장하던 시기로, 무에서 유를 창조한 과거 제1차 산업혁명과 유사한 충격을 주었다. 따라서 과거 산업혁명 시대의 경제적 혼란과 유사하게 새롭고 다양한 사업모델을 보유한 인터넷 기업들이 우후죽순처럼 등장하며 수익모델이 제대로 정립되지 않았지만, 수백 수천억 원의 기업가치로 거래되는 사례들이 나타나기도 했다. 그 결과, 가입 회원 수만 많으면 언젠가는 돈이 될 것이라는 막연한 기대 속에 모든 인터넷 사이트들이 데이터베이스 구축과 고객 늘리기에만 혈안이 되기도 했다. 다행히 얼마 가지 않아 버블이 붕괴되며 이러한 기업들의 옥석이 가려지게 되었다.

2020년대의 스타트업들은 이익이 나지 않는 상태에서도 유니콘 기업이 되었다는 점에서 과거 닷컴 열풍fever 시절의 인터넷 기업들과 유사하다. 하지만 이들은 과거 닷컴 기업처럼 무에서 유를 창조했다기보다 닷컴버블을 겪으면서 인터넷, IT, 모바일 산업이 성장하고 이에 따라 인터넷 사용과 디지털 생활환경이 보편화되자, 이를 활용한 새로운 사업모델을 개발하면서 유니콘이 되었다는 차이점이 있다. 또한 4차산업의 발전 과정에서 바이오나 2차전지 같은 새로운 영역의 성장산업이 등장하면서 유니콘 기업을 더욱 자주 목격할 수 있게 되었다. 무엇보다도 이들은 시간과 규모의 문제일 뿐이지 뚜렷한 수익모델을 갖고 있다. 가치를 창출하는 실질적 사업모델이 있는 것이다. 따라서 닷컴 열풍 시기의 기업들을 평가했던 기업가치 및 시가총액과 비교하면, 비록 거품 논란이 있지만 최근의 유니콘 기업들은 상대적으로 수긍이 가능한 기업가치를 보유하고 있다. 닷컴버블 시대에 겪었던 혼돈의 경험을 토대로 어느 정도 정상화 과정으로 수렴하고 있는 것이다. 예를 들어, 현재 우리나라 전 국민의 생활 플랫폼이자 2021년 시총 최대치가 70조에 달했던 카카오도 닷컴버블 당시 사업 초기에는 뚜렷한 수익모델이 없어 고전했다. 이러한 고난의 시대를 겪으면서 하나둘씩 수익모델을 만들어가며 오늘날의 대표적인 빅테크 기업으로 발돋움했다.

2021년 초 카카오의 김범수 의장과 배달의민족을 운영하는 우아한 형제들의 김봉진 대표가 개인 재산의 절반을 사회에 환원하겠다고 발표했다. 각각 5조 원과 5,500억 원이 넘는 거액으로 지금껏 한국의 기업인들 사이에서는 그 선례를 찾아보기 힘든 의미 있는 결정이다. 이들은 기부를 결심하게 된 배경을 이렇게 설명한다. "선배 기업인들이 헌신하며 닦아놓은 사업 환경에서 특별한 노력 없이 이루어진 부는 사회로 환원하는 것이 옳다." 이 말에서 알 수 있듯이, 닷컴 기업들은 버블이 붕괴되면서 경제에 큰 충격을 주고 부작용을 남기기는 했지만, IT 산업 성장과 인터넷 문화 확산을 통해 오늘날 우리가 목도하는 유니콘 기업 성장의 토대가 되었다.

기업가치의 구성 Value House

'가치'는 기업활동의 목적이자 본질이 되어야 한다. 그렇다면 기업가치는 어떻게 구성되는가? 기준을 명확히 해야 한다. 이론적으로는 물론, 기본적인 개념으로 정립되어 있는 프레임워크를 통해 전달하고자 한다(그림 6 참조). 책에서 전달하는 기본적인 내용은 이 프레임워크를 염두에 두고 서술할 예정이다.

기업가치는 현재 영위하고 있는 사업의 성과인 현금흐름에 기반을 두고 있다. 현금흐름의 성과 극대화를 위해서는 제품과 서비스를 현재 사업 영역 내에서 확장하는 신제품을 출시하거나, 기존 고객군 내에서 점유율을 확대하고 가격 인상과 부가 서비스 등을 통해 매출을 증가시키는 방안이 있다. 또한 서비스와 제품 판매에 소요되는 비용, 대표적으로는 직접원가와 간접·공통 비용, 그리고 투자비를 축소하여 수익성을 향상시킬 수도 있다. 기업의 핵심 역량과 내부자원은 현재 영위하는 사업 성과를 극대화하기 위해 필요 인력과 자원, 경험, 기술을 최적으로 조합시키는 데 초점을 맞춘다. 기업의 역량은 적정 수준으로 설정된 목표를 달성하는 데 활용되고, 이를 기반으로 기업가치 창출을 확장하는 데 필수적으로 사용된다.

이러한 기업활동은 본질적이고 1차적인 것으로, 기업가치는 이보다 다양한 요소로 구성된다. 시장은 기업을 바라볼 때 미래에도 지속 가능한 성장을 기대하기 때문이다. 현재 영위하고 있는 사업 영역 외부에서 제품과 서비스를 출시하고 성공시킬 수 있는지, 이를 통해 현재를 뛰어넘는 성과를 미래에도 올릴 수 있는지 기대한다. 기존에 없던 제품과 서비스 개발, 사업화, 수익 창출에 이르는, 이른바 '혁신' 과정이다. 그런데 내부 역량만으로는 지속적인 혁신을 일으키는 데 부족하다. 제품과 서비스의 생애주기를 고려하면, 혁신 과제는 기업 자체의 활동만으로는 충족되지 않기 때문이다. 따라서 이를 외부적 관점에서 수혈받을 수 있는 가능성이 열려 있어야 한다. 이 지점에서 외부 사업의 지속적인 인수합병, 새로운 역량을 수혈하기 위한 파트너십을 시도할 수 있다.

기존 사업과 미래 혁신 사업을 동시에 추구하는 데는 위험이 따른다. 과도한 사업 확장에 따른 재무 부담, 역량 분산 및 전략적 불일치 mis-alignment, 기존 자기 사업과의 충돌 같은 카니벌라이제이션이 발생하기 때문이다. 조직 내부의 견제와 갈등도 위험 요소로 부각될 수 있다. 많은 기업들이 이 부분에서 신성장 산업과의 공존에 어려움을 겪고 좌절한다. 여기에 고려해야 할 사항이 더 있다. 기업 규모가 커지고 성공적인 모습으로 변모할수록 사회적 가치와 외부적 요소가 중요한 역할을 하게 된다. 사회적 가치 기반은 기업을 둘러싼 환경과 주요 이해관계자, 그리고 미래에 활용 가능한 자원을 포괄한다. 이를 통해

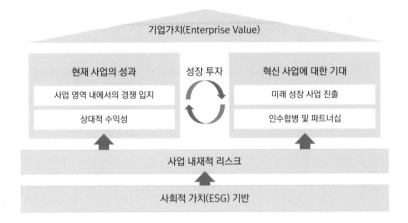

그림 6 기업가치의 구성 – Value House

기업은 핵심 역량을 확보하고, 재무적 유동성 기반을 마련하며, 올바른 지배구조 구축을 위한 건전한 자극과 견제, 지원을 받게 된다. 이러한 사회적 가치 기반social infrastructure은 기업이 가치 중심의 목표 설정과 관리체계를 만드는 데 필요한 규범적 기준을 제시할 뿐 아니라, 기업이 지속적인 혁신을 해나가는 데 필요한 원천을 제공한다. 기업의 가치 창출은 이렇게 내외부 요소의 총체적 융합과 적극적인 활용을 통해 비로소 구현 가능하다.

앞서 언급한 두 사례는 기업가치의 본질에 대한 이해에 기반하여 일어난 대규모 투자 열풍은 아니지만, 최근의 상황 변화와 연결되면서 기업의 의미와 기업가치의 본질에 대한 고민과 질문을 우리에게 안겨준 것만은 사실이다. 이를 통해서 미래 지향적인 기업은 무엇이고, 기업이 어떻게 성장해 나갈지에 대해 개인투자자뿐만 아니라 정부에도 많은 시사점을 주었다.

가치평가의 기본 원칙은 무엇인가?

○
●

이제 기업가치의 정석에 대해 살펴보기로 하자. 우선, 기업의 성과는 다양한 방식으로 평가된다. 기업을 평가해야 하는 상황과 목적에 따라 다르다. 좋은 제품을 만드는 기업인지, 투자를 많이 하는 기업인지, 고용주가 좋은 회사인지, 세금을 많이 납부해서 국가 재정에 기여하는 회사인지에 따라 다르게 평가받는다. 기업은 다양한 역할을 수행하기 때문이다. 외부에서 보는 관점은 기업이 창출하는 고용이나 사회적 부가가치에 따라 평가하며, 좋은 기업과 나쁜 기업을 나누는 사회적 여론에 중요한 영향을 끼치기도 한다. 한국 경제가 산업화를 거치는 동안 기업인들이 기업보국, 사업보국, 기술보국과 같은 말을 많이 언급했다. 일반적인 기업관 속에는 알게 모르게 기업의 사회적 역할과 책임에 대한 의식이 자리 잡고 있다.

한편, 기업은 직원의 만족도라는 지표로도 평가된다. 직원들에게 적절한 기회를 주고, 공정하게 평가하며, 합리적인 보수와 복지, 그리고 고용 안정성을 제공하는 기업인지 평가한다. 다만, 이러한 모든 다양한 평가 방법은 기업의 본질적 목적, 즉 기업가치를 창출해야만 기업의 유지 가능성 기반 위에서 비로소 의미를 가진다.

기업 성과를 총주주수익률TSR로 측정할 것을 제안한다. 대다수 경영자라면 익숙한 개념이며 계산도 어렵지 않다. 시가총액의 변동분에 주주에 대한 환원정책을 모두 더한, 즉 주주가 기업에 투자한 기간 동안 확보하게 되는 총수익의 합으로 표현된다. 상장사라면 어느 기업이나 매년, 매 분기 매출액과 영업이익, 순이익과 현금흐름을 발표한

DOs

다. 이는 기업의 본질적 가치인 총주주수익률이 증가하고 있는지 적절하게 평가하기 위한 것이다. 투입 요소에 대한 회수를 정확히 따짐으로써 성과를 평가하는 것이다. 하지만 장기적인 평가를 위해서는 추가적으로 인적 요소를 자세히 살펴보는 것도 매우 중요하다. 이에 대해서는 뒷부분에서 자세히 다루기로 하고 여기서는 그 필요성만 간단히 살펴보자.

장기적으로 주주가치가 지속적으로 성장해 왔고 미래에도 성장이 예상되는 기업 중에서 직원의 만족도가 높지 않은 회사의 사례를 얼마나 많이 발견할 수 있을까? 물론 단기적으로는 여러 가지 갈등과 경영상의 이슈가 발생할 수 있지만 직원의 만족도는 궁극적으로 기업가치의 장기적 성장을 위해 필수적인 요소다. 물적 투자의 수익성 계산은 산술적이지만, 인적 요소의 투자와 성과는 정량적 계산에 더해 정성적 요소로도 평가되어야 한다. 장기 관점에서는 기업가치를 평가할 때 인적 요소의 변화를 세밀히 살펴야 한다.

기업과 업종마다 조금씩 다르지만, 장기적인 관점에서 보면 기업의 총주주수익률은 기업활동의 모든 측면을 포괄하는 결과물이다. 투자자들은 자신의 투자금액에 대해 시간과 투자위험 부담에 대한 충분한 보상을 기대하며 투자를 결정한다. 투자자의 의사결정은 주식이라는 투자 대상을 채권, 부동산 등 다른 대안들과 비교해서 충분히 합리적이라고 판단할 때 이뤄진다. 투자 의사결정의 주체인 주주들은 기업의 성과에 기초하여 적절하게 보상받아야 할 권리가 있다. 따라서 기업가치가 어떻게 창출되는지, 이를 어떻게 측정할 수 있는지는 매우 중요한 사항이다. 단기적으로는 주식시장의 변동성에 따라 저평가되기도 하고 고평가되어 버블이 나타날 수도 있지만, 장기적으로는 기업 성과가 적절하게 반영될 것으로 기대한다.

한 기업의 가치는 원칙적으로 기업이 창출하는 미래 현금흐름을 모두 합친 결과물로 측정한다. 다만, 미래에 일어날 현금 수익은 물가상승과 금리에 대한 기회비용으로 할인되어야 한다. 이를 현금흐름할인법Discounted Cash Flow이라고 하며, 기업가치 평가의 가장 기본적인 접근방법이다. 미래에 일어날 현금흐름을 모두 합친 기업의 성과에 대해 현재의 투자비용이 적정한 수준인지 비교하여 다른 투자 대안에 비해 높은 성과가 예상된다면 좋은 기업이라고 할 수 있다. 이 경우 주가가 상승한다. 하지만 이 가격이 실제로 거래될 때는 현재 주식시장 상황에 영향을 받기도 하고, 이미 상장되어 거래되고 있는 유사 기업과도 비교된다. 비슷한 성과를 내는 유사 기업이 이미 높은 가격에 거래되고 있는데, 다른 한 기업이 낮은 가격에 계속 거래되기는 어렵다. 또한 현재와 과거의 성과 실적에 영향을 받지만 향후 기업이 산출할 것으로 예상되는 기대에도 영향을 받는다. 해당 기업에 대한 이러한 기대가 높다면 주가가 높게 형성되어 있을 것이고, 이 주가를 유지하기 위해서는 계속 새로운 기대를 충족시켜야 한다. 이에 따라 지속적으로 고속 성장이 가능한 사업에 진출하지 않는 한, 기업의 실적이 양호하더라도 주가는 하락할 수 있다. 미래에 창출할 기업의 실적 기대를 현재화한 가치가 점점 하락하기 때문이다.

기업의 실적과 성과를 계속 만들어내기 위해서는 최선의 전략이 선택되어야 한다. 여기에는 기업을 운영하는 경영자와 기업을 소유한 지배구조가 적절한지도 포함된다. 이들이 가진 역량이 기업을 최선의 가치로 끌어올리기에 적절한지 평가가 이뤄진다. 모기업의 역량이 적절히 갖춰지지 않은 경우, 자회사에 대한 투자 의사결정을 최적으로 해낼 수 없다. 어떤 사업이든 '최선의 소유자'가 존재할 수 있다. 기업가치를 창출하기 위해서는 단기 이익과 장기적인 가치 창출이 때로는 상충하는 관계에 있다는 점을 이해해야 한다. 일반적으로 경영자들은 단기적으로 가시적인 성과 측정치에 몰두하게 된다. 미래가치를 무시하려고 의도하지는 않지만 단기적인 성과에 집중할 수밖에 없는 압박을 안팎에서 끊임없이 받게 된다. 미래 성장을 위해 대규모 투자를 집행했을 경우, 이것이 단기 성과에 대한 부진으로 보이기 때문에 실제로는 그렇지 않다는 것을 증명하는 것은 현실에서 매우 어렵다.

기업이 영위하고 있는 사업의 특징에 따라 총주주수익의 구성이 달라질 수 있다. 사업 초기 단계의 고성장 기업은 미래 성장에 대한 기대가 주가에 반영되어 높은 주가 상승을 통해 주주들에게 수익을 안겨준다. 반대로, 사업 성장이 더디고 미래에 대한 기대가 높지 않은 성숙 산업에서는 높은 현금흐름을 기반으로 배당을 통해 주주에게 보상한다. 장기적으로 경쟁우위를 확보하고자 지속적인 투자가 필요한 기업은 단기적인 성과 개선을 시장에 증명해 보임으로써 주가 상승을 통해 총주주수익률을 높일 수도 있다. 창업 이래 한 번도 배당이 없는 아마존 주가가 과거 10년 동안 얼마나 올랐는지 보면 왜 소액주주들이 열광하는지 알 수 있다. 장기적으로 주주가치가 상승하지 않고 정체되어 있거나 하락하고 있다면 변명의 여지가 없다. 기업 경영자로서 좋지 못한 성과를 내고 있다고 생각해야 한다.

기업의 의사결정 기준에 대한 주주와 시장의 기대

○
●

기업의 CEO 인터뷰 기사에서 가장 많이 나오는 질문은 무엇일까? 주주총회에서, 혹은 분기별 실적 발표에서 가장 많이 나오는 질문은 어떤 것들일까? 당연히 기업 실적과 그 원인에 대한 질문일 것이다. 시장이나 주주의 기대와 실제 성과 수준에 따라 질문의 표현이 달라지겠지만 궁금한 내용은 같다. 시장의 기대보다 더 좋은 성과, '어닝 서프라이즈'를 발표하면 그 이유가 무엇인지, 앞으로도 지속 가능한 것인지, 혹은 기대에 못 미치는 '어닝쇼크'는 왜 발생하는지 묻는다. 시장 컨센서스 수준의 성과를 보였다면, 다음 분기나 회계연도에는 어떤 전략으로 더 나은 성과를 보일지 질문한다. 이렇게 기업의 성과는 기업에 대한 모든 관심의 시작이자 끝이다.

그렇다면 기업의 내부 사정은 어떨까? 외부의 관심과 기대만큼 '성과 지향적'으로 경영활동이 이루어질까? 다수의 국내 기업들과 이러한 성과 관련 주제를 (세계 경기나 산업 사이클 등 다양한 외부 변수 속에서) 다루어온 경험에 따르면, 그 답은 '그럴 수도 있지만 많은 경우에 그렇지 않을 수도 있다'이다(물론 상황의 특수성이 있으니 어느 정도의 예외는 있다). '그렇지 않을 수도 있다'라는 답은 과연 어떤 경우에 해당하는 것일까? 이는 대부분 기업의 가치 증대가 의사결정의 절대 기준이 되지 않는다는 의미다. 의사결정의 상대적 우선순위나 중요도, 그리고 의사결정권자의 특성 등 기타 고려해야 할 요소가 많기 때문이다. 무엇보다 어떤 의사결정으로 인한 결과가 기업의 전체 성과와의 연결고리가 불분명하거나 '효과의 즉시성과 가시성'이 떨어질수록 생각보다 많은 경우에 (신사업 추진을 담당하거나 중장기 발전에 대한 열정이 높은 중간관리자들에게는 안타까운 일이겠지만) 가치 창출이 기업 내부의 절대적인 의사결정 기준이 되지 않는다.

가치 창출이 의사결정의 기준이 되어도 문제는 존재한다. 단기 성과와 장기적인 가치투자 사이의 균형을 어떻게 이루는가 하는 문제다. 단기적인 성과를 달성하면서도 장기 성과에 대한 준비를 잘한다는 것은 현실적으로 매우 어렵다. 특히 기업이나 제품의 생애주기를 생각하면 지속적인 고성과 창출이 어렵기 때문에 일정 기간 고성과 이후에 성과 감소가 이뤄지면 비용 절감 등을 통한 성과 수준 유지에 강한 유혹을 느끼게 된다. 장기적 성과 창출을 위한 투자나 준비가 더 부담스러워지는 상황이 되는 것이다. 그럼에도 중장기적 성과를 담보하기 위해서는 무엇이 필요할까? 장단기 균형 잡힌 목표 설정과 합리적인 성과 평가기준, 그리고 정확한 현상 파악에 근거한 투명하고 건설적인 토론 및 결론 도출을 위한 장치와 문화가 필요하다.

이를 위해 무엇부터 바꾸어야 할까? 가장 먼저 주식시장이 순기능을 다해야 한다. 주식시장은 금융자본주의의 꽃이다. 모험자본을 키우고, 동시에 투자 효율성을 높이며 다양한 이해관계자를 만족시켜야 한다. 이는 분명 쉽지 않은 일이다. 개인, 연기금, 자산운용사를 포함한 투자자, 기업 소유자와 경영진 등 모두에게 합리적으로 받아들여질 수 있는 게임의 규칙이 정비되어야 한다. 이는 각 주체별로 책임이 부여되어야 하고, 그에 맞는 권한도 보장되어야 함을 의미한다.

한국 기업에서 가치가 최상위 판단 기준이 아닌 이유

○
●

한국 증시가 오랫동안 디스카운트되고 있는 이유에 대해서는 다양한 시각이 존재한다. 디스카운트가 아니라 본질적인 면에서 한국 기업들의 성장률과 투자수익률, 자기자본이익률이 낮아 '사업 성과' 측면에서 상대적으로 열위에 있다고도 평가된다. 총주주수익률은 투하자본의 이익률과 성장률로 분리되어 설명할 수 있다. 한국 기업이 속해 있는 주요 산업이 대체적으로 경기순환적cyclical 성격의 반도체, 자동차, 화학 등이다 보니 여기에 속한 주요 대기업들은 주기적인 업황 변화를 감안해서 미래가치에 대한 성장률 기대가 낮다. 한편으로는 주요 기업의 내부적인 사업 체질이 주주들에게 미래에 대한 기대를 주기에 충분치 않은 점도 영향을 준다. 결국 다수의 한국 기업에서는 많은 경우 가치 기준으로 순수하게 의사결정이 이뤄지지 않는다.

회사 내부 경영진은 실질적으로 대주주와 '오너'의 이해관계에 부합하도록 의사결정을 내릴 수밖에 없다. 재무적 지출, 투자, 인사, 사업구조조정 등 주요 결정을 전문경영인이 아닌 오너의 일원이 하는 경우가 대부분이다. 그 결과 사업의 의사결정이 일반 주주의 이해관계, 즉 기업가치 중심으로 이뤄지지 않고 오너의 이해관계에 집중될 수밖에 없다. 동일한 내재가치가 발생하더라도 지배주주에 귀속되는 비중이 해외 선진국에 비해 과다한 점이 원인이다. 기업이 창출하는 가치가 100이라고 하면 지분율에 따라 적정 비율로 분산되어 제공되어야 하지만, 지배구조로 인해 지배주주에 대한 귀속분이 높다. 창출된 기업가치가 배분되는 과정에서 배당, 자사주 매입, 기업가치 상승으로 직접 연결되지 않으며, 자회사로의 부의 이전을 통해 비지배 주주에게 전달되지 않는 경우도 있다. 계열사 운영과 지배구조에 있어 일반 주주의 편익을 생각하기보다는 대기업과 모기업, 지배주주의 지배구조를 유지하는 방향으로 이뤄진다.

대주주의 편익을 중심으로 일반 주주의 가치가 훼손된 사례를 한국에서는 쉽게 찾아볼 수 있다. 구체적인 기업을 언급하지 않더라도 두 기업의 합병 비율 조정을 통해 대주주에게 유리한 구조를 만든 사례, 알짜 사업부를 물적분할하여 지배권을 확보하는 사례가 비일비재하다. 지배권을 공고히 하고 상속을 원활히 하기 위해 지주회사 체제로 전환하여 핵심 계열사 지분을 강화한 사례도 찾아볼 수 있다. 또 상속 이후에 지배권을 유지하기 위해 특별배당 형태로 배당을 일시적으로 증액하는 경우도 있다. 만약 기업에서 당장 내부자금으로 투자해야 하는 긴급한 투자처가 있음에도, 상속이나 대주주의 지배구조 유지를 위해 현금배당을 강행한다면 장기적으로 기업가치 성장에 부정적일 수밖에 없다. 과거 특정 계열사로 일감 몰아주기가 문제 된 경우도 많았다. 모기업 주주들의 이익을 극대화하려면 가장 비용 효율성이 좋고 경쟁력이 높은 업체와 협력해야 하지만, 대주주의 지분이 있는 기업과 거래함으로써 불법은 아니지만 일부 기업의 편익이 대주주와 그 일가에게 직접적으로 이전되는 경우도 있었다.

주요 이해관계자들의 확연한 입장 차이

모기업의 오너와 사적인 자리에서 이야기하다 보면, 상장사일지라도 반드시 주가 상승을 달가워하는 것은 아니라는 것을 알게 된다. 어차피 기업의 지배권을 확보해 놓은 상태라 시설 투자나 추가 성장을 위한 유상증자 과정에서 부담이 늘어나거나, 증자에 참여하지 못할 경우 지분율이 희석되기도 하며, 또 한편으로는 경영권 세습의 걸림돌로 작용하기 때문이다. 바람직한 모습이라고 할 수는 없지만, (현재 기업을 둘러싼 세법과 규제, 그리고 사회적 분위기를 고려하면) 현 상태에서 경제적 이익을 극대화하고자 하는 개인적 판단의 영역이라고 볼 수도 있다. 주가가 지속적으로 오르는 것에 대한 인센티브를 오너 자신이 느끼지 못한다면 단순히 비난만 할 수는 없다. 하지만 문제는 이 손실이 소수지분 주주에게 돌아가게 된다는 것이다. 제도적으로 오너와 일반 주주의 이해관계 불일치를 해소하지 못하고 있다는 것이 가장 큰 문제이고, 이는 반드시 해결되어야 한다.

차등의결권을 통한 대주주의 경영권 유지를 인정하지 않고, 최고 상속세율이 50% 수준으로 세계에서 4~5번째 높은 한국에서는 경영권 유지를 위한 왜곡된 일들이 벌어지고 있다. 적절한 방식으로 기업가치를 주주의 부로 이전하는 수단을 제공해야 한다. 무엇보다 중요한 점은 기업가치가 상승하고, 이를 통해 부를 증식하려는 인센티브가 대주주와 일반 주주에게 완전히 동일하게 적용되어야 한다는 것이다. 대주주 따로 소액주주 따로 식의 동상이몽으로는 이익구조에서 모순이 발생한다. 현재 대주주와 비지배주주, 경영진과 직원, 고객과 공급자는 기업활동에 대해 각기 다른 시각을 가지고 있다. 공공재로서 기업의 사회적 책임Corporate Social Responsibility, CSR을 강조하는 정부와 시민사회의 요구도 살펴야 한다. 경제 주체로서 기업이 다양한 환경에 노출되어 있기 때문이다.

이처럼 기업을 바라보는 다양한 시각을 하나로 연결시키는 고리는 각 경제 주체의 활동에 대한 총주주수익률 중심의 사고방식이다. 주식시장에 상장된 기업이라면, 더 이상 대주주만이 주인일 수 없고 투자자 모두가 주인이어야 한다. 기업공개IPO를 결심하고 시장에서 주가 상승을 기대하는 창업자라면 반드시 이를 명심해야 한다. 더 이상 회사의 주인은 자신만이 아니다. 일반 주주와 투자자의 시각을 반영해야 하며, 이를 대리하는 감사·이사의 권한을 존중해야 한다. 내부통제 체계가 적법하게 이루어지는지, 불법적이고 탈법적인 부의 이전이나 경영권 확보가 없는지 주의해야 한다. 결국, 일반 주주의 기업 지분투자에 대한 총주주수익률을 극대화하는 관점으로 기업을 바라보는 것이 가장 바람직하다. 하지만 이는 경제 주체별 이해관계를 따져볼 때, 매우 복잡한 문제이고 단계별 접근도 용이하지 않다. 이에 대해서는 이 책의 여러 곳에서 문제점과 해결 방안을 다각도로 살펴보고자 한다.

그렇다면 실제로 시장에서 기업가치가 어떻게 평가받고 거래되는지 냉정하게 판단해 본다면, 과연 미국 기업과 주식시장에 투자하는 것이 좋을까, 아니면 한국 기업과 주식시장에 투자하는 것이 더 나은 수익을 가져다줄까? 안타깝게도 유사한 형태의 기업이라면 한국 기업과 증시에 투자하는 게 다소 어리석어 보인다. 이와 관련하여 최근

'동학개미와 서학개미'라고 불리는 현상의 기저에 매우 흥미로운 사실이 있어 이를 먼저 짚어보도록 하자.

동학개미와 서학개미의 투자 기준과 차이

동학개미는 코로나19 팬데믹이 경제에 미칠 큰 충격을 예상하고 우리 증시에서 밀물처럼 빠져나가는 외국인 투자자와 기관투자자들에 맞서서 개인투자자들이 대규모 매수세로 증시 하락을 막아내는 과정에서 나온 신조어로, 외인들의 매물을 당당히 받아내며 우리 증시를 지켜내는 모습이 반외세 운동인 동학농민운동을 연상시키는 것 같다고 해서 그런 이름이 붙었다. 이에 반해, 미국 등 해외 주식에 직접 투자하는 개인투자자는 동학에 반대되는 의미로 서학개미라고 비유되었다.

동학개미는 2030 청년층이 주를 이루며 중장년층의 비중도 서학개미에 비해 상대적으로 높다. 또한 주식투자를 과거처럼 투기가 아니라 정당한 재산 증식의 수단이자 자본주의 경제 시스템을 움직이는 당당한 원동력으로 인식하는 사고의 전환이 바탕이 되었다. 이들은 게임하듯이 초단기 수익을 확보하는 투자도 서슴치 않는다. 이에 반해 서학개미는 장기투자가 주를 이룬다. 시차의 차이가 있어서 그렇다는 얘기도 있지만, 여기서 얘기하는 장기투자나 단기투자는 하루 이틀이나 1~2주의 기간을 말하는 것이 아니다. 그만큼 국내 기업의 주가와 해외 기업의 주가에 대한 기본 인식에 차이가 존재한다. 그런데 흥미로운 사실은 동학개미와 서학개미는 투자 대상에 따른 편의상의 구분일 뿐 실제로 이들의 30% 이상은 동일인이라는 것이다. 일부 국내 증권사가 공개한 자료에 따르면 2030 고객 자산의 30% 정도가 해외 주식에 투자되어 있다고 한다.

이렇듯 동학개미가 단기투자자가 될 수밖에 없는 것은 그들의 특성이라기보다 국내 주식의 변동성이 지나치게 높기 때문이며, 이는 다시 코리아 디스카운트의 주요 원인으로 지목되는 국내 기업의 지배구조와 정부 규제 문제로 귀결된다. 같은 한국인 투자자이고 같은 시장에서 같은 경험을 한 투자자임에도 불구하고, 투자하는 대상과 시장에 따라 한쪽은 장기투자이고 다른 한쪽은 단기투자로 차이가 발생하는 원인을 잘 따져볼 필요가 있다.

기업가치 정상화를 위한 기업, 가계, 정부의 과제

한국 주식시장의 만성적인 디스카운트 해소를 위한 합리적인 접근 방법은 무엇일까? 해결 단계의 합리적 설계에 앞서 먼저 고민해야 할 문제가 있다. 국가 경제 3대 주체가 해야 할 역할의 새로운 정의다. 특정 주체에 대한 일방적인 책임이 아닌, 건설적인 상호 협력관계를 통해 만성적인 문제를 해결할 수 있다.

국가 경제의 3대 주체인 기업, 가계, 정부 중 민간 영역에서 일자리를 창출하며 생산을 담당하는 기업과, 노동을 공급하는 동시에 노동의 대가로 벌어들인 수입의 일부는 소비하고 일부는 투자하는 가계와 개인은 좀 더 미래 지향적인 상호 관계를 형성할 수 있다. 개인은 기업을 대상으로 노동을 공급하고 대가로 받은 재화를 일부 기업에 투자하여 기업의 주인이 된다. 기업가치 증가에 따른 투자수익을 확보할 수도 있다. 일방향의 노동 수요공급 관계를 넘어서 자본의 공급과 수요라는 양방향 관계를 형성한다. 이를 통해 경제적 부가가치 창출이 양측에 이익이 되는 선순환 고리가 형성된다.

과거 한국의 노동자 여유자금은 대부분 부동산에 투자되었다. 그 결과 우리 가계의 부동산 의존도는 미국의 3배에 달하지만, 금융자산 비중은 3분의 1에 불과한 수준이었다. 이는 부동산 자산의 가치가 과거 30년 동안 높아졌을 때는 유효한 재산 증식의 수단이었지만 더 이상은 아니다. 부동산 가치의 추가 상승 여력이 상대적으로 작아졌고, 개인의 여유자금으로 투자할 수 있는 부동산 옵션이 현저히 줄어들었기 때문이다. 금융권에서 부동산 담보대출을 일으키기도 어렵고, 부동산 시세 차익을 위한 거래가 정부의 각종 규제에 의해 막혀 있기도 하다. '금융문맹' 탈출을 외치는 메리츠자산운용의 존 리 대표는 '돈이 일하지 않는 부동산 자본투자'에서 돈이 일하는, 미래가 유망한 기업에 대한 '모험적 금융자산 투자'로 이전하는 선진형 자본구조가 되어야 한다고 주장한다. 국가의 경제 규모나 소득수준이 선진국형이 되기 위해서는 이러한 변화가 전제되어야 한다. 새로운 금융자본 성장 패러다임의 원리를 이해하는 것이다.

앞서 얘기한 경제 주체 간의 바람직한 역할 분담 및 건설적인 상호작용과 더불어 국가 경제의 추가적인 성장을 위해서는 가치 창출의 선순환구조를 만들어내야 한다. 가계와 기업의 새로운 양방향 관계 구축과 함께, 이를 위한 정부의 역할도 선진화되어야 한다. 기업의 올바른 주주가치 환원정책과 합리적인 지배구조 구축 노력을 장려하면,

개인도 노동생산성을 극대화하기 위해 최선을 다하고, 자본투자가 잠재적인 수익성을 충분히 실현하도록 변화할 수 있다.

정부는 이 과정에서 기업과 가계의 활동을 감시하고 동시에 지원할 수 있는 '견제와 균형' 역할을 수행해야 한다. 우선 개인의 노후를 보장하면서 기업의 연속성을 지원하는 각종 연금형 금융투자 상품의 관련 규제 및 세제 정비를 해야 한다. 선진형 지배구조의 도입을 지원하고, 장기적인 모험자본 투자가 가능하도록 금융 인프라도 고도화해야 한다. 또한 최근 글로벌 경영 화두인 ESG 경영을 제대로 도입하는 기업에는 차등의결권 부여나 상속세와 증여세 정비를 통한 세제상 지원을 하는 동시에, 주주 권익을 침해하고 공정경쟁을 어기는 등 중대 잘못을 저지르는 경우에는 선진국에서 보듯이 엄정한 제재가 동반되어야 한다. 이 모든 것을 더 이상 늦기 전에 준비하려면 새로운 역할을 수행하는 데 따르는 부담과 투자 대비 경제적 효익이 경제 주체별로 명확히 정리되어야 한다. 나아가 이러한 경제적 손익과 새로운 제도 및 페널티에 대해서도 경제 주체 간의 공론화가 이뤄져야 한다.

아울러 언론의 역할도 매우 중요하다. 다양한 언론매체가 이러한 변화의 대의에 공감하고 여러 주체 간의 이해관계를 조율할 수 있는 논리적 근거를 선진국형 경제에서 배우고 전달해야 한다. 사회적 공감대 형성을 지원할 수 있는 균형 잡힌 시각을 건전하게 제공해야 한다. 이러한 모든 노력을 통해 사회적 합의를 이룰 수 있는 절대적 시간이 필요할 것이다.

ESG, 기업가치를 바라보는 더 넓은 시각

2019년 이후 ESG 경영이 국내외에서 가장 중요한 화두다. 이는 두 가지 측면에서 의미를 부여할 수 있다. 첫 번째는 위험관리risk management의 관점이다. 기업 내부의 주요 이해관계자로부터 지적받는 환경과 사회 관련 이슈가 있거나, 주주에게 비판받는 지배구조를 가지고 있다면 기업의 정상 운영을 담보하기는 매우 어렵다. 두 번째는 경제적 부가가치 창출의 패러다임이 지속적으로 변화하고 산업과 사업모델의 불확실성이 점점 더 커져가는 현실에서 '환경, 사회, 지배구조ESG'라는 가치척도가 기업의 영속성을 보장하는 지속적인 부가가치 창출의 기반이 될 것이라는 관점이다. 결국 '지속 경영의 기반이 ESG가 되어야 한다'는, 자본시장의 핵심 주체인 글로벌 선도 투자자의 현실 인식이 강하게 자리 잡기 시작한 것이다. 따라서 매년 글로벌 차원에서 두 자릿수 성장률로 확장되어 가는 ESG 관련 투자 지표들의 예를 살펴볼 필요가 있다.

엑슨모빌은 1999년 최대 규모의 정유회사인 엑슨Exxon과 모빌Mobil이 통합하여 탄생했다. 그로부터 오랜 기간 정유업계는 물론 전 세계 기업 중에서 매출과 기업가치 측면에서 가장 비싼 기업의 지위를 거의 잃지 않았다. 2011년 애플에게 시가총액 1위 자리를 내주긴 했으나, 그 이후로 상당 기간 5위 밖으로 벗어나지 않았다. 하지만 2020년 5월, 엑슨모빌의 주주들은 CEO 교체를 요구하는 표 대결을 요청했으나 거절당했다. 그 이후 주가는 곤두박질쳤고, 결국 다우지수에서 퇴출되었다. 스탠더드오일 시절인 1928년 등재된 이후 92년 만에 일어난 일이다. 주주들이 CEO 교체를 요구한 원인은 과도한 CO_2 배출을 개선하려는 계획이 없다는 것이었다. 환경에 대한 책임, 즉 ESG의 체계적 관리를 요구한 것이다.

기업활동은 지역사회와 환경, 그리고 이해관계자 간에 폭넓은 관계를 맺으며 영향을 주고받는다. 이 과정에서 기업의 재무제표에는 드러나지 않는 비재무적 성과를 체계적으로 측정하기 위한 요구와 노력이 과거부터 존재해 왔다. 2006년에는 유엔의 책임 투자 원칙이 처음 등장했으며, 기업의 지속 가능성을 평가하는 핵심 지표로 발전했다. 각국은 ESG 평가기준을 개발했고, 주요 신용·펀드 평가기관들이 이 준칙을 기반으로 평가지표를 발표하고 있다. 미국의 신용평가사인 S&P와 무디스, 금융 정보를 제공하는 MSCI, 서스테이널리틱스 Sutainalytics(모닝스타Morningstar의 자회사)가 대표적이다. 이런 ESG 지표에 대해 미국 전문 투자자들의 신뢰는 상당히 높은 것으로 보인다. 국제공인재무분석사협회CFA Institute가 행한 투자 전문가 대상 설문조사에서 73%가 투자 시 ESG를 주요 지표로 검토한다고 밝혔다. 글로벌 지속가능투자연합Global Sustainability Investment Association은 ESG 지표를 고려한 투자 규모가 지속적으로 증가하고 있다고 매년 발표한다.

한국 기업은 2019년과 2020년을 거치며 ESG 평가를 직접적으로 도입하기 시작했고, 한국기업지배구조원KCGS에서 평가를 담당한다. 대다수 상장사와 주요 기업을 평가 대상으로 하며, 한국거래소KRX는 이에 대응하여 ESG 테마 인덱스라고 할 수 있는 '사회책임경영지수'를 개발했다. 또한 KCGS는 ESG 평가를 통해 우수 기업을 별도로 발표하는 등 기업들의 자발적 개선 노력을 독려하고 있다.

ESG가 기업가치에 어떤 의미가 있는지 좀 더 이해하려면, ESG 지표의 구성 항목을 살펴볼 필요가 있다. 환경Environment은 저탄소 녹색성장, 기후 관리, 친환경을 의미하고, 사회Social는 근로자, 협력사, 소비자와의 관계, 독점과 공정거래를 의미한다. 지배Governance는 주주권리 보호, 이사회와 감사 기구, 준법과 청렴한 내부통제, 투명한 의사결정과 지배구조를 의미한다. 이는 주요 평가기관의 평가 모형 체계에서 기업이 속한 해당 국가의 관련 법제도, 나아가 국제규범에 대한 평가기준으로 활용된다. 이 기준은 관련 제도 변화에 따라 지속적으로 변경된다. 기업의 영업활동 외의 모든 영향을 일일이 확인하기 어려운 외부 투자자들에게는 잘 정리된 ESG 하나만으로도 발생 가능

그림 7 MSCI의 ESG 평가기준

환경				사회				지배구조	
기후변화	천연자원	오염·쓰레기	환경 관련 기회	인적자원	제품에 대한 책임	이해관계자 관리	사회적 기회	지배구조	기업 행태
이산화탄소 배출	수자원 이용량	독성물질 배출 및 폐기물	클린테크	노사관계	제품 안정성과 품질	윤리적 자원 조달	통신 접근성	이사회 구조	기업윤리
제품의 탄소발자국	생물 다양성과 토지 사용	포장재 및 쓰레기	친환경 건축	건강과 안전	화학물질로 부터의 안전	지역 사회와의 관계	금융 접근성	급여	투명한 납세
금융의 환경영향	원자재 수급	전기 사용량	재생 에너지	인적자원 개발	소비자에 대한 금융 측면보호		헬스케어 접근성	소유와 경영 분리 등 오너십 구조	
기후변화 대응				공급망 내의 근로기준법 준수	개인정보 보안		영양·보건 분야의 기회	회계	
				책임 있는 투자					
				건강 및 인구 통계학적 위기 관리					

출처: 모건스탠리 캐피털 인터내셔널

한 수많은 불상사와 리스크를 조기에 차단할 수 있다. 따라서 이를 비재무적 위험 요소에 대한 체계적 평가에 활용하려는 투자자는 더욱 많아질 것이다.

한편, 정치권에서도 ESG 활용과 기업활동을 장려하는 움직임이 뚜렷하다. 바이든 미국 대통령도 친환경 기업, 반독점, 투명한 재무구조 등 ESG 어젠다를 지속적으로 강조한다. 2020년 11월 3일 바이든이 미 대통령 선거의 유력한 당선자로 거론되자, 미국 S&P500의 ESG 인덱스 선물지수가 단 3일 만에 30% 이상 상승을 기록하기도 했다. 취임 후 첫날 행정명령에는 파리기후변화협정 복귀, 세계보건기구 가입, 대기오염도가 높은 캐나다 원유 송유관 건설 허가 취소 등 ESG 어젠다가 다수 포함되었다.

이런 변화에 부응해 자산시장도 발빠르게 대처했다. 세계 최대 자산운용사인 블랙록Blackrock의 CEO 래리 핑크Larry Pink는 2020년 1월 ESG 성과가 나쁜 기업에는 투자하지 않겠다고 선언했다. 우리나라의 국민연금도 2022년까지 전체 자산의 50%를 ESG 기업에 투자한다는 계획을 발표했다. 관련 기업의 가치는 더욱 빠른 속도로 성장할 것으로 예상되는 만큼, 기업들도 적극적인 움직임과 주주들의 요구에 대한 대응이 필요하다. 개인투자자도 관련 기업의 리스크를 점검하는 데 있어 ESG를 적극 활용할 것으로 전망된다. 미국 개인투자자를 위한 대표적인 주식 정보 사이트 야후 파이낸스Yahoo Finance에서도 모닝스타에서 제공하는 ESG 평가모델ESG Rating을 쉽게 접할 수 있다. 매출, 영업이익, PER, PBR, 애널리스트 목표가 같은 전통적인 지표와 ESG 지표도 함께 제시된다.

그림 8 삼성전자 ESG 위험도 평가

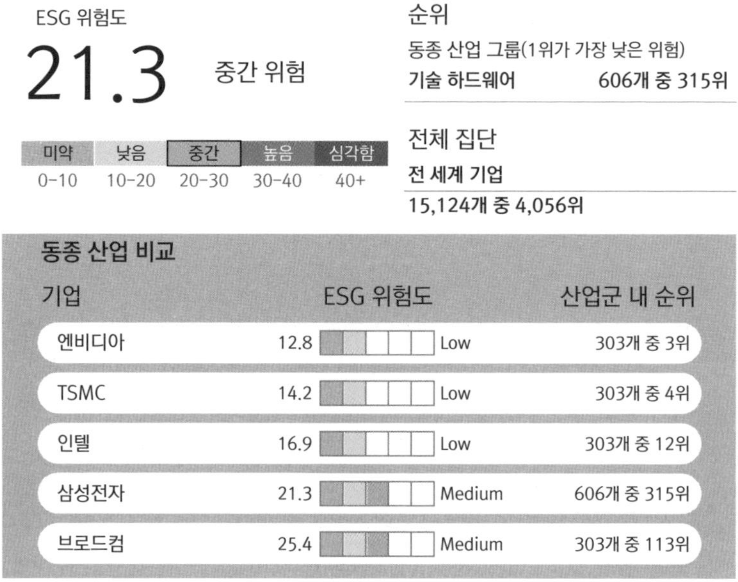

ESG 위험도

21.3 중간 위험

미약	낮음	중간	높음	심각함
0-10	10-20	20-30	30-40	40+

순위
동종 산업 그룹(1위가 가장 낮은 위험)
기술 하드웨어 606개 중 315위

전체 집단
전 세계 기업
15,124개 중 4,056위

동종 산업 비교

기업	ESG 위험도		산업군 내 순위
엔비디아	12.8	Low	303개 중 3위
TSMC	14.2	Low	303개 중 4위
인텔	16.9	Low	303개 중 12위
삼성전자	21.3	Medium	606개 중 315위
브로드컴	25.4	Medium	303개 중 113위

출처: Sustainalytics 2021

한국 기업들의 ESG 도입도 확산되고 있다. 하지만 여기에 그치지 않고 장기적인 성장을 위한 핵심성과지표로 관리하고 개선해야 한다. 또한 한국 기준에 머무르지 않고 글로벌 기준의 평가에도 관심을 가져야 한다. ESG 위험도 평가모델ESG Risk Rating은 전 세계 우량 기업을 대상으로 평가가 이뤄진다(점수가 낮을수록 순위가 높다). 이 기준으로 한국 기업을 평가하면 어떻게 될까? 2021년 1월 기준, 미국의 최대 기업인 애플은 17점, 마이크로소프트는 15점으로 '로low' 등급이다. 반면, 한국의 대표기업 삼성전자는 21.3, SK하이닉스는 20.7점, LG화학은 29.6점으로 중위권이다. 같은 반도체 회사인 TSMC가 14.2, 인텔이 16.9점을 받은 것과 비교하면 글로벌 동일 업종에 비해 열세다.

지금까지는 한국 기업의 디스카운트 요소를 체계적으로 분석하는 수단이 제한적이었다면, 이제는 ESG 평가모델이라는 비교적 객관적인 지표를 통해 비교할 수 있게 되었다. 개인투자자도 ESG 지표를 언제든 조회할 수 있게 됨에 따라 향후 이 지표는 투자 의사결정에 더 큰 영향을 끼치게 될 전망이다. 단기적으로는 재무적인 실적이 주가에 영향을 끼치겠지만, 장기적으로 ESG가 열세에 있다면 그 리스크는 분명히 가격 디스카운트 요소가 될 수 있다. 주주가치 개선에 관심이 많은 한국 기업이라면 ESG 개선을 위한 장기적이고 체계적인 노력을 시작해야 한다.

쉽지 않은 변화의 시작점

우리나라에서도 오랫동안 논의되었던 '소유와 경영의 분리', 그리고 '바람직한 지배구조와 이사회 제도'에 대해 먼저 살펴보자. 선진형 지배구조를 위한 여러 관련 제도가 정비되어 왔고, 경영진과 이사회 관련 공정거래와 배임, 횡령 사건이 있을 때마다 추가적인 조치와 선언적인 개선 방안이 발표되었다. 하지만 여전히 아쉽게도 10년 전에 있었던 지배구조 관련 이슈들이 지금 이 순간에도 여전히 반복되고 있다. 과연 무엇이 문제인가? 근본적인 해결책은 무엇이고, 어느 것부터 풀어야 하는가?

결론적으로 '선진형 이사회'의 모범 사례 구축이 변화의 첫 단추가 되어야 한다. 노블레스 오블리주와 기업의 사회적 책임CSR을 이야기하지만, 확실한 제도 정비와 모범 사례의 탄생을 통해 바람직한 베스트 프랙티스가 확대될 수 있다. 선진국형 베스트 프랙티스 이사회 도입을 위해서는 '이사의 책임'과 '신의성실의 의무'에서 시작해야 한다. 이사의 전문성에 기반하여 주주가치를 수호하고 증대시키기 위한 고유의 업무를 수행하려면 이사회의 독립성이 완벽하게 보장되어야 한다. 개별 이사들이 각각의 권한과 책임하에 독립적인 의사결정을 하고 권한에 비례한 책임도 묻는 구조가 되어야 한다. 대주주의 독단적 경영을 견제할 장치가 있어야 하며, 언론도 합리적 비판과 감독 기능을 수행해야 한다. 이러한 변화를 위해서는 모범 사례를 만들어내려는 대주주와 이사회의 독립 이사, 그리고 전문경영인의 의지와 변화 노력이 절대적이다. 하지만 앞서 이야기한 것처럼, 사외이사 제도가 도입된 지 20년이 넘었고 소액주주 권한 강화와 감사제도 개선 노력도 지속적으로 있었지만, 바람직한 이사회로 삼을 수 있는 모범적인 기업 사례는 아직도 찾기 어렵다. 오히려 후진적 지배구조의 폐해만이 반복되는 안타까운 현실이다.

진정한 변화가 시작되려면 두 가지가 필요하다. 먼저, 국내에서 대표적인 지배구조 모범 사례가 등장해 출발점이 되어야 한다. 2021년 우아한형제들의 김봉진 대표와 김범수 카카오 이사회 의장의 기부 선언으로 촉발된 '신체제 자본주의' 등장과 새로운 소유 경영 패러다임 실천 예고처럼, 전통적인 소유와 경영의 결합 모델에서 벗어난 지배구조 모범의 첫 사례가 필요하다. 독립적인 전문 이사회를 기반으로 소유와 경영을 분리해 대주주는 이사회에만 참여하고, 전문 이사와 주주 이사로 구성된 독립 이사회가 주주가치 보호와 증대의 수호자로서 활동하며, 이사회에서 선임된 전문경영인이 본질적인 기업가치 증대를 최우선으로 장단기 성과의 균형점을 찾으면서 지속적인 기업가치 향상을 위해 노력하는 형태다. 창업자에서 2, 3세대로 넘어간 기업에서는 충분히 검토할 수 있는 구조다. 전문경영인과 주주가 더 잘하는 영역에 집중하는 것이다. 물론 이를 위해서는 현재 수준의 소유권을 보장하는 동시에, 승계와 상속 관련 제도를 보완하여 소유권 보호를 지원하는 것이 필요하다. 이에 대해서는 이 책의 〈소유와 경영의 불편한 동거를 끝내라〉 부분에서 보다 자세히 다루고자 한다.

두 번째는 소액주주의 행동 변화다. 소액주주가 '과거의 방관자'에서 벗어나 '적극적인 경제의 주체'로서 권리를 주장하고 의무를 다해야 한다. 주주의 권리 주장을 통해 기업과 정부를 움직이고, 가계의 인식 전환이 기업의 소유와 지배구조에 대한 대주주의 의식 변화로 연결되어야 한다. 이러한 변화가 결국 정부가 주도하는 감독, 조율, 지원 기능의 변화로 연결될 것이다. 이를 위해 바람직한 권한은 책임에서 비롯된다는 인식을 공론화해야 하며, 이런 인식하에서 3대 경제 주체의 역할 변화가 이뤄져야 한다. 결국 금융자본주의를 통해 합리적으로 '선진화된 자본시장의 수혜'를 경제 주체가 모두 고루 누릴 수 있다. 이는 건전한 모험자본 투자를 통해 주주의 장기적인 수익 확보가 비로소 가능함을 의미한다.

3

경로 재설정

혁신을 위해 끊임없이 인수합병하라

핵심 질문

한국 기업이 인수합병에 소극적이고 그 성과가 부진한 이유는
무엇인가?

한국 기업의 보수적 인수합병 접근이 선진국의 초일류 기업과
비교해 기업가치 변화에 미친 영향은 무엇인가?

인수합병에 대한 올바른 시각은 무엇이며, 무엇부터 바꿔야 할까?

'배달의민족'은 국내 음식 배달 플랫폼 시장에서 80%에 가까운 점유율을 확보하며 1위를 달리는 브랜드다. 쉽게 말해, '음식을 시켜 먹을 때' 열에 여덟은 배달의민족 앱을 사용한다. 그런데 2019년 12월, 이를 운영하는 우아한형제의 매각 결정이 발표됐다. 독일의 동종 플랫폼 기업인 '딜리버리 히어로'에 4조 8천억 원에 매각된 것이다. 천문학적인 매각 금액만큼이나 놀라운 것은 한국 기업이나 펀드가 아닌

독일 기업에 인수된다는 점이었다.

음식 배달은 한국이 원조가 아닐까 할 정도로 우리나라의 음식 배달 문화는 일상 깊숙이 들어와 있다. 전통시장에서 2~3인분의 음식을 담은 커다란 쟁반을 거뜬히 머리에 이고 능숙하게 좁은 골목을 누비는 아주머니들, 신속 배달을 강조하며 동네 곳곳을 누비며 빈 그릇까지 수거해 가는 중국집 배달 시스템. 인터넷과 모바일 시대에 중국이나 미국에서 먼저 기업화·산업화가 시작됐을 수 있지만, 이미 우리에게는 너무나 친숙한 문화였기에 배달의민족이라는 음식 배달 앱은 시작부터 전 국민이 거부감 없이 사용했고, 이는 우아한형제가 유니콘 기업으로 성장하는 배경이 되었다. 우리 민족을 뜻하는 '배달'이라는 단어를 활용한 첫 CF 광고의 기발함이 많은 사람들에게 깊은 인상을 주었다. 그래서인지 배달의민족이 독일 기업에 매각되었다는 소식을 듣고 우리나라 네티즌들이 '배다른 민족'이니 하며 섭섭한 마음을 표현한 것도 충분히 이해가 된다. 더군다나 우리 문화의 일부이자 우리 먹거리와 관련된 업체인데, 배달의민족은 왜 한국 기업이 인수자가 되지 못했을까?

모든 사업의 시작과 끝은 인수합병이다

새롭게 사업을 일구고 도약하고자 할 때, 인수합병은 핵심 역량이 되는 인재를 확보하고 초기의 성장과 도약 시간을 단축하기 위해 최우선적으로 고려되는 핵심적 경영 도구다. 오늘날 한국 경제의 중심을 형성하고 있는 자동차, 반도체, 화학 산업은 사업의 초기, 또는 중요한 변곡점에서 인수합병이 있었다. 또한 국내 30대 그룹에 해당하는 기업들은 지난 50여 년간 지금의 사업 포트폴리오를 완성했고, 중간에 IMF 외환위기와 2008년 글로벌 금융위기 등의 조정기를 거쳐서 현재의 모습을 갖추게 되었다. 그런데 이 과정에서 대규모 기업집단에 속하는 다수의 기업들은 다양한 형태의 인수합병을 통해 잉태되고 성장했다.

우리의 대표 기업인 삼성, 현대, LG도 모두 사업의 태동기에는 인수합병이 중요한 역할을 했다. 삼성전자의 반도체 사업은 당시 어려움을 겪던 '한국반도체'를 이병철 회장이 인수하여 기초를 닦았고, 현대자동차는 기아를 인수함으로써 글로벌 자동차 산업에서 존재감을 확보하고 규모의 경제를 달성할 수 있었다. SK그룹이 성장하는 과정에서는 1980년대 대한석유공사, 1990년대 한국이동통신, 2012년 하이닉스반도체 등의 굵직한 인수를 통해 업계의 선도적 지위를 확보한 것은 유명한 사례다. 현재 SK그룹은 이들 핵심 3사(SK이노베이션, SK텔레콤, SK하이닉스)가 창출한 가치를 기반으로 신성장 산업에 대한 인수합병을 지속해 나가고 있다.

LG생활건강은 지속적인 인수합병을 통해 브랜드 영역을 확장하고 기업가치를 수직 상승시켰다. 2007년 코카콜라 국내 사업, 2013년 에버라이프, 2019년 더에이본, 2020년 피지오겔 브랜드 등 2007년부터 2020년까지 14년간 24건의 크고 작은 기업을 인수했다. 트렌드 변화를 예측하기 어렵고 지속적으로 시장 환경이 변화하는 생활 소비재 분야에서 꾸준한 성장을 지속하며 확고한 시장 지위를 확보한 것에는 이러한 인수합병이 결정적인 역할을 했다.

대다수 기업은 성장기를 거쳐 성숙기·안정기에 도달한 후에 적극적인 인수합병으로 신사업 발굴을 통한 제2의 도약이 필요하다. '미래의 먹거리와 성장 엔진'은 모든 기업들이 고민하는 것이고, 새해 신년사에서는 '창사 이래 최대 위기'를 화두로 도전과 혁신의 필요성을 늘 강조하지만, 그에 대한 대응 전략은 대부분 내부 결속을 다지고 불요불급한 비용 지출을 최대한 축소하는 긴축정책이 주를 이룬다. 실질적으로 위기를 타파하고 '질적 도약'을 위해서는 신사업이 필요한데, 거기에 투여된 자본과 인력의 절대적 투자 규모와 지속성을 보면 창업 시절의 도전 정신이나 기업가정신과 비교될 만한 과감한 시도는 많지 않았다. 그 결과 기업의 역동성이 많이 퇴색한 모양새다.

해외 우수 인력의 유입, 선도적 해외 기업과의 합작이나 기술 도입, 그리고 관련 기업의 인수합병이 사업 성장의 기틀을 마련하고 도약하는 데에, 특히 오늘날과 같은 글로벌 경쟁 시대에 결정적인 역할을 한다는 사실을 잊어서는 안 된다. 이런 의미에서 최근 반도체 슈퍼사이클에 따른 글로벌 산업 내 '통합 흐름consolidation trend'에 국내 대표 기업들이 적극 참여하고, 자동차 산업의 패러다임 변화(연결성 connectivity, 자율주행autonomous, 공유sharing, 전장화electrification 등)에 적극적으로 대응하기 위해 글로벌 기업과의 파트너십이나 컨소시엄 구성을 활발하게 시도하는 것은 모두 주목할 만한 사례들이다.

한국 기업 인수합병의 과거와 현재

○
●

국내 선도 기업들은 과거 글로벌 인수합병에서 한두 차례 실패한 아픈 기억이 있다. 2000년대 전후 우리 기업이 고도 성장기에 겪었던 실패의 아픈 기억은, 지금까지 근 20년 동안 더 큰 도전의 걸림돌로 작용하고 있다. 삼성전자는 1995년 3억 7천만 달러(한화 약 4천억 원)를 투자해 당시 개인용컴퓨터PC 업계 5위였던 미국의 AST를 인수했다. 당시로서는 천문학적이었던 인수 금액과 더불어 글로벌 인수합병이 생소했던 때라 많은 화제가 되었다. 삼성은 AST의 실적 개선을 위해 대규모 구조조정을 단행하고, 영업망 다변화 등 다각적인 가치 개선 작업을 삼성 방식으로 추진했다. 하지만 안타깝게도 AST는 이후 3년 7개월에 걸쳐 매출과 이익이 지속적으로 감소했고, 결국 1999년 재매각을 결정하고 말았다. 이 과정에서 삼성전자는 2억 달러 이상 손해를 본 것으로 전해졌다. 이후 삼성전자의 글로벌 인수합병은 한동안 자취를 감추었다.

국내 기업들의 글로벌 인수합병 사례를 이야기할 때, 삼성의 AST 인수 건 외에 LG의 제니스Zenith 투자, 현대차그룹의 캐나다 공장 철수가 대표적인 실패 사례로 꼬리표처럼 따라다닌다. 지금도 해당 기업의 고위 임원들과 대화하다 보면 내부적으로 당시의 실패가 아픈 기억으로 남아 있다고 한다.

성공적인 사례도 다수 존재한다. 2011년 SK텔레콤이 하이닉스 인수를 발표했을 때, 시장은 반도체 시장에 대한 이해도를 우려하며 냉담한 반응을 보였다. 인수 가격은 지분의 21%인 약 3조 5천억 원이었다. 영업이익은 적자였고, 부채가 자본보다 많은 상태였다. 그러나 SK그룹은 인수에 성공하며 하이닉스를 빠르게 효율적인 체계로 변화시켰고, 이후 도시바의 낸드 사업 인수 등 적극적인 사업 확대 노력과 반도체 슈퍼사이클의 호황이 겹치며 기업가치는 약 5배 성장했다. 결과적으로 SK그룹의 하이닉스 인수는 2000년대 이후 한국 경제에서 가장 성공적인 인수합병으로 평가받고 있다. 롯데의 하이마트 인수도 기존 사업의 핵심 역량 및 자원과 연결되어 성공적인 확장을 이뤄낸 사례로 평가되며, 한화의 큐셀 인수 및 CJ의 대한통운 인수는 기존 사업과의 연결고리는 낮았으나 이를 기반으로 신사업 확장의 기반을 마련하고 미래 성장동력을 마련했다는 평가가 가능하다.

초대형 인수로 시장의 기대를 받았으나, 아직 평가하기에는 때이른 인수합병 사례도 있다. 2021년 대한항공은 아시아나항공을 인수하기로 결정했다. 1, 2위 국적 항공사의 통합은 항공 네트워크의 효율화와 대형화를 통한 시너지를 기대할 수 있다. 다만, 기존 국적 항공기 시장의 확장성에 대한 불확실성과 '규모의 비경제'가 발생할 수 있어 향후 지속적인 관찰이 필요하다. 삼성전자의 하만Harman 인수는 10조 원에 이르는 대형 인수합병이자 향후 삼성그룹이 차량용 전장부품 사업에 적극적으로 진출하기 위한 포석으로 시장의 기대를 받았다. 하지만 이후 사업 실적이 양호한 평가를 받지 못하고 있다. 그럼에도 아직까지 차량 전장화 사업은 진행 중이며 삼성의 모바일, 반도체 사업과의 시너지 가능성도 남아 있어 향후 방향에 대한 섣부른 평가는 유보되어야 한다. LG전자의 ZKW 인수, SK하이닉스의 인텔 낸드플래시 사업 인수도 기존 사업 영역을 확장하고 새로운 시장의 점유율 증대에 도움이 될 것이다. 이들 모두 향후 업황 변화와 운영의 효율성을 얼마나 확보하느냐에 따라 미래의 성공 여부가 결정된다.

인수합병이 언제나 성공을 담보하는 것은 아니다. 앞의 대표적인 실패 사례들은 한국 경영계가 아직 글로벌 수준의 관리와 전략 체계를 갖추기 전에 시도했던 도전들이다. 해외 인수합병Cross Border M&A의 경험과 실력이 절대적으로 부족했고, 지원 주체인 모기업의 사업 규모도 현재에 비하면 상대적으로 작았다. 무엇보다 인수합병 대상 기업의 경쟁력이 해당 산업 분야의 글로벌 리더십에 비해 한참 미약하여 글로벌 시장에서 인수합병을 통한 시너지 확보가 제한적일 수밖에 없었다. 이런 이유로 아직도 그런 실패의 트라우마와 합병 시너지에 대한 의심에 얽매이는 것은 부적절하다. 미래 패러다임으로 전환을 위해, 그리고 글로벌 리더십 확보를 위해 인수합병의 필요성과 효과를 다시 돌아봐야 한다. 또한 인수합병의 성공 가능성을 높이기 위해 철저한 경쟁 기업 분석과 차별적 인수 전략 수립, 그리고 엄정한 실행 방안을 체계적이고 심도 깊게 진행해야 한다.

이제는 국내외에서 인수합병을 통한 성공적인 성장 사례들이 종종 언급되다 보니 경영자들도 어떤 형태로든지 인수합병을 통해 기업을 성장시켜야겠다는 인식이 높아졌다. 기회만 된다면 적극적으로 나서겠다는 것이다. 그것에 부정적인 경영자들을 만난 적이 거의 없을 정도다. 이렇게 적극적인 경영자들이 포진해 있음에도 불구하고, 실제 한국 기업의 인수합병 실적이 막상 부진한 이유는 무엇일까? 국내 기업 정서에 뿌리 깊게 박힌 고정관념이 있기도 하고, 관리·운영·가치 제고 활동에서 선진화된 기법과 글로벌 스탠더드를 적용하지 못하는 소극적 자세가 영향을 미치기도 한다.

한국인이 애용하는 한국의 대표 음식 배달 플랫폼인 배달의민족이 독일 기업에 매각된 것은 여러 측면으로 해석할 수 있다. 그만큼 우리 소비문화가 해외 기업 시각에도 매력적이라는 의미이고, 한국에서 성장한 유니콘 스타트업이 해외 기업에 높은 가격에 매각될 만큼 경쟁력과 자본시장이 성장했다고 긍정적으로 해석할 수도 있다. 반면에 이런 높은 가격을 지불할 용의가 있는 한국 기업은 왜 없었는지, 한국 자본시장에서는 이러한 기업가치를 인정받고 성공하는 사례가 나올 수 없는 것인지 질문하게 된다.

안타깝게도 인수합병에 대한 한국 기업들의 시각은 오랫동안 지나치게 보수적이고 제한적이었다. 한국M&A거래소[KMX]에서 분석한 결과에 따르면, 2020년 국내 인수합병 거래금액은 약 47조 원에 달한다. 여기에는 2020년 SK하이닉스에서 인수한 인텔의 낸드플래시 공장의 인수 가치 약 10조 원이 포함되어 있다. 47조라는 거래 규모는 수치상 매우 큰 금액처럼 보일 수 있지만, 글로벌 인수합병 규모에 비하면 한국의 거래 비중은 1% 수준으로 미미하다. GDP 기준 대한민국 경제 규모가 전 세계에서 약 1.9%를 차지한다는 점을 감안할 때 미약한 실적이라고 할 수 있다. 연간 전 세계 인수합병 시장에서 거래되는 기업가치가 약 4,200조 원이므로 한국이 차지하는 경제 규모(1.9%)를 단순하게 대입해도 연간 약 80조 원 규모의 거래가 적정하다고 할 수 있다. 이를 위해서는 매년 10조 규모의 해외 인수합병 거래가 2~3건 일어나고, 1조 이상의 국내 거래도 수십 건은 이루어져야 한다. 특히 이미 성장 정체기에 들어간 선진국에 비해 아직 성장

궤도에 있는 우리 기업들의 적정 인수합병 규모는 전 세계 거래 규모의 3~4% 수준으로 타깃을 설정하는 것이 바람직해 보인다.

여전히 우리 경제의 위상에 비해 절대 규모 면에서 저조한 인수합병도 문제이지만, 전체 거래에서 미래 성장 산업이 차지하는 비중을 살펴보면 그 심각성이 더해진다. 2020년 미국의 반도체 회사인 엔비디아NVIDIA는 반도체 설계 자산을 제공하는 영국의 ARM을 47조 원에 인수하기로 발표했다. 글로벌 반도체 거인 간의 합병을 우려한 관련 국가 정부의 반대로 인수는 무산되었지만, 과감한 인수합병 시도는 업계의 지형을 바꾸고 경쟁자들에게 위협을 주었다. 인수합병의 목적과 효과를 살펴보면, 한국 기업의 인수합병과 그 격차가 점점 심화되는 것 같다.

기업들이 경쟁업체 또는 밸류체인상의 수요·공급업체를 대상으로 시장 장악력을 높여가는 이른바 전략적 인수합병은 오늘날과 같은 글로벌 경쟁 시대에 기업의 주요 성장 수단으로 활용된다. 그러나 국내 주요 대기업은 여전히 글로벌 인수합병에 보수적이다. 현실적으로 한국 기업들의 절대적인 사업 규모가 아직까지 이런 규모의 인수합병을 수행할 만큼 크지 않은 것도 이유겠지만, 사업의 본질과 경쟁 패러다임을 글로벌 수준으로 확대해 바라보는 시각이 아직까지 확립되지 못한 이유도 있을 것이다.

대한민국의 상장기업 매출에서 신사업이 차지하는 비중은 미미할 뿐만 아니라 지난 10년간 증가하지 못하고 있다. 신사업이 가진 본질적인 낮은 성공 확률이 중요한 원인이겠지만, 이 확률을 높이기 위한 하나의 방편인 국내외 인수합병이 절대적으로 부족하다. 한국 기업들은 성장의 해결책을 내부에서 구하려는 경향이 매우 크다. 유기적인 성장과 비유기적인 성장 방식 사이의 절대적인 차이를 비교하면 인수합병, 즉 비유기적인 성장 방식의 성과가 단기적으로는 대단해 보이지 않을 수 있다. 하지만 이를 성장이 정체된 성숙한 산업에 속한 기업의 입장으로 한정해서 보면 전혀 다른 이야기가 된다.

급속한 성장 국면에 접어들면서 자본이 부족해진 신생 기업은 자기자본의 생산성을 극대화해야 할 뿐만 아니라 외부 자원의 활용 기회를 적극적으로 찾아야 한다. 한국 기업의 대다수가 전통 산업에 속해 있다는 점을 감안한다면, 특히 국내 대기업들은 미래 성장 영역에서 자본과 인프라가 부족한 신생 기업이나 고도 성장 기업에 대한 협업과 파트너십, 나아가 인수까지 활발히 추진해야 한다. 그럼에도 이러한 활동들이 제대로 안 되는 이유 중 하나는 국내 기업의 관리방식, 내부 평가와 보상 방법이 여전히 과거에 머물러 있고, 기업가치 중심의 관리체계를 갖추지 못했기 때문이다.

실제로 스톡옵션을 통한 성과 배분 방식을 이런 신생 기업들과의 협업 구조나 파트너십, 또는 조인트벤처Joint Venture 내에서 협의하는 경우에 기존 조직과의 형평성이나 기존 방식과의 차이 등을 이유로 쉽게 채택하지 못한다. 이런 보수적인 사고방식으로 인해 오픈 이노베이션open innovation이나 글로벌 파트너십, 인수합병 추진 시 상대방과의 협상 과정에서 미래 기업가치 산정, 성장 단계 설계, 그리고 인재 활용 방식에 관해 커다란 시각 차이가 생길 수밖에 없다.

가치를 증대하는 두 가지 성장축

○
●

기업은 유기적인 성장과 인수합병을 통한 비유기적 성장이라는 두 가지 성장축이 있다. 현재 한국 기업의 문제는 비유기적 성장을 '일상적인 성장의 도구'로 생각하지 않고 대상 기업이 시장에 나올 때에만 다른 잠재 인수 후보자들과 함께 검토하는 것이 일반화되어 있다는 점이다. 사실, 인수합병에 대한 연구는 수십 년 동안 다양한 기관과 팀을 통해 진행되어 왔다. 하지만 과거 일정 기간의 데이터에 근거하여 상대적인 성과에 기초한 일부 시사점을 도출했을 뿐, 명백한 성공 방정식이나 구체적인 수치로 가이드라인을 제시할 수는 없었다.

이는 신사업을 추진할 때에도 정확히 일치한다. 어떻게 해야 신사업이 성공하는지, 핵심 원칙과 차별적인 '고유 역량'은 무엇인지 질문하게 되면 방향성은 제시해도 정량적인 실행방안 제시는 어렵다. 그럼에도 이제까지의 실증적인 연구 결과에 따른 몇 가지 시사점을 도출할 수 있다. 먼저 유기적인 성장과의 비교에서는 신사업의 성공만큼이나 인수합병의 성공이 쉽지 않다는 것이다. 하지만 인수합병이 성공하면 더 많은 일자리를 창출하고, 유기적인 신사업이나 신제품 출시 이상의 기업가치 증대 효과를 가져왔다. 또한 성공 사례를 통해 유의미한 성과 창출을 위한 공통 요인을 찾아냈다. 물론 이 요소들은 충분히 예상 가능한 것이다.

맥킨지앤드컴퍼니McKinsey & Co.의 연구진이 1990~2010년 동안 조사한 결과를 바탕으로 출간한 《가치: 기업 재무의 네 가지 토대Value: the Four Cornerstones of Corporate Finance》라는 책에 따르면, 1) 과거 3년간

산업 평균 이상으로 이익과 주가가 상승한 경우에 상대적으로 유의미한 인수합병의 결과를 얻는다, 2) 거래 프리미엄을 적게 지불할수록 성공 가능성이 높다, 3) 단독 입찰자가 되는 것이 좋다는 의미 있는 시사점을 준다. 다른 연구에서도 인수 기업의 투자수익률은 입찰자의 수와 반비례 관계를 보이는 것으로 나타났다.

또한 맥킨지 연구에서는 네 가지 유의미한 '기업 성과 창출'을 위한 원칙과 방향성을 이야기한다. 기업가치를 창출하기 위해서는 1) 투자자가 요구하는 자본비용보다 높은 수익률 달성이 기본이고, 2) 이를 현금흐름의 변화로 보여주어야 하며, 3) 지속적으로 (미래에 대한 긍정적인 평가로) 주식시장의 높은 기대 수준을 유지해야 하고, 4) 현재의 경영진이 현금흐름에 기초한 기업가치를 지속적으로 높일 수 있는 최상의 경영자best owner라는 시장의 평가를 받아야 한다는 것이다.

앞서 이야기한 것처럼, 실증 조사 연구는 너무나 당연하게 들리고 마음만 먹으면 쉽게 실천할 수 있을 것처럼 보인다. 하지만 현실은 그렇지 않다. 실행력이 뒤따르지 않는 '선언에 불과한 목표치'나, 실제 의사결정과 성과를 동반하지 못하는 '현실적인 어려움의 토로'는 기업가치 증대를 실현하지 못한 '최고 경영진의 핑계'에 불과하다.

인수합병 추진상의 어려움과 한계
○
●

첫째, 성장과 미래, 그리고 신사업을 생각할 때, 한국 기업들은 인수합병을 당연한 최우선 전략으로 고려하지 않는다. 대부분의 국내 경영자들은 선진 경쟁사를 타깃으로 중장기 성장 목표를 세우고 이에 맞춰서 연도별 경영 목표를 차근차근 실행해 나가는 방식에 익숙하다. 국내 대표 기업들은 '실패할 가능성이 있고, 경쟁사의 선례가 없으며, 우리의 내부 역량이 갖추어지지 않았다'는 이유를 들어 구체적인 인수합병 건에 대해 조심스러운 입장을 표명한다. 외부 시각으로는 그럴 듯해 보이는 인수 건도 막상 가까이서 논의할 때는 부담스럽게 느낀다. 자연스럽게 인수합병은 좋은 대상이 나타나면 그때 고민해 보겠다는 식의 차선책이 되고 만다.

대다수 한국의 대기업은 제조업에 기반을 두고 있다. 제조업의 미덕은 꾸준한 기술 개발, 원가 개선, 효율화에 있다. 기업의 경영 성과는 선형적으로 측정되며 비교적 예측 가능성이 높은 몇 가지 지표를 얼마나 집요하게 잘 관리하는지에 달려 있다. 근성 있는 한국인이 자본집약적인 제조업에서 강점을 보이는 이유다. 지금 한국 기업의 경영자들은 이런 역량에서 둘째가라면 서러워할 사람들이다. 본능적으로 불확실성이 높고, 전혀 다른 관리체계를 적용해야 하며, 성장 방향성이 예상 범위를 넘어설 수 있는 인수합병을 편안하게 받아들이기 어려운 이유다.

둘째, 지나치게 인색한 가치평가 기준으로 인수 대상을 바라본다. 결과적으로 시장과의 괴리가 크다. 수년째 현상 유지 수준, 또는 한 자리 수 성장의 예측 가능한 현금흐름을 관리해 오던 내부 시각으로 상대방 피인수 기업의 사업가치를 평가하는 경우가 많다. 이론적으로 혹은 교과서적으로는 맞는 방법이다. 하지만 현실의 기업 거래시장에서 이론적인 가격으로 거래되는 기업은 드물다. 똑같은 상황에서 어떤 기업은 더 비싼 가격에 그 기업을 인수해서 더 높은 기업가치로 키우는데 우리 기업은 왜 그렇게 하지 못할까? 이는 국내 기업들이 기존 사업에 대한 자본투자를 통해 기업가치를 높이는 방식에만 익숙해져 있고, 대개 옥션딜의 형태로 인수 기회에 참여하기 때문이다. 국내 대표 기업의 최고재무책임자CFO가 자신의 30년 CFO 경력 동안 '인수나 합병 시너지'를 본 적이 없다고 공공연히 말하는 것을 들은 적이 있다. 이는 인수합병의 시작과 과정, 그리고 사후관리를 잘못했기 때문이지 결코 인수합병의 효용성이 내재적 접근organic approach에 비해 떨어지기 때문은 아니다.

이러한 배경으로 인해 인수자가 주체적으로 오랜 기간 준비하여 자체 발굴하는 형태나 당사자 간 협의에 의해 진행되는 인수합병이 절대적으로 부족하다. 해외, 특히 미국에서는 자주 세상이 놀랄 만한 규모의 딜들이 뉴스를 통해 깜짝 발표된다. 인수 기업은 산업 판도를 바꾸고 확실한 리더십을 확보하기 위한 최적의 인수 대상을 항상 고민하고 발굴해 후보자들과 일대일 인수 협상을 진행한다. 그래서 시장에서는 거래가 확정되고 나서야 외부에 알려진다. 매각을 희망하는 기업 역시 잠재적 인수자를 찾아 비밀리에 제안하고 협상하는 경우가 많다. 하지만 현재 국내에서 매년 일어나는 인수합병의 대다수는 공개적인 옥션딜 형태로 이뤄진다.

옥션딜은 수많은 참여자의 경쟁에 의해 공정하게 절차가 관리되고 매도인은 높은 가격을 받을 가능성이 있다는 장점이 있지만, 매수인은 매물로 나온 기업이 과연 최선의 대안인지 먼저 고민해야 한다. 그렇지 않아도 인수 대상 기업의 가치에 보수적인 시각을 견지하는 기업이 대부분인 상황에서 옥션을 통해 경쟁적으로 가격이 올라가면 중도 포기하는 경우도 종종 발생한다. 또한 딜 추진 과정에서 인수 후보자들 간에 경쟁적으로 협의되는 여러 가지 조건들이 기업가치를 키워나가는 데 제약이 되는 건 아닌지, 궁극적으로 해당 영역에서 글로벌 리더십을 확보하는 것이 가능한지에 대한 근본적인 질문도 하게 된다. 만약 인수에 참여한 기업이 이에 대해 확실한 답을 하지 못하면, 이 모든 난관을 극복하고 인수에 성공하더라도 인수합병의 성과 평가 기준인 인풋 대비 아웃풋의 효율성과 글로벌 리더십 제고를 위한 효과가 나빠질 수밖에 없고, 안타깝게도 '승자의 저주'로 귀결될 가능성이 높아진다.

마지막으로 성공에 대한 보상보다는 실패에 따른 페널티가 더 큰 한국의 기업문화를 들 수 있다. 오너가 직접 인수 작업을 진두지휘하여 '클로징'까지 하지 않는 한 전문경영인 입장에서는 굳이 시너지가 불확실한 인수합병을 위해 대규모 자금을 투자하는 리스크를 감내할 필요성을 느끼지 못한다. 기존 자산의 효율적 관리가 우선순위인 것이다. 이렇게 전문경영인에게 핵심성과지표와 목표치가 부여되어 있고 기존의 평가·보상체계에 익숙해져 있다 보니, 경쟁력 있는 기업을 인수하기보다는 관련 인력을 영입하고 유사 기술을 개발하는 방식으로 자체 신사업을 추진하는 사례가 훨씬 더 많다. 종종 이러한 형태의 사업 추진이 공정거래법상 이슈와 제재를 불러일으켜서 결국 대형 소송으로 비화되기도 한다.

그 외에 노조, 주거래 금융기관, 정부 규제 등도 국내 기업의 인수합병 활성화에 걸림돌로 작용하고 있다. 또한 이러한 요인들은 인수합병 과정에서 사전 장애물로 작용할 뿐만 아니라, 인수 이후 기업활동의 정상화와 시너지 실현에도 부정적으로 작용하는 경우가 많아 충분한 사전검토와 최고경영진과 이사회 간의 협의를 통한 현실적 추진 방안이 강구되어야 한다.

사모펀드의 등장과 기업 거래시장의 활성화

○
●

2005년 12월 간접투자자산운용업법 시행령 개정안이 시행됨에 따라 우리나라에서도 사모펀드가 등장하는 토대가 마련되었고, 이후 기업 거래시장에 활력을 불어넣으며 급속히 성장하고 있다. 특히 우리나라는 정책자금 성격과 공공성을 띤 유동성이 매년 지속적으로 공급되고 있어, 사모펀드를 통한 인수합병 자금 규모가 2010년 3.9조 원에서 2019년 16조 원으로 연평균 17.0% 증가했다. 이후 인수합병 시장의 주요 자금원으로 자리 잡으며 사모펀드 산업 성장에 활기를 불어넣고 있다. 그러나 아직까지는 한국의 경제 규모에 비해 사모펀드 산업 규모나 영향력이 부족한 것이 현실이고, 따라서 글로벌 경제에서 차지하는 우리 경제와 기업의 위상을 고려한다면 향후 충분한 성장 여력이 존재하는 것으로 보인다.

흔히 사모펀드는 단순히 싸게 사서 비싸게 팔아 돈을 버는 것으로 이해된다. 그러나 최근 들어 전 세계적으로 풍부해진 유동성으로 인해 사모펀드 시장의 수요공급 균형이 바뀌고 역대급 가치로 거래되고 있어 더 이상 적절한 인식이 아니며, 이는 한국에서도 예외가 아니다.

오히려 제한적인 투자 대상의 수를 감안한다면 사모펀드 운용사 간 기업 인수나 투자 경쟁은 더욱 치열해지고 있으며, 운용사 간의 차별적인 역량과 더불어 때로는 대기업 경영 능력에 버금가는 글로벌 수준의 가치 제고 능력이 요구되기도 한다.

2014년 자동차용 열관리 시스템 제조업체인 한라비스테온공조를 사모펀드가 인수하여 성장시킨 사례는 시사하는 바가 크다. 국내 사모펀드 운용사 한앤컴퍼니는 인수 초기에 제품 및 사업 구조조정을 통해 내부 효율성 제고에 집중한 다음, 글로벌 경쟁력 강화를 위해 2018년 세계 3위의 자동차 부품회사인 캐나다 마그나 인터내셔널의 유압제어 사업 부문을 한화 약 1.4조 원에 인수했다. 마그나의 유압제어 부문은 자동차 파워트레인 쿨링 시스템과 트랜스미션 시스템 등에 필요한 펌프와 전동 쿨링팬 부품을 생산하는 곳으로, 한온시스템의 주력 제품인 전동 컴프레서와 생산방식이 유사할 뿐만 아니라 서

그림 9 한국 사모펀드 시장 현황

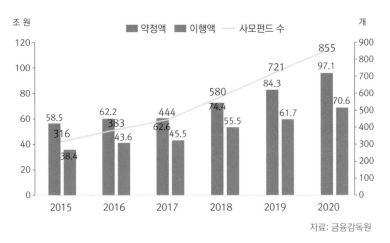

자료: 금융감독원

DOs

로 사업적 연관성이 높아 경쟁력 강화를 위해 꼭 필요한 사업이었다. 당시 삼성의 하만 인수에 이어 자동차 부품업체 인수로는 국내 두 번째로 큰 거래 규모였다. 그 결과 현재 한온시스템은 우리나라 자동차 공조 시장의 70% 이상을 점유하는 확고한 1위 업체이자, 세계 시장에서도 일본의 덴소에 이어 2위의 점유율을 가진 명실상부한 글로벌 기업으로 탈바꿈했다. 현재는 자동차 산업의 패러다임 변화에 맞추어 내연기관 중심에서 친환경 미래 자동차 부품 사업으로 기업 체질 개선에 한창이다. 이러한 노력의 결실로 2014년 3.9조 원(지분 69.99%)에 인수되었던 한온시스템은 2022년 2월 현재 시가총액 6조 원이 넘는 기업이 되었다.

결과만 놓고 보면 과정은 쉬워 보일 수도 있다. 펀드가 인수한 기업들이 인수 전후 시점에 저마다 특수한 상황이 있어 성과 개선의 여지가 많았을 수도 있다. 하지만 역량과 자원이 상대적으로 풍부한 국내 대기업들도 제대로 이루지 못했던 성과를 사모펀드들이 인수하여 해내고 있다. 명확한 인수 전략과 철저한 분석, 기업가치 제고를 위한 과감한 인수합병 실행을 통해 훌륭한 실적을 보여주는 회사로 탈바꿈시킴으로써 기업 경쟁력을 넘어 산업과 국가 경쟁력 발전에 기여하고 있다. 이러한 사모펀드들의 투자가 다방면으로 활성화됨에 따라 국내 기업들의 인수합병도 이전보다 더욱 활발해지길 기대해 본다.

인수합병의 시각 전환과 용기 있는 도전

○
●

'인수 검토의 최우선 순위화', '가치 창출 전략에 기초한 기업 발굴과 합리적 가치평가', 그리고 '실행을 위한 준비 과정을 포함해 전체 인수 기간의 올바른 설정'이 인수합병을 근간으로 새로운 사업 기회를 모색하기 위한 발상의 전환 3대 축이다.

신성장 영역에서 적극적인 제휴, 합작 및 인수 대상의 발굴과 더불어 기존 업무 분야에서도 적극적인 협업 시도 없이는 새로운 변화가 시작될 수 없다. 또한 이러한 경험이 축적되지 않으면 의미 있는 규모의 성공 사례도 만들어지지 않는다. 결국 내부 경험과 역량의 축적도 요원한 얘기가 된다. 신사업 진출과 함께 오늘날과 같은 글로벌 경쟁 시대에 필수적인 해외 입지 확대와 글로벌 리더십 확보를 위해 인수합병은 가장 효과적인 방법이며, 따라서 항상 최우선적으로 고려되어야 한다. 설사 올해, 이번 기회에는 추진하기 어려운 제약 요소가 있더라도 내년에는, 다음번에는 반드시 그 제약이 해소되고 보다 나은 조건에서 성장의 핵심 도구인 인수합병을 최우선으로 고려할 수 있어야 한다. 새로운 고객과 시장 기반을 마련하고, 차별적 기술을 획득하며, 핵심 인재를 확보하여 성장의 DNA를 확보하는 것은 오늘날 급변하는 세상에서 경쟁력을 유지하고 강화하기 위해 절대적으로 필요하다.

유럽과 미국, 가까운 일본과 중국 기업이 최근 인수합병 시장에서 공격적 행보를 보여주고 있다. 특히 '잃어버린 20년' 동안 탄생한 일본 기업들은 글로벌 수준의 경쟁력을 확보했을 뿐만 아니라, 디지털 기술 수용도나 글로벌 인수합병 측면에서 과거와는 사뭇 다른 차별

DOs

화된 비즈니스 모델과 기업가정신을 보여주고 있다. 일례로, 일본 산토리사가 2014년 미국 위스키 회사 빔Beam을 한화 20조 원에 가까운 160억 달러에 인수한 이후 5년 만에 매출액을 2배로 키우고 글로벌 리더십을 확보한 사례가 우리 기업에 주는 울림은 크다. 빔 인수 이전 산토리는 글로벌 주류업계에서 매출 규모 15위에 불과했다. 그러나 당시 4위 업체인 빔을 인수하면서 단번에 세계 3위 주류업체로 올라섰다. 또한 인구 감소와 고령화로 위기에 처한 일본 내수 중심의 매출 구조에서 벗어나 해외시장에서 돌파구를 찾음으로써 인수합병의 시너지를 제대로 실현하고 있다.

중국 기업들도 비록 미국 트럼프 행정부 시절에 강화된 대중국 견제로 최근에는 주춤하고 있지만, 글로벌 확장 추세가 놀라울 정도다. 2013년 중국 정부의 일대일로 전략 발표를 시발점으로 정부의 막대한 자금 지원을 등에 업고 글로벌 기업들을 인수하기 시작했다. 2013

그림 10 알파벳(구글)의 주가와 인수합병 이력

출처: Google, Yahoo Finance

년 중국 최대의 육가공업체 쌍후이(쌍웅)가 미국 최대 돼지고기 육가공업체인 스미스필드 푸드를 71억 달러(8조 원)에 인수한다는 소식은 전 세계의 이목을 집중시키기에 충분했다. 인수에 따른 양사 합산 매출액은 24조 원으로 단숨에 세계 최대의 육가공업체로 부상했다. 식품 안전에 대한 브랜드 이미지 제고와 고부가가치 육가공 제품 라인 확장이 필요했던 쌍후이는 스미스필드 인수를 통해 글로벌 경쟁력 확보와 더불어 세계 1위로 도약하는 기반을 마련했다.

이제 우리 기업도 과거의 보수적 사업 전개 방식에서 벗어나 '제휴, 파트너십, 궁극적으로 인수합병의 영역'에서 적극적이고 미래 지향적으로 기업가정신을 발휘할 필요가 있다. 성장을 위해 인수합병은 필수이며 미래의 지향점은 글로벌 초일류이어야 한다. 인수합병은 성장을 위해 시간 비용을 절약하고, 경쟁 리스크를 줄여서 효과적인 성장을 달성케 하는 새로운 조직을 더하는 것이다. 즉 사람과 조직문화, 실적을 사는 것이다. 따라서 인수 대상 기업의 조직과 인력은 인수 기업의 그것과 다를 수밖에 없으며, 구조조정 대상 기업 같은 특정 목적이 아닌 성장을 위한 인수라면 사람을 산다는 것을 잊어서는 안 된다. 인수 대상 기업의 가치를 평가함에 있어 과거의 실적과 미래의 사업계획 이외에도 계량화할 수 없는 인적 가치에 대한 부분도 평가의 잣대를 기울일 필요가 있다.

인수합병 추진 과정에서 성공 확률을 높이기 위해서는 어떻게 해야 할까? 무엇보다도 많은 시간과 노력을 투입하는 준비 과정이 필요하다. 국내 그룹 중에서 인수합병을 통한 성장에 가장 적극적이라고 평가받는 SK그룹은 지주사와 계열사의 전담 조직이 긴밀하게 협업하며 이를 주도한다. 그룹 전반적인 성장 방향과 맥을 같이하는 투자 기회를 지속적으로 발굴, 분석한다. 승자의 저주는 제대로 준비하지 못한 경우에 필연적으로 일어날 수밖에 없는 결과다. 인수 대상 기업에 대한 철저한 분석을 바탕으로 합리적인 가격에 인수할 경우에는 승자의 저주가 있을 수 없다. 준비되지 않은 채, 리스크를 무시한 과감한 베팅에 따른 인수는 결국 무리한 인수라는 것이 뼈아픈 교훈으로 남게 된다.

또한 인수합병의 적합한 타깃이 존재하는지, 거래를 제때 추진할 수 있는지, 합병 후 통합과정Post Merger Integration, PMI에서 원활한 협업이 가능한지 등을 우선 고려해야 한다. 기세 좋게 시작한 인수합병 프로젝트라도 각 단계별로 포진된 많은 장벽을 넘지 못하고 중도 포기하는 경우가 많다. 그럼에도 인수합병의 활성화는 우리 기업에 활력을 불어넣을 수 있는 좋은 수단이다. 우리 기업이 보다 많은 성공 사례를 만들어갈 수 있는 미래를 기대해 본다. 추가적으로, 최근 강화되고 있는 공정거래 측면의 규제와 제한, 그리고 지적재산권에 대한 세계 각국의 보호장치 강화 움직임을 고려하면 관련 자산을 보유한 법인 단위 인수에 대한 지속적인 검토와 더불어, 치밀한 준비 과정과 엄정한 실행이 반드시 병행되어야 한다.

5~10년 뒤 글로벌 리더십을 원한다면 그에 걸맞은 성장전략을 수립해야 한다. 성장의 원천은 미래 경쟁 입지(시장, 고객 포지셔닝)와 핵심 경쟁력(기술, 제품, 인적 역량)이다. 이를 확보하기 위한 두 가지 수단은 내재적 성장organic growth과 인수합병을 통한 성장inorganic growth이다. 과연 무엇부터 바꿔야 할까? 우선, 내재적인 성장만큼 인수합

병을 통한 성장도 어렵지만, 성공의 결실은 두 가지 방식 모두 크다는 점을 인정해야 한다. 또한 가치 증대의 성공 가능성을 높이기 위해 인수합병을 활용하려면 확실히 변해야 하는 두 가지가 있다. 먼저, 인수합병을 통한 성장을 '일상적인 경영활동'으로 만들고, 경영계획과 자원배분, 평가 보상의 관리체계 안에 내재화해야 한다. 다른 하나는 인수합병의 성공 가능성을 높이기 위한 유일한 방법으로 '인수합병 경험의 축적'이 필요하다. 지속적으로, 실패를 동반한다고 해도 인수합병에 용기 있게 도전하고 축적된 경험을 바탕으로 끈기 있게 관련 역량을 내재화해야 한다.

인수합병이 물론 만병통치약이나 절대선은 아니다. 모든 인수합병이 성공적일 수는 없다. 그러나 대부분의 사람이 납득하고 고개를 끄덕이는 인수합병은 실패로 귀결될 가능성이 매우 적을 것이며, 인수합병을 통해 기대했던 성과를 충분히 달성할 수 있다. 몇 년 전 빙그레가 해태제과의 아이스크림 사업부를 인수한다고 발표했을 때가 그랬고, LG생활건강이 더페이스샵을 인수한다는 소식을 접할 때가 그랬다. 반면, 이런 분야의 전문가가 아니더라도 인수합병의 배경이 궁금할 수밖에 없는 딜들은 그 효과가 미미하다. 당시로서는 혁신적이라고 평가받던 옐로우모바일이 그랬고, 삼성물산 계열사 합병이나 금호아시아나그룹과 웅진의 건설사 인수 사례가 그랬다. 물론 후견지명으로 결과를 알고서 성공과 실패를 구분하고 얘기하는 것이 쉬울 수 있지만, 대규모 딜이 발표되고 난 후 인수합병의 미래 시너지 창출 가능성에 대한 시장의 종합적 평가는 대체로 틀리지 않았다.

앞에서도 언급한 바와 같이 과거 20년 동안 부진했던 인수합병이,

특히 최근 10년 동안 글로벌과의 격차가 심화되었던 한국 기업들의 인수합병 활동이 최근 들어 긍정적 시그널을 보이는 것은 매우 고무적이다. 반도체 슈퍼사이클 진입과 자동차 전장화 영역에서 삼성, LG, 현대차, SK의 합작과 제휴 및 인수 사례가 최근 언론과 시장의 주목을 받고 있다. 신세계그룹의 이베이코리아 인수와 하이브의 해외 인수 소식도 마찬가지다. 매우 긍정적인 변화이고, 이러한 사례들이 인수합병을 바라보는 시각을 대대적으로 바꾸는 계기가 되기를 바란다.

미래를 위한 조언 차원에서 좀 더 혁신적인 시각으로 현 상황을 바라보면, 아직까지 이러한 변화는 대부분 우리의 강점인 '하드웨어 자산·인프라'와 해외 기술과의 결합 영역에서 주로 발생하고 있다는 한계가 있다. 국내 대표 기업이 미래에 필수적으로 확보해야 하는 '소프트웨어 자산' 영역에서 이러한 협업과 제휴·결합이 보다 많이 시도되어야 한다. 우선적으로 플랫폼 기술(모빌리티·커뮤니케이션·커머스)과 바이오 및 의료 영역에서 새로운 결합 시도가 필요하다. 일부 제휴와 지분 참여가 최근 시작되고 있지만 앞에서도 논의된 것처럼 절대 규모를 이루어내는 수준의 대규모 결합 시도가 조기에 일어나야 한다. 또한 콘텐츠와 플랫폼 영역에서 대표적 글로벌 소프트웨어 업체와의 협업과 파트너십이 필수적이다. 국내 대표 업종이자 수출 산업의 핵심인 전자, 자동차, 화학, 통신, 물류 등 하드웨어·인프라 자산을 적극적으로 활용해 자산 생산성을 높임과 동시에, 소프트웨어 영역으로 진출하는 발판을 구축해야 한다.

4

속도

시스템과 관행을
3년 주기로 갈아엎어라

핵심 질문

기업의 본질적 변화 속도는 얼마나 빨라야 하는가?
그 주기는 어떻게 되어야 하는가?

산업환경의 변화를 예측하기 힘든 환경에서 체질 개선의 폭과
깊이는 어떻게 되어야 하는가?

새로운 변화가 성공했는지 어떻게 판단할 수 있는가?
성공의 정의는 무엇인가?

조직에서 시간의 가치는 긍정적인 영향과 부정적인 영향을 동시에 갖고 있다. 시간의 가치는 조직과 개인의 경험이 축적됨에 따라 효율성과 효과성이 증가하는 측면에서 가장 긍정적으로 작용한다. 또한 거듭된 실패 사례가 쌓일지라도 이런 경험을 통해 추가적인 새로운 시도의 성공 가능성이 확실히 높아지는 면도 있다.

하지만 시간이 쌓여갈수록 경계해야 할 위험성도 존재한다. 경험이 축적된다는 의미는 시간이 지남에 따라 효율성과 효과성이 입증된 업무방식을 체득한다는 것이고, 이는 곧 업무의 전문성을 뜻한다. 전문성은 때로 조직 내부에 전문가의 장벽을 쌓는 형태로 작용하기도 한다. 조직이 기능별(생산, 마케팅, 영업, 연구개발, 구매 등)로 나누어진 경우에는 한 기능조직이 그 외 다른 조직의 전문성과 상황을 충분히 이해하지 못하고, 자기 조직의 역할과 전문성, 핵심성과지표가 훨씬 중요하기 때문에 다른 부문의 비일상적인 요청을 쉽게 받아들이지 못한다. 특히 이러한 요청이 전사 차원에서 새롭게 추구하는 업무방식이나 신사업 개발과 관련된 것이라면 더욱 받아들이기가 쉽지 않다. 새로운 업무는 기존 업무방식의 효율성을 떨어뜨릴 가능성이 매우 높고, 이미 정해진 해당 조직의 분기 및 당해 연도의 실적 목표 달성과는 아무런 상관이 없기 때문이다.

시간의 흐름과 경험의 축적은 보기에 따라 조직 내에서 서로 다른 영향을 낳는다. 따라서 시간의 가치가 조직에 미치는 영향을 항상 살펴서 긍정적인 측면을 강화하고, 동시에 잠재적인 위험 요소를 해소하기 위한 방안을 함께 고민할 필요가 있다.

왜 3년마다 변화가 필요한가?

○
●

객관적인 현실 인식과 변화의 필요성에 대한 판단과 결정은 어느 정도 주기로 하는 것이 좋을까? 이는 기업의 관리 사이클 차원에서 고려해 볼 수 있다. 우리나라 기업에서는 성과 평가 주기를 자원 투입 시기와 맞물려서 고민하는 것이 가장 일반적이다. 그렇다면 인풋과 아웃풋의 검토 주기는 어떻게 나눌 수 있을까? 물론 매 분기, 연간 단위의 목표와 성과 모니터링이 진행되지만, 전반적으로 '투입과 산출의 전략 메커니즘'을 다시 살펴보고 비즈니스 모델 자체를 검토하는 주기는 2년이나 3년 단위가 적정하다. 하지만 성과 추이를 좀 더 정확히 파악하고, 이에 따라 투입 자원의 질까지 포함한 변화를 설계하려면 2년보다는 3년 단위가 나을 수 있다. 이는 변화 필요성의 수용도를 높이고, 변화의 폭과 속도에 대한 공감대를 높이기 위해서도 효과적이다.

이런 시각에서 보면 4년이나 5년 단위 주기는 바람직하지 않다. 기존 업무방식에 대한 고착도가 너무 높아지기 때문에 새로운 시도를 접목시키기 어렵다는 것이 첫 번째 이유다. 동시에 4년이나 5년 만의 변화로는 '지속적인' 혁신 문화를 조직에 내재화시키기가 매우 어렵다. 기존 인력뿐 아니라 4~5년 동안 새롭게 조직에 합류한 20~30%의 인력들도 오랜만에 시도하는 변화의 필요성을 받아들이기가 쉽지 않기 때문이다. 변화의 필요성과 이를 통한 성과 개선 가능성을 기업 외부에 설명해야 하는 부담도 있다.

루이스 캐럴의 소설 《이상한 나라의 앨리스》에서 붉은 여왕은 앨리스에게 다음과 같이 이야기한다.

여기서는 같은 곳에 있으려면 쉬지 않고 달려야 해. 어딘가 다른 곳에 가고 싶으면 적어도 그보다는 두 배는 빨리 달려야 하고.

붉은 여왕이 살고 있는 거울 나라는 제자리에 멈춰 있으면 자기도 모르게 뒤로 이동한다. 끊임없이 달리지 않으면 뒤처지게 되는 것이다. 소설 내용에서 착안해 이러한 현상을 '붉은 여왕 효과Red Queen Effect'라고 부른다. 진화생물학자 밴 베일른Leigh Van Valen이 생태계에서 살아남기 위한 생물들의 진화 경쟁을 이에 빗대어 제시한 개념이다. 기업이 처한 경쟁과 산업환경 또한 그러하다.

세상은 끊임없이 변화한다. 사람들의 취향과 생활양식이 바뀌고, 기술 발전이 눈부시다. 이에 따라 비즈니스도 변한다. 하지만 세상이 바뀌어가는 것과 무관하게 사람들은 현재에만 기반해서 생각하고 미래의 변화를 회피하는 경우가 많다. 이제까지 이뤄온 것들에 만족하고 안주하려는 경향은 어쩌면 인간의 본성인지도 모른다. '우리 산업은 수요가 안정적이고 한동안 괜찮을 것이다'라며 현 상황에 안심하는 경영자들을 종종 만난다. 사업 환경이 정체되어 있다는 생각과 느낌은 잘못된 착각이다. 설사 아무리 보수적이고 천천히 움직이는 산업에 속해 있더라도 마찬가지다. 시장의 미래 성장성이나 수요 안정성에 대한 섣부른 예단은 경계해야 한다.

대다수 산업에서 향후 3~5년의 산업 성장성을 예측할 때는 보통 '추세 외삽법extrapolation'을 사용한다. 과거의 일정한 산업 성장 추세가 향후 수년간에도 지속될 것으로 예측하는 방식이다. 대다수 경영계획과 중장기 전략을 수립할 때는 미래의 낙관적인 기대에 기반하여 전망한다. 따라서 다수의 기업은 미래 경영 기획이나 투자계획 수립 시에 지속적으로 성장 가능한 미래를 염두에 둔다. 하지만 안타깝게도 현실은 이와 반대로 흘러가는 경우가 많다. 제품과 산업에는 생애주기가 있으며 성장과 더불어 하락을 경험하게 된다.

전통적인 생애주기 이론은 하나의 산업이 도입기 → 성장기 → 성숙기 → 쇠퇴기를 거치며 확장·변화되어 간다고 설명한다. 일정 시간이 지난 후에는 성장이 정체되고, 평균적인 경제성장 속도를 따라가지 못한다. 추가적인 혁신이 일어나지 못한다면 산업 자체가 도태된다. 미래의 성장성을 보여주지 못하는 산업은 시장의 평가가 하락한다. 가치평가에서 미래가치에 대한 평가, 즉 멀티플이 하락한다. 과거 제조업 중심의 사업에서는 산업의 평균 성장 주기가 20~30년에 걸쳐 서서히 일어났다. 대규모 제조업과 인프라 사업은 투자에서부터 제품이 개발되고 이를 고객이 사용하기까지 상당한 시간이 소요됐다. 자동차 산업을 예로 들면, 한 국가에서 자동차가 대중에게 널리 퍼지는 모터라이제이션motorization은 약 30년이 소요됐다고 한다. 거의 한 세대에 걸쳐 국가 경제가 성장하고 국민소득이 증가하면서 제품 판매량이 늘어나기 때문이다.

한 산업의 생애주기와 시장의 평가는 과거 한국 기업의 시가총액 순위 변화에서도 찾을 수 있다. 20년 전의 순위와 비교하면 큰 차이가 단번에 확인된다. 1위를 유지하고 있는 삼성전자를 제외하고 2000년 당시 주목받던 통신과 인프라 기업은 20년 후 상위권에서는 찾아보기 어렵다. 그 대신 반도체, 바이오, 플랫폼 기업이 상위권을 차지하고 있다. 향후 10년, 20년 후에는 이보다 더 큰 폭의 변화를 경험하게 될 것이다. 지난 30년 가까이 한국의 시가총액 1위를 유지하고 있는 삼성전자도 내부적으로는 사업의 실체가 변해왔다. 겉으로 보기엔 그 지위가 계속 유지되어 왔지만 사업의 포트폴리오는 끊임없이 변화

표 2 2000년 vs. 2020년 시가총액 상위 기업의 순위 변화

순위	2000년 시총 상위 종목			2020년 시총 상위 종목		
	종목명	시가총액	2020년 순위	종목명	시가총액	2000년 순위
1위	삼성전자	55.7조	1위	삼성전자	315.2조	1위
2위	SK텔레콤	32.5조	15위	SK하이닉스	61.9조	5위
3위	KT	30.7조	36위	삼성바이오로직스	51.3조	2016년 상장
4위	한국전력	22.1조	21위	네이버	43.9조	25위
5위	SK하이닉스	10.8조	2위	셀트리온	41.3조	2018년 상장
6위	포스코	9.1조	16위	LG화학	34.6조	22위
7위	삼성전기	5.2조	27위	삼성SDI	25.0조	25위
8위	KB금융지주	4.3조	17위	카카오	23.5조	2017년 상장
9위	KT&G	3.9조	24위	삼성물산	23.5조	32위
10위	LG유플러스	3.9조	40위	LG생활건강	21.0조	2001년 상장

* KT는 과거 한국통신공사, SK하이닉스는 과거 현대전자, 포스코는 과거 포항제철,
　KB금융지주는 과거 국민은행, KT&G는 과거 한국담배인삼공사, LG유플러스는 과거 데이콤

출처: 한국거래소, 더 스쿠프

해 온 것이다. 1990년대 가전 사업 중심에서 2000년대는 무선통신과 메모리반도체 사업으로 확장되었고, 이는 다시 2010년대 스마트폰과 네트워크, 그리고 시스템반도체 사업으로 확장되었다.

이와 같은 생애주기는 디지털 경제로 본격 진입한 오늘날 그 속도가 과거와 비교할 수 없이 가속화되고 있다. 글로벌 시장조사기관 가트너Gartner는 매년 하이프 사이클Hype Cycle을 통해 신기술의 생애주기를 발표한다. 가트너의 곡선은 앞에서 언급한 전통적인 생애주기 이론과는 다른 각도에서 신사업을 조망한다. 혁신이 시작되는 단계 Innovation Trigger에서 기대가 확대된 단계Peak of Inflated Expectation를 거쳐, 점차 환상이 걷히고Trough of Disillusionment, 깨우침의 단계Slope of Enlightenment 이후 시장에서 수익을 내는 안정적인 사업의 단계Plateau of Productivity로 구분한다. 매년 새로운 기술과 제품이 등장하고 있어 이

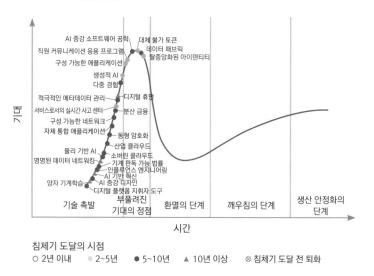

그림 11 가트너의 신기술 하이프 사이클 2021

침체기 도달의 시점
○ 2년 이내   ● 2~5년   ● 5~10년   ▲ 10년 이상   ⊗ 침체기 도달 전 퇴화

출처: 가트너

곡선 위에 위치하는 기술들은 계속 변한다. 심지어 등장한 지 채 2년
이 되지 않은 기술들이 기대의 정점을 넘어 현실 인식의 단계로 넘어
가는 경우도 많다.

기업에게 정체는 있을 수 없다

○
●

변화하는 세상에 끊임없이 적응하며 한발 앞서 성장하기 위해서는
두 배로 빨리 움직여야 한다. 내부적인 성장을 통한 매출 확대뿐 아니
라, 외부 확대를 통한 신사업 진출과 인수합병을 통한 업종 확대가 모
두 포함된다. 이들을 동시다발적으로 진행해야 한다. 업종과 체질을

바꾸고 움직이는 세상에서 앞으로 나아가기 위해 계속 쉬지 않고 변화해야 한다.

실제로 많은 경영자들이 요즘처럼 급변하는 무한 경쟁의 시대에는 변화하고 성장하지 못하면 도태된다는 위기감 속에서 기업의 생존을 위해 다양한 노력을 한다. 생산능력을 늘리고 서비스를 강화하는 등 기존 사업의 경쟁력을 더욱 강화해 시장 지위를 확대하거나 내부 역량을 결집하여 자체적으로 신사업을 추진할 뿐만 아니라, 인접 영역으로의 다각화나 조속한 신사업 진출을 위해 외부 기업의 인수합병을 적극 추진하기도 한다. 이런 맥락에서 한때 국내 대부분의 재벌들이 내부에 신사업 전담 부서를 구성하여 사업 개발과 함께 인수합병에 적극 나섰으며, 현재에도 중견 기업 이상 또는 특정 산업에 속한 기업들은 투자회사를 별도의 자회사로 설립하여 재무적인 수익뿐만 아니라 신규 사업 진출을 위한 채널로 활용하고 있다.

기업들은 이런 노력을 통해 성장하면서 그 이전보다 규모와 조직의 복잡성을 증대시킨다. 동시에 전형적인 한국의 최고경영자라면 중앙집권적인 관리와 통제의 필요성을 느끼게 된다. 외부 환경이 과거보다 더 빨리 변해가고 있다는 것을 인지하면서도, 내부적으로는 작은 성공에 심취해 수성 모드로 전환하며 조직이 경직되어 가는 수순을 밟는 것이다. 내부 조직은 여기저기서 불협화음이 발생하기 시작한다. 신사업이 잘 안착하면 회사의 지원과 의사결정이 신사업 중심으로 돌아가면서 기존 조직은 불만이 싹트기 시작한다. 신사업의 성공은 자신들의 희생이 밑거름이 되었다고 생각하는데, 신사업 조직 인력들만 회사로부터 하이라이트를 받게 되면 이들 조직 간에 갈등이 발생한다. 누군들 조직에서 두각을 나타내고 빨리 승진하고 싶지 않겠는가? 하물며 기존 조직의 희생을 발판으로 성장했다고 생각되는 신생 조직의 인력들이 고속 승진하고 대규모 성과급까지 챙겨가는 것을 마음 편하게 보고 있을 사람은 없다. 그 결과 내부 조직 간 보이지 않는 장벽이 생기기 시작한다.

한편, 한국 대기업의 신사업 추진 역사를 보면 조직 역량이 문제가 되었든, 의사결정 자체가 잘못되었든 간에 안타깝게도 최초의 의지나 계획대로 제대로 된 성공을 이루지 못한 채 전사 조직 속에 초라한 흔적으로 남아 있는 경우가 많다. 초기 추진 과정에서 최고경영진의 관심과 전사적 지원 속에 다른 조직의 부러움과 시기를 받았다면, 이제는 회사의 골칫덩어리가 되어 희생을 감수했던 기존 조직의 눈치를 받으며 더욱더 위축된다. 더 큰 문제는 이후부터 성장을 위한 새로운 시도들을 평가절하하는 조직문화가 내부에 생겨난다는 것이다. 변화와 혁신을 위한 노력과 의지는 다시 수면 밑으로 가라앉고 조직은 더욱 관리 모드로 변한다. 한국 대기업들이 대부분 그룹 계열사인 점을 감안하면, 한 번의 실패는 그룹으로부터 숨막히는 관리와 통제의 대상이 되기에 충분하다. 기존 조직도 답답하기는 마찬가지다. 이제는 남이 뭘 하든 관심이 없어지고 기존의 내 일, 우리 일만 잘하면 된다는 부서 이기주의가 만연한다. 물론 복잡한 조직 역학으로 인해 '위에서 시키는 일만 잘하자'라는 선의에서 다른 부서 일에 무관심해진 경우로 해석할 수도 있다.

이처럼 조직이 성장하는 과정에서, 또한 성장을 위한 노력이 성공적이지 못한 상황에서도, 이른바 사일로Silo 현상(원래는 곡물을 보관하는 대형 원통형 창고를 일컫는 말로, 경영학에서는 기업 내 조직들이 서로 독립적으로 존재하는 사일로처럼 장벽을 쌓고 협조하지 않는 현상을 의미한다)이 발생한다. 기업이 정체되고 망하는 과정에서 항상 관찰되는 것이 사일로 현상이다. 사일로 현상은 어쩌면 우리가 알고 있는 일반적인 기업에서는 흔한 일이다. 꼭 신사업이나 인수합병과 같은 새로운 시도를 하는 과정에서만 발생하는 것이 아니다. 조직이 커가면서 이를 효과적으로 통제하고 관리하기 위해 부서별 성과를 측정하고 이에 따라 보상하는 일반적인 운영 과정에서도 자연스럽게 발생한다. 이러한 평가 보상체계하에서는 나와 내가 속한 조직의 이익이 우선시되고 회사 전체의 이익은 부수적인 것이 된다. 업무가 다르고 목표가 다른 것에서 기인하는 옆 부서에 대한 몰이해가 부서 이기주의로 나타나기도 한다. 영업 부서는 팔리지도 않는 제품만 잔뜩 만들어내는 생산 부서를 욕하며 불만이 가득하다. 반대로 생산 부서는 자기들이 애써 만들어준 좋은 제품을 제대로 팔지 못하는 영업 부서를 원망하며 감정의 골이 깊어지고 조직 간 장벽이 더욱 고착화되는 사례를 흔히 볼 수 있다.

사일로 현상을 그대로 방치해서는 안 된다. 유기적인 조직의 특성상 사일로 현상을 그대로 두면 그 벽은 점점 더 높아지고, 그 결과 조직 간 단절은 더욱 심화된다. 또한 내부 조직 문제에 그치는 것이 아니라 내부 조직에 대한 외부의 시각이나 평가를 수용하는 자세를 악화시킨다. 경제발전 속도가 둔화되고 산업이 성숙 단계로 접어들면서 대부분의 기업들이 성장을 위한 필수불가결한 방안으로 신사업을 추진하고 있으나, 부서 이기주의는 신사업을 추진하기 위해 요구되는 전사의 통합 기능적cross-functional 추진력을 약화시킨다. 과거 소니가 몰락하게 된 원인이 부서 간에 만연한 사일로 현상이었다고 할 만큼 이는 기업의 성패에까지 영향을 미친다. 이에 반해, 애플의 스티브 잡스는 자신의 높은 눈높이에 맞추지 못하면 고함을 지르고, 면전에서 욕을 하고, 그 자리에서 해고도 했기 때문에 다른 부서가 협조를 안 해서 못 한다는 말이 나오기 어렵게 함으로써 어느 기업에나 있는 사일로 현상을 해결했다는 '설'도 있다.

그렇다면 실제로 사일로 현상을 극복하기 위한 효과적인 방안은 무엇일까? 기업이 마주하고 있는 상황이나 부서 이기주의의 정도에 따라 그 해법은 다르겠지만, 기본적으로 회사의 상황을 투명하게 공유하면서 다른 부서가 무슨 일을 하는지 알 수밖에 없게 만들고 부서 간에 상호 협조하도록 체계적으로 강제하는 것이다. 즉, 조직 간 선의의 경쟁 속에서도 협력하는 조화가 필요한데, 여기서 경쟁competition과 협력cooperation의 합성어인 코피티션co-petition이란 개념을 생각해 볼 수 있다. 이는 예일대 배리 J. 넬버프 교수와 하버드대 애덤 M. 브랜든버거 교수가 처음 사용한 용어로, 하나의 기업이 타 기업과 경쟁과 협력을 동시에 수행할 때 보다 많은 승리의 기회를 가진다는 개념이다.

이러한 논리는 기업 내부에도 그대로 적용할 수 있다. 즉, 각 부서 간 경쟁과 협력을 균형 있게 추구한다면 더 많은 부서가 성과를 내고, 결국 회사 전체의 성과도 더 좋아질 수 있다. 보다 현실적으로 이러한 부서 이기주의를 타파하는 방법으로 삼성전자의 권오현 전 회장은 《초격차》에서 3~4년마다 부서장을 교체하는 방안을 제시하고 있다. 특히 기존 부서와는 무관하거나 경쟁하는 조직을 포함하여 자신이 어디로 배치될지 모를 정도로 극적인 로테이션을 해야만 사일로의 폐쇄성이 해체된다고 지적한다. 중소기업처럼 인력이 제한적인 경우에는 몇몇 부서만이라도 시범적으로 운영해 보기를 권한다.

혁신의 범위를 먼저 확실히 정하라

○
●

기업의 생존이라는 본질적인 과제를 제대로 해결하기 위해서는 모든 것을 바꿀 수 있다는 시각에서 시작해야 한다. 이러한 시각에서 기업의 중장기 전략과 사업모델까지 포함한 변화를 생각한다면 이는 혁신의 접근이고, 기본적인 틀은 그대로 둔 상태에서 효율성을 높이는 변화를 의미한다면 이는 개선의 접근방법이다. 거의 모든 기업에서 매년 혁신과 변화 과제가 수립되고, 실행되며, 그 성과를 지속적으로 평가한다. 그 결과를 반영하여 다음 해의 추가적인 변화 과제가 도출된다. 매우 일상적인 경영활동이다.

필자는 여러 기업과 이러한 형태의 '성과 개선 프로그램'을 설계하기도 했고, '변화 관리 프로젝트'를 공동 개발하고 실행 작업에 같이 참여하기도 했다. 대부분의 경우에 혁신이라고 이름 붙여진 개선 프로젝트의 목표와 실행방안은 과거 3~5년 전 수행했던 프로젝트의 범주를 벗어나지 않았다. 개선 목표치의 수준이 비슷했고, 투입되는 자원의 규모와 내용도 이전과 크게 다르지 않았다. 그 결과, 개선이나 변화 프로그램에는 눈에 보이지 않는 뚜렷한 한계가 존재했다.

대표적인 몇 가지를 살펴보면, 투입 자원과 인력에는 분명한 가이드라인이 존재했다. '성과에 준하는 투입'이라는 명목하에 과거의 투자 범위를 넘어서는 예산 배정은 불가능하고, 변화를 시도하기 위한 투입 인력의 규모도 분명한 한계가 있다. 더군다나 이러한 인력의 풀타임 참여는 물론, 주요 사업부와 기능 부서에 있는 고성과 인적 자원은 프로그램의 시작 단계를 제외하고는 지속적인 참여가 어렵다. 무엇보다 이러한 한계를 극복하기 위한 계획 수립 및 실행방안을 고민하는 변화의 시작 단계에 '제약 없이' 참여하는 게 제일 어렵다. 성공적인 프로그램을 위해서는 이러한 참여를 통해서만 '제약을 없애는' 계획 수립과, '과거 통상적인 개선 수준을 벗어난' 혁신 목표 수립과 달성이 가능한데도 말이다. 이것이 혁신을 외치면서도 실제로는 혁신의 '자유도degree of freedom'가 결여된 '통상적인' 개선 프로그램이 조직 내에서 반복될 수밖에 없는 근본 원인이다. 결국, 핵심은 변화의 '폭과 속도'를 정확히 정의하는 것이다. 그리고 이를 혁신 과정 동안 흔들림 없이 추진할 수 있는 권한이 확보되어야 한다. 하지만 최고경영진은 이러한 변화의 자유도를 변화나 개선 프로그램 팀에 부여하지 않는다. 과연 무엇이 문제인가? 결국 최고 의사결정권자인 리더의 현실 인식과 혁신 의지를 어떻게 정확하게 혁신 대상과 변화의 범위로 정의할지가 제일 중요하다.

앞서 살펴본 경영참여형사모펀드(2021년 10월 21일 자본시장법 개정에 따라 명칭이 변경되었으며, 새 법률 기준으로는 기관전용사모펀드에 해당)는 인수합병 시장뿐만 아니라 한국 경제 전반에 걸쳐 그 영향력이 커지고 있다. 국내 사모펀드 산업의 성장 배경에는 재벌 기업들이 과거의 문어발식 사업 확장 관행을 자제하고 핵심 사업에 집중하면서 비핵심 자산은 매각하는 시대적 변화 흐름을 바탕으로, 바이오와 인공지능AI, 5G 등 새로운 산업과 기술이 등장하면서 소위 성장 자본 growth capital으로 불리는 자금에 대한 니즈가 커지고, 창업 1세대가 은퇴하면서 자녀들이 기업을 승계하기보다 매각을 선호하는 등 경제 전반에 걸친 구조적 변화와 국민 인식 변화가 있다. 또한 그린 뉴딜 프로젝트를 포함한 정책사업 형태의 공급 확대와 함께, 경기부양을 위한 공공자금의 지속적 유입과 저금리 시대의 장기화에 따라 전통적 투자와 비교되는 대체 투자 영역으로 풍부한 유동성이 몰리는 등 수요와 공급 모든 측면의 니즈 확대로 사모펀드 산업 성장세는 더욱 공고해지고 있다.

일반적인 국내 기업들이 매년 정기적으로 전략을 고민하고 조직을 정비하며 오퍼레이션을 개선하고 관성에 따라 운영되는 동안, 사모펀드들은 투자 전문가로서의 지식과 경험을 바탕으로 다른 전문가 집단의 도움을 받아 단기간 내 투자 대상 기업의 가치를 제고하기 위한 변화와 혁신을 추구한다. 즉, 그 변화와 혁신의 실행 과정을 철저히 관리하고 변화의 촉매제change agent 역할을 훌륭하게 수행한다. 또한 명확한 경영 목표를 제시하고 끊임없이 진척 사항을 점검하며 관리한다. 자칫 지나치게 엄격한 관리로 피로해질 수 있는 조직에 파격적인 성과 보상체계로 사기를 북돋는다. 관행적으로 흘러가던 일상에 새로운 자극제를 투여받은 조직이 놀라운 성과를 올리는 것은 충분히 예상 가능한 일이다. 사모펀드들은 이러한 일들을 실제 훌륭한 투자 성과로 보여주고 있다.

사모펀드가 투자한 기업들은 성장이 정체된 성숙 산업에서도 성장을 일궈내고 우월적 시장점유율을 달성하며 수익성 제고를 이뤄낸다.

이를 목도한 경쟁 기업들은 사모펀드를 벤치마킹하여 자체 내부 개혁을 추진하기도 하고, 생존을 위해 경쟁사와 합종연횡하기도 한다. 이렇게 사모펀드는 기존 산업의 경쟁 구도를 뒤흔들며 경영자들에게 신선한 충격파를 던져주고 있다. 그 영향으로 일반 기업들도 과감한 성과 보상체계를 도입하기 시작했고, 보다 엄격한 관리체계를 통해 목표 달성을 독려한다.

과거에 비해 모든 산업의 경기 사이클이 짧아짐에 따라 이러한 변화 노력들의 효과를 검증할 시간은 3~5년이면 충분하다. 우리나라 사모펀드들의 평균 투자 기간이 이와 일치하는 것도 같은 배경이다. 일반적으로 사모펀드가 기업을 인수하면, 1년 차에는 인수 작업 단계에서 정밀 실사를 통해 파악한 기업가치 제고 방안을 토대로 기존 시스템을 수정하여 새로운 운영체계와 작업 계획을 정립한다. 2년 차부터 본격적으로 새로운 목표를 설정하고 실행에 옮긴다. 3년 차에는 2년 차 실행의 연장선상에서 전략의 일관성을 유지하든가, 또는 2년 차 실적을 분석하고 발견한 시사점을 토대로 목표를 수정하여 재실행한다. 이렇게 3년 동안 피인수 기업에 대한 사모펀드의 기본적인 가치 제고 활동이 1차적으로 마무리된다. 이후 추가적인 가치 제고 작업과 함께 투자회수를 위한 활동을 병행하며 빠른 경우 5년 내 마무리한다.

같은 맥락에서 일반 기업들도 외부의 환경 변화에 적응하고 경쟁력을 유지하기 위해서는 최소 3년 단위로 과감한 혁신과 변화가 필요하다. 외부 환경 변화에 적응하지 못하고 내부의 혁신 의지가 둔화되면 언제든지 사모펀드와 같이 작지만 강한 경쟁자들이 비집고 들어올 빌미를 제공할 수밖에 없다. 경쟁자로서 사모펀드는 결코 달가운 존재가 아니다. 사모펀드가 인수하기 이전의 경쟁 기업이 중고등학생 수준이었다고 하면, 인수 이후에는 스마트하고 급성장한 대학생으로 변신하여 등장한다. 그런 변화에 제대로 대응하지 못한 기업 입장에서는 경쟁 비용이 증가하게 되고 실적 개선은 더딜 수밖에 없다.

사모펀드 산업이 성장하고 한국 경제에 미치는 영향이 커지면서 우수 인력과 자원이 사모펀드 운용사로 몰림에 따라 전문성이 더욱 강화되고 있다. 또한 피투자 기업의 경영을 전담하는 CEO를 포함한 C 레벨 전문경영인 풀에도 훌륭한 경력을 가진 인력들이 자발적으로 대거 모여듦에 따라 기존 경쟁 기업들은 우수 인력의 이탈을 걱정해야 할 상황이다. 이제라도 한국 기업들이 기업가치 제고라는 목표를 위해 전열을 재정비하고 효율적으로 경영에 집중해야 하는 이유가 생긴 것이다. 비효율이 생기는 순간 새로운 사업모델과 새로운 경쟁자가 등장하게 되고, 사모펀드도 그 하나임을 명심해야 한다. 지금까지 나타난 경쟁력으로 예측해 본다면 승패는 명약관화하다.

정체 상태를 벗어난 기업의 시사점

○
●

정체를 탈피하기 위한 원칙을 논하기는 쉽지만 실제 성과를 만들어내는 것은 쉽지 않다. 정체를 벗어나 재도약을 이뤄낸 미국과 유럽, 일본의 대표 기업 사례를 통해 다시 한번 과감한 도전의 필요성을 상기해 보자.

소니, 선제적 혁신으로 기사회생하다

2020년 10월 미국 월스트리트저널WSJ은 전 세계 5,500개 상장기업의 사업모델, 혁신성, 고용 및 근무환경, ESG 측면을 고루 평가해 '세계 100대 지속가능 기업The 100 Most Sustainably Managed Companies in the World'을 선정해 발표했다. 그런데 놀랍게도 글로벌 1위 기업은 우리에게는 잊혔던 회사인 일본의 소니SONY가 차지했다. 특히 혁신 분야에서 높은 평가를 받으며 전체 순위에서 우리나라의 LG전자(6위)와 삼성전자(28위), 그리고 미국의 메타 플랫폼스(페이스북, 65위)와 애플(68위)을 모두 제쳤다. 2012년 11월 800엔대까지 떨어졌던 주가는 2021년 3월 말 현재 약 1만 1,500엔으로 약 9년 만에 14배 상승했다. 2000년 워크맨으로 대표되는 전자 사업 부문 매출이 전체의 70%를 차지할 정도로 기술 변화가 극심한 전자제품 중심의 회사에서, 2020년에는 전자 사업 부문 매출은 22%로 줄어들고 대신에 게임, 음악, 영상 등 콘텐츠 부문의 매출이 50% 이상을 차지하는 콘텐츠 플랫폼 회사로 변신에 성공한 것이다.

1946년 조그만 중소기업에서 시작하여 휴대용 오디오 '워크맨', CD 플레이어, 8mm 비디오카메라 등 기술력을 앞세운 획기적인 전자제품을 출시하며 공전의 히트를 기록, 대기업으로 성장한 소니는 지속적인 성장을 위해 불가피하게 규모가 큰 중저가 시장에 진입하기로 결정한다. 그러나 가격경쟁력이 핵심 성공 요인인 중저가 시장에서 대량생산에 적합한 생산설비가 없었던 소니는 원가절감 압박에 내몰린 나머지, 기존 소니가 보유한 최고급 이미지와 고가정책의 기반이 되었던 기술개발력이 저하되면서 결국 브랜드 이미지가 추락하고 만다.

1995년 재무구조가 악화된 상태에서 CEO가 된 이데이 노부유키는 대기업 소니의 각 사업부를 독립 회사처럼 운영하는 컴퍼니company 제도를 도입했다. 회사를 잘게 쪼개어 급격한 시장 변화에 신속하게 대처하겠다는 의도였지만, 이렇게 생겨난 50여 개의 서브 컴퍼니로 인해 이후 소니 몰락의 가장 큰 원인으로 지목되는 부서 이기주의, 즉 사일로 현상까지 나타났다. 소니의 '사일로'들은 다른 부서와 아이디어를 공유하지 않았고, 우수 직원을 서로 빼앗기지 않으려고 애썼다. 협력과 실험, 장기투자도 멈췄다. 누구도 리스크를 감수하려고 하지 않았다(질리언 테트, 신예경 옮김, 《사일로 이펙트》, 어크로스, 2016 참조). 2005년 취임한 최초의 외국인 CEO 하워드 스트링거는 콘텐츠를 강조하며 전자회사에서 엔터테인먼트 회사로 사업 방향을 선회했고, 그 여파로 소니 기술력의 심장부라 불리던 A3연구소가 해체되며 인공지능 로봇 사업에서 철수하는 등 기술자 천시 문화로 인해 조직은 더욱 쇠퇴하게 되었다.

2012년 소니 회장 겸 CEO로 취임한 히라이 카즈오는 이러한 조직의 문제를 해결하기 위해 '하나의 소니One Sony' 전략을 내세우며 부활의 시동을 걸게 된다. 사업적으로는 제4차 산업혁명 같은 시대적 변화에 대응하기 위해 선택과 집중 전략을 표명하며 문어발식 사업 확장을 자제하고, 기술과 제조의 소니 DNA를 가장 잘 발휘할 수 있는 사업에 집중했다. 이에 따라 PC 사업 부문인 VAIO 브랜드를 매각하고, 스마트폰과 자율주행차의 필수 부품인 이미지센서에 투자하여 오늘날 글로벌 시장 1위의 지위를 확보하는 기틀을 마련했다.

또한 브라질 가전 공장을 매각하고 말레이시아 오디오 공장은 폐쇄하는 등 경쟁력이 떨어지는 분야는 과감히 정리하면서 기존에 경쟁력이 있다고 판단한 콘텐츠 관련 투자를 확대했다. 과거 무리한 사업 확장과 포트폴리오 조정 실패로 끝없는 나락의 길을 걷던 소니가, 그 과정에서 발생한 내부 조직의 사일로 현상까지 극복하며 확실하게 부활한 스토리가 주는 시사점은 분명하다. 오늘날처럼 급변하는 시대에 기업의 성패는 선제적 혁신 여부에 달려 있고, 전향적이고 적극적인 기업만이 결국 승자가 될 수 있다는 것이다.

경영학의 마케팅 분야에 생애주기라는 이론이 있다. 일반적으로 상품은 태생기, 성장기, 성숙기, 쇠퇴기의 4단계로 진화한다는 것이다. 성숙 단계를 지나 소멸되지 않으려면 혁신적 리셋이 필요하다는 의미로 해석되는데, 이는 기업에도 적용될 수 있다. 소속된 산업이 성숙기에 있다면 더더욱 판을 뒤집는 혁신이 필요하다. 지난 10년간 포천 Fortune500 기업 명단의 상위 리스트를 보면 일류 기업이더라도 흥망성쇠에 그리 오랜 시간이 걸리지 않는다는 것을 확인할 수 있다. 글로벌 경쟁이 격화되고 IT 기술의 발달로 새로운 사업모델이 수시로 등장하는 오늘날과 같은 불확실성의 시대에는 더욱 그렇다.

네슬레, 끊임없는 혁신과 재혁신의 전략

명실공히 세계 최고의 회사 중 하나다. 최근 들어 세상이 구글이나 메타 플랫폼스, 또는 테슬라와 같은 제4차 산업혁명의 선도 기업들을 주목하는 동안 잠시 뒷전으로 밀려나 있지만, 특히 식료품 산업에 관심 있는 사람들에게 네슬레라는 이름은 아무나 범접할 수 없는 절대적인 기업으로 인식되고 있다.

스위스의 분유 회사에서 시작하여 오늘날 매출 150조의 글로벌 식품기업이 된 네슬레의 성장전략을 얘기할 때 빼놓을 수 없는 것이 적극적인 인수합병을 통한 사업 포트폴리오 조정이다. 분유나 커피 등 초기 핵심 사업군에서 창출되는 재원을 기반으로 적극적인 인수합병을 추진하여 제품군을 확대하고, 식품산업의 성장률이 높은 신흥국 중심으로 지역적 확장을 가속화했다. 특히 처음 진출하는 지역이나 국가의 경우에는 로컬 1, 2위 업체를 인수하여 초기부터 강력한 시장 입지를 구축해 효율적으로 신시장을 개척하는 전략으로 유명하다. 또한 신규 사업을 인수만 하는 것이 아니라 기존 사업에 대한 정기적인 평가와 전략 수정을 통해 저부가가치 사업은 과감히 매각하거나 철수하는 등 적극적으로 포트폴리오를 관리했다. 그 결과로 다른 글로벌 식품 회사에 비해 높은 성장성과 총주주수익률을 달성하고 있다.

이러한 적극적인 사업구조조정을 가능케 하는 근간은 네슬레의 혁신성이다. 네슬레식 혁신의 특징은 새로운 것을 개발하는 혁신 innovation과 기존의 것을 재개발하는 재혁신renovation을 적절히 활용한다는 점이다. 네슬레의 6대(1997~2005) CEO를 역임한 페터 브라베크는 "많은 기업이 혁신을 명분으로 연구개발에 돈을 쏟아부으면서 뜬구름을 잡곤 한다. 그러나 우리는 현실성을 잃지 않는 선에서 지속적으로 추진하는 혁신을 강조한다."고 얘기한다. 이러한 현실적인 혁신성을 바탕으로 네슬레는 소비자가 진짜 원하는 것이 무엇인지 항상 연구하고 관찰한다. 이를 위한 전담 조직도 운영한다. 그 결과 네스카페와 같은 세계 최초의 인스턴트 커피와 연이은 재혁신을 통해 캡슐커피 등 세상에 없던 다양한 신제품들을 출시했다. 피터 드러커가 얘기한 "혁신은 천재들의 번뜩이는 재주가 아니다."라는 말의 의미를 체계적이고 조직적이며, 역동적이고 지속적인 혁신 활동으로 직접 실천하고 있는 회사다.

이러한 네슬레도 위기가 없었던 것은 아니다. 1970년대 오일쇼크 이후 커피, 코코아 등 주요 원재료 값이 3~4배 오르고, 영국, 미국, 프랑스 등 주요 진출 국가의 통화가치가 하락하면서 스위스에 본사를 둔 네슬레의 재정 상태가 더욱 악화되었다. 1981년에 CEO로 임명된 헬무트 마우서의 지휘 아래 네슬레 그룹은 비주력 부문을 과감히 정리하는 구조조정을 실시하여 재무구조를 개선시켰고, 동시에 전략적 인수합병정책을 실시해 오히려 사업 영역을 확장해 나갔다. 네슬레그룹은 1985년 미국 식품업체인 카네이션Carnation을 30억 달러에 인수해 세계 최대의 식품기업 중 하나가 되었다. 1988년에는 영국의 당과 업체인 라운트리Rowntree사를 인수해 킷캣Kit Kat, 에어로Aero, 스마티즈Smarties 같은 과자 브랜드도 출시하는 등 위기를 기회로 전환시켰다. 2008년 미국발 글로벌 경제위기 상황에서도 혁신적 사업구조조정으로 적극적인 성장전략을 펼쳤다. 냉동식품 등 포화 상태에 다다른 사업 분야를 과감히 포기하고 생수와 반려동물 사료에 투자를 집중하여 단순한 식품기업에서 건강한 삶을 지향하는 웰빙기업으로 탈바꿈한 것이다.

이러한 사업 포트폴리오의 재조정 결과, 코로나19 팬데믹 국면에서도 2020년 3분기 매출이 전년 동기 대비 4.9% 성장했다. 같은 기간 경쟁업체인 다농, 유니레버 등이 코로나19 여파로 매출 하락 등 실적 부진을 겪은 것에 비해 시장 전망치를 뛰어넘는 호실적을 기록했다.

코로나 대유행으로 건강에 대한 관심이 높아지면서 웰빙 제품에 초점을 맞춘 전략이 맞아떨어진 것이다. 최근에는 바이오 제약사 아이뮨 테라퓨틱스Aimmune Therapeutics를 20억 달러(약 2조 2,700억 원)에 인수하는 등 식품 사업에서 헬스케어 사업으로 사업 포트폴리오를 확장하고 있다. 일반적인 기업의 생애주기가 네슬레에게는 적용되지 않는 것으로 보인다. 그만큼 혁신적인 마인드로 전략을 수립하고 신사업을 추진하며 적극적으로 리스크를 관리하고 있다.

네슬레는 사업 운영상의 혁신뿐만 아니라 ESG에도 적극 앞장서며 사회적 기업으로 역할을 충실히 수행하는 것으로도 유명하다. ESG가 2020년을 전후하여 우리나라를 포함해 전 세계에 유행하기 시작한 반면, 네슬레는 이미 2010년대 초반부터 가치사슬상의 공급업체들에게 거래의 필수조건으로 ESG 리포트를 요구할 정도로 선도적인 기업이었다. 그 이전 신흥국 식품 시장으로 활발히 진출하던 시기에는 진출 국가에서 기업의 사회적 책임이라는 명목으로 지역사회와의 상생을 위한 각종 지원활동을 펼치기도 했다. 과거 커피 농가에 10년간 2,500억 원을 투자하고 네스프레소 사업 매출을 26배 끌어올린 사례는 카카오의 김범수 의장이 국내 스타트업 기업들의 사회적 책임을 강조하며 인용한 사례로도 유명하다.

마이크로소프트, 소프트웨어 플랫폼 강자로 변신

1990년대 마이크로소프트는 말 그대로 소프트웨어의 황제였다. DOSDisk Operating System를 통해 개인용컴퓨터 시장의 초창기부터 스타가 되었고, 이후 윈도와 오피스가 연달아 크게 성공했다. 1990년대 마이크로소프트는 전 세계에서 가장 가치 있는 기업이었고, 창업자 빌 게이츠는 세계 최고의 부자가 되었다.

마이크로소프트의 실적은 2000년대 들어서도 결코 무시하지 못할 정도로 매우 큰 수준이었다. 2008년 금융위기까지 한 번도 성장이 꺾인 적이 없었다. 그때까지 성장률은 매년 10%에서 18% 수준을 유지할 수 있었다. 하지만 사람들의 관심이 PC에서 모바일로 넘어가고 있었고, 장기적인 추세에서 마이크로소프트의 성장성과 수익성은 떨어지고 있었다. PC 운영체제인 윈도는 마이크로소프트의 대표적인 제품으로 한때 혁신과 성장을 대표했지만, 모바일의 등장으로 그 성장세가 감소하기 시작했다. 모바일 시장은 마이크로소프트가 아닌 애플과 구글이 주도했으며, 마이크로소프트는 한물간 브랜드이자 저물어가는 회사처럼 인식되었다. 이에 따라 주가도 상승하지 못했다. 2000년 닷컴버블 시기 50달러까지 올랐던 주가는 2013년 30달러 미만에서 거래되었다. 변화가 필요한 시기였다.

2014년 새롭게 취임한 CEO 사티아 나델라Satya Nadella는 마이크로소프트의 정체성을 새롭게 정의했다. '모바일 퍼스트, 클라우드 퍼스트Mobile First, Cloud First'라는 비전을 제시했다. '플랫폼과 생산성을 제공하는 회사'라는 정체성으로 재정의하고, 기존 하드웨어와 소프트웨어 중심으로 나누었던 사업부를 재구성했다. 생산성과 비즈니스 프로세스Productivity and Business Processes, 인텔리전트 클라우드Intelligent Cloud, 개인 컴퓨팅More Personal Computing의 3개 사업부로 재편해서 사업 추진 조직을 정비했다.

마이크로소프트와 같은 거대 기업은 각 사업부 간의 이해관계와 경쟁 관계도 매우 심하다. 특히 윈도와 오피스 같이 매출의 대다수를 창출하는 핵심 사업부를 담당하는 임원들에게 발언권과 힘이 실리기 마련이다. 주요 의사결정에서 기존 소프트웨어 판매 방식과 매출을 고집하는 형태로 영향력을 미치려고 할 수 있다. 그들로서는 사업에 최선을 다하고자 하는 것이지만, 변화와 혁신에는 부작용을 줄 수 있다.

사티아 나델라는 이들 부서의 이해관계를 조정하기 위해 집중했다. 고객의 사용성을 중심으로 기존 제품 담당자들의 이해관계를 재정립하고자 했다. 개별 제품의 판매를 통해 이익을 극대화하려는 시각에서 벗어나 현재는 '원 드라이브One Drive'라는 클라우드 구독 서비스하에 개인 소프트웨어 콘텐츠를 통합, 제공하고 있다. 또한 윈도와 클라우드, 오피스 등 소프트웨어 제품이 모두 유기적인 관계를 통해 고객에게 제공되고 있다. 이는 마이크로소프트가 시작한 클라우드 서비스가 SaaSSoftware as a Service 시장에서 1위로 성장하는 원동력이 되었다. 클라우드 서비스인 애저Azure는 2015년 이후 분기별로 100% 가까운 놀라운 성장률을 보이며 아마존의 AWS와 양강 체제를 구축하게 되었다. 사티아 나델라의 변화가 시작된 2014년에는 클라우드 분야의 매출 비중이 24%에 불과했지만, 이후 다른 사업부보다 높은 성장성을 보였다. 이에 따라 2020년을 기준으로 클라우드는 주요 3개 사업부 중 가장 많은 매출(34%)을 올렸고, 생산성 부문(32%)과 개인 컴퓨팅 부문(33%)도 고른 실적을 보였다. 이를 통해 마이크로소프트는 과거 생산성 소프트웨어 중심 회사에서 플랫폼과 클라우드 서비스를 제공하는 기업으로 변화를 완성해 나가고 있다.

마이크로소프트는 기존 사업 부문의 안정성과 지속적인 매출에 안주하지 않고, 세상의 변화에 맞춰 계속해서 혁신한 좋은 사례다. 2015년 이후의 도약은 시장의 기대를 받으며 새롭게 인식되었다. 2020년 코로나19 위기를 거치며 폭증한 클라우드와 플랫폼 기반 협업 수요로 인해 가치를 재평가받는 계기가 되었다. 언택트untact 수요에 의해 늘어난 PC 판매량과 클라우드 서비스 사용자 수로 인해 주가는 계속 상승했다. 2021년 3월 기준으로 주당 240달러에 거래되고 있는데, 이는 2000년 1월 대비 약 50% 상승한 것이며, 사티아 나델라의 취임 후 변화를 시작한 2014년 대비 6배 이상 성장한 수준이다.

디즈니, 디지털 콘텐츠 제국으로 성장

월트 디즈니는 1928년 미키 마우스를 대중들에게 선보이며 애니메이션 캐릭터 사업으로 만들어냈다. 이후 디즈니 클럽과 원소스 멀티유즈one source multi use 개념을 만들었고, TV와 라디오로 진출했다. 1950년대에는 테마파크, 1980년대에는 게임으로 진출했고, 1990년대에는 미국 3대 방송국 ABC를 인수했다. 1984년 취임한 CEO 마이크 아이즈너는 굵직한 인수합병을 성공시키며 디즈니를 콘텐츠 기업에서 미디어 제국으로 키우는 데 성공했다. 하지만 초창기의 성공이 그를 안주하게 만들었다. 2000년대 이후 CEO 자리를 연장하려는 의도를 보였으며, 픽사 등 경쟁사에 비해 콘텐츠나 혁신성이 부족하다는 평가를 받았다. TV 프로그램 제작에 성공적이지 못했고, 테마파크 성장도 정체되었다.

2005년 취임한 밥 아이거Robert Iger는 디즈니를 혁신과 창의가 넘쳐나는 회사로 변화시키며 예전의 명예를 되찾는 데 집중했다. 아이즈너에 의해 이사회에서 밀려난 월트 디즈니의 조카 로이 디즈니를 고문으로 다시 불러들여 디즈니의 정체성을 회복하고자 했다. 하지만 이보다 과감한 의사결정이 뒤따랐다. 2006년 픽사를 인수해 그래픽과 모션 인식 기술을 확보했던 것이다. 픽사는 〈스타워즈〉로 잘 알려진 루카스 필름의 그래픽 부서로 시작했다. 애플에서 쫓겨난 스티브 잡스가 함께하면서 디지털 애니메이션 기업으로 성장했고, 1995년 〈토이 스토리〉로 주목을 받았다. 이후 〈토이 스토리 2〉, 〈몬스터〉, 〈인크레더블〉이 잇따라 성공하며 디즈니와는 다른 경로에서 큰 성공을 거두었다. 디즈니는 이처럼 전통적인 애니메이션 스튜디오 모델보다 더 유연하고 신속하게 콘텐츠를 기획하고 제작하는 역량을 수혈했다.

여기에 그치지 않고 2009년에는 마블 스튜디오를 인수했다. 42억 4천만 달러, 한화로 약 4조 원 이상의 자금이 투입되었다. 기존의 디즈니 캐릭터는 순수하고 밝은 성격을 가진 명랑한 이미지가 대부분이었고, 애니메이션의 스토리라인도 권선징악적인 내용 일색이었다. 하지만 마블 캐릭터는 선과 악이 불분명하고, 많은 흠결이 있으며, 자신의 정체성에 대해 고민하는 다양한 성격의 현실적인 캐릭터였다. 이에 따라 다양한 스토리를 엮어냈고, 슈퍼 히어로 장르 영화에서 기존에는 시도하지 못했던 마블 시네마틱 유니버스를 창조할 수 있었다. 2019년 개봉한 〈어벤저스: 엔드게임〉은 디즈니가 마블을 인수한 후 10년에 걸쳐 준비해 온 세계관의 결정판이었다.

2012년에는 〈스타워즈〉 콘텐츠를 보유한 '루카스 필름'을 인수했다. 조지 루카스가 68세의 나이로 은퇴를 결심하고 루카스 필름을 40억 5천만 달러(한화 약 4조 4천억 원)에 매각하기로 합의했다. 디즈니는 루카스 필름을 인수한 이후 〈스타워즈〉 프랜차이즈를 계속 확장해 나갔다. 미국에서 가장 높은 티켓 파워를 가진 〈스타워즈〉 브랜드를 활용해 후속 콘텐츠를 만들었다. 디즈니의 원소스 멀티유즈 전략은 여기서도 힘을 발휘했다. 플로리다와 할리우드의 디즈니랜드 테마파크에는 '스타워즈 갤럭시 엣지Starwars: Galaxy's Edge'라는 테마 공간과 어트랙션이 조성되었다. 방문객들은 실제로 〈스타워즈〉 세계에 들어온 듯한 경험을 할 수 있어, 2019년 개장된 이후 디즈니랜드에서 가장 인기 있는 장소가 되었다. 디즈니의 루카스 필름 인수가 얼마나 시너지를 발휘했는지 잘 보여주는 사례다.

디즈니의 확장은 여기서 멈추지 않았다. 2018년에 21세기폭스21st Fox의 영화·TV 부문을 인수하는 데 성공했다. 미국의 케이블TV 거인인 컴캐스트Comcast와 경쟁을 벌인 끝에 무려 713억 달러(한화 80조 원)에 이르는 금액을 투입한 것이다. 이로써 '엑스맨 시리즈', 〈아바타〉, 〈심슨〉 프랜차이즈를 가진 20세기폭스, FX 채널, 내셔널지오그래피 같은 케이블 채널을 인수하게 되었다. 여기에 미국의 3대 OTTOver the Top인 훌루Hulu의 지분 30%까지 확보하여 명실상부한 영화산업 1위이자 글로벌 미디어·엔터테인먼트 산업의 공룡으로 성장하게 되었다.

2010년 이후에는 변화하는 미디어 소비 환경에서 OTT 서비스를 확대하기 위해 디즈니플러스Disney+를 공격적으로 확대하고 있다. 이제까지의 인수합병을 통해 확장한 디즈니의 콘텐츠 자산을 플랫폼 위에 결집하고 있다. 고객 충성도가 높은 〈마블〉, 〈스타워즈〉와 〈미키마우스〉, 〈겨울왕국〉, 〈토이스토리〉는 이들 콘텐츠를 OTT 환경에서 즐기고 싶어 하는 고객들에게 매력적이다. 콘텐츠 공룡 디즈니가 자사의 채널을 통해 직접 유통하기로 결정하면서 고객들은 빠르게 디즈니 플러스에 유입되고 있다.

이처럼 끊임없는 인수합병, 콘텐츠 자산에 대한 투자, 유통 채널의 확장 등을 통해 디즈니의 기업가치는 꾸준히 성장해 왔다. 밥 아이거가 취임했던 2005년 디즈니의 주가는 25달러 수준에서 거래되고 있었다. 마블과 루카스 필름 인수를 마무리한 2012년경에는 약 50달러 선으로 가치가 상승했다. 상승세는 계속되어 2015년경에는 100달러를 달성했다. 21세기폭스의 영화·TV 부문을 인수하던 2019년 주가는 130달러까지 올랐고, OTT 시장에서 디즈니플러스에 대한 기대감이 더해진 2021년 3월의 주가는 180달러에 이르렀다.

5-3-1년 단위 변화 설계, 3년 계획과 실행 점검의 원칙

그런데 왜 혁신은 아는 만큼 되지 않을까? 글로벌 빅테크 기업의 혁신 사례도 충분히 파악하고 있고 각종 혁신 방법론도 다양하게 접했고, 기업의 내부 사정도 누구보다 잘 아는데 왜 스스로의 혁신 성과는 성에 차지 않는가? 사례 파악과 지식의 습득 측면에서는 국내 기업의 고위급 임원과 최고 경영자들만큼 다양한 정보를 많이 알고 있고, 더 열심히 새로운 것을 찾으려고 노력하는 예를 찾기 어렵다. 또한 산업과 경쟁에 대한 최신 뉴스도 항상 남들보다 빨리 파악하고 있다. 그렇다면 이러한 경영자의 방대한 지식과 업데이트 노력이 과연 국내 기업의 혁신 성과로 얼마나 연결되고 있는가? 2000년대 이후 국내에서 인정받은 대표적인 기업 혁신 사례는 무엇인가? 여러 경영 관련 단체나 협회, 학회에서 매년 발표하는 경영 대상이나 혁신 대상을 받는 국내 기업들이 그런 사례인가? 독자들의 판단에 맡긴다.

제대로 된 혁신을 시도하기는 사실 쉽지 않다. 큰마음 먹고 시도한 혁신의 성과를 만들어내는 것은 더욱 어렵다. 특히 혁신의 성과를 객관적인 잣대로 인정받기 위해서는 최소 2년 이상 매우 특별한 비일상적인 추가 노력과 더불어, 기존 관행과 시스템의 구조적인 변화가 필요하다. 앞에서 혁신의 필요성과 혁신 내용을 주로 살펴보았다면 여기에서 짚어보고자 하는 것은 '어떻게 혁신할 것인가'다. 혁신의 성공을 위한 3대 요소(필요성·동기, 혁신 대상, 접근방법why-what-how) 중 구체적인 방법론how to을 들여다보기로 하자. 혁신의 필요성과 동기가 최고경영진에서 선언되고 어느 정도 조직의 공감대를 얻는 과정이 진행되었다면, 변화 대상을 선정하고 (예: 해당 사업부의 전면적 개편이나 철수, 또는 주요 제품과 서비스를 만들고 제공하는 공급망 체인Supply Chain Management, SCM의 변화와 같은 근본적인 사업모델 혁신) 그 우선순위를 조정해야 한다. 이렇게 선정된 혁신 영역에서 성공 확률을 높이기 위해 꼭 필요한 두 가지가 있다.

첫 번째는 매우 세부적이고 현실적인 혁신 로드맵과, 실행 시에 예상되는 여러 가지 불확실성을 관리할 수 있는 시나리오의 개발(보통은 플랜 B를 준비하는 것이다)이다. 이 부분은 사실 많은 혁신 관련 사례나 소위 혁신 전문기관과 전문가들을 통해 핵심 사항과 세부적인 내용들이 잘 정리되어 있기도 하다. 혁신의 성공을 위해 더 중요한 두 번째 사항은, 이러한 방법론을 '누가 설계하고', '어떠한 조건에서' 실행할 것인지 결정하는 것이다. 이 역시도 혁신 사례에서 많이 다뤄지는 내용인데 훨씬 더 중요한 사항이라고 강조하는 것은 '원칙과 현실' 사이에는 너무나 큰 괴리가 있기 때문이다. 교과서적으로 이야기하면, 혁신의 주체는 충분한 경험과 역량을 갖춘 조직 내 최고의 인재가 선발되어서 '현업의 부담을 덜고 전담으로' 혁신 과제를 맡아서, 혁신의 '처음부터 최종 순간까지 자신의 직을 걸고' 수행해야 한다. 하지만 우리 필자들은 이렇게 혁신 미션이 원칙에 맞게 실행된 사례를 직접 접해보지도 못했고, 간접적으로 들어보지도 못했다. 교과서적 정의가 현실에서 이루어지지 않는 것은 성공 가능성이 담보되지 않은 일에 '최고의 인재가' 전담으로 투입되어서 '처음부터 끝까지' 업무를 담당하고, '직을 걸고' 업무를 수행하여 혁신의 성패에 책임을 지는 구조가 실제 혁신 업무를 진행하면서 채택되기는 쉽지 않기 때문이다.

하지만 세 가지 경우의 수(인재×기간×책임)가 다 갖춰진다는 것은 결코 쉽지 않은 혁신의 성공을 가늠하는 선결 요소이자 필요조건이다. 이러한 준비 없이 혁신의 성공을 바라는 것은 '적절한 자본투자 없이 생산능력 증대capacity increase without CAPEX investment'를 바라는 것과 결코 다르지 않다. 설사 이러한 요소(필요조건)를 갖추고 시작했다더라도 혁신의 성공을 위해 추가적으로 확보해야 하는 것(충분조건)이 하나 더 있다. 그것은 혁신의 완벽한 추진을 위한 혁신의 '자유도'를 혁신 최고책임자에게 부여하는 것이다. 혁신 책임자는 혁신의 성공을 위해 투입할 수 있는 자원에 대한 제약이 없어야 함과 동시에, 모든 관행과 시스템을 한계 없이 변화시킬 수 있는 '절대적인 권한'을 혁신 기간 동안 완벽하게 보장받아야 한다. 이는 과정 중간에 새로 생기는 조직 내외부의 간섭 요소를 확실하게 차단해 주는 것까지 모두 포함한다. 사실 이러한 제약 없이 불확실한 미션을 수행하는 것이 가능하려면, 이 업무는 조직의 최고경영자나 대주주인 오너가 추진하는 것이 바람직하다. 하지만 혁신의 성공만큼 중요한 조직 안팎의 이유(다른 우선순위의 경영 어젠다)로 인해 최고책임자가 혁신을 전담할 수 없다면, 혁신 리더에게 '전권'을 부여해야만 혁신을 제대로 시작한 것이다.

이렇게 혁신의 선결 요건(인재, 기간, 책임, 자유도)을 확보한 이후, 추가적으로 고려해야 할 사항들을 살펴보자. 성공의 가능성을 높이기 위해서는 혁신 단계별로 현실적인 아이디어와 적합한 추진 주체의 결정이 필요하다. 여기서는 혁신의 과정을 다음의 5단계로 정리해 보려고 한다. 혁신을 시작하며 매우 구체적이고 강력한 혁신 의지를 공표하고 조직 내 공감대를 형성하는 1단계, 혁신의 구체적 목표 설정 및 실행방안의 세부 설계가 필요한 2단계, 조직 변경과 인력 재배치를 포함한 필요 투입 자원을 설계하는 3단계, 그리고 비일상적인 혁신 성과에 의한 합리적 평가와 파격적 보상체계를 수립하는 4단계, 추가적이고 지속적인 혁신이 가능하도록 다음 단계를 설계하고 혁신 문화를 내재화하기 위한 방안을 설계하는 5단계가 그것이다. 혁신의 1단계는 최고경영자와 선발된 혁신 리더(드물지만 이상적으로는 동일인이 되는 것이 가장 바람직함)가 직접 고민하여 구체적이고 현실적으로 세부안을 만들고 조직원들의 이해와 동참을 끌어낼 수 있어야 한다. 4단계와 5단계 역시 혁신 리더가 주도하고, 내부 인사 부문의 참여와 인사 전문가의 도움을 받아서 혁신의 성공을 바라는 만큼 과감하고 미래 지향적으로 만들어내야 한다. 문제는 2단계와 3단계를 얼마나 '새롭고 과감하게' 만드느냐 하는 것이다.

두 가지 대안을 소개하고자 한다. 첫 번째 대안은 내부 인력으로 접근하는 방법이다. 팀 구성과 작업 방식에 대한 내용으로 나누어 설명할 수 있다. 팀 구성은 혁신 작업의 성격에 맞게 규모, 구성원의 자격 요건, 성향으로 구분한다. 먼저 규모는 아마존에서 이야기하는 '두 판의 피자를 나누어 먹을 수 있는two pizza team rule' 8명 이하의 팀(혁신적이고 민첩하게 논의하며 의사결정을 할 수 있음)으로 할 것을 추천한다. 구성원은 다양성의 원칙(성별, 신입과 고참을 적절하게 배분할 수 있는 경력·나이, 기능과 전문성의 균등 조합)을 최우선적으로 고려하여 최대한의 '다양성'을 확보해야 한다. 또한 변화를 즐기고, 진취적이고, 호기심이 많은 성향을 가진 후보들로 구성하는 것이 매우 중요하다.

그리고 건설적인 내부 경쟁과 좀 더 효과적인 대안을 도출하기 위해 동일한 작업을 2개의 팀에 같은 기간 동안 부여하고, 작업이 완성되면 객관적이고 공정한 평가가 가능하도록 사전에 명확한 평가기준을 정하여 조직 내에서 수용 가능하도록 합리적인 평가단을 구성한다. 이를 통해 충분한 시간을 가지고 토론과 의견 수렴 과정을 거쳐서 (필요하다면 수정, 보완의 기회를 부여하고) 결정해야 한다. 평가방식은 빅테크 기업과 실리콘밸리의 벤처캐피털이 많이 활용하는 샤크 탱크Shark Tank 접근방식을 먼저 충분히 벤치마킹하길 바란다. 이는 '투자자·심사위원들에게 평가받으라'는 것으로 '리얼리티 컴피티션reality competition'이라고도 불린다. 이후 기업의 특성도 반영하고, 조직 내부 구성원들의 아이디어를 수렴하여 최적 대안을 결정하는 방식을 찾으면 된다.

두 번째 대안으로는 외부의 도움을 받는 것도 병행하는 것이다. 내부에서 두 팀을 구성하여 2단계(목표 설정과 실행방안의 세부 설계)와 3단계(혁신 투입 자원의 세부 설계)를 진행하는 것과 동일하게 외부의 전문기관 두 곳을 선정하여 동일한 작업을 맡긴다. 혁신의 성공 가능성을 높이기 위해 내부 팀에 혁신 설계의 미션을 맡기고 평가했던 방식과 똑같이 두 외부 기관의 작업 결과물을 합리적으로 평가한다. 앞서 설명한 평가기준과 선정 방식을 동일하게 활용한다.

결론적으로 '과감하지만 도전 가능한' 혁신 프로그램을 선택해야 한다. 혁신 문화를 정착시키기 위해 3년 단위의 혁신을 계속한다면, 다양성도 확보하고 내외부 팀의 적절한 경쟁과 긴장을 확보하기 위한 두 가지 개발 대안을 3년 단위로 번갈아 적용하여 개발 미션을 내외부 팀에 맡긴다. 그리고 가능하다면 프로그램 개발과 평가의 역할을 두 팀에 3년 단위로 나누어 부여하는 것도 매우 효과적이다. 적절한 외부 전문기관 후보를 찾기 위해서는 글로벌 차원의 유사 과제 수행 사례와 고객사의 추천credential and client reference을 충분히 검토하고, 내외부 팀에 공통적으로 적용할 수 있는 객관적이고 합리적인 평가기준으로 최고의 팀을 선발해야 한다.

5
기업가정신

빅테크 기업처럼 실행하고 보상하라

핵심 질문

국내외 빅테크 기업과 국내 5대 그룹의 공통점과 차이점은
무엇인가?

국내 기업은 왜 과감한 보상, 특히 파격적인 스톡옵션을
제공하지 못하는가?

국내외 직장인이 가장 선호하는 기업의 공통점과 차이점 무엇인가?

지식의 지배

세계적 석학 레스터 서로Lester Thurow는 《지식의 지배》라는 책에서
'어떻게 부를 창출할 것인가'의 문제를 개인 차원이 아니라 기업, 사
회, 국가의 차원에서 바라보았다. 지식을 부의 새로운 바탕이라고 판
단하고 지식 기반 경제의 모습과 그것에 필요한 제반 여건을 제시한
다. 사회는 어떻게 구성되어야 하는지, 기업가에게 변화와 개혁에 도

전하도록 하는 동인을 어떻게 만들어 줄 것인지, 개인에게 경력의 의미는 무엇이고 어떻게 경력관리를 해야 하는지에 대한 실증적이고 현실적인 방안을 다루고 있다. 서로 교수가 개인, 기업, 국가에 제시한 13가지 생존 법칙 중 변화와 기업의 역할 부분에 특히 공감하고, 향후 한국 기업의 미래 30년을 좌우하는 혜안이라고 생각한다. 부는 기회를 포착하고 위험에 도전해야 이룰 수 있다는 미래 지향적 시각, 번영을 지속하려면 좋을 때 버려야 한다는 혁신적 시각, 3대 경제 주체 중 기업만이 변화의 대표적 주체라는 시각이 바로 그것이다.

세계 10대 기업

2000년대 이전까지 세계 10대 기업 가운데 7개가 일본 기업이었다. 이후 일본 경제는 장기침체에 빠졌고 잃어버린 20년이라는 기나긴 침체의 시기를 겪었다. 그 결과, 2000년대 이후에는 세계 10대 기업 안에 존재하는 일본 기업이 하나도 없다. 대신 초강대국 미국 기업만이 그 자리를 차지하고 있다. 대부분이 빅테크 기업이다. 이제 빅테크 기업에게서 새로운 비즈니스 패러다임과 미래의 흐름을 읽어야 한다.

다니고 싶은 기업

2020년 잡플래닛이 발표한 '다니고 싶은 기업' 브랜드 조사 결과를 살펴보자. 카카오는 입사하고 싶은 기업에서 23.6%의 지지를 받아 압도적인 1위를 했고, 네이버는 18.6%로 2위, 14.1%의 삼성이 3위를 차지했다. 취업준비생과 직장인의 응답 결과를 비교해 보면, 순위

DOs

는 비슷했지만 응답 비율이 달랐다. 취준생은 1위 카카오가 20.3%, 2위 네이버가 16.3%인 반면에, 직장인 그룹에서는 카카오가 25.2%, 네이버가 19.7%로 더 높은 선호를 보였다. 국내에서도 빅테크 기업이 압도적인 선호도를 보여주고 있다.

기업을 움직이게 하는 가장 중요한 동력인 업무평가와 성과 보상 관련 주제는 첫 직장이었던 종합금융사(현대종합금융)를 거쳐 P&G코리아에 근무하던 직장생활 초기부터 이후 30년간 경영 컨설팅업에 종사하는 동안 매년 연말연시 동료들과의 단골 논쟁 주제였고, 많은 프로젝트의 주된 토픽이나 검토 사항이었다. 하지만 매번 치열하게 토론하고 고민했지만, 이상적인 안과 현실적인 제약 조건하에서 당시에 맞는 절충안을 찾는 정도로 그칠 수 밖에 없었던 아쉬운 기억이 크게 남아 있다.

돌이켜 생각해 보면, 현실적인 타협안이 나올 수밖에 없었던 배경에는 우선 한국 기업만의 독특한 조직문화가 있다. 평가자와 피평가자가 학연, 지연으로 얽혀 있고, 입사 초기에는 소위 '사수'와 '부사수'로 맺어진 도제식 업무 트레이닝을 받는 과정에서 단순히 직장 동료나 선후배 이상의 끈끈한 연결고리를 형성하게 된다. 이러한 배경으로 인해 개인별 성과에 대한 객관적인 평가보다는 진급을 앞둔 부서원들을 상위 고과자로 배분하는 관행을 만들고, 개인별 고과에 따라 책정된 성과급이 지급되는 원칙이 있음에도 연봉 계약 시 작성한 비밀유지 약속은 온데간데없이 동료들끼리 비교하며 누가 얼마를 받았다는 소식이 공공연한 비밀이 된다. 우리라는 '동지' 의식이 기저에 깔려 있는 것이다. 당시에는 주 52시간 근무는 상상도 할 수 없었고 농업적 근면성이 승진의 지름길이었다. 따라서 매일 밤 늦게까지 함께 야근하고 고생했기에 개인별 성과급이 차등 지급되더라도 그 차이가 크지 않았다. 오히려 이러한 한국 기업의 조직문화에서 외국 기업처럼 변별력 있는 개인별 성과급이 지급되었다면 조직관리에 문제를 야기했을지도 모른다. 또한 대규모 조직 단위 직장생활이 주류를 이루다 보니, 개인별로 직무기술job description이 명확히 정의되어 있지 않아 개인별 업무평가와 성과 보상 기준을 만들기 어려워 엄정하고 세밀한 평가 자체가 불가능했을 수도 있다.

한국 경제가 발전하고 글로벌 경쟁력을 갖춘 기업들이 등장하면서 한국 기업들도 성과 평가제도와 보상 시스템의 글로벌 베스트 프랙티스를 심도 있게 연구하고, 이를 국내 현실에 접목하려고 노력해 왔다. 이러한 과정에서 평가의 객관성을 담보하고, 형평성을 유지하며, 기업가치 개선과 연결고리를 갖는 시스템으로 고도화되었다. 동시에 조직구조 역시 역할과 책임을 명확히 하여 조직 구성원의 직무 만족도를 높이고, 핵심 인력의 경력개발을 지원하며, 전사적 기업가치를 제고하는 방향으로 발전했다.

이렇게 성과 평가, 조직 체계, 그리고 보상 시스템은 각각의 개선 노력과 전사 차원의 통합, 조율 과정을 통해 그 수준을 높여왔다. 하지만 여전히 평가 체계의 객관성, 기업가치와 연계된 절대적인 보상 수준 설정 및 지급 방식, 그리고 예외 조항에 대한 수많은 개선 사항이 존재한다. 이로 인해 평가제도 자체에 대한 신뢰도가 여전히 낮고, 결과적으로는 회사의 전반적인 인사제도가 불합리하다고 인식된다.

조직 역량에 누수가 발생하고 있는 것이다. 이러한 교훈을 되새기며 개인의 잠재력을 최대한 실현하고 기업의 지속적 가치 증대를 담보하는 보상 시스템을 만들기 위한 몇 가지 고민을 함께 나누고자 한다.

빅테크 기업의 비즈니스 모델과 확장 방식

빅테크 기업은 사업 개발과 확장 방식에 제한을 두지 않는다. 특정 기업 내부에서만 혁신을 주도해야 한다고 생각하지 않고, 기업의 형태와 영역을 넘어서 사업을 사고팔고 쪼개고 합친다. 기술과 인재, 핵심 사업 역량의 확보를 위해 스타트업과 기술 기업을 과감하게 인수한다. 신사업과 프로젝트에 도전하는 TF 팀을 만들어 사업으로 확대시키고, 필요하면 별도 회사로 분리하여 독립 경영의 권한을 부여한다. 기업의 성장에 필요하다고 생각되면 회사 형태를 계속 바꿔 나갈 준비가 되어 있다. 이 과정에서 사업수익operating profit과 자본소득 capital gain을 동시에 얻어 다음 사업 확장의 기반으로 삼는다.

대표적인 빅테크 자이언트인 구글과 알파벳의 전략을 살펴보면 이들의 움직임을 쉽게 파악할 수 있다. 구글은 기존 검색과 인터넷 광고 중심의 사업 모델을 확장하고자, 2015년 알파벳Alphabet을 설립하고 지주회사 격으로 운영하며 사업 부문과 사업 개발에 의한 상장 모델을 본격화했다. 알파벳이라는 이름은 구글처럼 성공적인 사업을 A부터 Z까지 채워 넣겠다는 비전에 따라 정했다. 알파벳을 중심으로 여러 형태의 비즈니스를 내부 육성하고, 인수하고, 분리하고 합병하는 등 끊임없이 사업을 개발·확장해 나가고 있다. 알파벳 산하에는 사업의 모체라 할 수 있는 구글을 비롯해 다수 기업을 거느리는 형태로 구성되어 있다.

구글은 사업과 기술, 인력을 확보하기 위한 인수합병을 끊임없이 해오고 있다. 2006년 16억 5천만 달러(2조 2천억 원)에 유튜브를 인수한 것이 대표적이다. 인수 당시 유튜브는 창업한 지 1년도 안 된 신생기업이었다. 유튜브의 동영상 압축 기술과 플랫폼 가능성에 과감하게 투자했지만, 인수 초기 몇 년간은 예상에 비해 저조한 매출과 막대한 유지비, 저작권 문제 등으로 수익 확보가 어려운 것처럼 보였다. 하지만 스마트폰이 일반화되고 동영상 제작과 소비를 위한 무선통신 인프라가 개선되면서 유튜브는 사용자에 의해 직접 생산되는 콘텐츠를 소비하는 핵심 플랫폼으로 성장했다. 이후 유튜브는 미디어 엔터테인먼트 업계 전반의 지형을 바꿔가며 혁신적인 영향력을 확대해 나가고 있다. 2019년 유튜브 광고 매출은 151억 달러(약 18조 원)로, 이는 미국 메이저 방송사인 NBC(60억 달러), CBS(65억 달러)보다 큰 규모다. 과감한 투자 이후 14년 만에 막대한 수익을 회수하고 있는 셈이다.

구글은 사업 포트폴리오를 검색 중심에서 인공지능으로 옮겨가며 미래 사업 성장에 집중하기 위해 관련 스타트업의 인수합병과 인재 영입도 꾸준히 해오고 있다. 2016년 이세돌 9단과 세기의 바둑 대결로 잘 알려진 알파고AlphaGo의 딥마인드Deep Mind는 2014년 인수되었다. 당시 딥마인드는 창업한 지 4년밖에 지나지 않았고 50명으로 운영되던 작은 스타트업이었지만, 약 7천억 원이 넘는 금액으로 인수되었다. 딥마인드를 인수한 배경에는 창업자인 데미스 허사비스Demis

DOs

Hassabis 등 인공지능 관련 인재를 영입하기 위한 것이었다고 알려져 있다. 2014년 당시 딥러닝Deep Learning 분야의 전문가는 세계적으로 약 50명 정도에 불과한데, 그중 10여 명이 딥마인드에 근무하고 있었다는 것이다. 2013년에는 캐나다 머신러닝Machine Learning 업체 'DNN 리서치'를 인수했다. DNN리서치의 설립자는 '인공지능의 구루' 제프리 힌튼 토론토대학 교수인데, 역시 그를 영입하기 위해 회사를 통째로 인수한 것이다.

한편, 알파벳은 내부 사업 육성으로 성장한 기업을 분사spin-off하는 작업에도 적극적이다. 2016년 구글의 연구개발 조직인 구글 X에 사이버보안 정보와 분석, 악성코드 위협 경고 서비스를 제공하는 '크로니클Chronicle'이라는 팀을 설립했다. 크로니클은 사고를 발견하는 데 드는 시간을 수일, 수 시간에서 단 몇 분으로 줄이기 위한 자동화 데이터 분석을 실시하고 데이터 보관 비용을 줄이는 가치를 제공한다.

그림 12 인공지능 사업이 주도하는 알파벳의 기업조직 구조

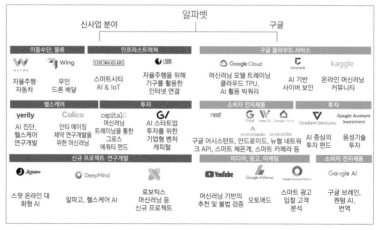

출처: CB Insight

2018년 구글 X에서 크로니클을 별도 기업으로 분사하기로 결정하고 새로운 사업체로 독립시켰다.

구글 X 사업 중 알파벳 산하 독립된 사업체로서 독보적인 기술력을 보유한 웨이모Waymo가 있다. 2008년 연구개발을 위한 팀으로 검토에 착수한 지 8년 만에 사업 조직으로 분리한 것이다. 웨이모는 이후 자율주행 기술과 서비스를 활용하여 무인택시 상용화 등 새로운 비즈니스를 준비하고 있다. 이 외에도 자율주행 드론(무인기) 사업을 하는 윙Wing, 머신러닝을 활용한 생명공학 회사 칼리코Calico, 헬스케어 응용 기술을 개발하고 상용화하는 베릴리Verily, 인공지능 기술로 온라인상의 괴롭힘과 악플을 감지하는 직소Jigsaw 등이 구글 프로젝트로 시작해 별도 기업으로 분사한 사례다. 내부 프로젝트, 또는 합작 파트너십 기업 형태로 시작된 사업이 현재 알파벳 사업 포트폴리오의 한 축을 담당하고 있다.

적극적인 기업 투자와 인수 매각을 통해 자본거래 수익도 올리고 있다. 과거 구글 벤처스로 불렸던 GV를 알파벳 산하 회사로 두고 스타트업 투자를 전담한다. 또 캐피털 지Capital G(과거 구글 캐피털)를 통해 상장 전 기업에 대한 사모펀드 투자를 진행하고 있다. 알파벳은 2021년 1분기에만 지분투자를 통해 47억 5천만 달러(한화 5조 2천억 원)를 벌어들였다고 발표했다. 알파벳 세전 전체 수익의 22%에 해당하는 금액이다.

이와 같은 적극적인 확장 전략과 기업 개발 방식은 기존 사업 확대 방식의 개념을 재정의하고 있다. 기존 사업의 제약 조건에 얽매이지 않고 내외부 자원을 폭넓게 통합하여 자원 활용을 최적화한다. 동시

DOs

에 리스크가 높은 신사업에 좀 더 자유롭고 부담이 없는 형태로 노출되어 신속접근fast try이 가능한 전략이다. 성공 가능성은 낮지만 성공할 경우 대규모 회수가 가능한 다양한 사업모델과 아이디어에 투자할 수 있다. 또 외부에서 성공한 사업모델을 유입시키는 데도 열려 있는 자세로 혁신의 가치를 사업화할 수 있다. 무엇보다 구성원들이 자발적이고 능동적인 업무환경에 참여하여 더 높은 성과를 올리는 데 기여한다.

빅테크 기업이 일하는 방식

미국 캘리포니아 마운틴 뷰에 위치한 구글의 본사 '구글플렉스 GooglePlex'는 테크 기업과 스타트업 캠퍼스의 본보기가 되고 있다. 자유로운 공간에서 업무를 볼 수 있으며, 다양한 음식이 제공된다. 마사지 룸이 있고, 파티를 여는 공간과 클라이밍 스포츠를 즐기는 공간도 있다. 게임을 하거나 낮잠을 잘 수도 있다. 본사인 구글플렉스를 비롯해 전 세계 구글 사무실은 창조적이고 아름답게 디자인되어 쾌적한 환경을 만들어낸다. '전문성과 창의력smart and creative'은 구글이 가장 중요하게 생각하는 개념으로 자유로운 업무환경을 추구하는 가장 큰 이유다. 직원들이 서로 마주보고 상호작용을 하는 환경에서 더 좋은 아이디어가 태어난다고 믿는다.

이렇게 태어난 아이디어는 '질적인 수준에서 우수한가'가 '누가 말했는지'보다 중요하다. 얼마나 더 좋은 아이디어인지, 실적을 낼 수

있는지를 중요하게 판단한다. 이런 사례는 구글 안팎에서 쉽게 찾을
수 있다. 구글의 광고 제품인 애드워즈 초창기에 공동 창업주인 세르
게이 브린은 회의에 참석해 자신의 의견을 내놓았다. 마케팅을 담당
하고 있던 한 직원은 세르게이의 말에 동의하지 않았다. 두 가지 방식
에 담긴 상대적인 장점을 놓고 긴 토론이 벌어졌고, 결국 세르게이가
의견을 접었다. '하마(급여를 많이 받는 고위직)의 말을 듣지 않는다'는
원칙이 구글 내부에는 통용된다.

빅테크 기업은 실행과 시도를 우선시하고 신속한 피드백과 경로 수
정을 추구하는 애자일 방식으로 기술과 서비스를 개발하며 사업을 전
개한다. 이러한 애자일 경영 방식은 동명의 소프트웨어 개발 방식을
모태로 한다. 애자일 프로세스를 추구하던 초창기 개발자들은 '애자일
소프트웨어 개발을 위한 선언문Manifesto for agile software development'이라
는 원칙을 만들었다. 선언문에서 가치를 두는 항목은 다음과 같다.

> 프로세스와 도구보다 개인 간의 상호작용
> Individuals and interactions over processes and tools
>
> 문서보다 작동하는 소프트웨어
> Working software over comprehensive documentation
>
> 계약과 협상보다 고객과의 협력
> Customer collaboration over contract negotiation
>
> 계획의 준수보다 변화에 민첩한 대응
> Responding to change over following a plan

애자일 방식은 초기 단계부터 계획을 수립하고 개발하는 폭포수

waterfall 방식과 달리, 개발과 함께 즉시 피드백을 받아 유기적인 상호작용 속에서 일을 진척시킨다. 폭포수 방식에서는 개발자와 사용자가 구체적인 사용 방법에 대해 커뮤니케이션하기 위해 파워포인트 등을 통한 이미지 전달에 의존했다. 하지만 이를 통해서는 소프트웨어가 실제로 구동하는 방식에 대한 예상이 어렵고 불완전한 합의 상태에서 개발이 진행된다.

애자일 방식을 경영에 적용하면, 업무를 최대한 작은 단위로 만들어 신속하게 실행하고 피드백 결과를 다음 실행에 적용하는 반복적인 프로세스로 변경할 수 있다. 실행의 결과를 3주 단위, 3~4개월 단위로 통합하여 전체 진행 현황을 살펴보고 고객의 피드백을 받는다. 피드백은 다시 세부적인 활동 수준으로 분화되어 재실행과 개선을 위한 목표를 설정한다. 개별 직원들은 빠른 실행 과정에서도 상대적으로 적은 스트레스와 몰입을 경험할 수 있다.

아이디어를 실험하기 위해 조직의 수직적인 보고 체계를 거치므로 오랜 시간이 소요되지 않는다. 실행 레벨에서는 담당자들 간에 자율적인 소통으로 정보가 교환되고, 실행 결과라는 목표물을 향해 자연적인 진화 방향으로 나아간다. 고객의 만족도를 높이고 고객으로부터 오는 피드백에 집중함으로써 더 빠른 혁신을 이뤄낼 수 있으며, 빠른 실행의 결과 높은 이익을 창출할 수 있다. 무엇보다 이전에는 존재하지 않았던 새로운 제품과 서비스를 세상에 내놓을 수 있다.

구글 벤처스는 스프린트 시스템이라는 기획 실행 프로세스를 체계화하여 운영하고 있다. 월요일부터 금요일까지 5일에 걸쳐 아이디어를 만들어내고 제품의 프로토타입과 테스트를 진행하는 신속한 과정이다. 월요일에는 목표를 설정하고 아이디어의 지도를 그리며 타깃 고객을 설정한다. 화요일에는 아이디어를 생산하고 스케치를 통해 아이디어를 조합한다. 수요일에는 스토리보드를 제작하고 솔루션을 결정하여 고객경험이 어떤 형태여야 하는지 구체적으로 구성한다. 목요일에는 프로토타입을 제작하고, 금요일에는 고객에게 프로토타입을 사용케 하여 피드백을 확인한다. 이런 일주일 스프린트 과정을 통해 초기 아이디어가 가치가 있는지, 수정하여 지속할 수 있는지 판단한다. 구글은 이런 형태의 기획 실행 프로세스를 기획, 제품 개선, 마케팅 전략 수립, 모바일 앱 개발, 그리고 수많은 아이디어 창출 프로그램에도 활용하고 있다. 아이디어를 더 빨리 테스트하고 실행함으로써 실현 가능성이 높은 계획을 수립할 수 있다.

빅테크 기업들의 목표 관리 방법도 독특하다. 실리콘밸리의 전설적 투자자 존 도어는 신생 기업이던 구글에 벤처 투자를 할 당시 실행과 목표 관리를 위한 간단한 원칙인 OKR^{Objectives and Key Results}을 소개했다. 존 도어가 인텔에서 근무할 당시 전설적인 CEO 앤디 그로브^{Andrew S. Grove}가 활용했던 '목표에 의한 관리^{Management By Objectives,} MBO'를 보다 직관적이고 상호 연결성이 높은 관계 지표로 개선한 것이다.

OKR은 분기 단위 또는 연 단위로 조직이 달성해야 하는 가장 중요한 목표^{Objectives}를 정의하는 데서 시작한다. 가장 중요한 것이 무엇인지 먼저 정의하고 조직 전체가 달성해야 하는 목표로 설정한다. 그다음 목표를 달성하기 위한 핵심 결과^{Key Results}를 정의하는데, 이는 목표 달성 여부를 판단하기 위한 지표이며, 동시에 이를 달성함으로써 목표 달성을 확신할 수 있다.

3~5가지 정도의 핵심 결과를 달성하기 위해서는 이를 달성하고자 하는 조직이나 사람이 책임감을 가져야 한다. 그리고 이런 핵심 결과는 그들에게 목표가 된다. 이들은 이 목표를 달성하기 위해 다시 세부적인 핵심 결과를 구성해야 한다. 핵심 결과는 하위 조직 또는 개인 담당자가 목표를 달성하는 데 필요한 활동으로 재구성되며, 해당 기간 내에 집중해야 하는 최우선 순위가 된다. 이러한 핵심 결과는 하위 조직의 목표로 다시 연결된다.

목표와 핵심 결과를 설정할 때 주의해야 할 점이 있다. 달성하기에 너무 쉽거나 지나치게 불가능한 것이 되면 실행력이 저하된다. 담대하고 벅차지만 몰입하여 달성할 수 있는 수준이 되어야 한다. 너무 쉬운 과제는 어느 누구에게도 영감을 주지 못할 것이다. 동시에 충분히 중요하고 우선순위에 공감할 수 있어야 한다. 모든 이들이 가치를 두고 쫓아갈 정도의 의미가 있어야 한다.

빅테크 기업의 인재 확보

○
●

기업을 구성하는 최소 단위는 결국 사람이다. '인사가 만사'라는 말처럼 기업이 잘되기 위해서는 역량 있는 구성원들이 많이 있어야 하고, 이러한 개인들이 적재적소에 배치되어 각자의 역량을 십분 발휘해야 한다. 아무리 좋은 전사적자원관리ERP 프로그램을 보유하고 있어도 기본 데이터를 입력하는 사람이 없거나 실수를 하면 아무 소용이 없다. 스타플레이어뿐만 아니라 말단 직원까지도 전문성과 책임감으로 근무하는 기업이 되어야 한다. 앞에서 얘기한 바와 같이 기업은 종업원들의 삶을 책임지는 곳이지만, 종업원들도 기업의 성패를 좌우한다. '구슬이 서말이라도 꿰어야 보배'라는 옛말처럼 아무리 뛰어난 개인들이 있더라도 조직력으로 나타나지 않으면 그 의미가 반감된다. 결국 좋은 인력을 어떻게 뽑고 유지하여 조직력을 강화하느냐가 기업 경쟁력의 관건이다. 특히 오늘날과 같이 빅테크 기업을 앞세운 지식 기반 산업이 성장하는 현실에서는 그 중요성이 더욱 커지고 있다.

한 기업의 문화, 즉 조직문화가 기업 성과에 미치는 영향에 대한 연구가 많다. 좋은 조직문화를 가지고 있고 종업원들의 만족도가 높은 조직일수록 기업 성과도 좋게 나타나고, 그렇지 못한 기업에 비해 총주주수익률이 3배까지 차이가 난다는 연구 결과도 있다. 이러한 배경에서 최근 국내 혁신적인 기업들이 우수 인재를 효과적으로 채용하고 유지하기 위해 외부 환경 변화에 어떻게 대응하고 있는지 살펴보자.

우선 최근의 채용 트렌드 변화의 중심에는 채용의 주요 대상인 밀레니얼 세대의 변화된 가치관이 자리하고 있다. 과거 평생직장 개념에서 출발해 조직에 대한 맹목적인 헌신을 강요받던 직장 선배들의 기성 문화와 달리, 밀레니얼 세대에게 회사는 '나와 계약한 직장'일 뿐이다. 과감하게 회식을 거부하고 친구와의 모임이나 자기계발에 저녁 시간을 투자한다. 야근을 해서 초과근무수당을 받기보다 정시 퇴근을 하고, 연차를 아껴 수당을 챙기기보다 긴 휴가를 내고 해외여행을 떠난다. 회사와 나는, 나의 생계와 취미생활을 즐기기 위한 수단으로 선택한 대등한 관계일 뿐, 더 이상 갑을관계가 아니다.

이런 세대에게 전통적인 한국 대기업의 조직문화는 개인의 발전을 가로막는 답답하고 고루한 구시대의 유물일 뿐이다. 실제로 이러한 문화적 갈등으로 인한 신입 직원들의 높은 이직률이 대기업 인사 담당자들의 큰 고민거리 중 하나다. 물론 밀레니얼 세대 가치관만의 문제는 아니다. 그동안 한국 대기업들의 신입사원 채용 방식을 되돌아보면 공채제도하에 불명확한 직무를 대상으로 스펙이 좋은 우수 인력을 졸업 시즌에 맞춰 경쟁적으로 선발했다. 그러다 보니 응시자들은 자신이 희망하고 계획했던 세부 직무에 지원할 수 없었고, 결국에는 외부에서 평가하는 기업 선호도 순이나 상대적으로 처우가 나은 기업을 선택했다. 이후 배치된 부서에서는 대학 생활 내내 계획하고 준비했던 커리어 목표와는 무관하거나 연관성이 낮은 업무를 수행하다 보니 업무 효율과 자기 발전 동기부여가 떨어지게 되었다. IT·인터넷·바이오 벤처기업에 입사한 친구들의 역동적인 회사 문화와 스톡옵션 대박 소식에 상대적인 박탈감도 느낀다.

최근 들어 국내 대기업들도 빅테크 기업들의 혁신적인 조직문화가 가져온 사업 성과에 자극받아 내부 문제점들을 인식하고 개선 노력을 시작하고 있다. 채용 방식부터 공채에서 수시 채용으로 전환하는 그룹들이 늘어나고 있다. 이름만 대면 알 수 있는 국내 대형 플랫폼 기업이 이미 필요 인력의 70% 이상을 수시로 모집하는 상황에서 재벌 그룹들도 공채 몇 기라는 훈장 아닌 훈장, 계급 아닌 계급을 이제는 없애고 있다. 수시 채용으로 전환하면 실제 수요자가 현업에 적합한 인력을 스펙과 상관없이 경력을 고려해 뽑을 수 있고, 지원자는 자신이 원하고 준비한 직무에 맞춰 입사할 수 있기에 쌍방의 만족도가 높다. 주니어의 경우에는 인턴제도를 활용하여 직무 적합성을 미리 가늠해 볼 수도 있고, 이는 지원자도 동일한 효과를 누리도록 해준다. 결과적으로 직무 만족도 제고를 통해 이직률 감소 등 장기적으로 긍정적인 효과를 발휘할 것이다. 빅테크 기업 등 4차산업에 속한 기업들을 중심으로 이러한 직무 중심의 인사가 확산됨에 따라 채용 단계에서부터 긍정적인 효과뿐만 아니라, 기존 조직에서도 그동안 한국 기업들의 사람 중심 인사 관행이 야기시켰던 비효율과 조직원들 간의 소위 '라인'과 '위계질서' 형성이라는 폐해가 점차 줄어들고 조직의 효율성과 전문성이 강화되고 있다. 이에 따라 구성원 개개인들이 직무의 전문성을 바탕으로 관리되고 평가되면서 직무 만족도가 높아지고 있다.

빅테크 기업들은 직무별 수요와 공급의 정확도를 제고하기 위한 다양한 방법들도 시도한다. 학력 불문하고 심층면접을 통해 직원을 선발한다든가, 기업이라는 딱딱한 이미지를 탈피하고 지원자의 면면을 좀 더 잘 이해하기 위해 호프집 미팅 등 다양한 리크루팅 방법들이 등장하고 있다. 또한 밀레니얼 세대의 트렌드에 맞춰 해당 직무 내용과 선배들의 생생 토크 내용을 유튜브에 올려 커뮤니케이션하기도 한다. 특히 시대의 발전상을 반영하여 인공지능 면접을 통해 평가의 객관성을 높이려는 시도도 추진되고 있다.

인사 영역에서 인공지능의 활용은 현재까지는 채용에 국한되어 있지만 앞으로는 그 영역이 더욱 확대될 것으로 보인다. 원래 인공지능의 일반적인 역할은 과거의 데이터를 분석하여 미래 예측에 도움을 주는 것이다. 그런 면에서 채용자의 초기 접촉 정보부터 입사 후 경력과 성과 등 인사 데이터를 축적하여 활용하는 HR 업무는 인공지능을 통해 많은 혜택을 얻을 것으로 보인다. 인공지능의 도움으로 수시 채용의 정확도를 높이고, 채용 인력의 경력관리에도 가이드를 받을 수 있다. 또한 성과 평가와 보상에서도 과거 데이터 분석을 통해 특정 성과자에 대한 평가 등급과 적절한 보상 규모를 객관적으로 산정할 수 있다. 무엇보다도 눈부신 IT 발전상을 보며 이를 생활화해 온 밀레니얼 세대는 사람보다 인공지능을 더 신뢰하는 경향을 보인다. 인공지능을 활용한 인사 업무의 발전이 기대되는 이유다. 궁극적으로 입사 후 높은 조직 적응도와 직무 만족도가 기대된다.

채용만큼이나 유지retention도 중요하다. 수많은 노력과 자원을 동원해 채용한 우수 인력의 유지에 영향을 미치는 요소들은 다양하다. 업무 만족도, 승진 가능성, 임금 수준, 조직문화 등등. 기업의 인사 부서에는 종업원 만족도 조사라는 타이틀로 이러한 영역에서 상호 간의 눈높이를 맞추기 위한 노력들을 정기적으로 진행하고 있다. 그러나 조직문화라는 영역은 한국의 많은 기업들이 놓치고 있는 부분인 듯하다. 조직문화는 기업이 작동하는 방식, 즉 일하는 방식과 직결되기에 중요하지만 한 기업 내에서도 조직 단위마다 서로 다른 특징이 나타날 만큼 복잡한 이슈다. 기업이 속한 산업군, 설립 초기 경영진의 성향, 회사의 주요 성과지표, 조직 구성원 개개인의 성향 등 여러 요소가 모여 조직문화를 이룬다. 조직문화를 개선하는 것은 부서 간 커뮤니케이션이 원활하게 되도록 제도적인 장치를 마련한다거나 비효율적인 회의를 줄이는 것과 같은 단순한 활동으로는 해결되기가 쉽지 않다. 궁극적으로 기업의 목표 달성에 긍정적인 효과를 발휘하는 조직무화가 되어야 하며, 각 기업의 특성에 따른 '관리의 삼성', 'LG의 인화'처럼 조직문화의 특징을 설명하는 단어가 그 조직의 경쟁력으로 표현되기도 하는 만큼, 좋은 조직문화에서 싹트는 기업의 경쟁력 강화를 위한 관심과 노력이 앞으로는 더욱더 필요하다.

주 52시간 근무제가 시행되면서 근무시간에 대한 전통적인 개념이 바뀌기 시작했고, 코로나19 사태로 재택근무가 보편화되고 있다. 앞서 얘기한 직무 중심의 인사 체제하에서는 일하는 방식이 생산적이어야 하는 만큼 근무시간이나 장소가 중요한 것은 아니다. 직무 목표를 달성하기 위해 가장 생산성이 좋은 업무환경은 개인마다 다를 수 있다. 스타트업이나 벤처기업뿐만 아니라 빅테크 기업들의 자유로운 출퇴근 시간과 근무 장소의 자율성은 이미 우리에게 익숙하다. 하지만 한국의 많은 대기업들은 주 52시간 준수를 위해, 또는 워크라이프 밸런스를 강조하며 오후 6시가 되면 강제로 컴퓨터를 정지시키고 사무실을 소등한다. 정부의 법 집행을 맹목적으로 따를 뿐, 제4차 산업혁명 시대에 기업의 경쟁력 강화를 위해 필요한 유연한 사고방식과 자율적인 근무 형태를 구현하지는 못하고 있다. 코로나19 사태 속에서 직무 성격과 상관없이 재택근무제를 가장 강력하게 실시하고 있는 곳도 대기업이다. 요즘 실리콘밸리에서는 워크라이프 밸런스 대신 '워크라이프 초이스'라는 말을 쓴다고 한다. 개인의 상황과 니즈에 맞게 가장 생산성이 높아지도록 시간과 장소, 방법을 선택해서 일하라는 것이다. 직무 성과에 따라 객관적인 평가와 이에 따른 보상이 이루어지기에 가능한 일이다.

오늘날 기업의 인사 업무는 급변하는 외부 환경과 치열한 경쟁 현실 속에서 각 기업의 핵심 경영전략에 가장 필요한 직무를 정의하고, 그 직무에 가장 적합한 인재를 뽑아 적재 적소에 배치하여 장기간 근무하도록 동기를 부여하는 인사제도와 근무환경을 구축하는 것이다. 이는 빅테크 기업과 같은 미래 지향적인 산업군에서만 요구되는 노력이 아니다. 나아가 이러한 노력이 효과적이려면 '조직 구성원에 대한 신뢰'와 '직무에 대한 권한 위임'이 수반되어야 하며, 이는 곧 '인사가 만사'라는 말이 의미하는 바이기도 하다.

아마존을 분석하고 배워라

가보지 않은 곳, 일어나지 않은 변화에 대한 이야기를 다른 사람에게 전달하기는 무척 어렵다. 말하는 이와 듣는 이가 서로의 경험을 바탕으로 제한적인 상상을 한다. 같은 방향을 바라보고 있더라도 구체적으로는 다른 지점을 보고 있는 경우가 많다. 처음 출발할 때부터 구체적으로 목적지를 정해 합의하지 않으면, 다가갈수록 혼란과 갈등이 심해진다. 따라서 처음 목적지를 정할 때 매우 구체적이어야 한다. 탁월한 기업의 사례를 철저히 분석하고 이를 모방하려고 노력하는 과정에서 얻는 경험은 소중하다. 실제로 변화를 위한 동력이 된다.

이 책을 통틀어서 이야기하는 원칙들이 개별적으로 적용된 기업 사례를 찾기는 쉽다. 하지만 이들 원칙이 모두 적용되어 운영되는 사례는 제한적이다. 그 정도로 탁월한 기업은 전 세계에서 손에 꼽을 정도다. 기업 선정은 신중해야 한다. 과거와 현재의 성과뿐 아니라 미래에도 지속적인 가치를 창출할 것으로 예측되어야 한다. 이를 만들어내는 기업의 운영 원칙과 경영 시스템이 탁월한지, 지배구조가 건전한지도 살펴야 한다. 이 모든 것들이 적용되어 가치를 지속적으로 향상시키는 실제 기업은 지극히 드물다. 이런 모든 측면을 고려했을 때, 아마존이 그런 기업인지 각자의 잣대로 분석해 볼 것을 제안한다.

아마존의 성과는 단연 압도적이다. 다른 어떤 기업들보다 먼저 창업 이후 최단기간에 매출 1천억 달러를 넘어섰을 뿐 아니라, 최단기간 내 시가총액 1조 달러를 달성했다(아마존과 애플, 마이크로소프트, 구글 알파벳 등 4개 기업만이 2021년 상반기에 1조 달러 시총을 넘었다). 혁신적인 신상품과 서비스를 지속적으로 출시하고, 새로운 사업을 끊임없이 추가하면서 세계에서 가장 크고 영향력 있는 기업으로 성장했다. 글로벌 기업들의 리더십을 평가하는 싱크탱크인 드러커 인스티튜트Drucker Institute는 2019년에 애플을 제치고 아마존을 세계에서 가장 혁신적인 기업으로 선정했다. 아마존은 혁신적이고 고객 중심적인 기업이 되고자 했던 창업 초기의 이념과 철학을 지속적으로 유지하면서 양적·질적 성장을 모두 이룬 명실상부한 세계 최고의 기업이다.

이러한 성공 배경에는 천재적인 CEO 제프 베이조스의 탁월한 경영 능력도 빼놓을 수 없다. 그는 고객 중심 기업의 가치를 실현하기 위해 주식시장을 무시하고 장기적인 관점에서 혁신을 독려했으며, 이러한 과정에서 실패를 포용하되 좋은 실패와 나쁜 실패를 구분하여 성과 보상을 객관화했다. 데이터에 기반한 합리적인 의사결정과 고객 집착이라고까지 불리는 고객 중심적인 사고는 직원의 제안에서 시작하여 현재는 미국 국민의 35%가 가입한 프라임 서비스에서 엿볼 수 있다. 연회비 79달러의 초기 프라임 서비스는 투자비용이 높아서 고객이 가입하는 순간부터 수익성은 마이너스였다. 고객이 프라임 서비스 가입 후 2년 이상 서비스를 이용하며 일정 수준 구매를 하는 경우에만 흑자로 전환되는 비용 구조를 가지고 있기 때문에 사업의 성공 여부가 매우 불투명했다.

또한 현재 아마존 사업의 또다른 축이 된 AWS도 사업 초기의 판단으로는 인터넷 성장에 따른 '게임의 법칙'이 바뀌어서 시스템 외주화 비중이 극적으로 늘어난다는 전제하에서만 성공할 수 있었다. 베이조스는 이 사업이 궁극적으로 아마존이 집착하는 사업 이념, 즉 세상에 없는 것을 창출하여 새로운 고객가치를 만든다는 생각에 가장 적합한 새로운 비즈니스라고 보고 적극적으로 추진해 결국 고객가치 창출과 사업 성공이라는 두 가지 목적을 모두 달성했다.

아마존의 혁신이 언제까지 지속될지는 알 수 없다. 하지만 세계 최대 기업 중 하나로 성장한 지금까지도 '첫날Day 1의 정신'을 유지하며 구호에 그치지 않고 이를 철저하고 신속하게 실행한다. 아마존의 정신과 실행이 초심을 잃지 않는 한, 새로운 사업 진출을 위한 아마존의 경쟁력은 지속될 것으로 보인다.

아마존 배우기, ① 선순환의 플라이휠
○
●
제프 베이조스는 창업 초기 간부들과의 식사 자리에서 그들의 사업 모델을 간단하게 표현할 수 있는 한 장의 스케치를 냅킨 위에 그렸다.

이후 아마존은 이 원형 모형을 실제 사업모델에서 구현해 기적적인 성장을 이뤄냈다. 또한 이 플라이휠의 원천이 되는 모델을 매주 직원들에게 보내는 이메일을 통해 상기시키며 원칙을 고수한다. 플라이휠의 가운데에는 성장이라는 키워드가 적혀 있고, 주위에는 사업의 핵심 개념이 화살표로 연결되어 있다. 성장에서 시작한 개념들은 서로 연결되어 다시 성장을 이뤄내도록 연결을 반복한다. 긍정적인 순환구조를 통해 이 플라이휠이 반복될수록 점점 더 강력한 사업과 성장을 구현한다는 아이디어다.

아마존의 플라이휠은 두 개의 선순환구조로 이뤄져 있다. 첫 번째 순환 고리는 제품의 다양한 구비를 통해 고객경험이 발생하고, 이는 많은 방문자와 판매자로 이어져 또 다시 상품의 다양성 확대로 반복

그림 13 제프 베이조스가 냅킨에 메모한 아마존의 플라이휠

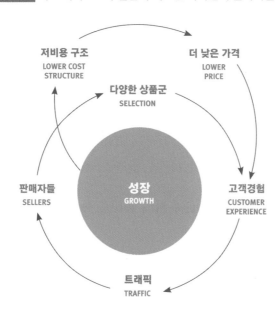

DOs

되어 나타난다. 두 번째 순환 고리는 성장을 통해 낮은 비용 구조를 형성하고, 이는 더 낮은 판매가격으로 연결되어 언제나 가장 저렴한 가격을 제공하는 고객경험의 순환으로 완성된다. 성장을 통해 더 큰 성장이 반복해서 이뤄지는 선순환이다. 시작점은 없지만 두 개의 플라이휠은 서로 시너지를 일으키며 더욱 큰 성장을 만들어낸다. 이 두 가지 플라이휠을 찬찬히 살펴보자.

제프 베이조스는 창업 초기부터 모든 것을 파는 온라인 상점을 목표로 했다. 회사명을 '아마존'이라고 지은 순간 이미 사업 전략을 완성한 셈이다. 초창기에는 상품의 종류가 책으로 한정되어 있었지만, 이제는 4억 종류가 넘는 상품을 사고판다. 모든 것을 파는 가게everything store를 통해 전 세계의 고객들은 기존과는 다른 차원의 쇼핑 경험을 할 수 있다. 이는 지속적인 상품 구성의 확장을 통해 가능하다. 현재의 아마존은 디지털 콘텐츠까지 그 영역을 확장하고 있다.

모든 종류의 상품을 판매하는 상점은 소비자에게 고객경험으로 확장된다. 여러 상점을 어렵게 돌아다닐 필요 없이 어떤 물건이든 사야 할 일이 있으면 아마존에서 검색하면 손쉽게 해결되기 때문이다. 여기에는 반복 구매가 필요한 생필품에서부터 평생 한두 번 구매하는 다이아몬드까지 모두 포함된다. 고객경험의 개선을 위해 아마존은 여기에서 그치지 않고, 보다 적합한 상품 추천과 편리한 결제 시스템을 지원한다. 또한 더 빠른 배송과 신선한 제품을 받을 수 있는 물류 시스템도 제공한다.

다양한 종류의 상품을 보다 편리하고 빠르게 받을 수 있는 고객경험은 더 많은 방문자로 이어진다. 많은 고객이 일상적으로 아마존을 방문하고 새롭게 추천되는 상품을 살펴본다. 단골들의 방문이 더 많은 방문traffic으로 이어지도록 하기 위해 신속하게 페이지 리뉴얼 타임을 관리하며 서비스를 계속 개선해 나가고 있다.

한편, 가장 큰 고객 기반은 다양한 판매자들에게 이 시장을 매력적으로 느끼게 한다. 아마존에 상품을 올려 놓는 것만으로도 전 세계 고객과 연결되는 것이다. 아마존에서 제공하는 물류 시스템과 고객관리, 결제 시스템을 이용해 초보 판매자라도 누구나 쉽게 소규모 사업에 뛰어들 수 있다. 이를 통해 더 많은 판매자들이 아마존 플랫폼에서 비즈니스를 운영하려고 시도한다.

소비자가 판매자를 증가시키고 판매자들은 다시 소비자를 불러오는 선순환구조는 플랫폼의 규모가 커지면서 더 큰 힘을 발휘한다. 고객 입장에서는 아마존만큼 거대하고 편리한 시장의 대안이 없다 보니 시간이 지남에 따라 더욱 아마존 의존도가 높아지고 지출 규모도 커진다. 아마존 프라임의 급속한 성장을 통해 입증된 아마존 충성 고객은 첫 번째 선순환 플라이휠을 더욱 공고히 한다.

첫 번째 고리보다 한층 더 심오한 의미를 가진 순환은 두 번째 연결고리에 있다. 아마존은 초창기부터 지금까지 매출액 대비 낮은 수익률을 고수하고 있다. 2001년 이후 순현금흐름은 흑자로 돌아섰지만, 이후에도 지속적으로 5% 수준의 수익률을 유지하고 있다. 대다수 기업이 사업 초기 수익 확보에 성공하면 배당에 나서거나 현금 형태의 이익잉여금으로 쌓아두는 경우가 많다. 주주들도 주주가치 환원을 요구한다.

아마존은 이와 전혀 반대되는 움직임을 보였는데, 사업 규모가 커짐에 따라 더 많은 투자를 통해 비용 구조를 지속적으로 낮춰왔다. 단기적으로는 모험처럼 보이고 달성 여부가 불확실한 프로젝트에도 막대한 투자를 지속하여 결국 규모의 경제를 이뤄냈다. 현재 아마존의 물류 창고는 미국에만 110개 이상, 전 세계적으로는 185개로 구성되어 있다. 이 촘촘한 네트워크를 통해 아마존은 어떤 유통업자보다 낮은 물류비용과 배송 가격을 고객에게 제공한다.

물류센터 자동화 투자도 과감했다. 물류센터 내부의 효과적인 운영을 위해 2012년 7.7억 달러(한화 8,500억 원)를 투자하여 로봇 스타트업 키바Kiva를 인수했다. 당시 시장에서는 아마존의 키바 인수 가격이 업계에서 평가하던 것보다 약 3배 높은 것으로 생각했다. 하지만 인수 이후 키바 로봇의 물류센터 적용을 통해 시스템이 혁신적으로 효율화되었고, 현재 아마존이 키바를 통해 절감한 비용이 25억 달러에 이르는 것으로 평가된다. 이는 인수 금액에 3배가 넘는다.

저렴해진 비용은 아마존의 이익 증가에 기여했지만 아마존은 지속적으로 더 저렴한 가격을 고객에게 제공했다. 고객을 위해 최저 가격을 제공한다는 브랜딩이 가능할뿐더러, 실질적으로는 더 많은 고객을 끌어들이게 되었다. 현재 아마존은 전 세계 고객이 이용한다. 단기적인 수익에 집착하지 않고, 과감한 투자를 통한 비용 절감, 고객 확보, 저변 확대가 다시 성장으로 돌아오며 선순환구조를 완성시켰다.

아마존의 플라이휠은 규모가 커질수록 산출량과 수익성이 떨어지는 현상을 설명하는 '한계수확체감의 법칙'을 뛰어넘는다. 일반적으로 어느 정도 규모에 도달할 때까지는 성장에 따른 이익이 커지지만, 특정 수준을 넘어서게 되면 '규모에 의한 비효율'이 발생하면서 수확량의 증가폭이 감소하게 된다. 아마존은 기술을 통해 이 최적점을 훨씬 더 높은 수준으로 이동시켰다. 이미 세계에서 가장 큰 규모의 상점이지만, 아마존은 한계 수확이 체감되는 지점에 아직 도달하지 않았다.

아마존이 초창기에 구상했던 두 개의 선순환 플라이휠은 온라인 채널을 통한 리테일을 염두에 두고 시작했다. 하지만 이후 사업 영역이 확장됨에 따라 다른 영역에서도 플라이휠 원리를 적용하고 있다. 미국 전역에 익일배송 서비스인 '프라임 데일리'를 출시하여 신속하게 상품을 받길 원하는 고객들에게 새로운 경험을 제공한다. 또 오프라인에서는 직원이 없어도 물건을 직접 들고 나가는 것만으로도 결제가 되는 '아마존 고'를 확장하고 있다. 클라우드 서비스도 전 세계 점유율 30% 이상으로 부동의 1위를 지키며 플라이휠의 강점을 활용하여 성장을 지속하고 있다.

아마존 배우기, ② 일관된 가치 유지

아마존 경영의 일관성을 보여주는 사례는 수없이 많다. 그중 백미는 끊임없는 창업 정신의 반복과 더불어, 1997년 사업을 시작하며 했던 주주와의 약속을 매년 기대 이상으로 실천하는 것이다. 2018년, 2019년, 2020년, 그리고 2021년 주주 서한에는 언제나 첫날의 마음가짐을 잊지 않겠다는 다짐이 반복된다.

아마존은 전략과 실행이라는 양 측면에서 균형 잡힌 성과를 보여준다는 점에서 특별하다. 많은 기업이 도전했지만, 25년 역사 동안 지속해서 성과를 창출한 기업은 찾기 어렵다. 먼저, 전략적 측면의 우월성은 대규모 위기 활용과 극복, 새로운 산업 패러다임과의 동반 성장, 기존 대규모 사업자에 비해 차별적 우위 확보라는 세 가지 측면에서 살펴볼 수 있다. 아마존은 창업 후 25년이라는 기간 동안 2000년 닷컴버블, 2008년 글로벌 금융위기, 2020년 코로나19 팬데믹을 모두 극복했다. 이는 아마존이 창업 때부터 위기를 기회로 만들고, '압도적 성장을 달성'하겠다는 전략적 목표를 설정하고 실행 역량을 계속 키웠기 때문에 가능했다. 남들이 따라올 수 없는 차별적이고 과감한 목표를 세우고, 이를 새로운 시도와 지속적인 도전을 통해 달성했다. 이렇게 위기 속에서, 위기를 활용하여 지속적 성과를 창출한 것은 제프 베이조스의 '위기 극복 DNA'에 기인한 바가 크다.

그는 1964년 미국 우주탐사 초창기에 태어나서 어린 시절부터 우주와 사랑에 빠졌다. 무수한 실패를 거듭한 아폴로 프로젝트를 되새기며 '성공적인 실패'를 깨달았고, 위대한 진보는 위기를 정확히 알고 이를 극복해야만 가능하다는 믿음을 갖게 되었다. 또한 베이조스는 인터넷이 일반에 보급된 후 2,300% 성장세에 크게 영감을 받아서 사업을 시작했고, 온라인과 인터넷의 무한한 가능성에 기반하여 새로운 고객가치를 만들어내겠다는 확실한 신념을 가지게 되었다. 조직 내부의 반대에도 불구하고 밀어붙였던 AWS는 새로운 산업의 성장 패러다임과 동반 성장하겠다는 베이조스의 확신이 있어서 가능했다. 아울러 기존 사업자에 비해 확실한 경쟁우위를 확보해야 한다는 차별적 전략 방향을 또 하나의 성공 요인으로 들 수 있다. 이러한 전략 목표하에 아마존은 지속적인 투자와 혁신을 통해 오프라인 유통의 절대 강자인 월마트 대비 절반 이하로 물류비용을 떨어뜨렸다. 월마트는 아마존이 등장하기 전 업계 1위의 판매 실적과 압도적인 물류 인프라에 기초하여 기존 유통 사업자 대비 20% 이상 저렴한 물류비용을 달성했던 기업이다.

실행력의 우수성 역시 다양한 측면에서 두드러진다. 우선, '시도-실패-재도전'이라는 선순환 고리를 만들었다. 과감한 시도를 통한 도전 정신을 조직 내에 체화시키고, 엄격한 평가에 기반한 성공과 실패 경험의 축적을 통해 '성공적 실패에 기반한 성공 가능성'을 높이는 역량을 구축한 것이다. 또한 이러한 선순환 고리는 지속적으로 진화하며 개선 과정을 거친다. 대표적인 사례가 아마존만의 인사제도에서 볼 수 있는 최고의 인재 기준을 사수하고 지속적으로 그 기준을 높여나가는 '바 레이저bar raiser'와 '아마존 리더십 원칙'이다. 특히 창업 초기 5개였던 리더십 원칙은 20여 년이라는 역사 속에 지속적인 개선과 발전 과정을 거쳐 이제는 '아마존의 14가지 리더십 원칙'으로 자리 잡았다. 고객과 인재에 대한 집착 역시 실행력을 높여나가는 원칙으로 작용한다. 또한 모든 새로운 혁신의 성과를 고객가치 증대에 기반하여 평가한다. 최고 인재에 대한 고집으로 뛰어난 인재를 채용하고, 그들의 호기심과 열정을 기반으로 한 공격적인 실행 역량을 조직에 내재화한 것이다.

창업자 제프 베이조스가 스스로 정하고, 주주들과 공유한 '9가지 경영 및 의사결정 접근법'(1997년 최초 주주 서한)과 '리더십 원칙'(1998년 고객에 대한 집착, 절약, 신속한 의사결정과 수행, 주인의식, 인재에 대한 높은 기준 등 5가지 원칙에 '구체적인 성과를 내라'가 추가되면서 현재는 14

가지 리더십 원칙으로 자리 잡음) 중 제일 중요한 두 가지 원칙은, 아마존이 사업 성공을 위해 가장 중요하게 생각하는 비즈니스의 기본 자산인 '고객 집중'이고, 그다음이 고객에 집착하기 위한 기업의 핵심 자산인 '인재에 대한 집착'이다. 그 절대 기준은 '최고의 인재를 채용하고 육성하라'는 리더십 제6원칙을 통해 잘 설명되고 있다.

아마존의 조직 철학과 실제 운영 측면에서 타기업과 차별화되는 가장 중요한 점은 먼저 인재 중심이라는 경영원칙을 세부 조직 설계와 시스템 구축에 구체적으로 접목시켰다는 것이다. 미션 수행 조직을 만들었고, 그 업무를 제일 잘하는 인재를 발탁해 전권을 주며 동기를 부여했다. 또한 투자수익을 현금흐름 창출로 명확하게 평가하고 필요한 투자를 과감히 했다. 두 번째로 인재 중심이라는 경영 원칙을 '조직 구성원들이 체험'하도록 다양한 방법으로 새롭게 시도하며, 이로 인한 수많은 실패 경험의 교훈을 체화하기 위한 노력을 계속했다. 이러한 반복 노력을 통해 아마존만의 독특한 '조직문화'를 구축했다. 실패를 용인하며 수많은 시도를 통해 조직과 개인의 경험을 축적하고, 결과적으로 보다 큰 시도를 했을 때 성공 확률을 높일 수 있었던 것이다. 결국 시도-실패-재도전-성공의 반복을 통해 '목표 부여-팀 구성 및 몰입-성과 평가-성공 시 새로운 미션 부여'의 관리체계를 조직 내부에 안착시켰다.

아마존은 최고의 인재 확보를 위한 선정 기준과 잣대를 엄격히 유지한다. 아마존은 이러한 원칙이 지켜질 수 있는 구체적 장치를 마련했다. 먼저, 최고의 인재를 채용하기 위한 기준을 매우 구체적으로 문서화하고, 운영 프로그램을 진행하면서 질적 저하를 방지하는 장치

(예를 들어, 바 레이저라는 인재 원칙 수호자이자 실행 평가자)를 고안했으며, 모든 채용 관련 경험을 축적하여 이를 기반으로 구체적인 채용 개선안이 도출될 수 있는 시스템을 설계했다. 채용이 이루어진 후에는 채용 평가 결과와 실제 근무 성과의 연계성을 지속적으로 파악하여 채용의 완성도를 높여나가는 동시에, 입사자에게도 장기근속을 위한 스스로의 선택을 계속 고민할 수 있는 장치를 마련했다. 아마존이 인수한 자포스Zappos의 CEO인 토니 셰이의 경험과 채용정책을 벤치마킹해 입사자들이 장기근속을 매년 고민하도록 입사 후 5년 동안 퇴사 시 인센티브를 인상해서 지급했다. 이러한 채용 후 관리 시스템 유지를 위한 추가적인 투자비용과 선발, 평가 및 경력관리에 투입되는 내부 인력의 상당한 시간을 고려하면, 타기업에서 이 시스템을 그대로 이해하고 실행하기는 어렵다.

선순환 고리의 최종 완성은 입사 지원자를 또 하나의 고객으로 여기는 믿음에서 비롯된다. 개개인 지원자의 고민과 요구를 시스템상에 반영하기 위해 여러 장치를 고안했다. 그 대표적인 두 가지가 '셀프 선택 메커니즘'과 '자기 강화 메커니즘'이다. 셀프 선택 메커니즘은 '리더십, 실패 경험, 개개인의 성격·선호·경향을 합리적으로 기술할 수 있어야 한다'는 채용 가이드라인을 제공함으로써, 자신이 아마존에 맞는지, 왜 지원했는지, 어떤 기여를 할지 충분히 고민하고 지원하여 개인의 확실한 입사 지원 의사결정 기반에서 채용 프로세스를 밟도록 한다. 이를 통해 지원자는 아마존의 채용 기준과 원칙을 확실히 새기고, 자신의 판단과 준비하에 지원하게 된다.

자기 강화 메커니즘은 관료주의를 싫어하고 도전을 좋아하는 빌더

Builder형 개인들에게 기존에 없던 것을 창조해 내는 도전적인 기회를 부여하고 확실히 지원함으로써 아마존만이 제공하는 새로운 도전 기회에 몰입하도록 만든다. 동시에 최고 기준을 부여하고 그 성공에 대해 장기적으로 파격적인 보상을 함으로써, 성장을 꿈꾸는 야심 찬 빌더들에게 최고의 기업가정신을 실현하도록 하여 그들이 장기근속하는 기반을 만들어주었다. 총 18명으로 구성된 S팀(베이조스를 비롯한 아마존의 핵심 임원진과 베이조스에게 직접 보고하는 고위 임원) 중 절반이 20년 이상 회사에 몸담고 있다는 사실이 이를 증명하고 있다.

아마존 배우기, ③ 인수합병을 통한 성장

○
●

　아마존의 성장을 논할 때 인수합병 역사를 빼놓을 수 없다. 이는 글로벌 빅테크 기업들, 특히 구글이나 메타 플랫폼스 같은 정보통신기술 기업들이 적극적인 인수합병을 통해 오늘날의 글로벌 기업으로 성장한 것과 궤를 같이 한다. 1994년 설립 당시만 해도 작은 온라인 서점이었던 아마존이 오늘날 세계 최대 온라인 시장이자 콘텐츠 공급자이며 고객 주문 처리자fulfillment provider인 동시에 신선식품 배송업체로서 글로벌 초대형 기업으로 성장한 배경에는, 고객 니즈 및 시장 트렌드 변화에 맞춰 다양한 제품과 산업에 대한 선제적인 내부자원 투자와 더불어 외부 기업에 대한 적극적인 인수합병 노력이 있었다.

　아마존은 1994년 창립 이후 2020년 말까지 총 100여 개가 넘는 기업을 인수했다. 한국의 이커머스 업체인 11번가에 30%를 투자한 소수지분 참여는 제외한 수치다. 2015년부터는 매년 5개 이상 다양한 규모의 인수합병을 진행했지만, 2020년에는 전 세계에 불어닥친 코로나19의 영향으로 2건에 그치기도 했다. 그동안 이렇게 기업 인수에 투입된 자금만 해도 300억 달러(한화 약 35조 원)를 넘는다.

아마존의 인수합병 역사는 1994년 창립 이후 회사 성장 단계에 따라 다음과 같이 구분할 수 있다.

설립 초기~2000년대 초반

회사의 초기 사업모델인 온라인 서점과 연관성이 높은 사업들을 비롯해 닷컴 열풍 속에 다양한 인터넷 기업에 대한 투자가 이루어졌다. 그러나 2000년 3월 시작된 버블 붕괴로 인해 다수의 투자 기업이 파산하여 아마존의 주가가 역사상 최저(2001년 9월 28일 기준 5.97달러)로 폭락하는 시련을 겪기도 한 시기다. 배송 속도가 경쟁우위를 점하는 중요 요소라고 생각하여 코즈모닷컴Kozmo.com(2000년)을 인수했지만 1년 만에 전액 손실 처리했고, 반려동물 관련 온라인 사이트인 펫츠닷컴Pets.com도 인수했으나 이 역시 전액 손실 처리되었다.

2단계(2000~2010년)

2000년 닷컴버블 붕괴 여파와 다수의 인수 기업들이 파산한 충격으로 한동안 침체에 빠져 있던 아마존은 2005년부터 본격적인 인수합병 활동을 재개한다. 이커머스 사업의 성장과 함께 경쟁력 강화를 위해서 디지털 소매와 미디어 웹사이트 같은 인터넷 쇼핑 관련 기업을 인수한다. 대표적인 인수 사례로 자포스와 오디블Audible이 있다.

3단계(2011~2016년)

아마존 킨들Kindle, 알렉사Alexa와 에코Echo, 로봇공학과 AWS 사업 등 미래 사업의 기반이 되는 테크 스타트업들에 대한 많은 투자가 이루어졌다. 응답 엔진answer engine 기술을 보유한 영국 기업 에비Evi(2014년) 및 아마존 로봇공학의 핵심인 키바 시스템스Kiva Systems(2012년)에 대한 7억 7,500만 달러 투자가 이 시기에 이루어졌다.

4단계(2017년 이후~현재)

최근에는 그 어느 때보다 활발하게 인수합병을 추진하고 있다. 아마존 프라임 고객에 대한 서비스 강화 차원에서 게임 개발 플랫폼 기업인 게임스파크스GameSparks나 가정용 보안 카메라 업체인 블링크Blink를 비롯하여, 이커머스 사업의 지리적 영역 확대를 위한 중동 현지 업체인 수크닷컴Souq.com 인수 사례가 있다. 무엇보다도 2017년 6월 온라인 이커머스 업체로는 특이하게 오프라인 식료품 유통업체인 홀푸드 마켓Whole Foods Market을 137억 달러에 인수하며 세상을 놀라게 했다. 홀푸드 인수는 지금까지 아마존 역사상 가장 큰 인수합병 사례로 기록되고 있다. 그 이전까지 가장 큰 인수합병이 2009년에 이루어진 12억 달러 규모의 자포스 인수인 점을 감안하면, 홀푸드 인수가 오프라인 식품 사업이라는 면에서뿐만 아니라 투자 규모에서도 얼마나 세상을 놀라게 했는지 짐작할 수 있다.

한편, 인수합병은 아니지만 유전체 염기서열 분석을 통한 암 진단 사업을 하는 그레일Grail이라는 바이오 스타트업에 투자한 것은 아마존이 생각하는 미래 성장전략의 방향을 엿보게 한다. 사실, 유전체 염기서열 분석에는 엄청난 컴퓨팅 능력이 요구되기에 아마존 AWS 사업과의 시너지가 높다. 아마존은 다양한 신규 사업 영역을 개발하고 기술 트렌드를 따라가기 위해 초기 단계 기업 투자를 위한, 일종의 기업형벤처캐피털CVC인 알렉사 액설레이터Alexa Accelerator 프로그램을 2017년 시작하여 아마존 그룹의 인수합병 활동을 지원하는 동시에 투자 전문성을 강화하고 있다.

아마존은 창립 이래 크고 작은 인수합병을 합쳐 100개가 넘는 기업을 인수하면서 총 300억 달러(한화 약 35조 원)가 넘는 인수 금액을 지불했지만, 딜 규모 기준으로 상위 10개(9.6% 비중) 기업을 인수하는 데 64.5%(약 200억 달러)의 자금만 소요되었을 만큼 소규모 딜들도 다수 추진했다. 이는 설립 초기에 넉넉하지 않은 자금 사정에도 과감하게 인수한 닷컴 기업들이 허망한 실패로 끝난 뼈아픈 경험 때문이지 않을까 한다.

인수 규모 기준 상위 10개의 인수합병은 주로 2010년 이후, 특히 2015년 이후에 이루어졌으며 영역별로는 미디어 및 콘텐츠, 이커머스, 컴퓨터 하드웨어, 로봇공학, 스마트홈, 헬스케어 등이다. 아마존의 사업전략을 엿볼 수 있는 이러한 대형 인수합병 사례들의 인수 목적을 분석해 보면, 앞서 얘기한 바와 같이 기존 핵심 사업 경쟁력 강화가 주류였다는 것을 확인할 수 있다.

아마존은 아마존닷컴이라는 이커머스 사업과 AWS라는 클라우드 사업 두 축을 중심으로 운영되고 있다. 이커머스 영역에서는 무엇보다도 1억 명이 넘는 회원을 보유한 아마존 프라임 고객 서비스 향상을 위한 인수합병이 다수 이루어졌다. 게임 개발 플랫폼 기업을 비롯해 동영상 관련 기술 보유 기업, 가정용 보안·스마트홈 기술 기업 및 콘텐츠 기업의 인수합병이 이러한 목적에서 이루어졌다. 상품 구색을 강화하고 배송 효율화를 위해서는 홀푸드 마켓과 자포스를 인수했다. 이커머스의 지리적인 영역 확대를 통한 '빠르게 성장하기get big fast'를 위해 중동 지역의 최대 이커머스 기업인 수크닷컴을 인수하기도 했다. 이커머스 사업의 고객 주문 처리 고도화를 위해 로봇공학 관련 회사를 인수했고, 그 결과 오늘날의 아마존 물류창고에는 사람보다는 로봇들이 활발히 움직이고 있다. 또한 2020년 6월에는 자율주행 스타트업인 죽스Zoox를 인수하여 아마존 구매 고객을 위한 라스트마일 배송에서 새로운 경험을 제공해 줄 것으로 기대된다.

AWS 사업을 강화하기 위해 아미아토라는 데이터 마이그레이션 업체를 비롯하여 영상처리, 소프트웨어 및 클라우드 컴퓨팅 업체를 각각 인수했다. 또한 반도체 회사인 안나푸르나랩스 인수를 통해 사물인터넷IoT 부품 시장까지 진출하기도 했다. 헬스케어 산업에도 진출하기 위해 다양한 형태의 투자와 인수합병을 진행하고 있는데, 그 내막을 들여다보면 온라인 약품 유통, AWS를 이용한 의료 데이터 분석과 전송, 알렉사 플랫폼을 활용한 원격진료 등 기존 사업의 기술과 인프라에 기반한 사업 영역 확대와 연결된다. 최근의 인수합병 활동은 전 세계적인 클라우드 사업 성장에 따라 AWS 사업과 관련된 것들이 주를 이루고 있다.

천하의 아마존이라고 해도 모든 피인수 기업이 의도대로 성공적인 결과를 얻은 것은 아니다. 창업 초기에 인수했던 몇몇 기업들은 닷컴버블 붕괴로 뼈아픈 시련을 겪기도 했다. 2004년에는 거대한 중국 시장에 대한 기대감으로 조요닷컴Joyo.com이라는 현지 인터넷 서점을 인수하여 이커머스 비즈니스로 진출했지만, 2015년까지 연간 6억 달러의 적자를 기록하며 현재는 알리바바의 플랫폼 티몰에 입점하는 굴욕을 겪기도 했다. 2018년에는 온라인 약국 필팩Pillpack을 7억 5천만 달러에 인수해 신규 사업으로 헬스케어 분야에 진출했으나, 아직까지 뚜렷한 성과를 보여주지 못하고 있다. 이외에도 인수 후 지지부진한 실적을 보이고 있는 기업들이 다수 존재한다. '아마존에 당하다To be Amazoned'라는 신조어가 생길 만큼 파괴적으로 평가되는 아마존 위력에 생채기가 난 것은 사실이다.

하지만 실패를 장려하고 그로부터 혁신을 만들어내는 아마존 문화는 과거의 아픔을 극복하고 실패의 교훈을 바탕으로 더 큰 시도를 하고 있다. 중국에서의 이커머스 실패를 경험 삼아 한국에는 상당한 준비 기간을 거쳐 파트너십 형태로 진출했으며, 홀푸드 마켓의 과감한 인수로 혁신을 지속하고 있다. 실제로 아마존이 홀푸드를 인수한다고 발표했을 때, 시장의 반응이 모두 긍정적인 것은 아니었다. 일부 애널리스트들은 수익성이 낮고 업의 본질이 매우 까다로운 식료품 사업 영역에 진출함으로써 아마존이 심각한 문제에 직면할 가능성이 있다고 평가했다. 아마존과 홀푸드의 비즈니스는 근본적으로 다르다는 것이다. 하나는 매우 정교한 알고리즘과 낮은 가격으로 고객을 사로잡는 기술 기업이고, 다른 하나는 프리미엄 식품 중심의 식료품 전문 유통업체로서, 최고급 농산물에 특화된 기업과 모든 것을 싸게 파는 기업 간의 결합은 완벽한 모순이라고까지 말했다. 그러나 아마존은 홀푸드 인수 이후 40여 대의 대형 항공기를 보유한 배송 인프라를 활용하여 신선식품을 미국처럼 넓은 국토를 가진 나라에서 2시간 내에 배송하는 혁명을 이뤄내고 있다. 홀푸드는 아마존 인수 이후 프라임 고객 서비스 강화 및 신규 회원 확대를 위한 '오프라인 접점'으로 급격히 변모하고 있다. 아마존 온라인 플랫폼에 홀푸드 PB 브랜드를 론칭하여 그동안 비싼 가격 탓에 홀푸드를 꺼렸던 고객들을 끌어들이고, 온라인에서 주문한 제품을 홀푸드 매장 안에 설치된 로커에서도 픽업할 수 있도록 했다. 그 밖에 인공지능 스피커 에코와 전자책 킨들 등 아마존 기기를 판매하는 키오스크도 설치되었다.

이처럼 아마존이 회사 역사상 최대 규모의 홀푸드 인수를 추진한 목적은 단순히 식료품 소매에서 최후의 승자가 되기 위한 것이 아니다. 아마존은 홀푸드가 제공하는 신선식품 공급 능력보다는 홀푸드 자체를 신선식품 배송의 거점으로 활용할 경우 발생하는 기존 아마존 프레시Amazon Fresh나 아마존 고Amazno Go와의 시너지를 고려한 것으로 보인다. 아마존의 핵심 가치인 고객 집착 과정에서 기존의 아마존 프레시나 아마존 고 같은 사업모델이 충분치 않았기 때문에 이를 보완하기 위한 것이다. 달리 말하면, 디지털 세계에 익숙한 고객이 전통적인 식료품 업체들에게 느끼는 불만을 해소하고 더 나은 식료품 쇼핑 경험을 제공하기 위해 기존 사업을 보완하고 강화하는 전략이 적용된 것이다.

최근에는 AWS 사업 강화를 위한 테크 기업 인수를 활발히 추진하고 있고, 알렉사 사업의 생태계 구축을 위한 인공지능, 사물인터넷 영역 투자도 확대하고 있다. 전 세계적인 열풍이 불고 있는 자율주행과 관련해서도 추가 진척이 예상된다. 특히 신규 사업 진출을 선언한 헬스케어 분야에서는 다양한 사업모델과 추가적인 인수합병을 추진하고 있어 이 분야에서 아마존의 미래 행보를 눈여겨볼 필요가 있다.

국내 빅테크 기업의 진화

○
●

2016년 인터넷전문은행 카카오뱅크의 본인가 취득과 운영 지원을 위해 주주사인 KB금융그룹에서 파견 나갔던 은행원 15명이 2020년 초 전원 '원대 복귀'를 거부하고 카카오뱅크에 잔류한다는 소식이 언론에 보도되었다. 종업원 복지와 안정성, 그리고 고액 연봉으로 대변되는 국내 대형 은행을 뿌리치고 당시에는 성공 가능성이 불투명했던 인터넷전문은행을 선택했다는 것에 일부 사람들은 의아해했을 수도 있지만, 사실 대부분의 사람들은 어쩌면 충분히 예상했던 결과라고 생각했을 것이다. 시대 변화에 발맞춰 시중은행의 기존 금융 업무가 디지털화되면서 자연 발생하는 유휴 인력에 대한 구조조정 압박, 보수적이고 수직적인 조직문화 속에서 잦은 야근, 그리고 이런저런 캠페인 실적에 대한 부담 속에 살아가던 은행원들에게 카카오 같은 빅테크 기업의 수평적이고 자율적인 조직문화는 새로운 은행을 직접 만든다는 희소한 가치와 스톡옵션과 같은 금전적 보상을 떠나 그 자체만으로도 충분히 이직의 유인이 되었을 것이다.

빅테크 기업은 IT 기술을 활용해 혁신적인 사업모델을 도입하여 성공한 기업이다. 이러한 빅테크 기업에게 전통적인 의미의 자산은 무의미하다. 손익계산서상의 비용 구조를 분석해 보면 연구개발 비용과 인건비가 대부분을 차지하고 있을 만큼 인적자원이 사업의 근간으로서 중요하다. 따라서 한 사람 한 사람 인적 자산에 대한 세심한 관리와 이를 뒷받침하는 조직문화 및 성과 보상체계가 빅테크 기업의 핵심 경쟁력이자 전통 기업에 대한 경쟁우위 요소다. 앞에서 언급한 은행원들뿐만 아니라 최근 몸값이 치솟고 있는 IT 개발자들도 이직을 원하는 기업으로 구글, 아마존 등 글로벌 빅테크 기업이 최우선이고, 카카오, 네이버 등 국내 빅테크 기업, 그리고 IT 벤처기업이나 삼성전자 등 대기업 순으로 선호한다고 한다. 디지털화 니즈가 급증하고 있는 시중은행은 후순위가 아니라 아예 후보에도 들지 않았다.

빅테크 기업이 보유한 유연한 조직문화만으로 이러한 성과를 이뤄낸 것은 아니다. 카카오뱅크의 핵심 성공 요인은 단연 본업인 은행 서비스의 우수성이다. 시중은행들의 모바일 앱 금융 서비스도 예전과 비교할 수 없을 정도로 확대되고 편리해진 것은 사실이지만, 카카오뱅크는 압도적으로 빠른 속도와 편리함을 자랑한다. 실제로 카카오뱅크가 내세우는 계좌 개설 시간은 약 7분이다. 휴대전화와 신분증만 있으면 어디서든 편리하게 계좌를 개설할 수 있으며, 심지어 상대방의 은행 계좌번호를 모르더라도 이체를 할 수 있다. 카카오뱅크는 수신인이 카카오톡으로 연결돼 있는 상태라면 이름만 입력해도 바로 송금할 수 있다. 그리고 시중은행 대비 10% 수준의 저렴한 해외 송금 수수료, ATM 수수료 면제, 마이너스통장 대출 시 낮은 금리, 별도의 조건이 붙지 않는 단순한 구조의 정기예금 금리 혜택 같은 금융 본연의 서비스 가격경쟁력 우위도 카카오뱅크의 성공을 뒷받침하고 있다. 이는 오프라인 영업망을 보유한 시중은행에 비해 인터넷은행이 가지는 비용 우위의 인프라 구조와 더불어 기존 카카오 플랫폼을 활용함으로써 고객 유치 비용이 상대적으로 저렴하기 때문에 가능하다.

이러한 카카오뱅크의 경쟁력에 대한 시장의 평가가 어떠한지는 2021년 8월 코스피에 상장될 당시 약 40조 원의 시가총액을 형성하여 시중은행 중에서 최고인 KB금융지주의 25조 원을 압도적으로 상회한 것만으로도 알 수 있다. 물론 상장 이후 얼마 되지 않아 여전히 고평가 논란에서 자유로울 수 없고, 카카오뱅크가 단순 은행을 넘어서 종합 금융 플랫폼으로 성장할 것이라는 기대치가 반영되어 있기 때문에 향후 사업 진척 상황에 따라 일부 조정은 있을 것이다. 하지만 KB금융지주와의 외형 비교 시 총자산 규모 630조 원 대 27조 원, 자본 총계 43조 원 대 2.8조 원으로 어마어마한 열세임을 감안하면 21세기를 지배하는 기업은 덩치가 아니라 지식 기반, 즉 사람, 지식, 기술, 데이터가 핵심임을 보여주는 실례가 아닐 수 없다.

모바일 간편송금 사업인 토스로 돌풍을 일으킨 비바리퍼블리카도 증권업, 신용카드업, 보험업에 이어 종합금융 플랫폼을 완성하기 위해 중저신용자를 대상으로 한 중금리 대출시장을 적극 공략하겠다는 전략을 바탕으로 제3의 인터넷전문은행 토스뱅크의 출범을 준비하고 있다. 인터넷전문은행이 우리나라보다 먼저 시작된 미국에서도 전통적인 은행과의 경쟁에서 살아남은 인터넷전문은행들은 증권, 자동차, 가전, 유통 등 생활과 연계된 금융 서비스를 개발하는 등 차별화된 서비스로 고객을 흡수하며 성장한 선례가 있는 만큼, 핸드폰 전화번호만으로 송금이 이루어지는 혁신적인 기술을 선보였던 토스 플랫폼이

DOs

인터넷전문은행에서도 혁신적인 IT 기술과 UI/UX 편리성을 바탕으로 기존 시중은행과는 차별화된 서비스로 돌풍을 일으킬 것으로 기대된다.

한편, 태동부터 오늘날의 성공이 있기까지 20년 남짓한 기간 동안 급격히 성장한 국내 빅테크 기업들에게서 이런저런 문제점이 드러나고 있는 것도 사실이다. 전통적인 기업의 수직적인 조직문화에서나 볼 수 있는 직장 내 괴롭힘으로 인한 직원 자살 사건은 빅테크 기업의 성공 요인 중 하나로 수평적이고 유연한 조직문화를 꼽았던 주장을 무색케 한다. 또 다른 빅테크 기업은 어설픈 성과 보상체계 등 재계에서 차지하는 지위에 걸맞지 않은 낙후된 인사·노무 관리로 내부 직원들의 반발을 사기도 했다.

업력이 길어야 20여 년에 불과한 빅테크 기업들이 치열한 경쟁 속에서 빠르게 성장하면서 동시에 국내 대기업처럼 체계적인 HR 시스템을 갖추기란 쉽지 않다. 또한 짧은 역사로 말미암아 아직도 대부분 창업 1세대가 주요 요직을 독차지하면서 발생하는 부작용도 적지 않다. 그러나 일반적인 조직은 내부 문제점을 자체적으로 치유해 가는 유기적인 특성을 보유하고 있고, 우수한 젊은 인력들이 모여서 오늘날과 같은 성공 신화를 써 내려가고 있는 만큼 내부관리체계에서도 이번과 같은 경험을 통해 문제점을 파악하고 신속하게 해결책을 마련함으로써 성장통을 끝내리라 믿는다.

사업의 특성상 빅테크 기업이라고는 할 수 없지만, 빅테크 기업처럼 실행하고 성장하는 국내 기업이 있다. 바로 현 시점에서 세계 최고의 아이돌 그룹인 BTS의 소속사 하이브다. 언뜻 단순한 연예기획사로 보이지만 과거 빅히트 시절부터 기존의 대한민국 대표 연예 기획사들인 SM, YG, JYP의 행보와는 달랐다. 이들 3대 기획사들이 잠재력 있는 연예인 지망생들을 발굴하여 교육과 훈련을 시키고 데뷔 후 활동을 통해 수익을 내는 단순한 사업구조에서 벗어나지 못했다면, 하이브는 철저하게 계산된 스토리를 통해 팬들과 소통하며 세상 젊은이들을 대변하는 BTS 유니버스를 만들어 나갔다. 이를 위해 팬 커뮤니티 플랫폼 '위버스'를 만들어 팬들과 아티스트가 직접 소통할 뿐만 아니라, MD·콘텐츠 커머스 사업을 병행하며 수익구조를 다변화했다.

무엇보다 놀라운 행보는 BTS의 성공을 발판 삼아, 구글이나 아마존 같은 글로벌 빅테크 기업들이 했던 것처럼 본업의 경쟁력 강화를 위해 필요하다고 판단된 기술이나 역량은 국내외를 막론하고 인수하거나 전략적 제휴를 통해 확보해 나갔다는 점이다. 하이브는 2021년 초부터 YG와 SM 소속 아티스트 중심의 라이브 콘텐츠 운영에 특화된 플랫폼인 V LIVE를 영업양수도 했고, BTS 팬 커뮤니티 플랫폼인 위버스를 소유한 비엔엑스 지분 49%를 네이버에 매각했을 뿐만 아니라, YG플러스 지분 17.9%를 인수했다. 또한 유니버셜 뮤직과 2개의 조인트벤처 협약을 맺었으며, 2021년 4월에는 유튜브 내 글로벌 아티스트 구독자 순위 1위인 저스틴 비버와 4위인 아리아나 그란데의 소속사를 소유한 이타카 홀딩스Ithaca Holdings 지분 100%를 인수하여 세상을 놀라게 했다. 그 결과 하이브는 자사의 위버스 플랫폼을 글로벌 유튜브 구독자 2.2억 명을 보유한, K-POP 최정상 아티스트와 글로벌 아티스트들이 함께 협력하는 세계 최고의 온라인 팬 커뮤니티 플랫폼으로 완성했다. 이를 통해 MD·콘텐츠 확대를 통해 간접 매출이 증가하고 글로벌 음악 산업 내 위상과 협상력이 강화될 뿐만 아니라, 추가적인 인수합병이 용이해지면서 경쟁 불가의 압도적인 글로벌 1위 플랫폼으로 지속 성장할 수 있는 기반을 확보했다.

단순히 자금이 있다고 이미 각자의 영역에서 글로벌 1위인 기업들을 인수하거나 그들과 협력할 수 있는 것은 아니다. 그만큼 철저한 계획과 준비, 노력이 있었기에 가능했을 것이다. 사업 경쟁력 강화를 위한 국내 빅테크 기업들의 적극적인 행보를 눈여겨볼 필요가 있다.

더 늦기 전에 평가 보상의 혁신을 시작하라

앞서 언급한 바와 같이 인재를 영입하거나 내부 인재를 양성하여 조직 역량을 업그레이드하려는 노력은 단순히 평가 보상 시스템을 잘 갖추고 있다고 해서 자신할 문제가 아니다. 채용이 효과적으로 이루어지고 있는지, 성과 보상 시스템이 원래 의도대로 제대로 작동하는지, 최고 인재를 포함한 전체 구성원들의 불만 사항은 없는지 지속적인 모니터링과 업그레이드가 필요하다. 초일류 수준의 인사·평가·보상체계를 갖추기 위해 추가적으로 고민해야 할 질문은 다음과 같다. 이 10가지 질문 중 절반 이상 확실하게 '그렇다'라고 대답하지 못한다면, 더 늦기 전에 평가 보상의 혁신이 시작되어야 한다.

· 입사 초기부터 업무 분장이 명확하고 충분한 교육과 평가 기회가 제공되는가?

- 중단기 경력개발 제도는 도전적 목표 설정을 할 만한 충분한 동기를 부여하는가?
- 인사제도의 유연성flexibility과 조기 경력개발을 통한 승진이 글로벌 동종 업계 내에서 초일류 수준인가?
- 기업가치 변화와 연계된 평가가 가능하도록 조직 설계가 되어 있는가?
- 평가의 객관성과 검증 체계, 그리고 평가자의 전문성과 신뢰도를 확보할 수 있는 보완책이 있는가?
- 정성적·정략적 평가지표의 목표치 설정과 구성이 합리적으로 설계되었는가?
- 사업부 간 실적 차이가 개인 보상에 미치는 차이를 중기적으로 보완하도록 경력 설계가 되어 있는가?
- C 레벨 인력의 인사 및 임기는 기업가치 및 사업가치와 연결되어 합리적으로 결정되는가?
- 기업 실적과 연계된 의미 있는 수준의 스톡옵션을 포함한 보상체계 도입이 가능한가?
- 이러한 보상체계와 지급 방식, 그리고 경력개발이 장단기 기업가치 변동과 연동되어 설계되었는가?

모두를 만족시키는 평가 및 보상체계는 있을 수 없다. 그중에서도 노력 여하에 따라 객관성을 제고할 수 있는 평가 시스템보다는 금전적인 보상체계의 불만에 더 민감할 수밖에 없다. 이와 관련하여 최근 들어 산업 전반에서 그 역할 비중이 커지고 있는 사모펀드나 벤처기업의 평가 보상체계는 이런 고민에 대한 해결의 실마리를 제공해 줄 수도 있다. 기업가치를 높여서 투자회수 하고자 하는 사모펀드 운용사들은 그만큼 능력을 인정받은 C 레벨 인력을 파격적인 조건으로 영입한다. 스타트업이나 벤처기업들도 과감한 스톡옵션 제도를 활용하여 핵심 인력을 영입하고 유지한다. 일부 대형 바이아웃펀드의 경우에는 투자회수 시에 CEO에게 파격적으로 100억이 넘는 성과급을 지급했다는 소문도 들려온다. 기업가치 증진이라는 명확한 목표를 제공하고 오롯이 업무에 집중할 수 있는 근무환경에서, 기업가치 증대와 연계된 성과급 지급 관행이 우수한 인력을 사모펀드 산업으로 흡수하는 유인책이 되고 있는 것이다.

우수한 인재를 영입하기 위해 이들과 경쟁해야 하는 일반 기업들은 유사한 프로그램으로 대응하면 승산이 없어 보인다. 또한 유사한 패키지를 제공할 수도 없을 것이다. 그러기에는 기존 시스템에 또 하나의 '예외' 사례를 추가해야 하는 부담이 생긴다. 그런 면에서 일반 기업들은 내부 인력 육성에 중점을 두는 인적자원개발HRD 측면을 강화하면서 이들과 차별화하는 접근법이 유효해 보인다. 인적자원개발과 관련한 프로그램은 글로벌 선도 기업의 인사 시스템을 벤치마킹하는 과정에서 이미 충분히 학습되고 체화되어 있기 때문이다.

6
선순환

스스로의 성공 방정식과 플라이휠을 찾아라

> **핵심 질문**
>
> 기업의 비전과 미션(미래 지향점, 존재 이유)은 과연 무엇인가?
> 이것이 어떻게 기업가치를 창출하는가?
>
> 차별화된 성공 모델이란 무엇인가? 일반적인 성공 방정식과의
> 차이는 어디에서 오는가?
>
> 업의 특수성이 성공 방정식 개발에 어떠한 영향을 미치는가?

자신이 다니는 기업의 비전 선언문이나 기업 미션을 보고 '왜?'라는 질문을 떠올린 적이 없는가? 그 기업의 비전과 중장기 전략 등 장기 지향점과 기업이 추구하는 '가치'는 모두 알고 있을 것이다. 기업가치나 기업 철학이라는 제목이 달려 있지 않은 경우도 많지만, 기업이 추구하는 고객가치나 원칙을 천명한 글이 회의실 같은 주요 장소나 회사 내부 전산망에 노출되어 있다. 이 내용들을 보면 무슨 생각이 드는

가? 먼저 내용이 매우 일반적이라고 느낄 것이다. 협력업체나 고객사를 방문했을 때 접했던 다른 기업의 비전과 기업가치에 관한 글도 거의 비슷하다고 생각했을 것이다. 나아가 경쟁 기업의 미션과 고객 지향 가치도 비교해 보면 그 역시 매우 유사하다는 것을 알 수 있다.

이 글들을 볼 때마다 크게 공감하지 못하거나 그 의미를 되새기지 않게 된다면 그 기업은 두 가지 문제가 있다. 첫 번째는 비전, 미션, 가치 등의 미래 지향점이 해당 기업만의 창업 정신이나 고유한 사업 모델을 충분히 반영하려는 고민이 부족했거나 현재의 상황에 맞게 업데이트되지 않은 것이다. 처음부터 좋은 단어 조합으로 '어디 내놔도 아주 무난한' 슬로건으로 만들어졌거나, 최초에는 의미가 있었지만 시간이 지나면서 지금은 원래 의미를 유추하기조차 어려운 상황이라고 볼 수 있다.

두 번째 문제는 회사의 미래 지향점(비전, 미션, 가치 등)과 구체적인 기업가치 창출 간의 상관관계를 찾기 어렵다는 것이다. 기업의 지향점이 어떻게 가치 창출로 연결될 수 있을까? 만일 고객 감동이 가치 중 하나라면 기업 제품의 설계뿐만 아니라 애프터서비스를 담당하는 부문에서도 이 가치가 핵심성과지표에 담겨야 하고, 구체적인 목표치와 목표 달성을 위한 주요 활동key initiatives으로 정의되며, 이러한 활동으로 순고객추천지수Net Promoter Score, NPS가 높아진다는 것이 모니터링되어야 한다. 이러한 연결고리가 있어야 조직원들이 실질적 고객 감동과 기업 성과가 연결된다고 느낄 수 있고, 그 고객가치를 되새기고 내재화하기 위해 노력하며, 결국 경쟁력 있는 기업문화로 연결된다.

기업 내부 시각에서 벗어나 한 발짝 떨어져서 기업의 비전과 장기 목표를 봐도 업종과 관계없이 거의 모든 기업의 지향점은 엇비슷하다. 고객, 시장, 경쟁 입지 같은 외부 지향적 가치를 내세우거나 협력, 인화, 신뢰 같은 내부 지향적 가치를 강조하는 경우, 아니면 두 가지를 적절히 조합하고 혁신과 변화를 더하여 만든 종합판 비전이 대표적이다. 따라서 특정 산업 내 일부 기업만의 매우 특이한 지향점을 찾기란 쉽지 않다. 하지만 겉으로 보기에 비슷한 키워드나 간단한 문장으로 구성된 비전이라도 최초의 창업 동기와 창업자가 이루고자 했던 꿈을 좀 더 자세히 파악하는 것이 중요하다. 사업의 시작과 성장, 그리고 안팎의 위기 극복 과정을 세부적으로 살펴보면 비전의 속뜻과 함께 경영철학과 원칙을 이해할 수 있다. 지속적인 성과를 창출한 기업은 경영원칙과 사업의 핵심 가치가 비즈니스 모델의 확실한 기초가 된다. 또한 이러한 원칙과 가치가 실제 성과 창출을 위한 내부관리체계와 매우 잘 연결되어 있음을 알 수 있다.

성공하는 기업의 프레임워크

○
●

한국 기업들의 비전, 미션, 전략이 모두 비슷하게 보이는 것은 왜일까? 가장 큰 이유는 과거 짧게는 50년간, 길게 잡아도 60년 동안 압축된 산업화 과정을 통해 현대화된 기업이 만들어지고 성장했기 때문이다. 이 기간 동안 수출 중심의 중후장대형 산업 인프라가 마련되고, 국내 시장을 위한 의식주 포함 생활 인프라와 서비스 산업의 기반이 키워지면서 대다수 민간기업이 정부의 정책적 지원으로 탄생하고 성장했다. 이 시기에는 한정된 자본을 효율적으로 활용하고 인적 생산성을 극대화하면서 규모를 키우며 수출 시장을 개척하는 것이 가장 큰 목표였고, 이것이 산업화 초기 30~40년 동안 반복적으로 강조된 성공 모델이었다. 물론 기업가정신이 뛰어난 기업은 이 기간 동안 다양한 난관을 슬기롭게 극복하고 글로벌 사업 감각을 재빨리 키워 수출 시장에서 기존 해외 경쟁자를 뛰어넘는 성과를 보였다.

이러한 초기 산업화 과정을 거치면서 수직적·수평적 계열화는 물론, 외형 확대를 통해 비연관 분야 진출도 이루어졌다. 기업 규모가 커지는 동안에는 레버리지가 상대적으로 수월했고, 연공서열이 기본인 인사제도하에서는 성장성이 수익성보다 높은 가치로 쉽게 받아들여졌다. 하지만 높은 부채 비율에 기반한 성장 지향적 성공 모델은 아시아 외환위기를 겪으면서 사라졌다. 그 빈자리를 IT 관련 산업이 메꾸었다. 이후 2008년 글로벌 금융위기를 겪게 되었지만 그 영향은 상대적으로 크지 않았다. 이는 글로벌 정책 공조에 기반한 우리나라 재정정책이 가장 큰 역할을 했고, 2000년대 이후 변경된 국내 산업구조가 수출에 유리했으며, 한국 기업은 중국의 내수 진작책에 따른 수출 시장으로서 중국의 도움도 받았기 때문이다. 그 결과, 정부의 투자 확대와 재정정책, 세제 지원 등으로 한국은 글로벌 금융위기를 가장 먼저 극복한 나라가 되었다.

그 이후부터는 진정한 글로벌 경쟁 체제에서 국내 기업의 사업모델 경쟁력을 살펴봐야 한다. 이 측면에서는 사업모델의 절대적 우월성, 차별화의 유지 가능성, 그리고 기업가치 창출의 '선순환구조'를 모두 만족시키는 자신만의 '성공 방정식winning formula'이 매우 중요하다.

가치 창출의 선순환구조를 만들어내는 사업모델과 문화는 독창적이고 모방이 어려워야 한다. 삼성, 현대차, LG, SK, 롯데 등 5대 그룹은 대부분 자본집약적 산업의 생산성 증대를 위한 인적 역량 확보와 조기 대규모 투자 집행을 통한 규모 선점, 그리고 해외 고객과의 공급망 최적화와 B2B 고객관리 등으로 이러한 차별화를 이루어왔다. 하지만 이제부터는 글로벌 빅테크 기업과 글로벌 혁신 기업의 차별화 요소를 더 정확히 이해하고 받아들여 새로운 혁신 문화를 만들어야 한다. 한국 기업이 두 번의 국제적 경제위기를 겪으며 글로벌 스탠더드를 어느 정도 이해하고 접목시키게 되었다면, 지금부터는 본격적으로 초일류 기업으로 성장하기 위해 글로벌 베스트 프랙티스의 성공 모델과 혁신 DNA를 학습해야 한다.

이러한 변화를 제대로 시작하기 위해 지금까지의 주요 경영 이론과 사업모델의 성공 요소를 다시 한번 살펴보는 것도 의미가 있을 것이다. 기업을 성공으로 이끄는 핵심 성공 원칙은 지난 70년간 지속적으로 변화해 왔다. 1900년대 초반에도 기업은 현대적인 형태에 가깝게 존재했지만 이들의 역할과 성공 요인을 분석하는 데는 한계가 존재한다. 시간이 지나면서 많은 경영학자, 경영자, 컨설턴트 들이 수많은 기업 사례를 통해 성공 요인을 분석하는 과정에서 차츰 공통점이 모아졌다. 역사적 흐름에 따라 구체적으로 다양한 이론과 주장을 되짚어보는 작업은 이 책의 범위를 넘어선다. 다만, 여기서는 대표적인 경영 스테디셀러 중 5권을 골라 성공 요소의 공통점과 시간 흐름에 따른 추가 고려 요소를 간략하게 공유하고자 한다. 경영학 전반을 학습한 분들이라면 익숙한 개념일 것이고, 그렇지 않더라도 한번쯤은 어디선가 들어봤을 정도로 잘 알려진 유용한 개념이다.

피터 드러커, 《경영의 실제》

현대 경영학의 아버지라고 불리는 피터 드러커는 아직 기업 경영이 진지한 학문으로 받아들여지기 전인 1946년에 《기업의 개념The Concept of Corporation》을 펴내며 기초를 세웠다. 이후 활발한 저술 활동을 통해 기업 경영의 원리와 개념을 보다 폭넓은 관점에서 접근했다. 당시 기업은 대량생산 체제의 제조업을 운영하는 데 최적화되어 있었고, 판매 시장에 대한 체계적인 분석에는 한계가 있었다. 피터 드러커는 먼저 기업의 존재 의의부터 재정립했다. 기업의 존재 이유는 '고객'이며 '시장'을 창출하는 데 있다고 주장했다. 기존까지 기업의 목적을 '영리 추구'에 있다고 정의했던 것에서 탈피해 기업의 존재 이유가 고객을 만족시키는 데 있다는 주장은 당시로서는 신선한 접근이었다. 기업에 더 큰 의미를 부여한 것이다.

기업 운영의 차별화 요소로 '지식'을 강조한 점도 당시로서는 새로운 접근방법이었다. 당시 지식은 경제학에서 독자적인 영역을 구축하지 못했고, 수요와 투자가 기업 성공의 주요 요소로서 이에 따라 성공 여부가 결정된다고 보았다. 현재까지도 실질적 수요, 가용한 자본의 규모와 투자가 기업 운영의 핵심적인 요소다. 하지만 피터 드러커는 이를 지식이라는 새로운 개념으로 연결 지어 기업 내재적 성격으로 강화시켰다. '지식 노동자'에 의해 이뤄지는 체계적인 지식의 생산, 습득, 전달 과정을 통해 기업의 경쟁력을 강화할 수 있다. 따라서 노동자를 더 이상 기계 부품의 한 요소와 같은 피동적 존재가 아니라 능동적으로 사고하고 행동하며 지식을 창출하는 '인간'이라는 새로운 시각으로 바라봐야 한다. 지식 노동자를 비용이 아닌 자산으로 인식하고, 이들을 움직이는 팀을 구축할 방식을 고민해야 한다고 강조했다.

《경영의 실제The Practice of Management》에서 피터 드러커는 '목표에 의한 관리MBO'라는 개념을 처음으로 소개했다. 경영자의 역할은 자신과 팀을 목표 중심으로 놓고 이를 전사적인 관점에서 달성하도록 조직을 독려하는 데 있다고 정의했다. 기업 차원, 세부 조직 차원에서 목표를 세분화하고 관리하고 추진하는 것이 경영자의 역할이다. MBO 개념은 이후 성과 목표 체계 수립의 원형이 되어 OKR, BSC^{Balanced Score Card} 등 다양한 형태로 발전했다.

톰 피터스, 《초우량 기업의 조건》

1988년 톰 피터스는 성공적인 미국 기업을 분석하여 평범한 수준이 아닌 '초우량excellence' 기업의 공통점을 찾으려고 시도했다. 동시에 당시 경영계가 지나치게 합리적인 분석과 논리에 치중한 나머지 인간미가 없는 추상적인 영역에 집중하고 있다며 비판했다. 합리주의적 측면에서 인간을 조직하고자 할 때 가장 큰 문제는 인간이 너무나 비합리적인 존재라는 사실을 깨달은 것이다. 기업문화를 중시하며 자율, 열정, 창조성, 상상력 등 기존의 정량적 분석 방법에서는 강조되지 않았던 기업의 내부 가치를 강조했다. 《초우량 기업의 조건》에서 제시하는 성공 기업의 8가지 조건은 다음과 같다. 철저하게 실행하라, 고객에게 밀착하라, 자율성과 기업가정신을 가져라, 사람을 통해 생산성을 높여라, 가치에 근거해 실천하라, 핵심 사업에 집중하라, 조직을 단순화하라, 엄격함과 온건함을 지녀라.

톰 피터스가 지속적으로 강조하는 것은 이론과 전략 분석에 얽매이지 말고 실행을 우선시하는 기업문화를 만들고 지켜나가는 것이 성공의 핵심이라는 점이다. 기업의 성공은 고객가치를 구현하는 것에서 이뤄지므로 숫자와 데이터 너머의 본질에 집중해야 한다. 구체적인 결론이 나지 않는 회의를 수없이 반복하고 수백 페이지 분량의 보고서를 작성해 무의미한 구호를 외치기보다는 실행이 중요하다. 사업 다각화에 대해서는 보수적인 시각을 가졌다. 기업은 일반적으로 기존 사업이 성장의 한계에 부딪혔을 때 인수합병을 검토하게 된다. 하지만 정작 인수 대상 기업은 전성기를 지난 경우가 많고, 약화되고 있는 기존 핵심 사업을 더 악화시킬 뿐이다. 인수합병을 통한 성장에 주의하고, 핵심 사업을 통한 성장을 우선시해야 한다고 강조한 것이다.

뛰어난 리더십의 본분은 조직을 강력한 실행이 가능하도록 간결하고 단순한 형태로 유지하는 것이다. 인간은 삶의 의미를 찾지 않고는 살아갈 수 없다. 의미를 위해서는 커다란 희생도 마다하지 않는다. 누구나 자신을 최고로 생각하고 싶어 한다. 기업과 조직이 스스로를 성공으로 이끌고 있다고 믿을 때 일에 완전히 몰두할 수 있다. 조직을 간결한 형태로 유지하기 위해 지속적으로 단순화를 시도하면서 승리를 향해 가는 조직이라는 의미를 계속 심어주어야 한다.

마이클 포터, 《경쟁전략》

현대 경영학에서 산업구조와 경쟁자 분석, 포지셔닝 같은 개념은 하버드 경영대학 교수인 마이클 포터의 《경쟁전략Competitive Strategy》

에서 출발했다. 그는 특정 산업의 경쟁은 우연의 산물이 아니라 5가지 구조에 의해 결정되며, 이는 산업의 구조적 수익성과 연결된다고 주장했다. 5가지 요인은 신규 진입자의 위험, 대체재의 위협, 구매자의 협상력, 공급자의 협상력, 산업 내 경쟁이다. 오늘날 경영전략 분석의 기본틀을 최초로 제시한 마이클 포터의 '5가지 경쟁 요인 모델5 Forces Model'은 이후에 수많은 파생과 변형을 거쳤지만 원전의 프레임이 가진 힘은 여전히 유지되고 있다.

　중요한 것은 이 분석에 기반하여 각 기업이 수립해야 하는 경쟁전략의 방향성을 명징하게 제시했다는 점이다. 최선의 기업 전략은 5가지 요소에 직면한 환경과 상황을 최적으로 활용한 구조를 갖추는 데 있다. 이를 활용한 전략 방향은 3가지로 정리할 수 있다. 총체적 원가우위, 차별화, 집중화. 경쟁전략에서는 3가지 전략 중 한 가지에 모

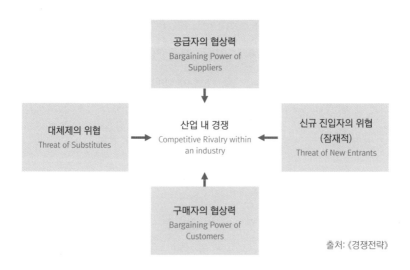

그림 14 마이클 포터의 전략 프레임 '5 Forces'

공급자의 협상력
Bargaining Power of Suppliers

대체제의 위협
Threat of Substitutes

산업 내 경쟁
Competitive Rivalry within an industry

신규 진입자의 위협
(잠재적)
Threat of New Entrants

구매자의 협상력
Bargaining Power of Customers

출처: 《경쟁전략》

든 자원을 집중하고 전력투구해야 한다는 점을 강조한다. 여러 방법론을 동시에 적용할 경우 성공하기 힘들다. 전략과 실행, 자원과 조직이 모두 일치alignment되어야 한다.

총체적 원가 우위는 생산시설에 대한 적극적 투자를 통해 규모의 경제를 확보하고, 더 많은 경험 집적으로 원가절감을 적극적으로 이룸으로써 가능하다. 원가절감은 시장점유율을 높이거나, 구매 교섭력이 높아서 더 낮은 원가를 부담하거나, 효율적인 생산을 통해 제조 가공비를 낮춤으로써 가능하다. 이렇게 달성한 원가 우위는 시장에서 경쟁 강도가 강해지더라도 일정 수준 이상의 이익을 내도록 지원하고 시간이 지날수록 지위를 공고히 한다.

차별화 전략은 제품과 서비스를 경쟁사와 구분되는 방식으로 위치시키는 데 있다. 더 좋은 품질이나 빠른 속도, 완성도 높은 서비스, 또는 브랜드나 디자인 같은 심미적 가치를 제공하는 것도 한 방법이고, 제품의 가치 조합 차원에서 경쟁사에 없는 형태를 제시하는 것도 방법이 된다. 이러한 방법을 통해 고객에게 독특한 인식을 심어준다면 원가 구조, 규모의 경제가 다소 열세에 있더라도 일정 수준 경쟁력을 유지할 수 있다.

집중화 전략은 특정 고객이나 지역, 혹은 이보다 세분화된 그룹에게 집중적으로 소구할 수 있는 가치를 제공하는 것으로 다른 이점은 포기하는 방식이다. 폭넓은 영역에서 경쟁을 벌이고 있는 다른 기업들과 달리 한정된 목표를 더욱 효과적이고 빠르게 달성할 수 있다.

클레이튼 크리스텐슨, 《혁신 기업의 딜레마》

경영학계의 아인슈타인이라 불리는 하버드대의 클레이튼 크리스텐슨 교수는 우량 기업이 반복적으로 실패하는 딜레마에 대한 분석을 시도했다. 고객의 요구에 기민하게 대응했고, 혁신 기술을 선도적으로 도입하기 위해 막대한 투자에 게을리하지 않았던 기업들이 실패하는 원인을 광범위하게 분석했다. 이 내용은 《혁신 기업의 딜레마 Innovator's Dilemma》라는 책으로 출간되었고, 성공 전략에 대한 또 다른 시각을 제시했다. 대기업들은 대규모 투자를 통해 기존 매출과 이익의 성장성을 연결시키려는 내재적 성향에 따라 투자를 결정하게 된다. 또한 이 과정에서 합리적 시장 분석을 거치고 투자자들의 의사를 타진한다. 이에 따라 다음과 같은 상황에 처하게 된다.

기업들은 자원을 얻기 위해 고객과 투자자에 의존한다.
소규모 시장은 대기업들의 성장 욕구를 해결해 주지 못한다.
존재하지 않는 시장은 분석이 불가능하다.
기술 공급이 시장의 수요와 일치하지 않을 수 있다.

하지만 실질적으로 파괴적 기술은 예측하지 못한 방향에서 등장하여 시장을 지배하게 된다. 선도 기업이 투자를 결정할 당시에는 거의 보이지 않았거나 존재하지도 않았던 시장이 급격하게 커지며 기존 시장을 대체하는 일이 계속 반복된다. 이에 대해 체계적으로 대응할 수 있는 전략적 접근들이 그전까지는 미미했다. 클레이튼 크리스텐슨은 이런 모순을 해소하기 위해 파괴적 기술에 직면한 경영자들에게 근본적으로 다른 접근방법을 가져야 한다고 주장한다. 파괴적 기술에 대한 책임을 그 기술을 필요로 하는 고객을 상대하는 조직에 맡겨라. 그래야 파괴적 기술에 자원이 흘러갈 수 있다. 약간의 이익만으로도 흥분할 정도로 충분히 작은 규모의 별도 조직을 세워야 한다. 기존 매출의 연장선상에서 이를 확대하면 지나치게 높은 매출 목표를 수립하게 된다.

실패 계획을 세워라. 처음부터 옳다고 생각하는 것에 모든 자원을 투입하지 마라. 파괴적 기술을 상용화하기 위해 벌이는 최초의 노력을 학습 기회로 간주하라. 데이터를 수집하면서 계획을 수정하라. 획기적 돌파구에 의존해서는 안 된다. 먼저 움직여서 현재 기술 특성에 맞는 시장을 찾아라. 그 시장을 현재의 주류 시장 밖에서 찾게 된다. 또한 주류 시장에서는 파괴적 기술을 매력적이지 않게 만드는 특성들

그림 15 파괴적 기술혁신에 의한 변화 경로

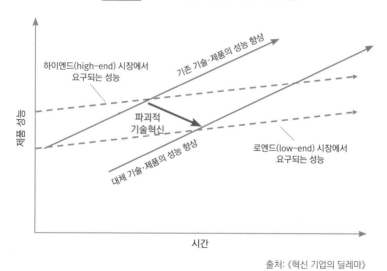

출처: 《혁신 기업의 딜레마》

이 새로운 시장을 세우는 기초가 된다는 것을 알게 될 것이다.

짐 콜린스, 《좋은 기업을 넘어 위대한 기업으로》

스탠퍼드 경영대학원 출신의 저명한 컨설턴트인 짐 콜린스와 제리 포라스는 베스트셀러 《성공하는 기업의 8가지 법칙Built to Last》을 저술하여 초기 기업이 영속하는 기업으로 성장하는 데 필요한 기본 원칙을 제시했다. 이 책이 발표된 이후 그들의 관심은 이미 훌륭한 기업 good company이 위대한 기업great company으로 성장하는 원인이 무엇인지 그 원칙을 찾는 것으로 옮겨 갔다. 5년간의 자료 조사와 인터뷰, 데이터 분석을 통해 동종 업계에서 경쟁사를 시장가치 기준으로 3배 이상 앞지른 11개 기업들의 공통점을 찾아 몇 가지 원칙으로 도출했다.

위대한 기업으로 성장시킨 경영자는 '5단계 리더십'이라고 일컫는 특징이 있다. 스스로 유명해지기를 소망하며 자신의 자아를 드러내려는 CEO는 겸양과 성숙도라는 측면에서 4단계 혹은 3단계밖에 이르지 못한다. 위대한 기업으로 도약시킨 리더들은 역설적으로 리더 같지 않은 모습을 보인다. 전면에 나서기를 꺼리고 조심스러우며 심지어 부끄러운 모습까지 있는 개인적 겸양을 갖추고 있지만, 직업적으로는 기업을 성공시키고자 하는 의지가 강하다. 성장하는 기업의 실적을 보며 자아도취하는 모습이 아니라 모든 공을 철저히 다른 사람에게 돌리는 미덕도 가지고 있다. 또한 언제나 냉혹한 현실에 직면하는 것을 두려워하지 않는다. 눈앞에 분명하게 드러나는 부정적인 시그널을 외면해 버리면 성공적인 모습으로 비칠 수도 있다. 잠깐 어려울 뿐 시간이 지나면 좋아질 거라는 낙관론은 잠깐 현실을 벗어날 수는 있어도 결과적으로는 실패로 귀결된다. 성공적인 기업은 현실을 직시하고, 동시에 성공할 것이라는 의지를 유지하는 공통점이 있다.

위대한 기업으로 성장한 기업들은 그들의 핵심 역량과 사업에 집중한다. 핵심 사업은 세계 최고가 될 수 있고 이를 통해 경제적 부가가치를 창출하는 일이라야 한다. 이를 단순한 하나의 개념으로 만들어서 지속적으로 반복한다. 한순간의 행운이나 결정적인 의사결정에 의해 기적이 일어나는 방식으로 접근한 경우는 없다. 장기간에 걸쳐 핵심 역량을 확보하기 위해 노력하고, 이를 기반으로 점차 크고 무거운 플라이휠이 돌아가듯이 성공의 굴레가 돌아가며 성장을 반복해 나간다.

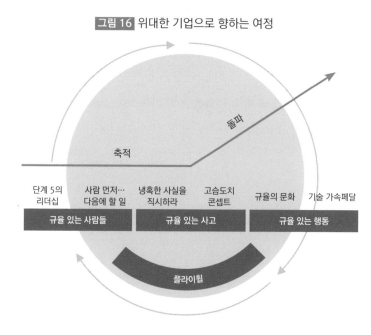

그림 16 위대한 기업으로 향하는 여정

출처: 《좋은 기업을 넘어 위대한 기업으로》

지금까지 살펴본 5명의 대표적인 경영 구루와 경영학의 스테디셀러는 각기 다른 관점에서 기업을 바라보고 있다. 처음에 언급한 피터 드러커의 《경영의 실제》는 약 두 세대가 넘는 70년 전에 쓰여졌다. 시간이 흐른 만큼 이제는 너무나도 익숙하고 당연시되는 개념이 많아졌고, 이후 경영 관련 지식이 일반에게 널리 퍼지면서 기업 경영에 종사하지 않는 이들에게도 잘 알려지게 되었다.

경영의 기본 원칙을 다룬 이들 5명의 경영 전문가들은 공히, 본질적으로 기업가치는 고객에게 가치를 제공하는 것이라는 점, 그리고 실패의 가능성이 있는 실행만이 성공을 담보한다는 점을 반복적으로 힘주어 설명한다. 또한 시간이 지남에 따라 경쟁 구도는 지속적으로 변하며, 여러 목표를 동시에 산발적으로 추구해서는 안 되고 강점을 가진 하나의 목표에 역량과 자원을 집중해야 한다는 점도 강조한다. 무엇보다 기업 경영의 중심에 '사람'이 있어야 함을 분명하게 주장한다. 리더인 경영자가 이끌어야 하는 대상은 창의와 열정과 자율성을 가진 '인간'이며, 이들의 총체적 역량을 오롯이 끌어낼 때 비로소 성공의 문이 열리게 된다는 것이다.

성공의 원칙을 되찾은 기업들

○
●

기업의 생애주기를 통상적으로 한 세대인 30년으로 이야기하는데, 그 주기가 점점 더 짧아지고 있다. 여기서는 여러 세대를 넘는 100여 년 동안 성공과 가치 하락의 부침을 겪으면서도 부단히 전략과 사업

모델 변경으로 기업가치를 향상시켜 온 선도 기업 사례를 통해 앞서 살펴본 이론적 혁신 원칙과 함께, 사업모델 변화 노력의 현실적 어려움과 그 극복 방안을 살펴보고자 한다.

P&G

P&G는 1837년 창업한 이래 남북전쟁 당시 북군에 비누와 양초를 공급했고, 전후에는 이를 일반인에게 판매하면서 회사를 키웠다. 이후 비누와 쇼트닝에 이어 세계 최초로 합성세제와 주방용 세제를 개발하면서 세계적인 회사가 됐다. 그 외에도 각종 청소용품, 치약, 방취제, 샴푸, 화장지를 포함한 개인 용품과 쇼트닝, 케이크 믹스, 커피 등을 비롯한 식품, 그리고 화학제품과 동물 사료 같은 잡화에 이르기까지 미국 슈퍼마켓에 가면 P&G 제품은 없는 것이 없다고 할 정도로 다양한 제품을 판매했다. 하지만 긴 시간 동안 P&G 역시 성장 둔화와 역동성의 하락을 맞게 된다.

P&G는 수십 년간 비밀스러운 연구개발 부문이 주도하는 폐쇄적인 혁신 과정을 고집해 왔다. 하지만 혁신 속도가 떨어지는 위기 상황에 직면하자, P&G는 새로운 아이디어와 제품을 개발하는 방식을 근본적으로 바꿨다. 현재 이 회사는 대학, 공급업체, 외부 발명가들과 기꺼이 협업한다. 또 그들에게 보상으로 회사의 지분도 제공한다. 세상이 진화하면서 소비자 트렌드도 눈 깜짝할 사이에 변하고 있다. 더 이상 내부의 연구개발 능력에만 의존해서는 성장은 물론이고 생존의 한계에 봉착할 수밖에 없다. P&G는 이를 이해하고 적극적으로 활용했다. P&G가 175년이라는 오랜 기간 생존하며 세계적인 생활용품 기

업으로 거듭났던 것은 외부 능력을 적극적으로 활용했기 때문이다.

P&G는 '혁신'이 기업의 흥망성쇠를 좌우한다고 믿는다. 그러나 다른 기업들과 차이가 있다. 혁신 동력을 내부에서만 구하는 것이 아니라, 앞서 언급한 대로 협력을 통해 외부에서 구하는 것에도 적극적이다. P&G는 2000년 개방형 혁신 프로그램인 C&D^{Connect & Develop}를 세계 최초로 도입, 다른 기업들이나 기관들이 가진 능력을 최대한 활용해 소비자가 일상을 조금 더 풍요롭게 누릴 수 있는 다양한 혁신 제품을 내놓고 있다. 기존 연구개발이 사내 연구를 기반으로 오랜 시간 제품을 개발하는 폐쇄적인 방식을 의미했다면, C&D는 외부 기업이나 개인, 대학 연구소 등 다양한 이해관계자와 협력해 새로운 아이디어와 신제품을 도모하는 '개방형 혁신'이다. P&G는 C&D 프로그램을 통해 내부적으로 미처 생각하지 못했던 창의적 아이디어나 기술을 얻었고, 아이디어나 기술을 제공하는 업체는 빠른 제품화나 기술 상용화에 따르는 이득을 취했다.

그림 17 P&G의 주가 흐름

출처: Yahoo Finance

DOs

이 방식을 채택한 지 10년도 되지 않아 P&G는 기업 외부에서 비롯된 신제품 아이디어 비율이 20% 미만에서 약 50%로 증가했다. P&G는 C&D를 통해 많은 혁신적인 제품을 만들었다. 오랄비 펄소닉Pulsonic 전동칫솔, 팬틴 내추럴 케어 샴푸, 페브리즈 비치형 등이 그 예다. P&G 구강 관리팀은 구강 관리 브랜드의 전략적 확장을 위해 전동칫솔 개발에 매진했다. 그러나 자체 연구개발을 통해서 오랄비 제품에 해당 기술을 적용하기까지는 최소 5년 이상 걸릴 것으로 예상됐다. P&G는 대안으로 C&D 프로그램을 통해 일본에서 적합한 협력사를 찾았다. 그리고 협업을 통해 1년 만에 오랄비 펄소닉 전동칫솔을 출시했다. 펄소닉은 슬림하고 가벼워 휴대성이 뛰어나다. 플라그 제거 효과가 있는 일반 세정과 진동이 느려지는 민감 부위 세정 두 가지 모드가 가능하다. 이와 같은 개방형 혁신 노력은 신제품 개발 활동을 크게 촉진했으며, 전 회장 래플리Alan George Lafley에 따르면 그 덕분에 장기 성장률을 높이고, 수익과 하락하는 주가를 끌어올릴 수 있었다고 한다.

월마트

1969년에 설립된 월마트는 백화점 중심의 소매 유통산업이 근본적으로 할인형 소매점으로 바뀐다는 사실을 재빨리 알아차린 기업이다. 1970년대부터 IT를 활용해 철저히 고객 성향을 살폈다. 품목별 재고 관리와 배송을 위해 미 전역에 일종의 창고 개념인 데이터 웨어하우스를 1979년부터 세웠다. 인터넷이 없던 시절에도 월마트의 매장들은 데이터 웨어하우스에 쉽게 접근할 수 있었다. 1987년에는 인공위성까지 활용해 본사가 직접 재고 및 판매를 추적하고 매장과 즉시 통신할 수 있는 체제를 갖추었다.

2000년대 세계 최대 유통회사였던 월마트는 아마존의 공세가 거세지자 '세상이 아마존화된다'는 아마조니피케이션Amazonification의 희생양으로 지목됐다. 실제로 2016년 월마트의 매출액은 1980년 이후 36년 만에 처음으로 줄어들었다. 시장은 큰 충격을 받았다. 월마트는 아마존을 따라잡기 위해 절치부심했고, 마침내 매출액이 증가세로 돌아섰다.

월마트는 인공지능 기업으로 재빠르게 변신하고 있다. 대규모 매장과 가격경쟁력을 가진 월마트는 이런 핵심 역량을 유지하면서 온라인과 인공지능에 집중 투자하고 있다. 전통적인 기업이 인공지능을 활용해 새로운 유통회사로 변하는 파괴적 혁신이 일어나고 있다. 더글러스 맥밀런 월마트 CEO는 2021년 1월 CES 기조 강연에서 "월마트의 강점은 매장과 디지털을 연계한 것이다."라고 언급했다. 월마트의 최대 라이벌인 아마존이 온라인 쇼핑에 역점을 두었다면 월마트는 미 전역에 있는 4,700여 개의 매장을 거점으로 디지털과 인공지능을 연결하는 전략을 펼쳤다. 자사의 핵심 역량이 무엇인지 정확히 간파한 것이다.

빅데이터를 분석한 결과, 월마트는 여러 가지 경쟁력 있는 가치 제안이 가능한 아이디어를 도출할 수 있었다. 고객들의 90%가 매장의 약 16킬로미터 이내에 거주하고 있다는 사실을 통해 고객이 원하는 시간 내에 충분히 배달이 가능하다는 결론을 얻었다. 월마트는 자신의 강점인 신선식품을 고객이 원하는 곳으로 배달하는 전략을 개발하고, 택배 서비스인 '익스프레스 딜리버리'를 시작했다. 상품 재고와 배송용 차량, 직원들의 근무 상황만이 아니라 교통과 기상 정보도 인공지능이 분석한다. 가장 효율적인 배달 경로를 계산해 주문 후 2시간 이내에 상품 배송이 가능하도록 했다. 미 전역에 구축한 물류센터를 활용해 배송 시간을 줄이고 아마존과 배송 경쟁도 시작했다. 2020년 9월에 내놓은 회원제 무료 당일 배송 서비스인 '월마트 플러스'는 아마존의 유료 회원제 서비스인 '프라임'과 비슷하지만 연회비는 98달러로 119달러의 아마존보다 저렴하다. 또한 비용 측면에서 이익을 보면서도 경쟁 상대인 아마존의 상품 가격보다 훨씬 싼 물건을 다수 내놓았다.

월마트는 빅데이터 분석과 로봇, 사물인터넷, 자율주행 등 모든 업무에 가능한 인공지능 기술을 활용하는 '토털 AI' 전략을 펼치고 있다. 앞으로 모든 매장을 'AI 팩토리'로 부르기로 했다. 인공지능을 활용한 고객 데이터 분석을 통해 수요 예측을 정확히 했고 구입에 걸리는 시간을 최소화했다. 소형 로봇을 물류센터에 투입해 창고 내 운반 작업의 자동화를 꾀했다. 매장 내에 신규 공간을 추가해 창고를 건설했다. 소형 로봇은 사과, 주스, 시리얼 등 작은 상품을 매장 직원에게 전달하는 역할을 맡는다. 창고 내 운반 작업의 자동화로 인간보다 10배의 빠르기로 상품을 픽업한다. 또한 사업성이 떨어지는 해외 매장을 과감하게 정리하고 기존 매장은 온라인과 결합해 '옴니버스 채널'로 만들었다. 거대한 매장 일부를 온라인 주문 상품을 처리하는 작업장으로 전환하거나 주차장 픽업, 드라이브스루 픽업(커브사이드) 등이 가능하도록 구조를 바꾼 것이다. 매장 주차장은 '드라이브인 극장'으로 바꿔 매장을 찾는 고객을 배려했다.

월마트는 한 걸음 더 나아가 헬스클리닉과 금융 업무도 월마트에서 할 수 있도록 온라인과 오프라인 융합 전략을 펼치고 있다. 우선 월마트에는 현재 대부분 약국이 있고 약 1,500명 이상의 약사를 보유하고 있다. 이 약국들이 미 국민 헬스케어의 거점 역할을 할 것으로 보고 있다. 병원보다 월마트와의 거리가 더 가깝기 때문이다. 미국 매장 중 80%인 4천 개가 의학적으로 취약한 곳에 자리 잡고 있어, 월마트 일부 매장에서 엑스레이 검사와 정신과 상담, 치과 서비스를 제공하고 있다. 또한 매장 내 은행 지점을 설치해 다양한 은행 서비스가 가능하다. 보험 에이전시인 월마트인슈어런스도 텍사스에 설립했다. 막강한 빅데이터를 기반으로 금융 서비스를 제공하는 기업이 될 수도 있다.

인수합병에도 적극 나서고 있다. 2016년 급부상하던 이커머스 기업 제트닷컴을 33억 달러에 인수했다. 2018년 아마존과의 경쟁 끝에 인도의 이커머스 플랫폼인 플립카트의 지분 77%를 160억 달러에 사

그림 18 월마트의 주가 변화

출처: Yahoo Finance

DOs

들였다. 최근 중국 동영상 플랫폼인 틱톡 인수전에 뛰어든 것은 월마트가 디지털화를 어떻게 대비하는지 단적으로 보여준다.

월마트의 미래는 CAPEX(기업이 미래가치 창출을 위해 지불하는 비용)를 분석하면 확실히 드러난다. 2015년 기준 CAPEX에선 전체 설비 투자액 82억 3,800만 달러(약 9조 2,260억 원)에서 절반인 41억 2,800만 달러를 신규 매장과 클럽을 개설하는 데 썼다면, 2020년에는 이에 대한 투자는 전혀 없었고 대신 이커머스와 공급망 고도화에 전체 71.4%를 썼다. 아날로그 자산 투자를 축소하고 디지털 자산 투자로 신속 전환하고 있는 것이다. 이제 월마트는 인공지능 기업이라 불러도 조금도 이상하지 않다. 2016년 초 60달러였던 월마트 주가는 2021년 140달러까지 상승했다.

전문가들이 바라보는 성공 기업의 기준

성공한 기업 여부를 판단함에 있어 펀드매니저나 애널리스트, 그리고 사모펀드나 기관투자자 등 금융 전문가들의 시각과 실제 기업에 몸담고 있는 최고경영자의 시각은 다소 차이가 날 수밖에 없다. 이 두 부류의 집단은 추구하는 목적이 다르고 또 그 목적을 실행하는 데 소요되는 시간과 업무 수행 다이내믹스가 다른 만큼 기업을 평가하는 잣대도 상이하기 때문이다.

일반적으로 우리나라에서 기업을 경영하는 최고경영자가 중요하게 생각하는, 성공한 기업의 궁극적인 목표는 경쟁사와의 경쟁에서 이기는 것이다. 그래서 어느 기업이든 '시장점유율 1위 기업'을 지향한다. 2위 기업과의 격차를 벌여 독점적 시장 지위를 확보하겠다는 초격차 전략은 기술력 관점뿐만 아니라 매출액 같은 외형적인 관점에서도 유효하다. 압도적인 시장점유율에서 오는 시장지배력을 바탕으로 가격 경쟁에서 탈피, 수익성을 강화하고 장기적인 성공을 보장받는다는 판단에서다. 우리가 경영자로서의 DNA를 타고났다고 평가하는 우수한 경영자들을 보면 예외없이 압도적인 1등이 되기 위해 철저하게 준비하고 치열하게 경쟁하며 악착같이 조직을 독려하고 관리한다. 경쟁사와 시장을 안분하며 경쟁 구도가 고착된 상황은 우연한 결과이고, 처음부터 의도적으로 경쟁사와 사이좋게 경쟁하면서 성공한 기업은 없다.

성공한 기업들은 예외없이 시장점유율 1등이 되기 위한 주요 전략 과제들을 매년 핵심성과지표에 반영하여 단계별로 실행하고 모니터링한다. 흔히 애기하는 '목표에 의한 관리'를 함으로써 연도별 정량적·정성적 목표를 달성하는 과정에서 장기적인 경쟁우위 입지가 자연스럽게 확보되도록 한다. 이렇듯 일반 기업인들이 성공적인 기업을 얘기할 때는 경쟁우위 역량을 통해 궁극적으로 시장점유율 1위 기업이 되는 것을 의미하기에, 매출 및 영업이익 같은 재무적인 실적들은 절대적인 수치도 중요하지만 경쟁사와의 상대적인 비교우위에 더 큰 의미를 두는 경향이 있다.

투자자나 금융 전문가들은 미래 성장성이 기대되는 기업을 투자 대상으로 선호한다고 언급한다. 그중에서도 매출액 같은 외형적인 성장성보다는 기업가치를 평가하는 기준으로 사용되는 이익의 성장성을 더욱 선호한다. 따라서 투자자들이 기업의 성공을 평가하는 기준 역시 투자수익에 영향을 미치는 핵심 요소인 기업과 이익의 성장성이 중요한 요소다. 이익의 성장성이 좋은 기업이 성공한 기업이다. 그렇다면 이익의 성장성이 좋은 기업들은 어떤 차별적인 특징이 있는 것일까? 또는 어떻게 하면 이익의 성장성이 좋은 기업이 될 수 있을까? 일반 경영자들이 궁극적인 목표로 하는 '시장 1위 기업'도 투자자들이 정의하는 성공 기업으로 분류될 수 있다. 시장점유율 1위 기업은 시장 지배적인 영향력을 발휘하며 수익성을 더욱 높이거나, 수익성은 유지하면서 시장점유율을 확대하여 절대 이익의 규모를 성장시키기도 한다. 그 과정에서 기업의 재무구조가 점진적으로 개선되고 견고해진다.

한편, 앞서 진정한 기업가치의 평가기준으로 총주주수익률을 제안했는데, 이 총주주수익률을 구성하는 요소는 배당과 주가 상승률이다. 매년 배당을 지급할 여력이 없을 만큼 사내 자원을 경쟁 비용으로 과다 지출하면서 언제 뒤집힐지 모르는 시장점유율을 유지하고 있다면 진정한 의미의 성공 기업이라고 할 수 없지만, 시장점유율 1위 기업이 배당을 지급할 여력이 있음에도 지급하지 않고 시장지배력 강화를 위한 재투자가 이루어질 경우에는 주가 상승으로 기업가치가 상승하게 되고, 결과적으로 주주의 투자수익률도 증가하게 된다. 이러한 선순환구조를 통해 시장지배력이 더욱 강화되는 기업은 어느 면에서 보나 성공한 기업이 틀림없다. 그중에서도 2위와의 격차가 큰 1위 기업이나, 2위와의 격차가 크지 않더라도 2위와 더불어 독과점적인 형태의 안정적인 경쟁 구도를 유지하는 1위 기업은 시장지배력을 바탕으로 단기간에 수익성 제고가 가능하기에 투자자들이 가장 선호하는 투자 대상 기업이 되기도 한다.

투자자의 입장에서 투자 대상 기업을 '시장 1위 기업'으로 성장시키기 위해서는 해당 사업 영역에 핵심 역량과 자원을 집중할 수밖에 없다. 흔히 얘기하는 선택과 집중이다. 펀드의 특성상 한정된 투자 기간 내 경쟁업체들과 전선을 넓혀서는 승산이 없기 때문이다. 이 과정에서 전통적인 경쟁우위 요소인 업계 최고의 원가경쟁력은 필수다. 또한 시장이 다양한 소비자들로 인해 단일한 성격으로 정의될 수 없는 이질적인 세부 시장으로 구성되어 있는 경우에는 각 부문별로 1등 기업이 되기 위한 확실한 차별화 전략이 필요하다. 이를 위해서는 고객 집착이라고 불릴 만큼 핵심 고객에 대한 철저한 이해와 차별화된 서비스를 제공해야 한다. 이런 기업들은 비록 외형은 작지만 높은 수익성을 향유하며, 높은 고객충성도를 바탕으로 안정적인 사업 운영이 가능하다. 고급화 또는 커스터마이제이션customization 같은 다양한 차별화 콘셉트를 바탕으로 니치 마켓을 형성하며 새로운 시장 참여자들이 등장하는 우리 주변에서 흔히 보는 산업들이 그런 예다.

제4차 산업혁명으로 대변되는 신경제 체제에서도 이러한 성공 원칙이 그대로 적용된다. 오늘날 다양한 산업 영역에서 등장하고 있는 플랫폼 기업들은, 당장은 재무적인 안정성이 열악하고 유사한 사업모델로 진입하는 새로운 경쟁자들과 치열하게 경쟁해야 하는 상황이지만, 플랫폼의 특성상 시장 1위 기업이 되면 전통 산업에서의 경쟁 구도와 달리 승자독식이라는 압도적인 시장지배력을 향유하기 때문에 단기적인 재무 불안정성은 문제가 되지 않는다. 이를 반영하듯 시장 선도적인 플랫폼 기업들의 주가는 재무적 상황과는 무관하게 지속 상승하며 이들 기업의 시가총액을 천정부지로 밀어 올리고 있다. 최근에는 ESG 지수도 성공적인 기업을 평가하는 기준으로 등장했다. 여러 기업 연구논문에서 발표된 바와 같이 ESG 지수와 기업의 재무적인 실적이 양(+)의 상관관계에 있다는 것은 ESG 우수 기업의 지속 가능성이 높아지고 성장성이 기대된다는 의미로 해석된다.

성공적인 기업이 되기 위한 경영활동의 일환으로, 일반 경영자들은 시장점유율이나 매출액과 영업이익 등 상대적으로 경쟁사와 비교 가능한 재무적인 수치를 기준으로 실적을 평가하고 관리하는 반면, 기관투자자를 포함된 금융산업 전문가들은 투자 기간 동안의 재무구조 안정성과 기업 이윤의 절대적 성장성을 성공 기업 평가의 주요 지표로 보기에 이를 달성하기 위한 연구개발, 기술, 고객 서비스, 마케팅 등의 핵심 역량에 주목한다.

기업의 재무적인 안정성과 성장성을 파악하는 지표는 다양하다. 훌륭한 투자자로 존경받는 워런 버핏은 벤저민 그레이엄Benjamin Graham, 1894~1976을 자신의 투자 스승이라고 했고, 벤저민 그레이엄의 저서 《현명한 투자자》를 지금껏 나온 투자에 관한 책 중에서 가장 뛰어나다고 평가했다. 벤저민 그레이엄은 아무런 기준 없이 투자가 이루어지던 20세기 초에 주가수익비율PER, 주가순자산비율PBR 같은 명료한 지표를 처음으로 사용하기 시작했고, '투자'와 '투기'가 어떻게 다른지, 시장의 '단기'와 '장기'가 어떻게 다른지, '미스터 마켓'(벤저민 그레이엄이 주식시장을 빗대어 부른 말로 변동성이 강하고 비효율적인 대상으로 표현함)의 심리는 어떤지 등 시장과 투자 원리에 대한 폭넓은 이론으로 투자 산업을 발전시켰다. 이런 기준에서 보면 어떤 기업이 우수한 기업이고 투자하기 좋은 기업들인지 명확하게 보일 수 있다.

　그러나 실제 버핏이 좋아하는 기업들과 그레이엄이 좋아하는 기업들은 하나도 겹치지 않을 만큼 천차만별이었다. 이처럼 기업에 대한 세부 평가기준은 심지어 투자 대가들 사이에도 다르게 나타난다. 기업의 성장성이나 사업 안정성이 다양한 관점에서 분석될 수 있다는 의미다. 하지만 워런 버핏이 벤저민 그레이엄을 투자 스승이라고 칭하는 이유는 선호하는 기업이 영역별로는 달라도 기업의 성장성과 안정성을 근간으로 보수적으로 접근하는 투자 철학은 동일하기 때문일 것이다.

글로벌 빅테크 기업들의 성공 방정식

○
●

　미국의 빅테크 기업 애플의 시가총액이 2022년 1월 3조 달러(3,580조 원)를 돌파했다. 미국 상장기업 중 3조 달러를 돌파한 것은 사상 최초다. 시총 3조 달러는 세계 5위 경제 대국 영국의 GDP(2조 6,382억 달러)보다 많고, 한국 GDP(1조 5,867억 달러)의 2배에 달한다. 글로벌 스마트폰 시장의 경쟁자인 삼성전자의 시가총액보다 8배 큰 규모다. 2위는 이익 규모 면에서 세계 최대 기업인 사우디아라비아의 국영 석유회사인 사우디 아람코Saudi Aramco이고, 그 뒤를 미국의 마이크로소프트와 아마존, 그리고 알파벳(구글)이 차지하고 있다. 석유 기업인 사우디 아람코를 제외하면 나머지 회사는 모두 제4차 산업혁명을 주도하는 빅테크 기업이다.

앞서 여러 차례 얘기한 바와 같이, 투자자가 생각하는 성공 기업의 판단 기준이 성장성임을 감안할 때, 미래지향적인 정보통신기술 산업에 속한 기업들이 높은 기업가치를 인정받고 있는 것은 어쩌면 당연하다. 그렇다고 이들 기업의 성공 원인을 단순히 소속된 산업 자체의 성장성 덕분이라고만 말하기에는 뭔가 부족하다. 성공적인 빅테크 기업들, 그중에서도 특히 애플이나 마이크로소프트, 아마존, 알파벳이 이렇게 엄청난 기업으로 성장한 배경에 산업적 특수성 이외에 어떠한 차별적 특징들이 있었는지 살펴보자.

먼저 성공적인 빅테크 기업들은 태동, 성장, 정체, 쇠퇴로 이어지는 전통적인 기업의 생애주기를 따르지 않는다. 이들은 시간이 지나면서 더욱 강력해졌고, 쇠퇴의 조짐은 거의 보이지 않았다. 어떤 기업들은 쇠퇴의 기운이 시작될 무렵 혁신을 통해 다시 회생했다. 그들의 획기적인 성장과 생존에는 전통적인 기업들에서 찾아볼 수 없는 특징이 숨어 있는데, 한마디로 '언제나 첫날Always Day 1'이라 불리는 기업가정신이 바로 그것이다.

아마존은 온라인 서점으로 시작한 이후 세계 최고의 기업이 된 오늘날까지도 한결같이 '첫날의 정신'을 유지할 것을 강조하며 초심을 잃은 둘째 날은 죽음에 이르게 될 것이라고 경계했다. '첫날'은 아마존 곳곳에 있다. 그것은 아마존 본사 건물의 이름이자, 기업 블로그 제목이며, 베이조스가 매년 주주들에게 보내는 편지에 반복적으로 등장하는 주제이기도 하다. 이러한 첫날의 정신은 본질적으로 스타트업의 사고방식을 지칭하는 것으로, 스타트업 개업 첫날에는 모든 고객이 소중하고 모든 비용이 중요하며 절박함에서 나오는 모든 아이디어들이 혁신적인 차이를 만든다.

스티브 잡스가 아이폰을 개발하면서 휴대폰 생태계를 새롭게 정의하고 창조한 애플의 혁신성은 두말할 필요가 없다. 이제는 아이폰의 성공을 뒤로하고 혁신을 지속하며 자율주행 전기자동차와 보이스 컴퓨팅 시대의 경쟁에 뛰어들고 있다. 검색 웹 사이트로 시작한 구글은 이후에 스테이 튠, 크롬, 구글 어시스턴트 등 기존 제품에 도전하는 신제품을 속속 개발하고 있다. 메타 플랫폼스 역시 온라인 방명록에서 시작해 뉴스피드로 혁신을 거듭하고 있다.

마이크로소프트의 진화는 더욱 눈여겨볼 만하다. 퍼스널컴퓨터가 보급되면서 없어서는 안 되는 운영체제인 윈도에 모든 역량을 집중하며 급속히 성장했지만, 성공에 도취하여 현실에 안주한 나머지 다른 미래 먹거리를 준비하지 못했다. 세상이 모바일 시대로 넘어가면서 안드로이드를 앞세운 구글의 명성에 밀려 점차 존재감을 잃어버리는 정체기를 맞았다. 하지만 스티버 발머에 이어 사티아 나델라가 CEO로 나서면서 마이크로소프트는 다시 '첫날'로 돌아왔다. 그들은 업무환경 변화에 따라 윈도 같은 데스크톱 운영체제를 없애버릴 수 있는 클라우드 컴퓨팅 기술을 받아들였고, 온 세계 직장인들이 사용하는 MS오피스는 기존의 패키지 판매정책을 버리고 구독 서비스로 전환하여 대성공을 거두며 다시 한번 세계에서 가장 가치 있는 기업으로 거듭났다. 실제로 마이크로소프트는 1997년부터 2008년까지 10여 년간 미국 주식시장에서 시가총액 1~4위를 유지하다가 애플, 구글 등 후발 빅테크 기업에 밀려 2009년에는 10위권 밖으로 밀려나는 수모를 당하기도 했다. 그러나 클라우드 사업 확장과 구독 서비스 등을 단행하여 현재는 애플과 미국 내 시가총액 1위를 다투는 디지털 혁신에 성공했다.

　이렇듯 세계적인 빅테크 기업들은 계속해서 '첫날'의 마음가짐을 잃지 않으며 지금까지 최고의 자리를 지키는 혁신을 지속하고 있다. 그리고 혁신을 통해 끊임없이 자신의 사업모델을 점검하고 강화한다. 아마존의 플라이휠은 고객중심경영이라는 경영철학을 실현하기 위한 사업모델을 정의하고 있고, 그것을 실천하기 위해 첫날의 정신으로 끊임없이 노력한다. 그 혁신의 출발점에는 고객에 대한 집착으로까지 표현되는 고객만족경영이 자리 잡고 있다. 고객과 시장이 원하는 것이 무엇인지 명확히 파악하고, 이를 충족시키기 위해 내부 프로세스를 개선하며, 심지어 마이크로소프트처럼 사업모델을 수정하기도 한다. 이는 GM이나 엑슨모빌처럼 전통적인 대기업들이 핵심 경쟁력을 개발한 후 이를 고수하는 데 모든 비용과 노력을 동원했던 기존 사업 운영방식에서 완전히 탈피한 것이다. 그러나 전통 산업에 속한 기업들은 여전히 공급자 마인드에 머물러 있으면서 사업 성공 모델은 원가경쟁력이고, 재고관리와 마케팅 전략이 경쟁우위 요소라는 것에서 탈피하지 못하고 있다.

　빅테크 기업의 창업자나 CEO 성향이 녹아들어 있는 조직문화도 전통적 기업의 그것과 뚜렷한 차이를 보여준다. 메타 플랫폼스의 마크 주커버그, 아마존의 제프 베이조스, 구글의 순다 피차이 등 세계 최고 기업의 CEO들은 과거 성공한 CEO들의 전형적인 모습인 카리스마 넘치는 지도자가 아니다. 대답을 내놓는 대신 질문을 던졌고, 연설하기보다는 직원들에게서 듣고 배우기에 앞장섰다. 자신의 아이디어를 강요하고 실행을 지시하는 것이 아니라 직원의 아이디어를 현실로 바꾸는 퍼실리테이터facilitator로 활동했다. 그들이 희망했던 조직문화는 직급 체계를 뛰어넘어 아이디어를 자유롭게 전달하고 직원이나 집단 간 '협력'이 최우선 과제가 되도록 하는 것이었다. 구글은 부서나 직원 간 공동 작업을 활성화하면서 직원들을 상호 연결하고 사업부 간의 장벽을 허물면서 협력적인 조직으로 바꿔나갔다. 메타 플랫폼스는 직원들의 창의적인 아이디어를 자유로운 상호 피드백을 통해 더욱 개선·발전시킴으로써 수직적인 조직구조에서 발생하는 폐해를 없애고 성공적인 사업모델을 만들었다. 전통적인 기업들이 성장 과정에서 겪게 되는 사일로 현상을 이들 기업에서는 찾아보기가 쉽지 않다. 이러한 유기적인 조직력을 근간으로 빅테크 기업들은 그들이 지향하는 목표를 사업모델로 녹여내어 일관되게 추진한다.

빅테크 기업들의 개방적이고 협조적인 조직문화는 인수합병이 빅테크 기업들의 주요 성장전략이 되는 배경이다. 앞서 언급한 아마존뿐만 아니라 구글이나 메타 플랫폼스도 적극적인 인수합병을 통해 새로운 기술과 사업을 확보하며 성장해 왔다. 전통 산업에 속해 있는 일반적인 대기업들과 비교하면 횟수나 금액에서 월등하다. 급변하는 정보기술에 대한 이해와 미래 산업 흐름에 대한 예지력을 바탕으로, 내부 역량을 활용한 신기술 개발이나 신사업 추진보다는 인수합병을 통한 진출이 훨씬 비용 효율적이라는 판단에서다. 인수합병 과정에서 흔히 고려해야 하는 이질적인 조직문화는 이러한 빅테크 기업들의 문화적 특성으로 인해 이슈가 되지 않는다.

오늘날의 애플, 마이크로소프트, 아마존, 메타 플랫폼스가 있기까

DOs

지 장기간의 인내와 노력의 밑바탕이 된 기업가정신은 변화하는 시대상에 맞춰 수동적으로 자신들의 사업구조를 바꾸는 것이 아니라, 창의적인 아이디어로 세상을 주도적으로 바꾸겠다는 의지로 승화되어 지금도 혁신을 지속하고 있다.

국내 기업의 변화 시도

국내로 눈을 돌리면, 10대 그룹 중 2010년 이후로 중장기 전략과 포트폴리오 변화가 가장 두드러진 기업으로 SK그룹과 한화그룹을 들 수 있다. 이 두 사례를 통해 국내 기업의 성장동력 발굴과 사업 전개 방식상의 특수성을 살펴볼 수 있다.

SK그룹, 서든데스와 딥체인지

2020년 10월 SK하이닉스가 세계적 반도체 기업인 인텔의 낸드플래시 사업 부문을 무려 90억 달러(한화 약 10조 원)에 인수한다는 놀라운 소식이 전해졌다. 국내 기업의 역대 인수합병 거래금액 사상 최고 규모를 갱신하는 대형 뉴스였다. 그러나 최근의 SK그룹 행보를 주목해 온 사람들은 놀라기보다는 '역시'라고 생각했을 것이다. 이때를 전후하여 1년 남짓 동안 SK그룹은 무려 15조 원에 육박하는 인수합병을 추진하며 미래 먹거리 준비에 박차를 가하고 있다. 물론 그 이외의 기간에도 지속적인 인수합병과 소수지분 투자를 통해 사업 포트폴리오 개편 작업을 계속해 왔다. 하지만 이번 인텔 낸드플래시 인수는 코로나19 팬데믹 속에서 내실 다지기에 집중하고 있던 국내 대기업들과 달리 전문 투자자 못지 않은 과감한 면모를 유감없이 보여주었다. 이러한 SK그룹의 공격적인 인수합병 행보에는 최태원 그룹 회장이 강조한 서든데스Sudden Death와 이를 극복하기 위한 딥체인지Deep Change라는 화두가 자극제가 되었다.

최태원 SK그룹 회장은 2018년 신년사에서 "SK가 지난 20년간 그룹 이익이 200배 성장하는 성과를 올렸지만 여전히 '올드 비즈니스'를 열심히 운영하거나 개선하는 수준에 안주하고 있다."면서 "미래 생존이 불확실한 서든데스 시대에 지속 성장하기 위해서는 사업구조의 근본적인 혁신을 뜻하는 딥체인지가 반드시 필요하다."고 강조했다. 그리고 2020년 코로나19 확산으로 전 세계 기업들이 존폐의 기로에 몰린 위기 상황에서도 사내 이메일을 통해 "코로나19 환경을 위기라고 단정 짓거나 굴복하지 말고, 우리의 이정표였던 딥체인지에 적합한 상대로 생각하고 성장의 계기로 삼아야 한다."라고 전 직원을 독려했다. 최 회장의 딥체인지 언급 이후, SK그룹은 하이닉스 인수를 시작으로 듀폰의 실리콘 카바이드 웨이퍼 사업과 매그나칩 반도체의 파운드리 사업, 그리고 앞서 얘기한 인텔의 낸드플래시 사업부까지 인수하며 반도체 사업 진출과 함께 관련 역량을 강화했다. 이외에도 글로벌 1위 동박 제조업체 KCFT를 비롯하여 국내 최대의 종합환경 관리 플랫폼 업체인 EMC홀딩스 같은 미래 신성장 기업에도 과감한 투자를 하는 등 일일이 언급하기 힘들 만큼 수많은 인수합병을 성사시켰다.

SK그룹의 인수합병을 통한 성장 과정에서 국내 여타 그룹들과 다른 특징 중 하나는 소수지분 투자에도 적극적이고 그 금액도 상당하다는 것이다. 2018년에는 베트남 1위 종합 식음료 기업인 마산그룹에 5,300억 원을 투자해 지분 9.3%를 인수하며 전략적 파트너십을 맺었다. 2021년 4월에는 베트남 1위 유통업체인 빈커머스에 4,600억 원을 투자해 지분 16.3%를 확보하며 성장하는 베트남 유통산업에 선제적 교두보를 확보했다. 또한 다양한 국내외 유망 산업에도 소수지분 투자를 병행하고 있다. 일반적으로 국내 대기업들이 경영권 인수를 위해 투자하는 규모의 자금을 과감히 소수지분 확보에 투자하고 있다. 나아가 낯선 해외시장 투자에도 국내 기업들이 재무제표의 '연결'을 고집하며 경영권 확보에만 집착할 때, 미래의 사업 잠재력을 염두에 두고 굳이 '연결'에 집착하지 않는 전략적 투자를 하고 있다.

돌이켜 보면, SK그룹의 태동과 성장 배경에서 인수합병이 중요한 역할을 했다. 그룹의 모태인 선경직물이 기존 공장의 인수를 통해 출발한 이후, 현재의 그룹 핵심 계열사들은 모두 인수합병을 통해 그룹에 편입됐다. 1980년 대한석유공사(현 SK이노베이션)를 인수하여 선경직물과 수직계열화를 이루는 동시에 에너지 기업으로 도약한다. 1994년에는 한국이동통신을 인수해 오늘날의 SK텔레콤으로 성장시켰고, 2010년에는 약 3조 5천억 원에 하이닉스를 인수하며 그룹의 중심을 정보통신기술 사업으로 바꿔놓았다. 하이닉스 인수 이후 SK그룹의 수출액은 100배 이상 증가했고, 삼성그룹에 이어 재계 2위까지 오르게 된다.

이러한 배경과 경험하에 SK그룹은 사업구조 개편과 조직 성장의 핵심 방안으로 인수합병을 더욱 효과적으로 추진하기 위해 지주회사인 SK(주)를 '투자형 지주회사' 체제로 전환하여 운영하고 있다. 우리나라 지주회사들의 일반적인 역할이 사업회사인 자회사들의 일상적인 관리와 조정 기능에 집중되어 있는 것에 반해, SK(주)는 자회사의 경영 자율권을 최대한 보장하고, 대신 그룹 차원의 사업 포트폴리오 재편을 위한 투자 전문 지주회사 역할을 수행한다. SK(주)는 2021년 3월에 미래 혁신 성장전략을 발표했다. '첨단소재, 바이오, 그린, 디지털' 등 ESG 중심의 4대 핵심 사업으로 그룹 포트폴리오를 전면 개편, 비즈니스로 사회문제를 해결하는 새로운 기업가정신을 실현하고, 이 과정에서 외부 투자 파트너로부터 자금을 유치하는 투자 생태계를 조성하며, 이 내용을 시장과 적극 소통하여 2025년까지 시가총액 140조 원 규모의 기업가치를 실현하겠다는 내용이다. 2021년 4월 현재의 시가총액이 20조 원대인 점을 감안하면 향후 4년 동안 7배를 성장하겠다는 도전적인 목표다. 변화하는 시대에 맞게 지속적으로 사업구조를 혁신하는 과정에서 ESG와 기업가정신까지 아우르며 기업의 사회적 책임과 역할을 충실히 수행하겠다는 의지를 천명한 것이다.

위기 때마다 이를 성공적으로 극복한 SK그룹의 저력은 단순히 위기 돌파용 인수합병이 아니라 사업구조를 근본적으로 바꾸는 딥체인지를 통해 10년 뒤에도 지속 성장하는 기업으로 변신하고 있다. 국내 다른 재벌 그룹들이 여전히 효율을 강조하는 경영활동에 머물러 있는 동안, SK그룹은 글로벌 빅테크 기업들의 DNA를 가진 것처럼 신속하고 다차원적인 성장을 추진하고 있다. 지금까지의 성과는 훌륭하다. 그러나 기술 변동성이 크고 글로벌 경쟁이 극심한 반도체와 2차전지의 비중이 높은 사업 포트폴리오는 보완책이 필요하다. 미래 산업으로 주목받는 바이오와 수소 사업은 아직까지 절대 규모에서는 미약할

뿐만 아니라 주가 변동성이 말해주듯 전반적으로 불안한 모습이다. 향후 4년간 기업가치를 7배 성장시키겠다는 도전적인 목표의 실행 과정에서 불거질 리스크 관리 역량도 주목할 부분이다. 이런 과제들을 해결해 나가려면 미래 포트폴리오에 대한 뚜렷한 목표와 방향성, 경쟁전략을 수립하고, 향후 추진하는 신사업의 규모와 속도에서 지금까지의 성공 경험을 살려 철저한 관리원칙을 만들어야 할 것이다.

한화그룹, 지속적인 미래 산업으로의 도약

한화그룹은 1952년 한국화약주식회사로 시작하여 화약류를 최초로 국산화한 후 제조업, 서비스업, 유통업, 금융업으로 사업 영역을 지속적으로 확장시켰다. 과거 사업의 본질이 화약이라는 군수 분야 제조업에서 시작했지만, 지속적인 구조조정으로 사업 영역을 변경, 성장시켜 왔다. 사모펀드에서 볼 수 있는 볼트온 인수합병 전략을 통해 지속적으로 핵심 사업 규모를 성장시키고 있다. 기간 사업체를 중심으로 비교적 작은 규모의 사업을 지속적으로 인수합병하여 키워나간다. 2000년대 후반 이후 제조업 부문을 태양광발전 산업의 수직계열화 체제로 전환하고자 노력했다. 한화그룹은 2010년에 본격적으로 태양광 사업을 시작하며 미국의 태양광업체 솔라펀파워를 인수했다. 이후 이를 한화솔라원으로 변경하고 벤처기업을 인수하면서 합병 노력을 지속하는 한편, 잇따른 납품 계약을 따냈다. 2012년에는 독일의 큐셀을 인수했다. 이로써 큐셀이 가진 독일과 말레이시아의 생산 및 연구개발 네트워크에 솔라원의 기존 시설이 더해져 세계 3위의 태양광 셀 생산능력을 보유하게 되었다.

2014년 한화그룹은 삼성그룹과 석유화학 및 방위산업 부문에서 4개 계열사를 매각·인수하는 '빅딜'에 합의했다. 삼성종합화학과 삼성토탈 등 석유화학 부문과 삼성테크윈, 탈레스 등 방산 부문 4개 업체를 약 2조 원대에 패키지로 인수하기로 결정한 것이다. 한화는 이를 통해 기존 화학 분야의 역량 및 방산 분야의 사업 확장 기반을 마련했다. 한화석유화학 내에 태양광 소재 사업을 한화첨단소재라는 이름으로 독립시켰다. 2018년 한화큐셀과 한화첨단소재는 합병을 통해 한화큐셀앤드첨단소재로 합병되었다. 2019년에는 삼성으로부터 인수한 한화종합화학을 기반으로 한화큐셀앤드첨단소재를 통합하여 한화솔루션이라는 새로운 기업으로 탄생시켰다. 한화솔루션은 한화가 지속적으로 추진해온 태양광 사업을 지속할 수 있는 규모를 달성하는 한편, 기존 화학 사업의 안정적인 이익 창출을 통해 성장 기반을 구축한 것으로 평가받는다. 태양광 사업의 시장 성장이 예상보다 더뎌 이러한 사업 확장 노력이 아직까지 빛을 보지는 못하고 있다. 하지만 머지않은 미래에 태양광·친환경 에너지가 성장 궤도에 진입하면 본격적인 성과로 연결될 것이다.

새로운 에너지원으로 주목받는 수소 저장 사업도 인수합병을 확장할 수 있는 기반을 마련했다. 2020년에는 수소 고압 탱크 벤처기업인 시마론에 5년간 1,100억 원을 투자하기로 결정했다. 수소트럭 업체인 니콜라에 투자한 것은 기업의 실질적인 성장 가능성에 대한 의구심으로 논란이 되었지만 일관된 투자전략을 실행하고 있다는 점에서는 높이 평가할 만하다. 삼성 테크윈을 인수한 후에는 한화에어로스페이스로 이름을 바꿔 항공우주 사업을 확장시키는 기반으로 활용하고 있다. 삼성탈레스를 인수한 후에는 정보통신 부분인 한화S&C와 합병하여 한화시스템을 탄생시켰다. 이 두 개 회사를 통해 방산 사업과 항공우주 사업으로 확장을 시도하고 있다. 2021년부터는 스페이스허브라는 TF 형태의 조직을 통해 직접 인수 대상 기업을 찾고 있다. 한화시스템은 2020년 영국의 위성통신 안테나 벤처기업인 '페이저 솔루션'의 사업 및 자산을 인수해 한화페이저를 설립했다. 저궤도 인공위성통신을 실현하기 위한 원천기술을 확보한 것으로 평가받는다.

또한 2021년에는 미국 개인항공기PAV 기업인 오버에어 인수를 결정했다. 오버에어는 도심항공교통UAM인 에어택시의 기체를 개발하는 기술을 보유하고 있다. 2024년까지 기체를 개발하고 2025년에 에어택시를 시범 운행하려고 한다. 이외에도 인공위성 업체와 드론 안테나 업체에도 지분을 투자했다. 7천억 원을 들여 항공우주 관련 사업에 지속적으로 진출하고 역량을 강화하려고 한다. 모두 급성장하는 에어택시 및 인공위성통신 시장을 선점하기 위한 노력의 일환이다.

한화그룹의 지속적인 사업모델 변경 노력은 실질적인 매출과 수익으로 연결되기까지 다소 시간이 걸릴지도 모른다. 현재로서는 아직 무르익지 않은 새로운 사업 분야에서 장기적인 안목으로 사업을 키워나가고 있기 때문이다. 시장 기회가 도래할 것으로 예상되는 향후 5~10년 후를 내다본다면 한화의 재편된 사업구조의 성장 가능성과 글로벌 시장 입지가 기대된다. 기존 화학과 방산 사업의 안정성을 기반으로 성장성이 높은 신사업으로 도약하려는 비전이 현실화되면 미래 사업 포트폴리오의 새로운 균형이 달성될 것이다.

혁신을 실천하고 스타트업에 투자하라

 자신만의 플라이휠을 만들고자 하는 한국의 기업가 입장에서는 미래에 대한 확신을 가지고 경쟁력 있는 사업모델로 키워나갈 수 있도록 도와주는 합리적 투자 기반이 확대되는 것은 좋은 시그널이 아닐 수 없다. 그렇다면 나만의 차별화를 어떻게 만들 것인가? 일단 시작은 한국 기업의 업그레이드 요소인 주주 친화 경영을 하기 위한 기본기(기업가치 창출을 평가 척도로 하며, 해당 연도의 총주주수익률 목표 달성을 기본으로 하는)를 반드시 포함시키고, 그 이후 지속적인 성과 개선을 추구할 수 있는 나만의 '선순환구조' 공식을 찾아야 한다. 앞선 아마존의 사례에서 보듯이 인적자원과 물적자원의 부단한 질적 향상을

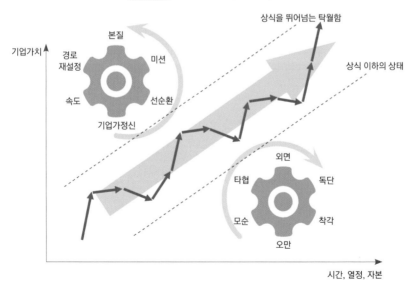

그림 19 기업가치의 창출 여정

도모하기 위한 전략 요소(고객만족 증대를 위한 신제품과 서비스 개발)와 선순환 요소(바 레이저를 포함한 14대 리더십 원칙을 조직문화로 내재화하는 내부관리 방식의 고도화)를 계속 만들고, 과감히 시도하며, 실패와 성공의 결과를 모두 반영하여 내재화하고, 기업의 혁신 역량을 지속적으로 업그레이드하는 노력을 게을리해서는 안 된다.

이 장의 서론에서도 이야기했듯이 대다수 한국 기업의 비전과 전략, 목표가 비슷비슷하고 공허하게 들리는 것은 외부 선언적 목표가 내부 관리체계와 성과 지향 문화에 확실하게 녹아들지 않았기 때문이다. 앞에서도 다뤘지만 빅테크 기업은 자율 경영과 성과 지향 문화가 확실하게 자리 잡고 있어서 새로운 미래 지향점이 외부에 공개되면 목표 달성을 조직의 최우선 순위로 하여 최대한의 노력을 경주할 것이라는 시장의 기대가 형성된다. 이는 내부관리, 평가와 보상체계 등이 한방향으로 조율되어 있다는 것이 이미 시장에 잘 알려져 있기 때문이다.

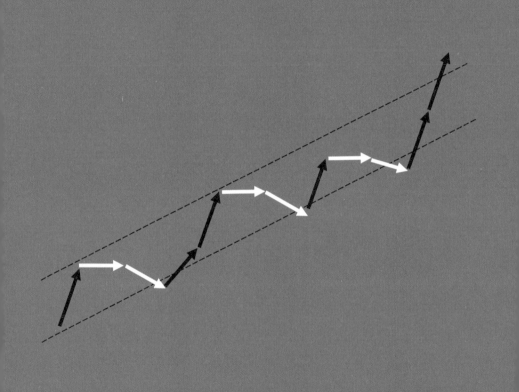

DON'Ts

하지 말아야 할 것들

독단
착각
오만
외면
타협
모순

1
독단

비상식적 목표를
설정하지 마라

핵심 질문

기업의 장단기 목표는 왜 중요한가? 누가 어떻게 설정하는가?

비현실적인 목표를 바라보는 내부 조직원과 시장의 평가는 왜, 언제,
어떻게 다를 수 있는가?

왜 국내 기업은 100년 기업, 200년 기업의 비전을 말하는가?

비즈니스 전략은 죽은 것이 아니다. 변화가 너무나 급격해져서 타
당성을 잃은 것도, 글로벌 경제의 새로운 현실 때문에 유효성을 상실
한 것도 아니다. 전략은 새로운 혁신이나 근본적인 변화를 주로 다루
는 것이 아니다. 해당 업계에서 최고 또는 최대의 회사가 되기 위한
방법론도 아니다. 전략이란 어떻게 하면 남들과 차별화할 수 있을까
를 찾는 일이다.

– 조안 마그레타, 《경영이란 무엇인가What management is?》(김영사, 2004)

DON'Ts

경영진으로서 가장 어려운 책임은 무엇일까? 비즈니스의 기본은 무엇일까? 이 두 가지 질문의 답을 찾기 위해 《하버드 비즈니스 리뷰 HBR》 전략 부문 선임 편집자였던 조안 마그레타는 《경영이란 무엇인가?》라는 책을 썼다. 그는 변화를 감당하는 것이 경영진의 가장 어려운 책임 중 하나이고, 우선 이를 위해 변해서는 안 되는 것이 무엇인지 제대로 알아야 한다고 했다. 정말 새로운 것이 무엇인지 알기 위해서는 바뀌지 말아야 할 것과 그 이유에 대해 먼저 알고 있어야 한다. 시간이 흘러도 변하지 않는 원칙과 아이디어를 정확히 이해하는 것이 중요하다.

비즈니스의 기본은 무엇인가라는 질문에 저자는 경영의 핵심(왜 함께 일하고, 어떻게 일하는가에 대한 질문에 답하는 것)과 경영의 실행(계획을 성과로 바꾸는 것)이라는 틀을 통해 경영의 밑바탕에 깔린 '왜?'라는 문제를 다루는 것이라고 설명한다. 즉 경영의 흐름을 읽으면서 무엇이 중요하고 무엇이 덜 중요한지 발견하고, 어떻게 하면 올바른 질문을 던질 수 있는지가 제일 가치 있는 일이라는 것이다.

경영의 핵심은 사업의 미션을 정의하고 이를 위해 명확한 가치 창출의 목표를 정하는 것에서부터 시작한다. 목표 달성을 위해서는 필요 자원을 정의하고, 이를 활용할 시스템을 설계하는 비즈니스 모델 정립이 필요하다. 그리고 비즈니스 모델을 경쟁사가 쉽게 모방하지 못하도록 방어할 수 있는 차별화 전략이 필요하다. 그다음에는 이 중 어떤 부분을 내부에서 처리하고, 어느 영역에서 외부 자원과 역량을 활용할 것인지 결정해야 한다. 경영의 실행에서 중요한 것은 현실을 직시하고, 진정한 가치 창출의 핵심에 집중하며, 불확실성을 지속적으로 관리해 나가는 것이다.

비즈니스 전략이라는 새로운 영역을 개척한 선구자인 마이클 포터는 가치사슬을 정의한 그의 기념비적인 저작인《경쟁전략》에서 "전략의 요체는 무엇을 하지 않을지 선택하는 것이다."라고 주장했다. 실제 창업의 순간, 미션도 비즈니스 모델도 내부의 고민과 도전에서 시작한다. 하지만 어느 순간 무엇을 회사 내부에서 하고, 무엇을 회사 외부에서 할 것인지에 관한 문제에 직면하게 된다. 만일 외부에서 한다면 이를 어떻게 관리할 것인가 하는 질문으로 연결되고, 어느 시점에는 이런 외부 역량을 결국 사들일 것인가 하는 질문까지 하게 된다. 이는 부가가치 영역을 어떻게 정할지에 관한 전략적 의사결정이기도 하다.

사실, 역사적으로 보면 '권한과 소유권의 선'을 새로 그린 회사로 도요타를 들 수 있다. 도요타는 공급망에 대한 시각을 완전히 바꿨다. 전후방 통합이 만연했던 자동차 산업에서 공급사슬을 소유하지 않고도 충분히 잘 관리할 수 있으며, 이로 인해 회사 안팎의 두 세계를 최대한 이용할 수 있다는 사실을 모두에게 알려줬다. 하지만 이러한 변화는 의도적인 전략과 기획의 결과라기보다는 나쁜 상황을 최대한 개선하려던 도요타의 강력한 결단력이 낳은 결과라고 봐야 한다. 결국, 전략의 핵심인 '어디에서 경쟁할 것인가?'와 '어떻게 경쟁할 것인가?'라는 질문의 해답을 고민하는 과정에서 경쟁력의 내재화와 외부화, 그리고 전략적 제휴에 대한 고민과 선택이 나올 수밖에 없다.

국내 기업은 언제부터 100년 기업의 비전을 세우기 시작했을까? 아마도 짧은 산업화 역사에도 눈부신 성과를 달성한 국내 기업들이 아시아 외환위기를 겪고 난 후 2000년대부터 유난히 장기 비전과 중장기 전략을 강조하기 시작한 듯하다. 1990년대에는 글로벌 스탠더드의 도입과 세계화가 대기업의 주요 화두였다면, 외환위기를 극복하고 2000년대로 접어들면서 장기 생존과 유구한 역사가 주된 관심사로 떠오른 것이다. 기업의 역사와 장기 생존에 주목하게 된 것은, 우선 30대 그룹의 역사가 2020년을 기준으로 평균 50~60년의 반세기를 넘어가는 시점을 앞두고 있었기 때문이다. 또한 지배구조 측면에서도 대다수 그룹이 창업 세대에서 2세대로 승계가 이미 마무리되었고, 주로 이 시기에 3세대 경영 참여가 본격 시작되며 그다음 세대를 위한 미래를 고민하게 되었기 때문이다. 3세대의 활발한 경영활동이 지속된다면, 선진국에서나 보는 100년이 넘는 역사를 가진 기업으로 성장도 가능하다고 기대하기 시작했다.

이 시기에 많은 기업들이 100년 기업을 꿈꾸며 다시 한번 창업 정신을 되새겼고, 그 독창성과 열정에 새로운 의미를 부여했다. 또한 과거 역사 속의 성공 공식과 이미 축적된 내부 역량을 잘 활용하면 또다시 40~50년의 미래 역사를 쓸 수 있는 기반을 만들 것으로 기대했다. 이러한 자신감과 미래에 대한 기대는 내부 조직원을 대상으로 한 교육에도 적극적으로 활용되었다. 거의 대부분의 기업이 '100년 기업'의 비전을 선포했고, 글로벌 기업으로의 도약을 약속하는 장밋빛 청사진을 제시하며 (하지만 키워드 구성만 보면 거의 비슷한) 기업가치에 자부심을 표출했다. 심지어 어떤 기업은 더 나아가 200년 기업을 얘기했고, 일부 기업은 경쟁적으로 500년 기업, 또 어떤 기업은 (매우 허망하게 들리지만) 1천 년 기업의 꿈을 이야기하기도 했다.

물론 기업에게 장기 비전이 갖는 역할과 의미가 있고, 중장기 설계도 반드시 필요한 일이다. 하지만 100년, 200년 기업을 지향하겠다는 형태로, 결과론적으로 영속 기업이 되겠다는 형식의 장기 비전 '선언'은 현실적 의미를 찾기가 어렵다. 과거의 성공이 결코 안정적인 미래를 담보하지 못할뿐더러, 현재의 경영환경을 둘러싼 불확실성을 해결하면서 변화하는 고객의 요구를 지속적으로 만족시키는 차별화된 역량을 창출하려는 노력만이 미래를 약속하기 때문이다. 하지만 최근 몇 년 사이 많은 기업들이 이러한 장기 비전을 세우는 데서 더 나아가, 매년 두 자릿수 성장을 통해 향후 5년 이내, 심지어 3년 안에 2배의 외형을 만들고 10년 안에 5배 이상 성장하겠다는 매우 비현실적인 목표를 내세우고 있다.

앞서 논의한 경영의 기본 원칙과 지속 가능한 경영의 핵심인 차별화 전략, 그리고 글로벌 비즈니스 경쟁력을 위한 기본기를 갖추는 것에 집중해야 할 시기에 너무 먼 장밋빛 미래를 그리기 시작한 것이다. 글로벌 리더십 확보를 위한 경쟁력 있는 비즈니스 모델 개발이라는 당면 과제를 앞에 두고 도저히 달성이 불가능한 장단기 목표를 수립하는 것은 조직 안팎에 어떤 영향을 미칠까? 매우 부정적인 결과를 가져온다는 것은 두말할 필요가 없다. 이에 대해서는 뒤에서 좀 더 자세히 다루겠다.

장밋빛 결과를 바라기 전에 무엇을 먼저 바꾸어야 할지, 그리고 어떤 투자를 할 것인지 고민하고 그 결과와 시장 반응을 훨씬 더 깊이 있게 예상하고 분석해야 한다. 미래를 위한 과감한 투자 결정과 더 이상 경쟁력이 없는 기존 관행의 확실한 변화를 통해서만 남과 다른 미래를 만들 수 있다. 결과론적으로 도달하게 되는 장수 기업을 기업의 미래 비전으로 설정하는 것은 아무런 의미가 없다. 더욱이 평생직장 개념도 더 이상 존재하지 않고, 연공서열식 인사제도를 '진정한' 직무 중심제로 하루 빨리 변화시켜야만 하는 현 시점에는 도저히 맞지 않는 비전이고 접근방법이다. 대주주가 영속 기업을 진심으로 원한다면 보다 치열한 미래 사업 기회에 대한 고민과 용기 있는 의사결정, 그리고 압도적인 혁신 속도를 변화의 출발점으로 삼아야 한다.

실적 악화로 이어지는 비현실적인 목표 설정

기업뿐만 아니라 개인들에게도 목표를 달성하는 것은 더없이 좋은 일이다. 목표를 달성하는 순간 성취감과 자부심을 느끼고 기업에서는 임직원들의 목표 달성도에 따라 두둑한 보너스가 지급되는 등 금전적인 보상도 뒤따른다. 그러나 목표는 세운다고 저절로 달성되는 것이 아니다. 기업이 목표를 달성하기 위해서는 세부적인 실행 단계와 업무를 설계하고, 이에 따라 조직 역할을 구분해 필요한 자원과 시간을 적절히 배분해야 한다. 또한 목표를 추진하는 과정에서 철저한 모니터링과 (거의 대부분) 추가 지원이 필요하다.

그러나 이것도 달성 가능한 목표에 해당되는 이야기다. 만약 달성 불가능한 비현실적인 목표가 주어졌을 때는 시작 단계에서 아예 목표 달성을 포기하거나, 무리하게 목표를 달성하려는 과정에서 비윤리적 행동을 하기도 한다. 요즘도 이슈가 되고 있는 대리점들에 대한 대기업의 갑질 논란 배경에는 이와 같은 무리한 목표 설정이 있음을 부인할 수 없다.

대다수의 최고경영자들은 만일의 경우를 대비해 목표는 가능한 한 높게 잡는 것이 좋다고 흔히 얘기한다. 목표가 높을 경우에는 비록 달성하지 못하더라도 실제 성과가 그리 나쁘지 않다는 경험적인 판단에서다. 그러나 내부 직원들조차 비현실적이라고 느낄 정도의 과도한 목표는 오히려 이를 수행하는 직원들에게 아무리 노력해도 달성할 수 없다는 무력감을 느끼게 할 뿐만 아니라, 전사적인 자원배분의 왜곡을 불러와 결과적으로 기업 성과는 물론 기업문화에도 심각하게 부정적인 영향을 끼친다.

CJ그룹은 2010년대 이재현 회장의 부재 속에서도 콘텐츠와 물류 등 미래형 사업 포트폴리오를 보유한 그룹으로 주식시장의 각광을 받으며 승승장구했다. 이후 '2020년 Great CJ, 그룹 매출액 100조 원'을 목표로 해외 인수합병을 포함한 성장전략을 적극적으로 추진했다. CJ가 영위하는 사업들이 대부분 국내 1위이기 때문에 기존 그룹 매출액에서 3배 이상 커지는 'Great CJ'를 위한 퀀텀 성장은 해외 진출이 필수적이었다. 실제로 국내 주요 그룹사들이 해외 인수합병 시 부족한 자금을 지원받기 위해 재무적 투자자FI와 결성한 코퍼레이트 파트너십 펀드Corporate Partnership Fund(국내 기업의 해외 기업 인수합병이나 투자 시 국민연금이 재무적 투자자로 참여해 자금을 지원하는 기업·연기금 공동투자 펀드) 중에서 CJ그룹만이 유일하게 투자 집행을 했을 정도다.

하지만 코로나19 팬데믹이 2년째로 접어들던 2021년 CJ그룹은 '2020 Great CJ' 목표와는 꽤 거리가 있어 보이는 현실에서 '2030

DON'Ts

'World Best CJ'라는 또 다른 새로운 목표를 설정했다. 그런데 Great CJ 목표하에 과감하게 인수했던 여러 해외 사업들이 재무 건전성을 악화시켰다. 한 예로, 당시로는 그룹 사상 대한통운 다음으로 큰 금액인 8천억 원에 인수한 터키 마르스 시네마가 인수 직후 터키 경제가 급속히 악화되고 코로나19 사태까지 겹치며 막대한 손실이 불가피하여, 넷플릭스 등 글로벌 OTT의 영향으로 경쟁력을 잃어가는 모회사 CJ CGV의 재무구조를 더욱 악화시키는 결과를 초래했다. CGV뿐만 아니라 다른 계열사들도 Great CJ 목표를 달성하기 위해 외형적인 성장에 치중한 나머지 부채 비율이 지속적으로 상승하는 등 재무 건전성이 악화되었다. 그 과정에서 CJ 임직원들도 나름대로 지치고 불만이 쌓여갔다. 대기업이 매년 30% 이상씩 성장해야 하는 비현실적인 목표는 긴장감을 너무 오랫동안 강요하여 조직의 피로도를 높였고, 예년과 비교하면 호실적임에도 불구하고 Great CJ 목표하에서는 목표 미달로 평가되어 업무 의욕이 저하되기도 했다.

다행히 급변하는 외부 환경에서 위기를 직감한 그룹 경영진이 양적 경영에서 탈피하여 내실을 다지는 질적 경영으로 전략을 수정했다. 경쟁력이 없거나 전략적 중요도가 떨어지는 계열사 또는 사업 부문은 과감히 매각하고 전열을 재정비했다. 그리고 위드 코로나로의 전환과 동시에 다시금 힘찬 도약을 위해 2023년까지 미래 사업에 10조를 투자하겠다는 제3의 도약을 선언하고 대형 인수합병을 연이어 성사시키고 있다. 코로나19 팬데믹 이후의 CJ 그룹 행보를 눈여겨봐야 한다.

'사람이 미래다'라는 TV 광고 카피가 인구에 회자될 정도로 히트하며 젊고 미래 지향적인 기업 이미지를 쌓아 올렸던 두산그룹은 과도

한 목표와 이에 따른 무리한 인수합병으로 그룹의 미래인 젊은 직원들, 특히 이 광고 카피에 감명받아 입사한 젊은 신입사원들까지 2015년 희망퇴직으로 내보내면서 오히려 그룹 이미지에 심각한 타격을 받았다. 이후 정부 정책 변화의 영향까지 더해지며 그룹의 재무 위기가 확대되어 결국 핵심 계열사인 두산인프라코어, 두산솔루스 등을 매각하고 사세가 크게 축소되는 상황까지 이르게 되었다.

두산그룹은 2007년 당시로서는 한국의 해외 기업 인수 금액 사상 최고인 49억 달러에 미국 밥캣을 인수했다. 문제는 총 49억 달러에 달하는 인수자금 중 두산그룹이 지급한 것은 4억 달러에 불과하고 나머지는 모두 차입금으로 조달했다는 사실이다. 이듬해 2008년에 미국 서브 프라임 사태로 야기된 전 세계 금융위기가 발생한다. 이로 인한 밥캣의 실적 악화와 과도한 차입금에 따른 이자비용 부담은 이후 두산건설에 대한 밑 빠진 독에 물 붓기식 자금 지원까지 겹치면서 재무 상황이 더욱 악화되었다. 돌이켜 보면, 밥캣 인수는 두산 그룹의 ISBInfrastructure Support Business 사업 전략 방향에는 부합하는 것이었지만, 그룹 역량으로 봤을 때 인수 당시에는 무리한 목표였음에 틀림없다.

밥캣 인수 이전까지 두산그룹은 아시아, 특히 중국을 제외하고는 대규모 해외 현지 오퍼레이션 경험이 없다. 반면 밥캣은 동유럽을 포함한 세계 주요 지역에 공장을 운영하고 있었다. 인수 후 통합PMI 과정에서 밥캣의 실상을 면밀히 확인하면서 전 세계 곳곳에 펼쳐져 있는 글로벌 오퍼레이션 규모에 부담을 느꼈다는 두산 임원의 말은 현실이었다. 인수 검토 과정에서 예상했던 모회사인 두산인프라코어와의 제품 라인업과 지역적 보완, 마케팅 및 고객관리 차원의 시너지는 실제로 추진해 보니 그 규모가 미미했다. 인수 후 10년이 지난 현 시점에서야 드디어 밥캣의 실적이 그룹 성과에 보탬이 되기 시작했다.

사실 국내에서 제일 오래된 두산 기업이 한동안 '기업 변신의 대표 사례'였다는 점은 시사하는 바가 크다. 국내 1등 맥주와 다양한 의식주 제품 포트폴리오를 갖춘 소비재 업체에서, 아시아 금융위기 전후로 산업재 업체(발전 중공업, 건설 중장비, 선반 기계 등)로 완벽하게 탈바꿈한 것이다. 두산그룹은 현재 또 다른 변화와 새로운 도전을 시도하고 있다. 두산은 신사업인 2차전지 소재와 드론, 협동로봇으로 제4차 산업혁명과 친환경 에너지 시대를 겨냥하고 있다. 여러 차례 큰 위기를 슬기롭게 극복해 온 만큼 새로운 도전의 결과를 기대해 본다.

두 그룹의 사례에서 보는 바와 같이 비현실적인 목표 설정은 결국 내부 구성원의 사기 저하뿐만 아니라 그룹 전체를 재무적인 리스크에 빠뜨리기도 하고, 이를 극복하기 위해 인력 구조조정을 하는 경우에는 구성원 개개인의 직접적인 고통을 야기시키기도 한다. 장치산업은 개별 기업이 공급 여력을 비정상적으로 확대할 경우, 산업 전체의 수익성 악화로 연결되어 산업 생태계를 뒤흔들기도 한다. 규모가 큰 기업은 바다 위를 항해하는 대형 선박에 자주 비유되곤 하는데, 배가 항로에서 장애물을 발견하고도 방향을 바꾸는 데 많은 시간이 소요되듯이 단 한 번이더라도 잘못 세팅된 목표는 기업의 경영활동을 심각하게 왜곡하여 정상 궤도로 돌아오는 데 많은 노력과 비용이 요구된다.

몇 개의 기업 사례를 좀 더 살펴보자. 지난 2010년에 많은 기업들은 비전 2020을 선포했다. 롯데, 포스코, 한화도 예외가 아니었다. 롯데그룹은 2009년에 2018년까지 매출 200조 원을 달성해 아시아 10 대 브랜드가 되겠다는 'Asia Top 10 Global Group' 비전을 발표했다. 이후 2016년 이 목표를 2020년으로 연장했고, 2018년은 매출 목표를 지우고 새 비전으로 '고객과 함께 일상의 가치를 창조하는 롯데'를 제 시했다. 하지만 실제 롯데그룹의 매출은 2019년 65조 원 수준으로 당 초 설정된 매출 비전과는 차이가 컸다.

2011년 포스코는 '비전 2020'을 발표해 2020년까지 그룹 연간 매출 을 200조 원까지 확대하여 글로벌 100대 기업으로 도약한다는 목표 를 세웠다. 철강 외에도 에너지, 화학, 해양 사업 등 신사업을 확대하 겠다는 목표였다. 9년 만에 매출액을 3배 가까이 키워야 하는 공격적 목표였지만 당시 적극적인 확장 기조를 봤을 때 달성 가능할 수도 있 어 보였다. 하지만 철강산업 전반의 구조적 침체와 포스코의 외형 성 장에 따른 재무구조 악화로 성장성이 둔화되었다. 이 후 회장이 두 번

그림 20 주요 그룹의 2020년 비전 달성 현황

출처: 각사 발표, 매출 실적은 연결 기준

이나 바뀌며 중장기 성장전략 또한 변경되었다. 포스코는 2011년 비전 선포 당시 약 70조 원의 매출을 달성했으나, 2020년 58조 원 규모로 매출액이 외려 감소했다.

한화그룹은 2009년 'Quality Growth 2020'을 발표하며 2020년까지 매출 142조 원, 영업이익 12조 원을 달성하겠다는 목표를 세웠다. 결과적으로 2020년 한화 지주회사의 매출액은 50조 원 수준으로 목표 달성과는 한참 거리가 있어 보인다. 목표 달성은 어쩌면 처음부터 요원했던 것일 수도 있다. 10여 년 동안 매출액을 4~5배 정도 키우겠다는 것은 한화가 운영하는 대다수 사업이 저성장 산업이었다는 점을 고려하면 지나친 목표였다고 평가된다. 긍정적인 측면에서는 화학 위주의 사업 구조에서 에너지 사업으로 개편하는 성과를 보였으며, 잇따른 투자와 인수합병을 통해 미래 성장성에서 기대를 모으고 있다. 특히 태양광 사업에서 새로운 성장동력의 기반을 마련했고, 이후 사업 확장의 기반을 마련했다는 평가를 받는다.

다수의 사업을 펼치는 대기업 집단은 시장과 내부 조직에 방향성을 심어주기 위해 장기 성장 목표와 비전을 제시할 필요가 있다. 장기 성장 목표는 주요 이해관계자들에게 기업의 미래를 상상하게 한다. 이를 탓할 수는 없다. 기업활동은 적정 수준의 정부 규제 완화와 지원이 불가피하기 때문이다. 하지만 이해관계자들과의 소통을 위한 이러한 선언적 목표가 기업의 본질적인 경영 목표가 되어서는 곤란하다. 장기 비전은 신중하게 설정되어야 하며 지나치게 선언적인 것이어서는 안 된다. 단순 희망 사망이 되어서도 안 된다. 과도하고 성급한 경영 비전은 종종 기업에 해가 된다. 총수와 경영진이 과도한 목표를 제시하고 강하게 밀어붙이면 부하 직원인 실무자들은 이를 거부하기 어렵다. 경영진의 목표를 달성하기 위해 중장기 성장 목표 그래프를 계속 우상향으로 그려내기 마련이다. 실제 산업 성장성의 한계로 지속적인 매출 향상이 어렵다는 점, 현재의 재무구조에서 무리한 인수합병은 부채 비율을 지나치게 키울 수도 있다는 점, 아직 불확실하거나 미성숙한 산업에 조급하게 뛰어들어 실패할 가능성이 높다는 점은 모두 과소평가된다. 꿈은 언제나 사람들의 가슴을 뛰게 하지만, 냉정한 현실 인식 없는 무모한 도전과 반복적인 성과 달성 실패는 조직의 사기 저하로 이어진다.

경영 목표를 숫자로 제시하는 것은 중요하다. 실제로 달성 가능한 목표를 계수화하여 제시하면 더욱 도전적인 실행을 지원한다. 다만, 무턱대고 큰 숫자를 제시하는 것은 반복된 학습효과로 인해 더 이상 사람들에게 큰 영향을 발휘하지 못한다. 오늘날처럼 외부 환경이 급변하고 경쟁 구도가 예측 불가능한 시대에서 비효율적인 경영활동은 그 자체가 기업의 경쟁력 약화로 이어진다. 그런데 이런 부작용 때문에라도 한국 대기업의 이와 같은 관행이 계속되지 않을 것이라는 확신이 들지 않는 이유는 무엇 때문일까? 아마도 오너에 의한 직접 경영이 이뤄지는 대부분의 한국 대기업들에서 오너의 의지와 목표가 곧 기업의 목표로 확정되는 오랜 관행이 쉽게 사라지기는 어려울 것이라는 판단 때문일 것이다. 오너 없이는 기업의 미래를 좌우하는 대규모 투자를 위한 의사결정이 어렵다고 얘기하는 이면에는 미래의 목표는 오너가 결정한다는 의미도 있다.

새로운 기술을 확보하는 차원이기도 하고 사업 다각화 등 성장을 위한 명분이기도 한 인수합병이 기업들의 주요 성장전략으로 대두되고 있는 요즘, 역량을 초과하는 과도한 규모의 인수도 지양해야 하지만 인수 금액이 시장 평가에 비해 낮다고 해서 무리하게 인수하는 것도 옳지 않다. 기존 사업과의 전략적 적합성이 떨어지거나, 신사업을 제대로 지원하는 문화와 시스템 없이 인수를 강행하는 것도 비현실적인 목표를 부여하는 것이다. 기업은 최대주주 개인의 전유물이 아니다. 수많은 이해관계자들, 특히 상장사일 경우에는 소액주주들과 내부 종업원들, 협력업체에 미치는 영향까지도 종합적으로 고려해야 한다. 기업의 경쟁력을 떨어뜨리는 비현실적인 목표를 강요할 때, 안팎의 이해관계자들에게 어떤 영향이 발생하는지 숙고할 필요가 있다.

실패한 은행, 실패한 글로벌 금융 리더십

한 국가의 기간산업이자 최첨단 산업인 우리의 금융산업도 금융 선진국에 비해 상대적으로 짧은 역사 탓에 경험과 역량 부족으로 수많은 시행착오를 겪었다. 대표적인 내수산업으로 각종 허가와 규제에서 자유롭지 못한 업의 한계를 극복하기 위해 수년간 다양한 노력을 펼쳐왔지만 시장의 한계는 여전하다. 삼성증권은 글로벌 금융위기 직후에 그룹 역량을 등에 업고 조직을 정비하고 재도약하기 위해 '2015년 아시아 TOP 5' 비전을 선포하고 홍콩에 진출, 법인 설립과 과감한 투자를 시작했다. 진출 초기 9명이던 인력도 2011년에는 126명까지 증원되었다. 한국 증권회사의 현지 법인을 넘어 글로벌 투자은행IB으로 나아가는 교두보가 되기 위해 사업 영역도 기존 한국물 주식 중개 위주에서 홍콩, 싱가포르, 대만 주식 중개까지 확대했다. 그러나 결과는 2009~2011년 3년간 누적 손실만 1억 1천만 달러를 기록하고, 결국 철수를 결정했다. 원대한 비전에 비해 부족한 준비 상태와 단기 성과 중심의 조급한 조직문화가 빚어낸 삼성 금융사의 큰 오점이 아닐 수 없다.

성장 돌파구로서 글로벌 진출을 시도했지만 수동적인 은행 경영 관행으로 실패한 또 다른 사례도 존재한다. 국민은행은 2008년 카자흐스탄에서 현지 은행인 BCC를 인수했다가 대규모 손실을 입었다. 국민은행은 BCC은행의 지분을 인수하면서 사전에 카자흐스탄의 금융시장 조사도 제대로 하지 않았다. 당시 행장이 해외 진출이라는 단기적·가시적 성과를 보여주기 위해 무리하게 인수를 추진하면서 국민은행 이사들에게 허위 정보를 보고한 것으로 알려졌다. 실제로 인수 당시 BCC은행은 순이자마진율이 하락하고 대규모 부채의 만기가 가까워 유동성 문제가 발생할 가능성이 높은 상황이었으나, 이를 묵과하고 이사들에게 재무 건전성이 양호하다고 보고했다. 정부 보호와 간섭으로 인해 책임 있고 소신 있는 경영이 실종되고 보여주기식 투자와 단기 실적 중심의 관리가 빚은 비정상적 경영의 안타까운 실패 사례가 아닐 수 없다.

사실, 전 세계 어느 나라든 금융산업의 공공성 때문에 정부의 규제를 받는다. 한국의 경우에도 이러한 공공성 유지라는 명분하에 지금까지 금융산업, 특히 은행권에 대한 강력한 규제를 지속해 오고 있다. 그러나 한국은 단순한 규제 차원을 넘어 민영기업인 은행을 정부의

DON'Ts

입김으로 좌지우지할 만큼 과도한 규제를 하고 있는 게 사실이다. 수익의 원천이 각종 규제에 영향을 받으며 예측하기 어렵게 변하기 때문에 선언적인 사업 목표를 수립하는 경우도 많고, 계량적인 사업 계획을 발표할 경우에도 원대한 수치를 담은 장기 비전으로 표현한다. 목표 의식이 약해지니 일상 업무 수행에 있어 자연스레 추진력이 떨어진다. 조직은 생동감이 떨어지고 효율도 저하된다.

이러한 현상들이 누적되고 조직문화로 고착되다 보니 일에 대한 열정을 추구하는 많은 젊은 행원들은 카카오뱅크나 케이뱅크 같은 인터넷뱅크와 핀테크 업체로 이직하고 있다. IT 기업의 역동적인 조직과 명확한 성과급 체계는 이들에게 신선한 자극제다. 무엇보다 수동적인 업무 수행 관행에서 벗어나 능동적으로 창의적인 금융 본연의 업무를 수행하는 새로운 사업모델에 매력을 느낀다.

휴대전화의 거인, 노키아의 실패

○
●

2007년 아이폰 출시는 기존 휴대폰 시장 질서를 완전히 바꿨다. 터치식 휴대폰이라는 폼팩터form factor도 새로운 모습이었지만, 이보다 혁신적인 것은 iOS와 앱스토어로 대표되는 소프트웨어 생태계였다. 기존 휴대폰이 대부분 업체 내부 혁신in-House innovation을 통한 고객경험 제공과 소프트웨어 개발에 집중했던 반면, 아이폰은 이러한 생태계를 근본부터 흔들었다. 노키아의 실수는 여기서부터 시작된다. 시장에서 10여 년 가까이 1위를 지속하던 노키아는 과거의 장점을 잃어버리고 시장 선도 지위에 취해 오만함을 드러내기 시작했다. 당시 노키아의 CEO 올리 페카 칼라스부오는 아이폰을 "장난Joke 같은 제품"이라며, "우리가 정한 것이 표준"이라고 평가절하했다.

문제의 원인 분석과 대응 방안에도 실책을 드러냈다. 터치식 휴대폰인 5800 Xpress라는 모델을 출시했지만 터치 품질이 수준 이하라는 평가를 받았다. 탑재된 운영체제OS도 iOS는 물론 막 시장에 도입되기 시작한 안드로이드에 비해 턱없이 부족한 고객경험을 제공했다. 오히려 독자적인 운영체제인 심비안을 개발하여 맞서려고 했다. 2011년에서야 뒤늦게 MS와의 전략적 제휴를 통해 MS 모바일을 운영체제로 받아들였다. 하지만 이미 시장의 구도는 iOS와 안드로이드로 양분되어 있었고 MS 소프트웨어는 플랫폼으로서의 저변이 취약했다. MS 플랫폼 선택은 노키아가 휴대폰 시장에서 완전히 몰락하게 된 결정적

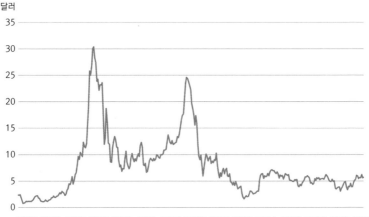

그림 21 노키아의 주가 변화(1994-2021년)와 흥망성쇠

출처: Yahoo Finance

DON'Ts

인 원인이 되었다고 평가받는다.

노키아는 안드로이드 채택을 위해 구글과 협상에 나서기도 했지만, 안드로이드를 채택할 경우 이미 경쟁이 가열되고 있는 상황에서 수많은 안드로이드 업체 중 하나가 될 뿐이라는 점을 우려했다. 이에 노키아는 구글로부터 안드로이드 생태계에서 특권적인 대우를 요구했지만, 제조업체들을 최대한 공평하게 관리하면서 가급적 많은 업체들을 안드로이드 진영으로 끌어들여야 하는 구글은 특별 대우 요구를 거절할 수밖에 없었고, 노키아는 그런 구글의 태도를 고압적인 것으로 판단하면서 협상은 결렬된다. 이는 기존의 특권에 집착하려는 한때 잘나가던 업체들의 전형적인 행태였다. 이후 노키아의 몰락은 익히 잘 알려진 바다. 노키아의 점유율은 지속적으로 하락했고, 결국 2013년 9월 단말기 사업 부문을 마이크로소프트에 매각한다고 발표했다. 노키아 휴대폰은 이렇게 역사 속으로 사라졌다.

계속되는 사업 목표 수립 실패도 기업가치 하락에 이어 사업 철수와 매각으로까지 이어진다. 반복적으로 턴어라운드를 시도했지만 실패한 쌍용자동차가 대표적 사례다. 지속적인 기업가치 하락으로 여러 차례 인수되며 기술 개발의 방향성, 브랜드, 상품성이 모두 혼선을 빚었다. 완성차의 기술 개발은 최소 3년, 원천기술 획득에는 5년 이상이라는 장기적인 안목이 필요하지만, 쌍용차의 과거 소유주들은 현실적인 관점에서 장기 계획을 수립하는 데 실패했다.

장수 기업이 되기 위한 조건

사실 장수 기업은 모든 기업인의 꿈이다. 대를 이어 회사를 경영하면서 국내에 많은 일자리를 창출하고, 글로벌 시장에서는 기업의 브랜드를 세울 뿐만 아니라 국가 대표로서 국격을 높이는 데도 큰 기여를 하기 때문이다. 하지만 꿈과 현실 사이에는 엄청난 괴리가 있다. 독일, 미국, 일본 등 선진국과 달리, 50년 이상 역사를 자랑하는 국내 기업들 중 상당수는 장수 기업에 필수적인 승계와 상속을 둘러싼 배임, 횡령 등의 경영권 남용과 가족 간 분쟁으로 불거진 지배구조 문제로 시장의 비판에서 자유롭지 못하다. 이러한 부정적 이미지로 생겨난 반기업 정서와, 대주주와 그 가족에 대한 불신이 매우 크기 때문에 최근 들어 여러 기업에서 기업의 사회적 책임과 ESG를 미래 성장과 생존을 위한 필수 조건으로 설정하고 지속적으로 주창함에도 시장에서는 이를 있는 그대로 받아들이지 못한다.

이에 비해 선진국에서는 수많은 장수 기업들이 여전히 성장의 역동성을 가지고 국내외에서 활발히 활동하며 사회로부터 존경의 대상이 되고 있다. 이는 창업 가문이 사회적 책임이나 ESG로 포장해 외부에 공표하지 않더라도 상당히 오랫동안 다양한 형태로 지역사회 및 국가 발전을 위해 기여해 왔을 뿐 아니라, 문화생활과 사회안전망 구축에 필요한 인프라 투자와 기부 활동을 통해 꾸준히 신뢰를 쌓아왔기 때문이다. 이에 발맞춰 해당 국가의 정부도 기업 승계에 걸림돌이 되는 부담(상속세를 포함한 각종 세제)을 덜어주는 한편, 단기적 이익 추구를 위한 일부 행동주의 펀드의 경영권 공격에 대한 보호장치(의결권 강

DON'Ts

화, 보고 강화, 경영진 보호장치 같은 경영권 방어 제도)를 마련할 수 있도록 지원하고 있다.

그렇다면 우리 기업도 멀지 않은 미래에 이러한 기업 환경을 만들어낼 수 있을까? 우리나라에서도 100년이 넘는 역사를 가진 장수 기업들이 더 많이 탄생할까? 더욱 중요한 것은 과연 '우리의 장수 기업이 사회로부터 대접받고 주주와 일반 국민의 존경을 받을 수 있을까'라는 질문이 아닐까? 이를 위해 먼저 장수 기업이 되기 위한 DNA는 무엇인지 알아볼 필요가 있다. 가장 좋은 방법은 미국, 독일, 일본 기업의 사례에서 배우고 우리 기업과 비교하는 것이다.

중소기업중앙회 조사 자료에 따르면 2018년 기준 창업 100년을 넘긴 일본과 한국의 장수 기업 수는 3만 3,079개 대 8개다. 미국은 1만 2,780개, 독일은 1만 73개, 그리고 네덜란드는 3,357개 기업이 창업 후 100년 이상 생존해 있다. 장수 기업 범위를 200년 이상으로 확대해 보면 그 차이는 더욱 극명하다. 세계적으로 200년 이상의 장수 기업은 독일 1,563개, 프랑스 331개, 영국 315개, 네덜란드 292개다. 일본은 무려 3,937개의 기업이 있고, 중국에도 200년 이상 업력을 가진 기업이 9개나 있다. 반면 5천 년 역사를 자랑하는 우리나라는 200년 이상 된 기업이 단 한 곳도 없다. 1896년 서울 종로에 문을 연 '박승직 상점'이 125년 역사의 두산그룹으로 성장했고, 신한은행과 동화약품(1897년), 우리은행(1899년), 몽고식품(1905년), 광장(1911년), 보진재(1912년), 성창기업(1916년) 등 8개 기업만이 갓 100년을 넘겼을 뿐이다. S&P지수에 등재된 전 세계 90개 기업의 평균수명이 65년인데 반해 대한상공회의소가 집계한 국내 1천 개 기업의 평균수명은 약 28년에 불과하다. 사정이 이렇다 보니 국내에서는 30년 이상 기업을 '장수 기업'으로 보는 웃지 못할 상황이 벌어지고 있다.

해외 장수 기업들은 어떻게 수백 년간 영속할 수 있었을까? 다양한 시각이 있겠지만 세 가지 공통점을 들 수 있다. 첫째, 시대와 환경의 변화 요구를 정확히 읽고 사업의 포트폴리오와 비즈니스 모델을 계속해서 변경했다. 이는 매우 쉽지 않은 결정이다. 둘째, 미래를 준비하기 위해 끊임없는 연구개발과 독자적인 경쟁력 확보 노력을 한순간도 게을리하지 않았다. 이 역시 통상적인 수준을 넘는 규모의 과감한 투자를 위한 의사결정이 필요하다. 해외 장수 기업 사례를 자세히 살펴보면 10년이 멀다 하고 찾아오는 국내외 위기 상황에서 평상시보다 더 과감하게 투자하는 것을 종종 볼 수 있다. 그러나 어디까지나 재무적으로 감당 가능한 의사결정이었다. 역대 위기 상황마다 인수합병 지출 비율을 높였던 애플의 사례도 시사하는 바가 크다. 한국의 대표 기업과 정부는 과거 20년 동안 반복해서 '미래 먹거리와 미래성장 동력 확보'를 수없이 얘기했지만 아직 큰 결실이 없는 것은 필요성 주장은 쉽지만 막상 과감한 투자 결정은 쉽지 않기 때문이다. 셋째, 어떤 경우에도 기업을 둘러싼 주요 이해관계자의 신뢰를 잃지 않는 것이다. 협력업체, 내부 직원, 그리고 제일 중요한 고객과의 신뢰 관계는 기업의 영속성을 위한 기본 중의 기본이다.

세계 장수기업 모임인 레제노키안협회Les Henokiens 회원사가 되려면 200년 이상 된 기업이면서 창업자의 자손이 경영자나 임원이어야 한다. 이 협회에서 강조하는 장수 기업의 조건도 역시 기업가정신과 기술혁신, 스튜어드십과 사회적 책임, 그리고 가족 간 화합이다. 한국

DON'Ts

기업에 주는 시사점이 크다. 우선 국내 기업들이 너나없이 외치는 미래 구호가 아니라 오랜 기간 실제로 이러한 가치를 실현한다. 더 나아가 그것을 장기적으로 이어가기 위한 원칙으로 고수하고 기업문화로 정착시키기 위한 노력의 진정성을 읽을 수 있다. 장수 기업이 많은 독일과 일본에서는 기업 승계를 바라보는 시각이 우리와 큰 차이가 있다. 기업 승계를 단순한 '부의 대물림'이 아닌 '기술과 사회적 공헌의 대물림'으로 이해하고 존중하는 사회적 인식과 분위기가 형성되어 있다. 이러한 기반 위에서 미래의 장수 기업이 될 수 있는 강소기업이 탄생하고 발전하는 것이다. 이들 국가에서는 장수 기업일수록 매출액이 높아지고 이는 자연스럽게 일자리 창출로 연결된다. 국내에서도 유사한 연구 결과를 찾을 수 있다. 중소기업중앙회 조사에 따르면 국내 기업 중 업력 10년 미만, 10년 이상~20년 미만 기업의 고용능력지수는 각각 0.49, 0.87인 반면, 60~70년, 70년 이상 기업의 고용능력지수는 14.17, 27.39까지 급등한다. 이러한 실증적 결과와 기업 장수에 대한 올바른 인식을 바탕으로 비로소 친기업 정서가 형성되는 것이다.

장수 기업에서 배울 수 있는 또 하나의 시사점은 소유와 경영의 역할 분담이다. 장수 기업의 상당수는 가족 기업이다. 가족 기업은 특정 가족이 회사를 소유한 동시에 가족 구성원이 경영에 참여하는 경우와, 소유만 하는 경우로 분류할 수 있다. 물론 작은 기업이나 소규모 사업일수록 가족 기업 비중이 크지만, 200년 이상 역사를 가진 7천여 개 기업 중 58%(4,249곳)가 가족 기업이다. 가족 기업 중 경영에 참여한 경우에도 자본과 경영의 역할을 분명하게 분리한 경영 체제가 장수 DNA로 작용한다. 대주주로 구성된 이사회와 전문경영인 사이에서 합리적으로 협의 과정을 통해 목표를 설정하면 시장의 공감대를 이끌어내기에도 훨씬 수월할 뿐 아니라, 조직 내부에서도 폭넓은 지지를 받으며 매우 건설적인 동기부여를 유도할 수 있다. 이를 통해 조직 내외부가 같은 시각으로 경영의 미래 과제와 현재 성과를 바라보는 것이 지속되면, 비로소 합리적인 선진 경영의 기반이 마련될 수 있다. 이러한 기반 위에서 기업의 성장을 긍정적으로 바라보고 국가 경제의 핵심으로 기업 발전을 지원하는 친기업 정서의 씨앗이 뿌리내릴 것이다.

국내에 장수 기업이 적은 이유는 산업화의 역사가 짧은 것도 있지만, 기업의 장수를 가로막는 여러 '장애 요소'가 있기 때문이다. 높은 상속세율 같은 과도한 세금, 노사문제와 각종 규제, 무엇보다 기업의 상속을 '비정상적인 경영 관행에 기반한' 부의 대물림으로 보는 '반기업 정서'가 큰 걸림돌이다. 직계비속에 기업을 승계할 때 한국의 상속세 최고세율은 50%에 달한다. 경제협력개발기구OECD 평균(26.6%)과 비교하면 매우 높다. 해외 사례를 보면, OECD 35개국 중 30개국은 직계비속 기업 승계 시 상속세 부담이 없거나(17개국), 세율인하 혹은 큰 폭의 공제 혜택(13개국)을 주고 있다. 독일은 기업 승계 시 상속세 명목 최고세율을 기존 50%에서 30%까지 낮춰준다. 이외 공제 혜택까지 적용하면 실제 기업 피상속자가 부담하는 최고세율은 4.5%까지 낮아진다. 선진국이 세금 부담을 덜어주는 것은 기업이 국가 경제의 핵심 주체로 경제발전과 일자리 창출에 절대적인 역할을 담당하고 있기 때문이다. 물론 이러한 배경에는 기업을 바라보는 국가와 사회의 시각이 오랜 역사를 통해 긍정적으로 형성되었다는 점을 들 수 있다.

국내 대표 창업자 중 하나인 고 정주영 회장은 "사업을 하는 것은 신용을 얻는 것이다."라고 항상 이야기하고, 이를 지키기 위해 마지막 순간까지 솔선수범했다. 하지만 현재 반기업 정서와 2, 3세대의 지배구조 갈등이 이어지는 한국의 현실에서 선진국 수준의 기업 신뢰를 논하기에는 아직 갈 길이 멀다. 이런 상황에서도 국내 기업들은 100년, 200년 기업의 비전을 이야기하고, 한편에서는 글로벌 트렌드에 따라 기업의 사회적 책임과 ESG 실천을 주장하고 있다. 이러한 주장을 실천하며 글로벌 시장에서도 인정받는 장수 기업으로 성장하려면 먼저 국내외 이해관계자의 부정적인 시각을 정확히 이해하고 해소하는 것부터 시작해야 한다.

바람직한 미래는 현실적인 비전 설정부터

국내 기업의 과도한 목표 설정과 이에 따른 문제점은 어제오늘의 일이 아니다. 매년 연초가 되면 기업 총수들은 신년사를 통해 5년, 10년의 성장전략과 비전을 발표한다. 그런데 이런 목표가 달성되기 어렵다는 것을 내부 직원들도 이해하는 경우가 많다. 이 주제에 관해 다수의 경영진과 사석에서 종종 이야기한다. 경영진과 임원들도 그러한 비전이 달성되기 어렵다는 점을 이해하고 있다. 심지어 사석에서는 "그걸 믿는 사람이 어디 있어?"라며 이야기하는 CEO도 있다. 웃을 수만은 없는 현실이다.

예를 들어, 한 기업이 10년 후 5배 성장을 목표로 하는 비전을 세웠다고 하자. 보통 비전이라면 주로 매출 성장을 기준으로 삼게 되는데, 이 경우 연평균 17%의 성장률을 달성해야 한다. 만약 10년간 10배 성장을 목표로 한다면 연평균 26%의 성장을 해야 한다. 문제는 이에 해당하는 기업 투자와 현금 회수가 연결되어야 한다는 점이다. 업종에 따라 차이가 있음을 전제로 매출 1조 정도 되는 기업이 자산 1조, 부채 5천억, 자본 5천억으로 운영된다고 가정해 보자. 10년간 매출액이 1조에서 10조로 성장하는 10배 성장 목표를 달성하기 위해서는 어느 정도 투자가 필요할까? 적정 수준의 투하자본수익률ROIC을 약 10%, 순이익률을 약 5%로 가정해 보면, 약 10년 만에 자본금 10배 수준의 투자가 이뤄져야 한다. 물론 현실은 이보다 훨씬 더 복잡하고 다양한 케이스가 존재한다. 기업 규모에 따라, 또 최근 주목받는 플랫폼 기업처럼 훨씬 더 높은 투하자본수익률을 올리는 경우에는 다른 계산이 나올 수 있다. 하지만 기업이 지나치게 높은 성장 목표를 달성하기 위해 투자를 반복하는 경우 과도한 부채 비율 부담으로 종국에는 큰 리스크를 질 수밖에 없다.

경영계획 수립 관점에서도 생각해 보자. 급격한 성장 목표를 달성하려면 그만큼 경영계획 수립에 부담이 따른다. 예를 들면, 성장 목표를 정당화하기 위해 전체 시장 규모와 성장성을 왜곡하여 바라보게 된다. 투자를 정당화하기 위해 미래의 성장성이 현실보다 더 높다고 보는 것이다. 이는 실제보다 과도하게 장밋빛 미래를 그리게 되고, 달성할 수 없는 목표, 그리고 과도한 시설 투자로 연결된다. 산업 내에서 이렇게 과도한 시장 성장성을 상정하고 투자하는 경우 3~5년 후

공급과잉 현상을 발생시킬 수 있다. 높은 이상과 목표를 설정하고 추구하는 것은 기업의 선택이며 자유다. 이를 실현시키기 위해 진심으로 사력을 다할지, 아니면 하나의 가이드라인으로 삼고 실질적인 사업 계획은 별도로 세울지도 선택해야 할 문제다. 하지만 두 가지 목표에 혼선이 있어서는 안 된다. 또한 선언적 비전이 실질적인 기업 목표에 과도하게 영향을 주지 않도록 주의하고 경계해야 한다.

2021년부터 여기저기서 간헐적으로 들리던 ESG 경영이 마치 코로나19처럼 무서운 속도로 한국의 산업 전반에 확산되고 있는 느낌이다. 미국 바이든 행정부 출범 이후 핵심 화두로 떠오른 ESG는 우리나라에서는 최태원 SK그룹 회장이 대한상공회의소 회장으로 선출되면서 그 중요성을 설파하기 시작했고, 이제는 개별 기업 차원을 넘어 자본시장 전체, 그리고 국가적인 어젠다로 부각되고 있다. ESG가 전 세계적으로 유행하게 된 기폭제가 된 것은 세계 최대의 자산운용사인 블랙록의 래리 핑크 회장이 2020년 1월 주주 공개 서한을 통해 투자 결정 시 지속 가능성을 기준으로 삼겠다는 선언("Our approach to sustainability," BlackRock Investment Stewardship 2020 참고)을 하고 난 이후부터다. 블랙록은 한화로 1경 원에 가까운 자금을 운용하는 세계 최대 투자자다. 삼성전자, 신한금융지주의 주요 주주이기도 하다. 이러한 막강한 파워를 가진 투자자가 지속 가능성, 즉 ESG를 투자 기준으로 삼고 수익의 25% 이상이 발전용 석탄에서 나오는 기업과, ESG 지수가 낮은 기업에는 투자를 하지 않겠다고 하니 모험자본을 수혈받아 투자하고 기업가치를 올리려는 기업인들 입장에서는 ESG에 집중하지 않을 수 없는 상황이 되었다.

이렇게 ESG가 중요 지표가 되기 전의 기업이 주주가치 극대화라는 주주자본주의의 입장에서 운영되었다면, ESG 시대의 기업은 모든 이해관계자의 이익을 고려하는 이해관계자 자본주의로 전환되어야 한다고 래리 핑크 회장은 말한다. 외부 고객과 내부 직원, 밸류체인에 연결된 이웃 기업들과 지역사회까지 고려한 경영을 잘하는 기업이 진정한 고성과 기업이 되는 것이다. 래리 핑크 회장이 2020년 1월, 투자사의 CEO에게 보낸 연례 서한에서 강조한 지속 가능성의 의미를 다시 한번 되새겨 보자.

기업은 뚜렷한 목적의식과 함께 다양한 이해관계자들의 니즈를 고려해야만 장기적인 이익 달성이 가능합니다. 무자비하게 가격을 인상하는 제약회사, 안전 조치를 소홀히 하는 광산 기업, 고객을 존중하지 않는 은행 같은 기업들은 단기적으로는 이익을 극대화할 수도 있습니다. 하지만 우리가 지금까지 반복적으로 목격해 왔듯이, 사회에 해를 끼치는 이러한 경영활동들은 결국 기업의 발목을 잡고 주주 가치를 훼손하게 됩니다. 반면, 뚜렷한 목적의식을 갖고 이해관계자들에게 최선을 다하는 기업은 고객들과 더욱 끈끈하게 연결될 수 있으며, 변화하는 사회의 요구에 적응하게 됩니다. 궁극적으로 장기적인 수익원의 원동력이 될 수 있습니다.

투자업계 내에서 ESG 확산은 숫자로도 확인된다. 2020년 6월 기준 미국의 ESG 관련 펀드 자산이 처음으로 1조 달러를 넘어섰다. 코로나 19 사태 이후 전체 주식형 펀드로 유입된 자금은 다소 줄었지만, ESG

펀드엔 711억 달러가 새로 유입된 것이다. ESG를 지표로 삼은 상장 지수펀드ETF는 2015년에 60개였으나 2020년 하반기엔 400개를 넘겼다. ESG를 투자 지표로 활용하는 연기금의 자금 등을 포함하면 ESG 관련 글로벌 투자금은 40조 달러를 돌파할 것으로 예상된다.

한국에서는 이제 막 ESG 붐이 일어나기 시작하는 단계로 아직까지 투자업계의 의미 있는 숫자는 파악되지 않고 있지만, 450조 원을 움직이는 국민연금을 포함한 사모펀드 산업의 주요 출자자들이 ESG를 본격적으로 적용하기 시작한 만큼 머지않아 자본시장에서 큰 의미를 차지할 것으로 예상된다. 국민연금은 ESG의 전초 단계로 이미 스튜어드십 코드를 설정했고, 2017년부터 국내 사모펀드 운용사들이 투자활동 시에 실제로 준용하고 있다. 벌써부터 국민연금의 자금을 운용하는 자산운용사들은 이러한 ESG 트렌드를 반영하여 우선적으로 환경 측면에서 현재 온실가스를 많이 배출하는 기업들 중 친환경 녹색 사업 대안이 없는 기업은 향후 투자 대상에서 제외할 것을 적극 고려하고 있다.

국내에서 ESG 영향은 특히 지배구조(G)와 관련해서 궁극적인 변화를 이끌어낼 것으로 기대된다. 국내 GDP 대부분을 담당하는 재벌 그룹들 중 일부는 오너 체제의 독단적인 경영 폐해 문제가 꾸준히 제기되고 있다. 오너 체제의 장점이 많기도 하지만, 이 장의 주제인 비현실적 목표 설정 같은 비효율적 의사결정이 많은 것도 사실이다. 지배구조에 대해서는 다음 장에서 좀 더 구체적으로 다루기로 하고, 여기서는 이사회 부분만 간단히 살펴보겠다. 제대로 된 지배구조 원칙을 세우고 역할의 균형을 잡는 핵심에는 이사회가 있다. 하지만 대다수 기업에서 거수기로 비판받는 현재의 이사회 역할과 구성은 큰 문제다. 다양한 시각을 반영하여 '견제와 균형'을 위한 이사회가 되어야 함에도 회사 내부의 이해관계를 외부적으로 대변하는 로비스트 역할로 운영되는 사례가 실제로 많다. 또한 전문성과 다양성 차원에서 보면 이사회 구성원 선발에도 문제가 많다. 대부분 전직 관료나 교수로 구성되어 있는 것이 현실이다. 또한 젠더 불균형도 문제점으로 지적되고 있다. 이사회 중 여성이 2명 미만이면 투자하지 않겠다는 것이 블랙록의 원칙이다. 그러나 국내 기업의 이사회 구성에서 여성이 차지하는 비율은 3.3%로 OECD 평균인 25.4%에도 한참 못 미치고, 꼴찌에서 2등인 일본의 8.4%와 비교해도 반밖에 되지 않는다.

소비자들도 전반적인 의식수준이 향상되면서 환경과 이해관계자들과의 공생 가치를 중요하게 여기기 시작했다. 이에 따라 자연스럽게 ESG에 적극적인 기업 제품을 선택하여 소비하고 이에 반하는 제품은 불매운동을 벌이는 등 기업의 ESG 경영을 강화하도록 영향력을 발휘하고 있다. 앞서 언급했던 대리점 갑질 사태의 기업은 이후 소비자 불매운동으로 이어져 현재는 주가가 최고점 대비 3분의 1까지 하락한 상태다.

그럼, 우리에게 주어진 질문은 무엇인가? 국가나 사회 차원에서 한국 기업의 성장을 바람직하게 보고 긍정적으로 지원하기 위해서는 시장이 공감할 수 있는 목표를 세우고, 이를 달성하기 위해 어떤 경우에도 ESG 측면에서 합리적인 최선의 노력을 경주한다는 것을 인정받아야 한다. 이를 위해 제일 먼저 변해야 할 것은 기업 발전과 성장을 위한 합리적 기준이 확실하게 정립되고 현실적이면서 도전 가능한 목표가 수립되어야 한다는 점이다. 우선, 합리적인 기준은 기업을 둘러싼 이해관계자 중 가장 중요한 주주와 고객이 이해하고 인정할 수 있는 것이어야 한다. 이러한 기준을 사용하여 목표를 수립하고 성과를 평가받는 것이다. 주주 입장에서는 총주주수익률이 주요 기준이 되어야 하고, 고객 입장에서는 순고객추천지수와 같이 고객이 직접 평가하는 지표가 절대 기준이 되어야 한다. 이러한 기준에 입각한 목표 설정도 합리적인 수준에서 이루어져야 한다. 목표 수준은 도전적이면서도 실현 가능해야 한다. 예를 들어, 잘 정의된 참여 시장 내에서 시장점유율을 높여나가고, 고객만족도 같은 고객 지표에서 상대적인 경쟁력 수준을 높여가는 것이다.

이렇게 시장 친화적인 기준 정립과 합리적인 목표 수립이 선결되고 나면, 그다음으로 공정한 평가에 의한 보상과 인사가 뒤따라야 한다. 이에 따라 합리적인 경영 사이클이 확보되면 새로운 경영 관행이 자리 잡게 되고, 시장의 주요 이해관계자와도 같은 눈높이에서 소통하며, 기업의 미래 방향과 도전 과제에 대해 공감대를 형성할 수 있을 것이다.

2
착각

B급 경영 성과를 A급이라고 우기지 마라

핵심 질문

장기적으로 기업의 성적과 성과를 측정하는 기준은 무엇일까?

많은 기업이 A급 경영을 추구하면서도 달성하지 못하는 이유는 무엇인가?

냉정한 자기 평가는 왜 어려운가?

1

인텔 CEO였던 앤드루 그로브는 《편집광만이 살아남는다Only The Paranoid Survive》에서 "하나의 비즈니스에서 전략적 변곡점이란 해당 비즈니스의 근본을 이루는 것들이 변화하는 시점"이라고 정의한다. 모든 것이 지금까지와는 완전히 다른 방식으로 전개되는 시점, 그것이 바로 변곡점이다. 변곡점에 대응하지 않으면 기업도 개인도 퇴보하고 퇴출당한다. 문제는 이 신호를 어떻게 감지하고 경영에 접목시키느냐다. 혁신 전문가이자 컬럼비아 비즈니스스쿨 교수인 리타 맥그래스는《모든 것이 달라지는 순간Seeing Around Corners》에서 변곡점의 결정적 순간을 감지하는 법과 이를 기회로 만드는 방법을 제시한다. 그는 변화의 초기 시그널에 주목한다. 봄이 오면 가장자리부터 눈이 녹는다. 맥그래스 교수는 "변곡점의 징후는 임원 회의실이 아니라 현장에서 실무를 하며 새로운 현상에 가장 먼저, 그리고 자주 노출되는 사람이 제일 먼저 알아차린다."라고 지적한다. 테크놀로지를 연구하는 엔지니어, 매일 고객을 만나는 영업 일선의 담당자, 고객의 생각과 불만을 직접 듣는 콜센터 직원 들처럼 업무 수행 과정상 시스템의 문제점을 직접 겪는 사람들이 가장자리에서 변곡점과 위기 상황의 초기 조짐을 가장 먼저 알게 된다.

#2

끝을 모르고 솟구치던 주가가 어느 날부터 횡보하기 시작하더니 얼마 후 하락세를 보이다가 결국 하한가를 친다. 미래의 희망으로 찬란하게 빛나던 유망한 회사가 사실은 엉망진창이고 대주주의 허황된 약속에서 시작한 거품이었다. 겉만 번드르한 회사를 솎아내는 방법은 투자자들의 영원한 숙제다.《타임》지가 선정한 가장 영향력 있는 컨설턴트 중 하나인 마틴 린드스트롬의《고장 난 회사들The Ministry of Common Sense》은 투자자들에게 회사 내부의 비효율과 부조리를 고발한다. 많은 경영진들이 현장의 변화와 위기의 초기 시그널을 읽지 못한다고 지적한다. 그는 글로벌 신용카드 회사의 사례 한 토막을 꺼낸다. 고객들은 해당 카드회사의 고객 센터가 무용지물이라고 싫어했고, 현장에서는 고객 불만 보고서를 작성해서 개선 방안을 제안했다. 하지만 아무런 변화도 일어나지 않았다. 컨설팅 의뢰를 받은 린드스트롬은 꾀를 하나 냈다. 카드회사의 임원들과 같이 저녁 식사를 하기로 약속한 날 오후에 회사에 부탁해 임원의 카드를 도난 신고로 정지시켰다. 그 임원은 저녁 식사 후 계산을 하려다가 자신의 카드가 정지됐음을 깨닫고 콜센터에 전화를 걸게 된다. '우리는 당신의 전화를 소중하게 생각합니다. 끊지 말고 기다려 주세요.' 전화 지시에 따라 숫자 버튼을 계속 눌렀다. 마침내 그의 얼굴이 붉으락푸르락 달아올랐다. 고문은 15분간 이어졌다. 몇 달 후 회사는 드디어 고객 서비스 부서를 전면 개편했다. 저자는 똑같은 상황을 한국의 회사에서도 여러 번 경험했다고 한다.

B, C학점 기업에게 말한다, '착각하지 마라'

○
●

지난 30년 동안 국내외 많은 대기업들과 일해온 필자의 기준으로는 아직까지 국내에서 A학점 수준으로 경영되는 기업은 많지 않은 것 같다. 특히 최근에 우리나라 경제계에서 불고 있는 ESG에 대한 관심까지 반영하여 평가한다면 A학점을 받을 수 있는 기업의 수는 더 줄어들 것이다. 국내 기업들과 해외 선도 기업들을 비교해 볼 때 두드러진 차이점 중 하나는 혁신성이다. 혁신성만이 잠재성장률을 높이고 이를 통해 기업가치가 향상된다. 물론 현재 영위하고 있는 사업으로부터 안정적인 현금을 창출하기 위해 노력하면서 동시에 미래를 위한 혁신을 과감하게 추구한다는 게 쉽지 않다. 날이 갈수록 격화되는 경쟁환경에서 현재의 입지를 지켜내는 것조차 힘에 부친다.

하지만 안정적인 현금흐름에 만족하고 있는 동안 산술적인 기업가치는 점점 더 떨어진다. 정보통신기술이 큰 비중을 차지하는 현대의 산업구조하에 새로운 기술과 새로운 사업모델이 지속적으로 등장하며 무한 경쟁을 펼치고 있는 현실에서 혁신을 통한 기업 성장과 가치 증대는 기업 생존과 직결된 문제다. 과정은 힘들지만 결과는 충분한 보상으로 연결된다. 테슬라 같은 혁신적인 기업은 주식시장에서 부여하는 멀티플의 수준이 달라져서 결과적으로 자동차업계 1위의 기업 가치를 달성하게 되었다. 물론 현재의 기업가치 적정성에 대한 논쟁은 앞으로도 계속될 것이다. 현재 주장하는 산업 성장률과 시장점유율 달성 여부가 핵심이다.

다행히도 한국 기업 모두가 현재 진행되는 산업 패러다임 변화에 대해 어떤 방식으로든 그 위협을 자각하고 있는 것처럼 보인다. 하지만 글로벌 경쟁력을 보유하고 일류 인재를 채용할 수 있는 일부 대기업 그룹을 제외하고는 여전히 많은 기업들에게 이런 혁신 노력은 벅차 보인다. 현재의 생존 불확실성을 감수하고 새로운 혁신을 추구하기엔 자원도 역량도 제한적이다. 그럼에도 이 모든 현실을 망각하고 스스로 글로벌 수준의 경영을 하고 있다고 쉽게 착각하는 경우를 자주 발견한다. 아직 갈 길이 멀어 보이는데도 현 수준이 내심 충분하다고 믿는다. 이런 기업의 경영진과 기업가치가 (많은 경우 주가가) 오르지 않는 이유를 주제로 대화해 보면, 대다수는 업종의 한계와 환경의 제약을 원인으로 꼽는다. 자신은 최선의 노력을 다한다고 이야기한다.

하지만 안타깝게도 이는 큰 착각이다. 단편적인 평가기준에 따른 지엽적인 결과에 현혹되지 마라. 결과를 인정하기 싫더라도 다양한 기준을 바탕으로 객관적인 평가를 받아보라. 그리고 평가 결과에 의거 명확하게 현실을 직시하라. 진정한 위기는 현실을 외면하고 무언가 고칠 수 있는 기회를 놓치는 것에서 온다. 하루가 다르게 새로운 경쟁사가 생겨나고, 새로운 기술들이 등장하며, 경영환경이 급변한다. A급 경영을 하고 있다는 착각이 주는 피해는 생각보다 크다. A학점은 아니어도 적어도 B학점 대기업이라고 스스로 생각했던 한진해운과 아시아나항공의 과거 사례를 생각해 보자. 2016년 당시 국내 1위, 세계 6위라는 굴지의 해운사 한진해운은 산업을 바라보는 냉철한 시각과 경영 능력 부재로 파산에 이르렀으며, 아시아나항공 역시 위기관리 능력 부재로 산업구조조정의 대상이 되었다. 평소에 제대로 산업 패러다임 변화를 점검하고 충분히 대비하지 못한 결과다.

B, C급 성과를 나타내는 기업들은 업종 내 변화를 직시하여 한층더 고도화된 전략을 개발하고, 더욱 치밀한 관리체계를 구축해야 한다. 이와 동시에 주어진 자원으로 과감한 혁신과 신사업을 추진해야한다. 그렇게 하지 못하는 이유를 기업이 처한 현재 환경과 외부 변수에서 찾아서는 곤란하다. B급 성과를 스스로 B급이라고 인정하는 것부터 시작해야 한다.

A학점 경영을 하지 못하는 이유

○
●

앞서 얘기한 내용은 모두가 알고 있고 공감한다고 말할 것이다. 기업활동을 하면서 기업가치가 오르기를 바라지 않는 경영자가 세상에 어디 있을까? 그런데 수많은 경영자가 이런 자명한 목표를 위해 노력하면서도 실제로 달성하지 못하는 이유는 무엇일까? 간단하게는 다음 두 가지 중 하나일 것이다.

기업 경영진의 잘못이다.
경영진도 어쩔 수 없는 것이 있다.

다수의 경영자가 인정하는 것처럼, 기업의 실제 성과는 외부적인 요인 이상으로 내부 의사결정의 착오나 실행력 부족에서 오게 마련이다. 잘못된 작은 결정들이 쌓여서 시장의 기대치를 하회하는 성과가 나오기도 하고, 계속되는 부적절한 경영 관행을 바로잡지 않아 기업가치가 현저히 하락하기도 한다. 주주나 투자자의 시각에서 기업가치는 적정 자본수익률을 담보하는 수준이어야 하지만, 실제로 상장기업의 절반 이상이 이러한 기대에 부응하지 못한다. 왜 그럴까?

우선, '기업가치의 명확한 정의에 대한 내부 공감대가 형성되어 있는가?'라는 질문과 '기업가치 개선이 최우선 경영 어젠다 중 하나인가?'라는 질문으로 구분해서 생각해 보자. 안타깝게도 대다수 국내 기업에 근무하는 중간관리자로부터 앞의 두 질문에 대한 긍정적인 답변을 듣기는 쉽지 않다. 해당 연도의 외형 성장 목표치는 주어지지만 각 담당 사업부나 팀 단위 목표치와의 명확한 연결고리가 부족한 경우가 많고, 전사적 기업가치 상승보다는 연간 성장률, 점유율, 수익성 등 전년 성과와 비교하는 관리 지표가 그해의 목표로 주어지기 때문이다. 이는 전사적 기업가치 평가기준에 대한 올바른 이해가 부족할 뿐만 아니라, 외부 환경 변수를 평가에서 제외하는 방식에 대한 협의나 합의가 조직 내에 존재하지 않으며, 더욱이 전년 대비 기업가치 개선을 도출하는 핵심 동인의 목표치와 그 합리적 근거가 뚜렷하지 않기 때문이다.

따라서 최고경영자에서 C-1, C-2, C-3로 조직 단계를 내려가다 보면, '전사의 기업가치는 결국 부문 가치의 합과 같거나 그 이상이어야 한다'는 기업가치체계의 원칙과 어긋나는 시각을 종종 목격하게 된다. 또한 조직의 설계 및 운영방식, 그리고 장기간 관리되어온 평가 시스템 자체가 이러한 가치체계를 합리적으로 반영하지 못하는 경우도 많다. 결국 지속적인 기업가치 제고를 위한 목표 설정과 관리 시스템이 제대로 갖춰져 있지 않은 것이다. 반면에, 기업가치에 대한 내부 이해가 충분하고 기업가치 증대가 경영 최우선 과제임에도 만족할 만한 성과를 창출하지 못한다면, 과연 그 이유는 무엇인지 몇몇 사례를 통해 살펴보자.

첫 번째는 시장의 기대치와 목표 설정의 불일치misalignment를 들 수 있다. 예를 들어, 기업가치를 결정하는 대표적인 세 가지 요소인 성장성, 수익성 및 시장의 기대치(대표적으로 PER과 PBR 같은 멀티플)를 종합 성과지표로 둔다고 하자. 이를 적정 수준으로 통합·관리하도록 체계적인 경영 목표를 설정할 수 없고, 핵심 자원의 배분을 포함한 주요 의사결정의 자유도가 충분히 주어지지 않는 경우다. '기업의 성과 목표치에 대한 시장의 기대 수준과 기업 내부 시각의 공감대가 있는가?'라는 질문을 생각해 보면, 상당수 '총론 찬성 각론 반대'식의 비체계적이고 구체화되지 않은 목표치를 발견하게 된다. 일반적인 시장의 성장 요구에 동의하고 때로는 오히려 더 공격적인 목표를 수립하는 경우도 있지만, 성과 미달성 시 페널티가 부족할 뿐 아니라 시장의 기대치에 대한 이해도가 낮은 경우가 많다.

두 번째로 '투입input 요소의 통제성controllability 부재 상황'을 들 수 있다. 기업의 외부 환경 변화와 경쟁 상황 등을 종합적으로 고려하여 투입 자원(핵심 경영 자원인 자본과 인력 등)의 수준 설정과 배분 결정을 적시에 할 수 있어야 하는데, 이러한 결정 권한이 온전하게 CEO나 부문장에게 주어지지 않은 경우가 대표적이다. 이는 전년도와 전전년도 대비로 집행 예산의 총액 규모가 설정되는 경영 관행과 더불어, 연구개발과 인력 관련 예산 등 기업의 본원적 경쟁력을 위한 핵심 예산을 CEO가 독자적으로 결정할 수 있는가에 대한 근본적인 질문이다. 새로운 CEO가 선임되면 이사회와의 긴밀한 협의를 거쳐 2~3년 임기 중 기업가치 개선을 위한 구체적 목표를 정하고(아웃풋), 이를 달성하기 위한 핵심 자원(인풋)의 수준과 배분 기준에 합의해야 한다. 동시에 적정 수준의 의사결정 권한을 부여하고 이사회와의 협의 방식도 사전에 정해야 한다.

마지막으로 성과output와 투입 자원input의 불일치mismatch를 들 수 있다. 설사 목표치가 시장과의 공감대를 형성했고 필요 자원 투입의 자유도를 C 레벨 경영인이 가지고 있더라도, 가치 개선에 필요한 기간과 중간 단계 목표를 포함한 변화 속도에 대한 합의가 이루어지지 않은 경우가 이에 해당한다. 대표적인 예로, 일반 대기업에서 바라는 가치 개선 수준과 변화 속도는 통상 3~5년의 시간대timeline라면, 앞서 살펴본 국내 사모펀드 업계는 2~3년이라는 시간 안에 재무적으로 설명 가능한 가시적 성과가 나타나길 바란다. 공격적인 목표가 설정되는 만큼 자원 사용의 자유도가 주어진다면 이는 경영자가 갖게 되는 강점이 분명하지만, 그런 권한은 보통 가시적인 비용 효율성의 성과에 대해 조건부로 주어진다. 공격적인 목표의 실현 가능성은 경영 외부 환경이 유지되는 조건(매크로 트렌드가 유지되고 기존 비즈니스 모델의 효과성이 유효한 환경)에서만 가능하다. 하지만 경기와 산업 사이클 변화가 점차 커지고 새로운 경쟁자의 출현 속도가 빨라지는 현실에서는 이를 고려한 적절한 속도 조절과 유연한 대응이 요구된다.

한편, 회계법인으로부터 '적정' 감사보고서를 받고, 증권사로부터 '매수Buy' 또는 '보유Hold' 평가를 받은 (달리 말하면 상장법인으로서 어느 정도 우수 기업으로 인정받고 있는) 한국의 평균 이상 기업들 중 실제로 몇 퍼센트가 전문가들로부터 전반적인 기업 경영 성과에 대해 'A학점'을 받을까 생각해 보자. 아마도 10% 미만의 극소수 기업만이 해당할 것이다. 반면에 C학점을 받은 기업들의 특징은 비교적 명확해 보인다. C학점 기업들은 기업 경영의 본질적인 측면에서 그 역할을 제대로 수행하지 못하고 있다. 예를 들어, 사업 역량이 열악하여 경쟁사에 비해 실적이 저조하고 현상 유지에 급급하며 글로벌 진출은 상상도 못 한다. 또한 시류에 편승하여 철저한 사전조사 없이 진출한 신사업은 부진한 실적과 다양한 리스크에 노출되어 있다. 재무 실적이 열악하다 보니 다른 정성적인 부분, 예를 들면 사회적 공헌 등은 추구할 여력이 없다. 재무 상황이 더 악화되면 한계기업으로 전락하게 되어 생존을 고민해야 한다. 다양한 평가기관의 고객 대상, 브랜드 대상 등 수상 실적을 가진 기업들조차 객관적인 평가 시 A학점을 받기에는 역부족이라는 사실은, 성과 개선을 위한 단기 과제뿐 아니라 구조적인 혁신 방안도 부단히 고민해야 성과 창출의 지속성을 확보할 수 있음을 보여준다.

C, D학점으로 평가될 수밖에 없는 기업들은 사업 경쟁력의 한계점에 도달해 있는 만큼 국가 경제의 건전성과 산업 효율성 제고 차원에서 과감한 구조조정이 필요하다. 그러나 C학점 대상이 중소형 기업들만 있는 것은 아니다. 또한 반드시 재무구조나 영업 실적이 나쁜 기업에만 해당되는 것도 아니다. 매출액과 영업이익률이 업계 최상급인 대기업이 몇 년째 외형 성장 없이 현상 유지만 하고 있는 상황에서, 회사의 유휴자금을 다양한 비업무용 자산에 투자했지만 손실을 기록했거나, 주주 배당은 업계 최저 수준의 형식만 갖추고 오너의 친인척들을 회사 경영진으로 대거 포진시켜 고액 연봉을 수령해 가는 실제 사례가 다수 존재한다. 이 기업의 최고경영진이 단순히 업계 최고의 실적을 달성했다고 해서 A학점 또는 B학점 경영을 한다고 평가받을 수 있을까?

또한 현재 이런저런 사유로 산업은행 관리하에 있는 대형 기업들을 떠올린다면, 의외로 많은 기업들에게 B학점 이상 주는 것이 매우 어렵다는 것을 알게 된다. 해당 산업 유지와 경쟁력 회복을 위해 엄청난 국고 지원을 받고 턴어라운드를 도모하는 기업들이 주류를 이루고 있지만, 산업은행의 막강한 자금 지원과 정책적인 뒷받침을 등에 업고 마치 A학점 기업으로 재탄생한 듯한 착각 속에 자기 개선 노력을 게을리하고 현실에 안주하여 절대적인 기업가치가 하락하는 사례도 있다. 개별 기업 차원의 사업구조조정과 더불어 산업구조 개선을 위한 과감한 의사결정이 필요하다.

냉정한 자기 평가

한국 기업들의 최고경영진이나 임원들과 대화하다 보면 자신들이 몸담고 있는 기업에 대해 스스로 평가할 때가 있다. 대상 기업들 중에는 더러 훌륭한 재무 실적을 지속적으로 달성하며 빠르게 성장하는 회사도 있고, 성장 한계에 부딪혀서 앞날을 걱정하며 대책 마련에 분주한 경우도 있었다. 흥미로운 점은 대다수가 자신의 기업에 대해 외부 시각보다 훨씬 후한 점수를 준다는 것이다. 이유도 다채롭다. "우리 회사는 일자리 창출 등 사회공헌 측면에서 타기업보다 우수합니다." "우리 사업은 과점 체제하에서 안정적이고 현금 창출 능력이 뛰어납니다." "우리 회사의 복리후생 제도는 업계가 부러워할 정도여서 좋은 인재들이 찾아옵니다." 등등. 이러한 장점을 다수 보유하고 있는 기업도 있지만 한두 가지 이유만으로 스스로 좋은 기업으로 평가하기도 한다. 팔이 안으로 굽는 것처럼 자신들이 몸담고 있는 조직에 대한 애착심에서 일부 후한 평가를 하기도 한다. 또한 유동성 장세와 산업 사이클 속에서 증시 테마주에 편승해 자신의 기업 실적과 무관하게 주가가 급상승하는 바람에 회사의 질이 달라졌다고 착각하는 경우도 있다.

국내 기업인들에게 자신이 근무하는 기업에 대한 내부 평가를 요청한 것과 마찬가지로, 국내 대표 증권사의 시니어 기업 분석가, 사외이사 경험이 많은 경영학계 중견 교수, 그리고 기업 자문을 활발히 하는 회계법인과 투자은행 및 사모펀드 업계에 종사하는 전문가 들에게 한국 기업들을 학점 기준으로 평가해 달라는 질문을 던지고 이에 대해 논의한 적도 있다. 즉, 국내 100대 상장사의 리스트를 보여주며 이 기업들의 현재 경영 상황을 '경영학 원론' 시각에서 수익성, 성장성, 안정성 측면을 고려하여 종합 평가 학점을 준다면 과연 얼마나 많은 기업들이 A학점을 받을지 의견을 물었다. 실제로 이 질문에 대해 많은 전문가들은 쉽게 A학점 평가를 주지 못하고 보통은 B학점, 그리고 과반 정도의 기업에 C학점을 부여하며, 현재의 실질 경쟁력이 그리 높지 않고 글로벌 초일류 경쟁력을 갖추려는 노력도 부족하다고 평가한다. 기업인들의 내부 평가와 상당한 갭이 존재하는 것을 확인할 수 있다.

한편, 코로나19 팬데믹 속에 한국 증시가 사상 최고치를 기록할 정도로 급등하는 바람에 투자나 인수합병 과정에서 난감한 상황을 맞이하는 경우도 생겼다. 코로나19 이전부터 진행되던 투자 협상들 중 많은 수가 경쟁업체들의 주가 상승을 이유로 이전까지의 협상을 무효로하고 인수 가격 인상을 요구한 것이다. 코로나19 영향으로 실적 둔화가 눈에 보이는 기업은 실적과 상관없이 대세 상승한 경쟁사 주가를 핑계로 댔고, 코로나 수혜주로서 일시적으로 실적이 급상승한 기업은 그 실적이 지속 가능하다는 주장을 펼쳤다. 코로나19 사태를 전후로 우리의 삶 중 많은 부분들이 새로운 환경에 맞게 바뀔 것이고 거기에 맞게 산업구조 변화도 불가피할 것이다. 하지만 경영의 질적 변화 없이 외부 환경 변화만으로 기업의 본질이 바뀐다는 것은 쉽게 받아들이기 힘든 주장이다.

한국을 대표하는 몇몇 대기업들은 그 위상에 맞게, 이미 잘 알려져 있고 각종 조사에서 많이 인용되는 다양한 평가기준을 통해 공히 우수한 상대적·절대적 평가를 받는다. 하지만 섹터별로 자세히 들여다보면, 기업의 재무구조나 시장점유율 등 정량적인 평가가 보통 이상의 상대평가를 받는 기업이 '내부 평판도 우수'하고 궁극적으로는 '다니고 싶은 직장'에도 포함될 것인가라는 질문에는 대부분 '그렇지 않다'라고 대답할 수밖에 없다. 회사가 당면한 대내외 법적 소송이나 공정위 및 지자체 같은 감독기관과의 분쟁에 더해 평균 근속년수·이직률 같은 직원 만족도, 소비자 단체의 평가를 포함한 고객만족지수 등을 종합적으로 살펴보면, 과연 누구나 계속 다니고 싶은 직장인지, 이해관계자 사이에서 평판이 좋은 훌륭한 직장인지 답을 구할 수 있다.

현재까지 '기업 경영평가'라는 단어는 주로 정부가 산하 여러 공공기관들을 대상으로 공공 서비스 품질 개선 및 종업원 성과급 지급 기준, 또는 기관장 평가로 활용하기 위해 매년 평가 결과를 발표하면서 우리에게 익숙해졌다. 민간 영역에서는 다양한 평가기관에서 각 기관 활동을 홍보하는 차원의 평가나, 취준생들의 '취직하고 싶은 회사'처럼 특수 목적용 정성 평가가 주를 이루고 있다. 하지만 향후에는 기업 경영의 전반적인 영역에 대해 객관화된 지표에 근거한 다양한 평가들이 이루어져서 기업 이해관계자들의 이해도를 높이고, 평가 고유의 목적인 개선 방향 도출과 개선 과정의 투명성 제고에도 기여해야 한다.

국내 기업 평가보고서에 대한 단상

○
●

주식시장에서 주가가 끝없이 오를 수만은 없다. 어떤 기업이라도 주가는 언젠가 조정을 받고 기업의 제 가치를 찾아가게 된다. 결국 기업가치를 반영하므로 주가의 목표가를 제시하는 증권사의 리서치 센터는 적정 가격에 대한 시각을 참여자들에게 제공할 수 있어야 한다. 하지만 이런 평범한 상식이 한국 주식시장에서는 잘 적용되지 않는다. 2021년 상반기 코스피 지수가 3200을 넘은 후 하락하는 과정에서 '매도Sell' 의견을 제시한 증권사 보고서는 존재하지 않았다. 금융투자협회 조사에 따르면 2020년 한 해 동안 발간된 5대 증권사(미래에셋, NH, 한국투자, 삼성, 키움)의 보고서 중 매도 의견 비중은 1% 미만이었다. 증시가 활황인 경우에는 매도 의견을 내지 않는다는 것을 의미한다.

보고서 작성의 대상이 되는 종목은 이미 주가 상승의 여력이 있고 목표가를 높여야 한다는 데 동의가 된 경우에만 작성한다. 하지만 동일한 업무를 담당하는 외국계 증권사들은 매도 의견 보고서도 지속적으로 발간한다. 평균적으로 10~20%의 보고서는 매도 의견으로 내며 투자자들에게 과도한 주가에 대한 경고를 직접적으로 보낸다.

2020년 하반기 한국 주식투자자들에게 가장 많은 관심을 받은 미국 주식은 테슬라였다. 2020년 1월 130달러에 거래되던 테슬라 주가는 그해 연말 880달러까지 6배가 넘는 상승을 보였다. 한국에서도 테슬라를 통해 수익을 올린 투자자들이 많았고, 그해 개인투자자들이 가장 많이 거래한 종목이기도 했다. 하지만 같은 기간 미국 시장의 애널리스트들은 테슬라 주가에 꾸준히 부정적인 시그널을 내보내고 있었다. 목표 주가는 400달러에서 500달러 선을 넘지 않았고, 꾸준한 실적 개선이 확인되던 2021년 1분기 이후에야 목표 주가가 600달러 선까지 상승했다. 테슬라 주가는 800달러를 오르내리다 결국 시장 컨센서스에 맞춰 2021년 2분기에는 600달러 수준에서 거래되었다. 시장의 목표와 주가가 어느 정도 수렴하는 모습을 보여준 것이다. 현명한 투자자라면 이러한 평가를 미리 확인하고 투자에 주의했을 것이다.

국내 주식시장에서 증권사 보고서, 특히 목표가와 투자 의견의 문제는 이런 데이터가 정확하지 않다는 것을 모두가 암묵적으로 인지하

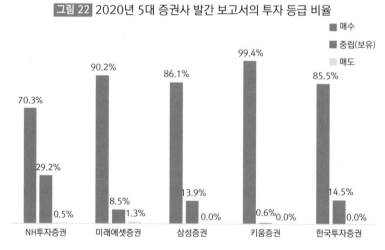

그림 22 2020년 5대 증권사 발간 보고서의 투자 등급 비율

참고: 리포트 전체 건수가 아닌 종목 수로 계산
(예: 최근 1년간 특정 종목에 대한 투자 의견이 변경된 경우,
가장 최근 일에 공표된 리포트 기준)

출처: 금융투자협회

DON'Ts

고 있다는 데 있다. 더 큰 문제는 보고서를 작성하는 애널리스트, 분석의 대상이 되는 IR^Investor Relations 담당자, 투자자 모두 이 데이터가 시장을 설명하는 데 적합하지 않다고 생각한다는 점이다. 일부 투자자는 목표가와 주가의 괴리를 투자에 참고하기도 하지만, 실제 투자에서 이를 진지하게 활용하는 시장 참여자는 극히 제한적일 것이다.

한국 주식시장의 '묻지마 투자' 또는 '비이성적 과열' 현상의 원인을 모두 증권사 애널리스트 잘못이라고 할 수는 없다. 다만 이러한 현상을 모두 인지하고 있음에도, 이를 묵인하는 상황이 지나치게 오랫동안 한국 주식시장의 관행이 되고 있는 점이 대단히 안타깝다. B급 행태를 모두가 알고 있음에도 이를 제대로 고칠 강력한 주체도, 대중적 의지도, 언론의 역할도 부족하다. 물론 어느 하나의 노력으로 해소될 수 있는 문제는 아니다. 투자자들은 더욱더 정확한 정보와 평가를 요구해야 한다. 애널리스트들도 그들의 지식을 더욱 정확한 시각으로 가다듬어 책임감 있게 제시하는 모습을 보여줘야 하고, 기업의 IR 담당자나 재무 담당자들도 기업의 목표 주가로 주가에 영향을 주려 하지 말고 본질적인 기업가치를 고민하고 상승시키는 데 집중해야 한다.

2020년 이후 시장 참여자들이 더욱 적극적으로 증권사 의견을 참조하기 시작함에 따라 변화된 모습이 나타나고 있다. 2021년 코로나19로 인해 시중의 유동성이 넘쳐나며 금융시장도 활황을 보였다. 이로 인해 주가가 빠른 속도로 올라 일부 종목은 증권사의 목표가보다 높은 가격에 거래되는 모습을 보이곤 했다. 특히 2차전지, 플랫폼 빅테크 기업, 반도체 등 2020년에 주가가 급등한 종목은 실적 예상을 상회하는 주가 상승으로 합리적 판단의 예상치를 뛰어넘는 경우가 많았다. 기존 기업가치 이론으로 설명되지 않는 주가 급등을 보인 종목도 있다. 이런 상황에서 기업가치를 평가하는 전문가인 증권사의 애널리스트들이 자기 목소리를 낼 필요가 있다. 주가에 따라 지속적으로 목표가를 후행해서 변경하는 형태로 움직이는 게 아니라, 주가에 대한 시장의 목소리를 객관적으로 제시함으로써 시장 참여자들이 이성을 찾도록 만드는 역할이 필요하다. 주가 상승을 부추기고 이를 통해 증가하는 거품과 리스크를 방관하는 자세는 지양해야 한다.

2021년 4월 하이투자증권과 하나금융투자는 삼성전자와 SK하이닉스의 목표가에 대해 하향 의견을 낸 바 있다. 반도체 공급 관련 불확실성, 유동성 장세 제한 등을 이유로 꼽았다. 반도체 사이클은 호황이지만 반도체 칩 부족으로 불확실성 요인이 주가 상승 여력을 제한할 수 있다는 의견이었다. 메모리반도체는 호황이지만 비메모리반도체 부족으로 모바일, TV 등 전자제품 판매가 제한받고 이는 다시 메모리반도체 실적에 영향을 줄 수 있다. 구체적인 논리적 근거가 존재한다고 할지라도 한국에서 가장 주목받는 종목인 삼성전자와 SK하이닉스의 목표가 하향 의견을 내는 데는 용기가 필요했을 것이다. 그만큼 내부의 반대 의견도 많았을 것이다. 그러나 시가총액 비중이 높고 시장 주도권을 가진 종목이라 할지라도 시장의 기대를 따라잡지 못할 것으로 전망된다면 진지한 분석 결과를 반영하여 예상 목표치를 발표해야 한다. 과열과 거품에 대해서는 과감하게 경고를 보내고, 믿을 수 있는 목표가 및 분석 결과와 일치하는 결론을 도출하는 상식이 적용되어야 한다. 이는 결국 시장 효율성을 증진시키고 금융시장의 신뢰도를 높여 더 많은 참여자가 시장에서 안심하고 거래하며 투자하도록 유도할 수 있다. 언제까지나 B급 상황을 모두가 인지하면서도 묵인한다면, A급 상태로의 개선은 기대하기 어렵다. 일류 기업의 탄생을 위해서는 개인투자자, 증권사, 기관투자자, 그리고 언론이 모두 변해야 한다.

해외 사례의 시사점, GM의 기업가치 변화

제너럴모터스General Motors, GM는 미국 산업 성장의 상징과 같은 존재였다. GM은 상당 기간 자동차 산업의 혁신을 주도하는 기업이었다. 뷰익 자동차를 통해 성공의 발판을 마련한 미국의 윌리엄 듀랜트 William Crapo Durant는 1908년 지주회사를 만들고 1909년 캐딜락, 오클랜드 모터 등을 인수했다. 이후 쉐보레와 합병을 거쳐 GM은 다양한 브랜드를 거느리는 종합 자동차 기업이 되었다. 당시 산업 표준을 이끌던 회사는 포드였다. 헨리 포드Henry Ford는 컨베이어벨트에서 대량 생산하는 모델 T를 양산했고, 가격을 낮추기 위해 '검은색 차량'만 생산하는 등 극단적인 생산 효율을 표방했다. 기존 자동차 대비 최대 10분의 1까지 낮아진 가격으로 많은 업체들이 어려움을 겪고 문을 닫거나 합병되었다.

GM은 포드에 대응하기 위해 브랜드와 제품 라인업에 혁신을 도입했다. 고객 다양성에 부합하도록 다양한 브랜드를 제공했다. 고급차인 캐딜락과 대중 브랜드인 쉐보레 등 세분화된 세그먼트 타깃에 적합한 제품을 제공했고, 차량 색깔을 선택할 수 있게 하는 등 고객 선호도를 반영했다. 이런 브랜드 전략은 큰 성공을 거두었고, 1970년대까지 미국 시장점유율 50%를 차지하는 전성기를 구가했다. 성장 과정에서 GM은 제품 혁신을 게을리하지 않았다. 최초의 자동변속기를 개발해 탑재했고, 1960년대에는 터보차저를 양산했으며, 헤드업 디스플레이Head-up Display 같은 첨단 사양을 적용하기도 했다. 디자인에서도 혁신적인 시도를 통해 1950~1960년대 미국 자동차 시대의 전성기를 이끌었다.

하지만 GM의 하락세는 그로부터 멀지 않은 시점부터 시작되었다. 1970년대 오일쇼크로 소비자들은 자동차의 경제성과 품질에 관심을 가지게 되었다. 이 시점에 도요타, 혼다, 미쓰비시 같은 일본 기업들은 가격이 싸고 연료 효율이 우수한 소형차를 미국 시장에 선보였다. GM이 좀 더 효율적인 차량을 개발하기 위해 집중했다면 경쟁력을 회복할 수도 있었다. 하지만 미국 자동차업계는 보호무역에 기대어 1981년 미국 의회의 자율수출제한VER 조치를 이끌어내 일본 자동차의 가격 끌어올리기에 성공했다. 일본 자동차는 VER로 가격이 올라 단기적으로는 판매가 줄었다. 그러나 오히려 높은 마진으로 수익성이 좋아졌으며, 이를 통해 고급 옵션 적용과 품질 제고에 힘써 품질과 가격경쟁력을 동시에 확보한 브랜드라는 인식을 얻었다. 반면에 GM으로 대표되는 미국 자동차는 연비가 떨어지고 가격은 비싸며 품질이 나쁘다는 이미지를 갖게 되었다. 1994년에는 북미자유무역협정 NAFTA을 통해 북미 역내 공급망 투자를 높이도록 다시 한번 제동을 걸었다. 하지만 이것도 근본적인 해결책은 아니었다. 일본 업체들은 미국과 캐나다에 직접투자를 통해 생산시설을 확충하여 미국 시장 공략을 강화했다. 2000년대 들어 미국 시장에서 GM의 점유율은 지속적

DON'Ts

으로 하락했다.

한편, GM은 자동차 사업 외에 금융업으로 외형을 확장하려고 시도했다. GMAC^{General Motors Acceptance Corporation}를 통해 자동차 할부와 보험 등 금융 상품을 판매했다. 더욱이 서브 프라임 모기지 상품을 통해 수익을 올리는 데 열중했다. 승용 사업부의 실적이 악화된 기간에도 SUV 및 픽업 트럭 판매와 금융 부문 실적을 통해 사업을 유지하고 있었다. 2008년 금융위기는 이러한 GM의 사업구조 약점을 여실히 드러냈다. 금융 부문은 대규모 적자를 냈으며, 경기침체로 그동안 사업의 중심 역할을 하던 트럭과 SUV의 판매도 급감했다. 결국 GM은 2009년 6월 파산을 신청했다. 당시 GM의 자산은 823억 달러인데 반해 부채는 1,730억 달러나 되었다. 미국 의회에서 구제 법안이 검토되었으나 최종 부결되어 구조조정 절차에 들어갔다. 이후 GM은 쉐보레, 캐딜락, GMC, 뷰익 등 굿 컴퍼니^{Good Company}와 사브, 허머, 새턴, 폰티악 등 배드 컴퍼니^{Bad Company}로 분리되어 최종 비우량 자산은 폐기되었다. 이 과정에서 495억 달러의 공적자금이 투입되었고, 2만 1천 명이 해고되었으며, 14개 공장이 폐쇄되었다. GM의 유럽 자회사 오펠은 분리되어 PSA에 매각되었고, 스바루 지분은 도요타, 스즈키-이스즈 지분은 폭스바겐에 각각 매각되었다.

GM의 이야기는 여기서 끝나지 않는다. 2010년 미국 증시에 재상장된 GM은 우량 자산으로 남아 있던 브랜드를 중심으로 회생 기회를 엿보았다. 차량 판매 기준으로 도요타에 뒤처졌던 GM은 2011년 판매고가 회복되어 1위를 탈환하는 것처럼 보였다. 하지만 이후 하이브리드 차량을 앞세운 도요타에 뒤지며 2012년 2위로 밀려나기 시작했다. 이후 미국과 중국 시장에서 폭스바겐 그룹이 무섭게 성장하며 1위를 달성하자 GM은 3위로 밀려났고, 2019년에는 르노닛산에게도 밀려 4위로 떨어졌다. 2020년에는 현대차그룹에게 밀리고, PSA와 FCA가 합병하며 탄생한 스텔란티스Stelantis에게도 뒤져 6위까지 떨어지고 말았다.

2014년 GM의 회장으로 임명된 메리 바라Mary Barra는 기존 가솔린 자동차와 대형차 중심의 라인업을 변경하겠다고 선언한 바 있다. 자율주행 자동차와 전기차에 집중하여 미래 성장 시장을 미리 준비하고 선도해 나가겠다고 발표했다. 쉐보레의 볼트EV는 장거리 주행이 가능한 실용적인 전기차로 성공적으로 개발되었으며, 슈퍼크루즈Super Cruise 같은 자율주행 기술을 발표하는 등 소기의 성과를 거두고 있다.

하지만 여전히 GM의 갈 길은 멀어 보인다. 단기적으로 가솔린차 중심의 기존 자동차 헤게모니에서 주도권을 회복하기는 어려워 보인다. 또 새로운 시장 구조의 재편을 염두에 둔다고 하더라도 테슬라와 같이 혁신적인 모델을 보유한 전기차 업체에 비해 기술적인 측면에서도 유리하지 않은 것으로 평가된다. 자율주행 기술의 선도적 지위를 확보하기 위해 투자하고 있지만 이 또한 쉽지 않다. 시장조사기관 가이드하우스 인사이트에 따르면 GM의 자율주행 기술인 크루즈는 2019년 2위였으나, 2020년 3위로 떨어지고 2021년에는 5위까지 순위가 지속적으로 하락하고 있다. 같은 기간 반도체 기업 엔비디아, 포드-폭스바겐 합작사 아르고 AI, 중국의 바이두가 약진하고 있다. 한국의 현대차그룹과 미국의 앱티브Aptiv가 함께 설립한 모셔널Motional도 GM의 뒤를 바짝 뒤쫓고 있다. GM에게는 현재의 사업도 미래의 사

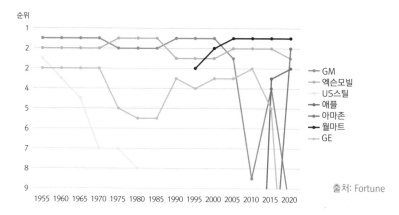

그림 23 지난 70년 동안 포천500 기업 순위 변화

출처: Fortune

업도 경쟁력을 확보하기가 녹록치 않아 보인다.

　GM의 기업 역사를 보면, 지속적으로 B급 경영을 A급 성과로 포장하고 주장하려는 기업이 결국 서서히 쇠락해 가는 과정을 여실히 보여준다. 'GM에게 좋은 것은 미국에도 좋은 것'이라고 언급될 정도로 성공적이었던 GM은 미국 기업의 상징이었다. 그러나 전성기를 지난 GM은 계속 위기를 경험했으며, 과거의 영광을 재현하기 위한 단기적인 경영 기법과 해결책에만 몰두했다. 지속적인 구조조정, 신규 사업 진출, 금융 지원이 실시되었지만 어느 하나 탁월한 성과를 올리지 못했다. 겉으로 포장된 회생 전략은 그럴 듯했지만, 실제 이를 뒷받침하는 과감한 실행력은 부족했다. 한때 전 세계의 벤치마킹 대상이었던 초일류 A급 기업 GM은 점차 B급 이하의 모습으로 전락해 가고 있다.

실패 기업이 주는 교훈

○
●

　개인이나 기업뿐만 아니라 국가도 위기를 겪으면 진정한 실력이 나온다. 그 위기가 스스로 자초한 것이든 외부 환경에 의한 불가항력적인 것이든 상관없다. 그런 면에서 '잃어버린 10년'(20년 혹은 이제는 30년이라고까지 불리는)으로 시작된 일본의 장기침체와 쇠퇴는 이번 코로나19 위기 속에서 더욱 가속화되는 느낌이다. 도쿄 올림픽 개최 여부로 국론이 분열되는가 하면, 결국 특별한 성과 없이 정치 리더십의 변화로 연결되었다. 한때 G2 자리에 있던 일본이 코로나19 대응을 놓고 내부적으로 혼선을 빚으며 어쩌다 우왕좌왕하는 상황까지 이르게 되었을까? 이에 대한 대답으로 다양한 시각들이 존재한다. 어떤 이는 흥미롭게도 역사 왜곡으로 검증된 현실 인식에 대한 부정확한 판단력에서 찾기도 하고, 고도성장기 이후 나타나는 필연적인 정체기의 과정으로 보기도 한다.

　하지만 분명한 것은 일본 경제구조에서 주축을 차지하는 장수형 제조업체들이 장기침체 과정에서 구조적 변화 트렌드에 적응하지 못하고 전략 전환을 제대로 하지 못해 경영 위기에 직면하면서 글로벌 경쟁력을 상실했다는 점이다. 장수형 기업일수록 과거로부터 내려온 경영 기반이 상대적으로 견고하기 때문에 불황이 오자 일단 몸을 움츠려 어느 정도 버틸 수는 있었지만, 일본 경제의 부진이 장기화되고 제4차 산업혁명으로 산업 패러다임이 바뀌는 과정에서 더는 경쟁력을 유지하기 어려웠을 것이다. 이는 결국 혁신의 부재와 성장의 쇠퇴를 의미한다.

한국에서 성과가 저조한 기업이나 한계기업도 이와 유사한 특징을 발견할 수 있다. 저성과 기업들 중에는 일본처럼 과거에 큰 성공을 거둔 기업들이 많다는 사실도 흥미롭다. 자체 역량으로 혹은 우연한 행운으로 업계 선도적 지위에 올랐던 이러한 기업들은 과거의 훌륭한 성과로부터 오는 자만심 또는 자신에 대한 과대평가로 인해 기업 성과가 더욱 악화되고 결국엔 한계기업으로 전락하고 말았다. 사실, 훌륭한 성과를 이루기까지는 경기 사이클이나 경제 순환기의 시기적 운 혹은 다른 기업의 판단 착오나 성과 하락에서 비롯된 외부 변수가 중요한 역할을 하는 경우가 많은데, 그 사실을 깨닫지 못하고 경영자 자신의 능력으로 이루었다는 과대평가를 하기 쉽다. 이는 자연스럽게 자만의 길로 빠져 개선과 변화의 기회를 놓치고 만다. 반면에, 현재에도 성과가 우수한 기업들은 우연한 기회에 포착해 더욱 발전시킨 자사 고유의 강점을 시대 변화에 맞게 개선시키고 있다. 이들은 핵심 역량이 되는 기술이나 서비스를 깊게 파고들어 심화시키는 한편, 외부 세계도 관찰하면서 다른 기술과 산업 트렌드 변화에 맞게 독자 기술의 발전 방향을 조정하고 다양한 제품이나 사업에 도전하는 등 급변하는 시대 변화에 맞는 유연한 전략으로 대응한다.

요즘과 같이 시중에 유동성이 풍부한 상황에서는 기업들이 실적에 비해 높은 가치로 투자를 받으면서 스스로를 과대평가하는 경우가 많다. 경쟁력이 떨어지는 부분이 명확히 있음에도 많은 투자자들이 찾아오고, 그 결과 좋은 조건으로 투자를 받다 보니 본질가치 이상의 기술력과 가치를 가진 기업이라고 착각한다. 그러나 투자 유치 이후 높아진 눈높이에 맞는 실적이 나오지 않으면 더 무리하게 도전한다. 반면, 안 좋은 일은 두리뭉실하게 좋은 게 좋다는 식으로 적당하게 넘어가며 심각성을 냉정하게 인정하지 못한다. 이런 마음가짐과 태도는 더 큰 문제를 일으킬 가능성이 높다. 문제를 있는 그대로 인정하고 현실을 냉철하게 분석해야 올바른 목표치를 설정하고 개선 방안을 찾아 성과를 개선할 수 있음에도 오히려 상황은 더욱 악화된다.

한국만의 독특한 기업문화에서는 경영자가 이런 독단에 빠질 가능성이 크다. 경영자가 독단에 빠지면 조직 내부에서 이를 견제할 장치가 필요하지만, 우리의 지배구조와 수직적인 기업문화에서 건전한 토론과 자유로운 의견 개진은 불가능에 가깝다. 합리적인 분석보다는 경영자의 직관과 결단에 의존하는 기업일수록 리스크에 노출될 위험이 커진다. 독단에 빠져 위험과 위기 가능성을 부정하고 결국엔 산업 변화에 적응하지 못한 채 한계기업으로 전락할 수밖에 없다.

한계기업으로 전락하는 기업들은 다양한 시그널을 통해 사전에 그 가능성을 감지할 수 있다. 경영자 또는 오너의 역량과 의사결정 능력에 대한 히스토리와 시장 평가가 하나의 잣대가 된다. 잘못된 의사결정이 지속적으로 쌓이다 보면 기업에 치명상을 입히고 회복 불가능한 상황으로 치닫는다. 또한 기업 성과는 결국 재무 실적으로 나타나기 때문에 재무 지표들을 세밀히 관찰하면 기업 상태를 파악할 수 있다. 잠재적인 한계기업들은 대부분 적자 기업이다. 영업을 통해 충분한 수익을 못 내다 보니 지속적으로 빚이 늘어나서 과도한 부채를 보유하게 된다. 좀 더 자세히 들여다보면, 현금 및 현금성 자산이나 단기 금융상품 같은 회사의 유동성이 급격하게 감소하고 매출채권과 재고자산이 전년보다 급격하게 늘어난다. 기업 실적이 지속적으로 좋지

DON'Ts

않고, 그 결과 재무구조도 열악해짐에 따라 일자리에 불안감을 느끼는 종업원들이 하나둘씩 이탈하며 조직 간 원활한 커뮤니케이션이 어려워진다. 총체적인 난국이다. 어려운 상황은 급속도로 악화되는 속성이 있어 악화 조짐이 보일 때 신속한 대처가 중요하다.

이러한 기업들은 학점으로 평가하자면 퇴출 대상인 D학점을 줄 수밖에 없다. 그러나 퇴출을 원하는 기업인은 없다. C학점이 되도록 개선하고, 더 나아가 B학점을 받도록 더욱 노력해야 한다. 그 노력의 출발점은 자신이 D학점이라는 것을 인정하는 것에서 시작해야 한다. 냉정하게 자신을 평가하고 그동안의 거품과 독단적인 의사결정 관행을 걷어내야 한다. 관행이라는 바꾸기 어려운 버릇 때문에 잠시 머뭇거리다 보면 곧바로 강제 퇴출이다. 앞서 얘기한 바와 같이 어려움은 순식간에 악화된다. C학점으로 평가가 개선되고 그런 노력이 지속되어 B학점 기업으로 재탄생하더라도 자만해서는 안 된다.

국내 기업들을 경영 실적을 토대로 평가하면 대부분 B^-에서 C^+ 사이에 분포한다. 따라서 이제 겨우 평균 수준으로 돌아왔을 뿐이다. 그러나 경영자들은 D학점 시절과 비교해서 괄목상대할 변화가 일어난 것으로 느낀다. 매출은 회복되고 수익성도 산업 평균 수준으로 돌아와 재무적인 압박에서 벗어난 것만으로도 다시 A학점 기업이 된 것처럼 착각한다. 더군다나 높은 기업가치를 인정받고 외부 투자자를 유치했던 기억이 있지 않은가. 문제는 여기서 발생한다. A학점 기업 수준의 성장을 위한 투자가 너무 일찍 집행되면 회사는 다시 재무구조 위기의 악순환에 빠지게 된다. 따라서 자신을 냉정하게 평가하고 유지 가능한 흑자 구조를 구축하기 위한 재무 개선 노력을 지속해야 한다. 세상이 인정하는 엄연한 평가기준이 존재함에도 개별 기업만의 시각을 고집하거나 나만의 특수한 상황을 이유로 예외를 인정받으려는 것은 원칙 없는 욕심이며, 결국 기업 경쟁력에 전혀 도움이 되지 않는 독선일 뿐이다. 저성과를 부정하는 독선이 유지되는 한 다시 퇴출될 가능성이 높아진다.

현재의 성과가 진정한 실력이 아닐 수 있다

2020~2021년에 한국 주식시장의 여러 주가 상승 종목 중 두드러진 기업이 하나 보인다. 코로나 사태의 직접적인 수혜주도 아니고 제4차 산업혁명과 관련된 신생 기업도 아니다. 전통 산업에 속하는 기업이지만 2020년 6월부터 2021년 6월까지 1년 동안 주가가 약 14배 상승했다. 바로 컨테이너 선사인 HMM이다. 한때는 퇴출 기업으로까지 몰렸지만 2016년 최대주주가 한국산업은행으로 변경되며 살아남았다.

경기 민감 산업으로 분류되는 해운업의 산업 사이클은 유명하다. 2017년 2월에는 우리나라 최대 해운사였던 한진해운이 결국 파산했다. 다행히 최근에는 슈퍼사이클로 접어들며 운임지수가 사상 최고치를 경신하고 있고, 이로 인해 HMM의 실적이 최대 호황을 기록하고 있다. 2021년 1분기 영업이익은 1조 193억 원을 기록했고, 2분기는 이보다도 더 성장하여 1조 3,889억 원을 기록, 전년 동기 대비 900% 이상 증가하는 역대 최고치를 경신했다. 산업의 특성을 이해하고 비

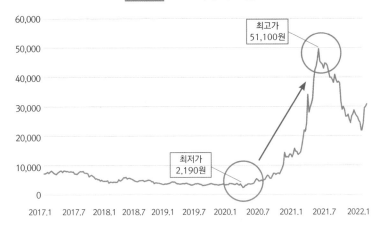

그림 24 HMM의 주가 흐름

최고가
51,100원

최저가
2,190원

용 효율적인 세계 최대 2만 4천 TEU급과 1만 6천 TEU급 선박을 포함한 편대를 구성해 신해운 동맹 협력을 시작했다. 최대주주인 한국산업은행이 개선된 성과에 자부심을 가질 만하다. 그러나 HMM의 경영 성과를 A학점이라고 평가할 수 있을까?

평가상의 주요 조건인 상대 평가를 위해 글로벌 경쟁업체들과 비교해 보면, 산업 사이클상 전반적인 호황으로 인해 해외 경쟁업체들도 역사상 최고 실적을 갱신했다. 반면, 현재 호황의 지속 가능성에 대해서는 우려의 목소리가 많다. 유가가 상승하고, 코로나19 사태가 진정돼 운항 편수가 증가하며, 수에즈 운하가 정상화되어 처리 물동량이 증가하면서 점진적인 운임 하락이 예상된다. 또한 호황기를 맞아 컨테이너 선박 건조 발주가 급증하고 있어 이들이 인도되는 시점인 2~3년 후 운임 하락은 명약관화하다. 세계 1위 컨테이너 선사인 머스크도 2015년 당시에 예상하기로는 향후에도 이익이 지속될 것이라

그림 25 HMM 경영 실적

조 원
■ 매출(좌)　■ 영업이익(좌)　── 영업이익률(우)
%

출처: 회사 사업보고서

고 판단했지만 1년 뒤 2016년에 실적이 악화되어 구조조정을 단행한 적이 있을 만큼, 해운 산업의 사이클은 (특히 호황기의 도래와 유지 가능성에 대해서는) 예측 불가능할 정도로 외생 변수가 다양하다.

HMM 내부적으로도 여전히 해결해야 할 이슈가 남아 있다. 과거 호황기에 계약한 용선료 부담에서 아직 완전히 벗어나지 못하고 있으며, 초대형 선박 전략에 따른 소형 선박 처리도 문제다. 어려운 시기를 이겨내기 위해 8년 동안 동결된 임금의 장기적인 회복 방안도 모색해야 한다. 기업 내부의 준비와 노력도 물론 컸지만, 우호적인 외부 환경이 크게 작용하여 사상 최대의 실적을 기록한 만큼, 산업 사이클상 불황기에도 경쟁사 대비 우수한 성과를 유지할 수 있는 절대 경쟁력 수준 검증이 필요하다.

한국은행이 2020년 9월에 발표한 자료에 따르면, 국내 2만 3천여 개 외부감사 대상 비금융 법인기업(외감 기업) 중 영업이익을 이자비용으로 나눈 이자보상비율이 3년 연속 1 미만인 한계기업은 2019년 말 기준으로 14.8%(3,475곳)였고, 2020년 말에는 21.4%(5,033곳)로 전년 대비 6.6%p 급등할 것으로 예상됐다. 한국은행이 관련 통계를 집계하기 시작한 2010년 이후 최대치다. 코로나19 피해 중소기업에 대한 대출 만기연장이 지속되고 있는 2021년 상황을 고려한다면 2021년 말에는 그 수치가 더욱 늘어났을 것으로 보인다. 벌어들인 영업이익으로 이자도 갚지 못하는 상황이 3년 동안 지속되는 기업을 지칭하는 한계기업은, 이른바 좀비기업으로도 불리며 개별 기업뿐만 아니라 한국 경제 전체의 생산성을 떨어뜨리고 국가 경쟁력 저하의 원인이 되기도 한다.

일단 한계기업이 된 기업은 과거 통계상 이를 쉽게 벗어나지 못하는 경향이 있다. 이미 사업 경쟁력을 잃었으니 구조적인 변화가 없다면 정상적인 기업으로 전환하기가 쉽지 않다. 실제로 2016년 말 기준 2년 이상 연속 한계기업으로 존속 중인 기업은 2,152개로 전체 한계기업의 68.8%였다. 조사 기간인 2010~2016년 7년 내내 한계기업을 탈출하지 못한 기업도 504개(23.4%)에 달했다. 다행히 한계기업을 벗어났더라도 쉽게 안심하기엔 이르다. 2016년 한계기업에서 정상기업으로 전환된 기업 598개 중 19.2%는 이자보상비율이 100~120% 구간에 있었다. 영업 성과에 조금이라도 차질이 발생하면 언제든 다시 한계기업이 될 가능성이 높은 것이다. 실제로 이들 중 62.5%는 2010~2014년 중 이미 정상기업에서 한계기업으로 전환된 경험이 있었다.

이렇듯 한계기업 비중이 20%를 초과하고, 2020년 당해 실적 기준

영업이익으로 이자도 감당 못하는 기업이 10곳 중 4곳에 달하고 있지만, 한국의 경영자들은 이러한 현실을 쉽게 받아들이지 못한다. 일시적인 실적 악화일 뿐, 외부 자금 지원을 통해 단기간만 버티면 언제든지 정상으로 복귀할 수 있다는 자신감이 충만하다. 경쟁 구도가 바뀌고 산업 패러다임이 변하는 현실을 수용하는 데 시간이 걸린다. 또한 이러한 기업 평가가 사후적인 재무 실적을 기준으로 이루어지다 보니, 결산이 이루어지기 전까지는 위험을 제대로 인지하지 못한다.

그동안 일자리 안정과 정치적인 이유에서 기업 구조조정과 디폴트에 인색했던 중국도 미중 무역분쟁 이후 중국 경제의 체질 강화와 자국 기업의 글로벌 경쟁력 확보 차원에서 좀비기업의 퇴출에 적극적이다. 또한 이러한 구조조정 과정에서 초우량 기업인 신용등급 트리플에이AAA 기업들이 하루아침에 디폴트 위기에 처하자 중국 신용평가사들의 주먹구구식 신용평가 관행에도 철퇴를 내렸다. 중국 금융 당국은 4위 민간 신용평가사인 다궁국제에 기업 신용등급을 부풀리고 지나치게 높은 수수료를 받았다는 이유로 1년간 영업정지 처분을 내리기도 했다.

코로나19 사태로 인해 산업별로 업황의 명암이 확연히 엇갈리고, 근원적 경쟁력에 따라 일부는 한계기업으로 편입되어 퇴출되는 상황이 발생한다. 코로나 수혜주로 각광받는 기업들은 전에 없는 호실적으로 주가가 역사상 최고점을 갱신하고 있다. 코로나19가 언제 종식될지, 종식되고 난 이후 세상이 또 어떻게 변할 것인지 지금 시점에서 예단하기는 힘들지만, 어쨌거나 현재의 상황이 정상이 아니라는 것에는 모두 공감한다. 그런 면에서 코로나19 시대의 경영 성과를 바탕으로 기업의 절대적인 경쟁력을 평가하는 것은 매우 위험하다. 운도 실력이라는 말이 기업 경영에도 적용되지만, 운을 실력으로 바꿀 수 있는 치열한 노력이 필요하다. 본원적인 경쟁력을 평가받을 검증의 시간이 곧 다가온다. B급 경영 성과를 A급이라고 우기듯이 D급 경영 성과를 C, B급으로 착각하고 심지어 우기는 것은, 결국 해당 기업의 퇴출로 연결될 뿐 아니라 기업의 다양한 이해관계자가 가진 반기업 정서를 개선하기 위해 여러 선도 기업들이 쏟는 노력의 의미를 퇴색시키는 일이다.

3
오만

자기중심적으로
사고하지 마라

의사결정의 주요 기준이 기업가치 창출이라면 기업가치를 정의하고
평가하는 주체는 누구인가?

외부 고객과 내부 고객의 시각은 주요 주주의 시각과 어떻게 다른가?

기업의 성과를 바라보는 주주와 시장, 직원, 고객의 시각은 어떻게
같고 다른가?

 자기중심적 사고의 장단점이 뚜렷이 구분되는가? 사실, 대답하기
쉽지 않다. 성공 요소이기도 하고, 동시에 실패 원인으로도 작용하기
때문이다. 모든 성공의 배경에는 대부분 독창적인 아이디어가 있고,
매우 불확실하고 만만치 않은 상황에서 고독한 의사결정이 있다. 다양
한 변수가 뒤섞인 복잡한 미래 시나리오에서 주관적인 확신에 기반한
과감한 의사결정과 도전적인 실행력은 사업 성공의 중요한 요소다.

하지만 과거의 성공이 미래의 성공을 보장하지 않는다. 이를 경계하는 대표적인 키워드가 휴브리스Hubris다. 휴브리스의 사전적 의미는 "오만, 지나친 자신감, 그리고 그리스 비극에서 천벌을 받아야 할 정도의 신에 대한 불손"을 뜻한다. 영국의 역사학자이자 문명비평가인 토인비는 "역사는 창조적 소수에 의해 바뀌지만, 일단 역사를 바꾸는 데 성공한 창조적 소수는 (성공한 기업가도 마찬가지다) 일을 성사시킨 자신의 능력이나 방법을 지나치게 믿기 때문에 우상화의 오류를 범하기 쉽다."고 판단했다. 이는 과거의 성공 경험을 과신해 자신의 능력과 방법을 절대적 진리로 착각하는 것이다. 과거의 성공으로 인한 자기 과신이 발목을 잡고 결국 실패로 이어진다.

이후 휴브리스는 역사 해석학 용어로 그치지 않고 과거의 성공 경험에 집착해 실패의 오류를 범하는 사람들을 통틀어 일컫는 말로 확대되었다. 휴브리스에 빠진 사람들은 자신의 경험과 능력만을 절대적으로 확신하고 주변 사람의 생각이 어떻든, 그리고 세상이 어떻게 바뀌고 있는지 상관하지 않고 자신의 방식대로 오만하게 일을 밀어붙이다가 실패하고 만다.

빠른 의사결정은 중요하다. 올바른 의사결정은 더욱 중요하다. 물론 100% 완벽한 의사결정은 없다. 따라서 적절한 시기에 적절한 의사결정을 하는 것이 효과적이다. 이를 위해서는 결정의 순간까지 가장 빠르게 필요한 정보를 수집하고 주요 이해관계자와 최대한 깊게 상의하면서 정확한 상황 판단하에 과감한 의사결정을 해야 한다. 또한 비록 신중하게 한 선택이라도 새로운 정보를 얻거나 상황이 바뀌었을 때는 변경할 수 있는 유연함과 결단력을 가져야 한다. "누구도 좋은 결정을 계속 독자적으로 할 수는 없다." 휴브리스의 교훈이다. 휴브리스형 인간의 예는 사실 정치, 사회, 문화, 경제 등 모든 영역에서 쉽게 찾아볼 수 있다.

엔론과 IBM을 통해 본 기업의 흥망성쇠

○
●

엔론의 몰락과 교훈

엔론은 인터노스와 휴스턴 내추럴 가스가 합병한 회사였다. 이 합병은 두 회사의 사명이 바뀌는 대등한 합병이었지만, 사실 인터노스가 휴스턴 내추럴 가스를 인수한 것에 가까웠다. 그러나 인터노스 측 경영진이 몰락하면서 휴스턴 내추럴 가스의 CEO였던 케네스 레이가 회장이 되었다. 회사를 건실한 규모로 키울 생각이던 레이는 남아 있던 부채를 청산하도록 명령했고, CEO인 제프리 스킬링은 회사를 구조조정하기보다 장부상 조작을 택했다. 당시엔 그게 대세이기도 했다. 문제는 스킬링이 택한 방법이 단순히 충당금을 조정하고 감가상각을 늦추는 회색지대가 아닌 명백한 범죄라는 것이었다. 엔론은 파산하기 전까지 각종 유령 회사를 세워서 부채를 떠넘기기에 바빴다. 대외적으로는 건실한 에너지 기업이라고 홍보했지만 실체는 거대한 빚을 지고 있는 부실기업에 지나지 않았다.

회장인 케네스 레이는 장부만 보고 회사가 건실하다고 믿고 엔론이 각종 사업에 문어발처럼 뛰어들도록 했다. 기존에 하던 에너지 사업 외에 펄프, 통신사업 등에 진출했다. 그중 1998년부터 본격적으로 뛰어든 통신사업은 엔론 파산에 결정적인 역할을 했다. 엔론은 인수 및 직접 건설을 통해 총 3만 킬로미터에 달하는 광통신망을 보유했는 데, 과포화 상태에 있던 미국 내 통신망 산업은 엔론에게 빚만 안겨주 었다. 또한 제프리 스킬링은 현장 중심 경영, 즉 구체적 실행과 개선 보다는 거시적이고 창조적인 담론을 통한 새로운 혁신 방안 도입에만 집착했다. 스킬링이 엔론으로 이직해서 최초로 거둔 성과가 천연가스 트레이딩 시장을 만들고 엔론을 초기 시장 지배자로 키운 혁신 프로 젝트였다. 이전까지 석유산업에서 처치 곤란한 부산물로 취급받던 천 연가스를 엔론의 핵심 사업으로 키우고 심지어 증권화해서 거래시장 까지 만들었지만, 결국 회사 주요 사업에 선물거래를 집어넣은 셈이 되었다. 엔론의 수많은 경영 실패 중 하나가 이런 선물 투기에 의존한 수익구조였다.

엔론의 실패는 분식회계뿐만 아니라 20세기 말에 풍미한 닷컴버 블과도 연관이 있다. 당시 닷컴버블은 온라인 사업에 뛰어든 사업자 들에게 장밋빛 미래를 약속했고, 엔론도 '엔론 온라인'이라는 온라인 B2B 사업에 뛰어들었다. 문제는 온라인 사업이 사람만 많고 수익성 이 없다는 것에 있었다. 엔론뿐만 아니라 파산한 수많은 온라인 기업 들이 그런 경우였다. 경영진들은 당황했다. 그들은 회계장부를 조작 해서 회사가 계속 살아남도록 했다. 외부 감사였던 아서 앤더슨의 전 폭적인 지원하에 그들은 2000년 한 해에만 5억 달러의 부실을 랩터 조합이라는 유령 회사에 숨겼으며, 월드콤과 짜고 회선 임대 교환거 래로 매출을 조작했다.

그러나 그들의 모든 시도는 2001년 3월에 랩터 조합의 정체가 폭로되면서 실패로 돌아갔다. 엔론의 신용등급은 정크 등급까지 떨어졌고, 이것은 80억 달러에 달하는 단기 채무의 즉시 상환 요구를 촉발시켰다. 결국 엔론은 2001년 12월 2일에 파산보호를 신청했다. 불과 1년 전에 엔론은 연간 1천억 달러의 매출을 기록하고 정직원만 2만 2천 명을 고용한 거대 기업이었지만 몰락은 순식간이었다.

한편, 미국에서는 2000년 4월부터 전력공급이 확 줄기 시작해서 5월에 전력 단가가 폭등했다. 2000년 8월부터는 샌프란시스코에서 전력난이 발생했으며, 2001년 1월에는 전력난이 너무 심해져 당시 캘리포니아 주지사가 경보를 발령하기도 했다. 그동안 전력 가격이 엄청나게 폭등해서 발전 회사가 전력공급 회사에 파는 비용이 800%가량 올랐다. 당시 엔론은 이 사태를 악용해 공급량을 더 줄여서 가격 상승을 부채질했다. 캘리포니아주의 전력 담당 공무원은 엔론 CEO에게 전화해서 제발 공급량을 줄이지 말라고 부탁하며 불법이라고 경고까지 했다. 그러나 엔론 CEO는 "캘리포니아에 있는 당신들이 뭘 어떻게 하든 상관없습니다. 나한테는 항상 돈을 벌 방법을 알아낼 똑똑한 인재들이 있거든요."라고 대답했다.

결국 전력공급 회사 두 군데가 파산 선언을 하자 캘리포니아주가 적극적으로 개입하기 시작했고, 연방정부에서도 사건을 조사하기 시작했다. 2001년 말 엔론의 회계 스캔들이 터지면서 몰매를 맞게 되었고, 그때서야 캘리포니아 주정부는 재빨리 전력공급 문제를 바로잡았다. 2006년에는 연방정부와 캘리포니아 주정부가 그 이전까지 비상식적으로 높은 전력 요금을 납부했던 캘리포니아 주민들과 전력공급 회사에 과부과된 요금을 돌려주었다. 엔론과 다른 공모자들이 그때

벌어들인 이득이 100억 달러가 넘었다. 엔론 외에도 많은 기업들이 이 카르텔에 끼어 있었다는 것이 당국 조사로 밝혀졌고, 이들 중 상당수는 파산했다.

케네스 레이 회장은 6건의 혐의에 대해 유죄가 확정되었지만, 형량이 선고되어 수감되기도 전인 2006년 7월에 관상동맥 질환으로 인한 심장마비로 사망했다. CEO 제프리 스킬링은 징역 14년에 벌금 4,500만 달러를 선고받았다. 그는 연방교도소에서 복역한 후 2019년 2월에 출소했다. 또 다른 CEO 앤드루 파스토는 정부 측 증인으로 협력하며 징역 6년으로 감형을 받고 2,380만 달러 몰수에 동의했다. 이후 미 의회에서 사베인즈-옥슬리법이 제정되었다.

IBM, 메인프레임컴퓨터의 전설에서 시스템 솔루션 리더로

IBM은 상점용 금전출납기를 제조하는 회사로 출발하여 제2차 세계대전 당시에는 총기도 생산했다. 컴퓨터가 출현한 이후에는 업무용 중대형 메인프레임컴퓨터 제작과 판매를 주력 사업으로 했다. 업무용 메인프레임컴퓨터가 주력이긴 하나 사업 초기의 생산 품목인 상점용 금전출납기, 즉 POS기를 2012년까지 생산했다. 이후 천공카드를 이용한 통계 및 계산 장치를 연이어 내놓았으며, 정보처리에 관한 노하우를 쌓았다. 이들 기계는 인구센서스, 공장자동화, 사회보장제도에까지 쓰이면서 큰 인기를 끌었고, 이 과정에서 OMR 카드의 원형인 시험 채점기도 만든다.

1964년에는 당시 사장인 토머스 왓슨 주니어Thomas J. Watson Jr.가 IBM의 사운을 걸고 최초의 현대적인 메인프레임컴퓨터로 불리는

'IBM System 360'을 발표한다. 50억 달러라는 당시로서는 천문학적인 예산이 투입된 이 프로젝트는 엄청난 반향을 불러일으켰으며, 지금까지 IBM을 성장시킨 메인프레임컴퓨터 시스템과 컴퓨팅 서비스를 제공하는 사업 기반이 되었다. 이후 대중적으로 잘 알려진 IT 기업으로서 IBM의 모습을 갖추기 시작한다. System 360이 발표된 2년 후인 1966년에 DRAM을 최초로 개발한다. 또한 1974년에는 다양한 굵기의 직선을 평행하게 배치한 모양의 UPC 바코드도 발표했다. 1980년에는 현대의 마이크로프로세서의 대부분을 점유하고 있는 RISC 아키텍처를 발표한다. IBM은 설립 당시부터 1980년대 중후반까지 컴퓨터 분야의 기술을 선도하고, 혁신적인 제품을 출시하며, 그야말로 파죽지세로 성장했다.

하지만 1990년대 들어 규모의 비대화로 비효율이 커지면서 성장 활력이 크게 둔화되었고, 신규 사업 분야 진출과 연구개발비 삭감 등의 문제가 발생하며 일각에선 IBM이 망하는 거 아니냐는 우려가 나왔다. 왜냐하면 미국에선 1980년대 PC 산업이 무분별하게 확장되다가 1980년대 후반과 1990년대 초반 조정기를 거치며 수많은 컴퓨터 관련 회사들이 망하고 있었기 때문이다. IBM 역시 PC 시장을 선도한 회사임에도 사실상 그 과실은 하청업체나 다름없었던 인텔이나 마이크로소프트에 돌아가는 상황이었으며, 완제품 시장에서 차별화에 실패한 IBM은 결국 DELL, 컴팩 등 다른 제조회사에 밀려 1990년대 초반 대규모 적자를 안게 되었다.

이 같은 위기 속에서 1993년 창사 이래 처음 외부 영입 인사로 IBM CEO에 취임한 루이스 거스너는 IBM의 문제를 극복하기 위해 사업

DON'Ts

분야와 핵심 사업을 재설계했다. 루이스 거스너는 시스템, 소프트웨어, 서비스를 하나로 묶은 시스템 솔루션이라는 새로운 개념을 제시했다. 이는 컴퓨터와 관련된 인력 이외의 모든 사람을 IBM 고객화하자는 의미로, 생활 속으로 IBM 기술이 침투하게 하자는 것이었다. 이 개념은 1997년 e-비즈니스 솔루션으로 확장되며, 인간 친화적 서비스를 표방했다. 루이스 거스너의 혁신은 IBM을 제품 공급업체에서 서비스 공급업체로 재탄생시키는 것이었다. 고객의 요구에 맞는 하드웨어와 소프트웨어를 제공하고, 전문적인 기술 자문을 제공하며, 지속적인 유지보수 관계를 맺는 것이다. 방식은 공격적인 인수합병이었다. 소프트웨어 자산관리 업체 아이소곤을 인수하고, 2007년 프린터 부문 분리에 이어 통계 처리 소프트웨어 'SPSS 데이터 솔루션'을 인수하는 등 70개 이상의 소프트웨어·서비스 기업을 인수합병했다. 이어서 업계 1위 소프트웨어 개발 툴 업체인 래쇼날을 인수했다. e-비즈니스 시대 통합 솔루션 서비스 기업으로서의 입지를 강화하기 위해서다. 그 결과로 1993년 당시 총매출의 27%에 불과하던 소프트웨어·서비스 사업 부문 매출 비중은 82%로 커졌다.

조직 체질도 바꿨다. 전 세계에 산재한 조직을 하나로 묶어 단일 조직으로 만들었고, 이렇게 태어난 글로벌 IBM 조직은 우수한 기술력과 IT 관련 통합 서비스 능력 및 광범위한 고객층을 확보해 시너지 효과를 냈다. 이와 더불어 전사적인 지식경영 인프라와 최고경영자의 사내 커뮤니케이션 강화로 각국의 조직과 IBM 직원들에게 일체감과 소속감을 심어줬다. 이로써 IBM은 '서비스-컨설팅-소프트웨어'를 아우르는 세계 최대 기업으로 성장해 현재 170여 개국에서 활동하고 있다. 세계 최대 제조기업이 20여 년 만에 세계 최대 서비스 기업으로 완벽하게 변신한 것이다. 혁신으로 침체에서 완전히 벗어난 IBM은 다시 한번 기술 분야를 선도하는 회사가 되었다.

지나친 자기 확신이 일으키는 문제점

○
●

투자 협상을 진행하다 보면 기업 경영권을 매각하려는 매도자나 투자 유치를 희망하는 오너와의 시각차로 인해 난감한 상황에 직면하게 되는 경우가 의외로 많다. 특히 밸류에이션 관련 시각차가 좁혀지지 않을 때에는 딜이 무산되기도 한다. 최근 몇 년 동안 시장에 유동성이 워낙 풍부해져서 매도자나 투자 유치 희망 기업이 속칭 갑의 위치에 있다고 해도 과언이 아니다. 이러한 시장 다이내믹스로 인해 투자자들은 과거에 비해 어느 정도 높은 밸류에이션은 울며 겨자 먹기로 수용할 수밖에 없다. 그럼에도 많은 경우 매도자나 투자 유치 희망 기업들의 기대 수준과는 여전히 괴리가 있다. 우리나라 대부분의 기업인들은 스스로를 업계 최고의 기업으로 평가하고 또 그렇게 평가받기를 원하는 듯하다.

2021년의 주식시장 활황으로 이러한 상황이 더욱 심해지고 있다. 코로나19 사태가 아직 끝이 보이지 않는 2021년 중반에 대부분 기업들의 주가는 이미 코로나19 이전 수준을 회복했다. 반면, 기업들의 재무 실적은 여전히 코로나19 사태로 인해 심각한 타격을 받고 있고, 영업 적자가 나도 이상하지 않는 상황이 지속되고 있다. 코로나19의 직

DON'Ts

접적인 영향을 받은 여행업계를 살펴보자. 실적을 제외하고 주가에 영향을 미치는 다른 요인들은 잠시 제쳐 두고 업계 1위인 하나투어의 재무 실적을 보면, 2019년 매출액 6,146억 원, 영업이익 75억 원을 기록하던 회사가 코로나19로 인한 여행 수요 급감으로 2020년에는 1,096억 원 매출에 영업 적자 1,149억 원을 기록했다. 1년 사이 매출은 80% 줄었고 영업이익은 1,200억 원 이상 감소하여 적자로 전환되었다. 그러나 2021년 현재, 주가는 코로나19 이전인 2019년 한 해 평균 수준을 넘어섰다. 상황이 이렇다 보니 투자 유치를 희망하는 여행업계는 자신들의 현재 실적은 아랑곳하지 않고 하나투어의 주가 밸류에이션을 기준으로 논의하기를 희망한다. 코로나19 사태가 끝날 때까지 살아남기만 하면 승자독식의 상황이 벌어질 것이라는 주장에 일부 동의하지만 현재의 기대 수준은 수용하기 어렵다. 코로나 시대에 바이아웃을 전문으로 하는 사모펀드 운용사들의 기업 인수 소식이 뜸한 이유일 수도 있다.

일반 기업 입장에서는 현재 투자업계 내 수요와 공급의 불균형을 고려하여 갑의 지위를 최대한 활용하고자 하는 것일 수도 있고, 그저 단순히 '파는 사람 마음'일 수도 있다. 그러나 객관적으로 평가해 보면, 그들이 밸류에이션의 기준으로 삼는 업계 1위 기업은 그만큼 차별화된 프리미엄을 누리는 이유가 있다. 업계 2등, 3등은 1등이 되지 못하는 부족한 부분이 있기 마련이고, 따라서 그에 적합한 밸류에이션이 적용되어야 한다. 그럼에도 여타 기업들은 이런저런 이유로 외형만 차이 날 뿐 기업의 경쟁력과 보유 역량은 동일하다고 주장한다.

중견·중소 기업 오너들, 특히 창업 1세대의 이러한 과신은 자신이 손수 일궈온 회사에 대한 애착으로 이해할 수도 있다. 하지만 국내 대기업에서도 내부 조직 역량에 대한 과신과 이에 따른 실패 사례 및 현재 진행되는 사업의 미래에 대한 우려의 시각이 존재한다. 과거 삼성그룹의 자동차 산업 진출은 대표적인 실패 사례다. 삼성그룹의 제조 역량으로 충분히 해낼 수 있다는 판단에서 시장의 공급과잉 우려에도 불구하고 시작했다가 결국에는 철수로 막을 내렸다. IMF라는 시대적인 불운이 겹치기도 했지만 결국엔 자동차 산업에 대한 과소평가, 삼성의 능력에 대한 과대평가가 결합된 실패 사례라고 할 수 있다.

국내 유통업계의 선두 주자인 신세계그룹은 2010년에 CJ올리브영을 필두로 급격히 성장하고 있던 국내 드럭스토어 사업에 분스라는 브랜드로 뛰어들었으나 실패를 맛보게 된다. 그후 심기일전하여 2017년 글로벌 1위 H&B 스토어 브랜드인 부츠와 제휴하여 재도전했지만 33개의 매장을 끝으로 결국엔 1위 사업자인 CJ올리브영을 따라잡지 못하고 시장에서 철수하기로 결정했다. 국내의 시장 지배적인 유통 사업자이기에 드럭스토어와 같은 새로운 사업모델에서도 성공을 낙관하고 많은 투자를 했으나 결국 실패로 끝나고 말았다.

지난 2021년 3월 제약·바이오 사업 진출을 발표한 롯데그룹의 행보도 우려의 시각으로 바라보지 않을 수 없다. 바이오 산업이 미래 산업으로 각광받으면서 이미 진출한 삼성, SK, LG에 이어 롯데도 진출을 선언했다. 그러나 오랜 역사를 가진 LG를 비롯하여 이미 성공적인 사업을 영위하고 있는 삼성, SK와 달리 롯데는 뚜렷한 사업 주체나 전략이 불명확한 상황으로 보인다.

국내보다 중국을 포함한 동남아에서 더 큰 매출이 발생하는 제과업체 오리온도 중국에서 바이오 사업을 시작한다고 선언했다. 중국 국영 제약업체와의 합자를 통해 우선은 암을 포함한 중증질환 진단키트의 유통 사업을 전개한다고 한다. 오리온의 중국 내 브랜드 파워와 시장의 높은 신뢰도 및 사업 네트워크를 바탕으로 바이오 사업도 성공을 자신하지만 중국 내에서는 전혀 다른 사업인 만큼 성공 여부는 두고 봐야 할 일이다.

한국 경영자들의 자기 중심적이고 지나친 자기 확신은 해외 기업들 간에는 자주 볼 수 있는 조인트벤처나 사업 협력 관계를 국내 기업들 간에는 찾아보기 어렵게 만드는 배경이 되기도 한다. 앞에서 얘기한 바와 같이 인수합병이나 투자 유치 과정에서 자기 중심적인 밸류에이션은 다수의 딜을 무산시키기도 한다. 조인트벤처 설립 과정에서도 각자의 입장과 이해관계를 양보하지 않으려는 자기 중심적 사고방식으로 인해 실무진은 고통스럽고 일의 진행은 더디다. 이러한 이유로 특히 오너들의 성향이나 조직문화가 상이한 재벌이나 대기업들 사이의 인수합병은 주로 정부에 의한 강제적인 산업구조조정이 대부분이었으며, 오너들 간의 사전 교감에 의해 그룹 전환기에 이루어지는 빅딜이 아니면 극히 드물었다.

자기 중심적인 경영 마인드는 글로벌 진출 과정에서도 걸림돌로 작용한다. 해외 현지로 진출을 희망하는 한국 기업이 진출 국가 내 조인트벤처나 제휴 파트너사와의 협업 내용이나 구조에 대해 자기 중심적인 시각을 고집하는 경우가 많다 보니 현지 파트너사와 마찰이 잦다. 진출을 위한 초기 협상 과정은 난항의 연속이고 일정은 예상과 달리 계속 지연된다. 그사이 현지 시장 상황도 바뀌는 경우가 발생하여 결국에는 제휴가 무산되거나 성사되더라도 당초 예상했던 결과와는 차이가 생긴다. 지금까지 우리가 주로 진출했던 지역이 중국을 포함한 동남아 지역이다 보니 기술 유출 문제나, 조인트벤처 운영에서 상대적으로 선진국인 우리나라 방식으로 운영되기를 희망했던 배경도 있다. 조인트벤처는 깨지기 위해서 한다고 하지만 이는 깨지기 전까지 소기의 목적을 달성하는 것을 전제로 하는 얘기다. 그런데 현실은 제대로 운영도 되기 전에 결렬되거나, 우리가 요구하는 방향으로 합의점을 찾는 데만 많은 시간과 노력을 허비하고 정작 실적은 지지부진한 경우가 부지기수다. 오히려 현지 파트너사의 의지대로 운영한 기업이 성과가 좋았던 경험도 있다. 사회적인 시스템이 잘 갖춰진 선진국이 아닌 이상 현지인이 제일 잘 알고, 제일 잘할 수 있다. 능력이 없음에도, 또는 능력은 있지만 인프라가 다른 상황임에도 자기 생각을 고집하는 것은 어리석은 일이다.

파트너십의 필요성

경쟁력이나 차별화 요소를 외부에서 확보하는 방법은 전략적 제휴나 조인트벤처 같은 파트너십이 일반적이다. 우리에게 없는 역량을 확보하기 위해 추진하는 인수합병의 보완재로서 파트너십은 충분한 전략적·재무적 의미가 있다. 특히 요즘 같은 글로벌 경쟁 시대에 해외시장에서의 입지가 기업 성장과 가치 제고의 필요조건이 되는 현실에서는 진출 국가의 관습과 문화, 독특한 기업 운영방식을 속속들이 모르

DON'Ts

는 상황이라면 글로벌 파트너십이 인수합병만큼 효과적인 수단이다. 하지만 국내 기업은 전통적으로 조인트벤처나 파트너십에 매우 소극적이었다. 물론 한국 경제의 고도성장기에 해외 선진 기술을 도입하는 방편으로 시작되어 해외 진출의 거점을 마련하기 위해 현지 기업과의 파트너십을 결성한 적도 있고, 반대로 한국의 소비시장에서 확실히 성장하려는 해외 선진 기업들의 제안으로 파트너십을 시도했지만 장기적인 성공 사례는 손에 꼽을 정도다. 글로벌 스탠더드를 경영에 본격 접목하려는 노력이 시작되기 전에는 경영관리 방식의 후진성이나 투명성 문제로 적극적이지 않았다면, 그 이후에는 윈윈 전략을 함께 도출하기 위한 협상이나 국제계약 체결 부담이 크게 작용했다.

하지만 적극적인 시도로 경험이 축적되지 않으면 글로벌 파트너십 역량은 내재화하기 어려울 수밖에 없다. 물론 여전히 공개하고 싶지 않은 소유와 경영 관련 지배구조의 문제도 존재하고, 협상 테이블에서 자신 있게 내놓을 차별화된 경쟁력이 부족할 수도 있다. 많이 개선되었지만 일감 몰아주기 관행에 대한 부담도 존재하고, 반면에 협상 테이블에서 강점이라고 얘기하는 그룹 역량은 계열사가 독립 법인인 경우에는 쉽사리 그룹의 신사업 추진이나 다른 계열사 자원과 결합시키기가 어렵다. 또한 협상에 나서는 국내 기업의 담당 부서나 담당자가 협상 기간은 물론이고 파트너십을 추진하는 과정 전반에서 책임감과 연속성을 가지고 추진하는 것이 어려운 경우도 많다. 이는 신사업 추진 방식이나 업무 분장, 그리고 최고경영자의 우선순위와 개입 방식이 글로벌 기업과는 많이 다르기 때문이다.

실제로 국내 고객사의 요청으로 해외 기업과의 파트너십 협상을 위한 지원 업무에 참여할 기회가 여러 번 있었는데, 조직 내에 관련 경험이 많지 않고 실무 담당자는 자신에게 부여된 임무를 관철하는 것에 매진하다 보니 협상의 우선순위와 양자 간에 주고받을 것을 조율하는 작업이 결코 쉽지 않았다. 파트너십 협상의 주도권을 어느 기업이 보유하고 있는가와 무관하게 '재무제표상의 연결' 같은 국내 기업의 기존 정책 방향성과 관련된 사항들은 유연하게 풀어내야 함에도 파트너십의 전제 조건으로 못 박아 두다 보니 협상 초기부터 난맥상이 풀리지 않았던 경험도 있다. 미래에 대한 불확실성 때문에 투자자금에 대한 최소한의 담보 또는 반대급부를 미리 챙기고자 하는 의도가 물론 있겠지만, 보통의 경우 상대방도 똑같은 요구 사항을 갖는다면 협상이 더 이상 진전되기 어렵다.

앞서 얘기한 바와 같이 '조인트벤처는 전략적 목적이 달성된 후에는 깨지기 마련'이라는 전제하에 판단해야 하고, 따라서 한시성을 두고 시작하는 것이 글로벌 관행이다. 이를 위해서는 상대방의 입장을 이해하고 배려하는 이타적인 사고가 필수적이다. 이러한 생각을 바탕으로 결별하기 전까지 각 파트너가 계획했던 시너지나 경쟁력을 확보한다면 문제가 없는 것이다. 한시적이더라도 시너지나 새로운 경쟁력을 최대한 유지하기 위해서는 파트너 상호 간에 확실한 기여가 있어야 하고, 이를 바탕으로 신뢰가 축적되어야 한다.

국내 파트너십, 그리고 해외 사례

○
●

현대차그룹은 현재 전 세계 톱 5 글로벌 자동차 제조사로 성장했고, 전기차와 수소차 등 친환경 기술에서는 업계 수위의 경쟁력을 확보하고 있다. 하지만 사업 초기 기술력을 확보하는 데는 외부 도움이 컸다. 사업 초기 단계의 협력 파트너는 포드였다. 엔진과 차체, 플랫폼 등 대다수 부품이 포드의 기술을 도입하여 양산됐다. 이후 현대차가 1975년 출시한 포니는 미쓰비시의 후륜구동 플랫폼과 새턴 엔진을 기술제휴로 활용했다. 대한민국 첫 독자 생산이라는 타이틀에 대한 소비자들의 반응은 뜨거웠고, 1976년 출시 이듬해에는 전체 국내 승용 판매의 40%까지 차지했다. 이후 이어진 포니 2 등 후속 모델이 높은 판매고를 기록하며 현대차가 현재의 글로벌 기업으로 성장하는 데 결정적인 기여를 한다.

현대차는 이후 미쓰비시와의 협력으로 그랜저를 개발했다. 미쓰비시의 고급차 라인업이었던 데보네어는 일본 내수시장에서 경쟁력 확보가 불확실했고, 충분한 판매 물량 확보를 통한 규모의 경제가 어려운 상황이었다. 현대와의 협력을 통해 미쓰비시는 판매 물량 증대 효과를 얻었다. 미쓰비시의 플랫폼과 파워트레인을 기반으로 현대차가 내외장 디자인을 진행했다. 1986년 출시한 그랜저는 한국의 대표 고급차로 자리매김하며 지금까지 그 브랜드 가치가 이어지고 있다. 그랜저는 2020년에도 6세대 모델인 그랜저 IG가 10만 대 이상 판매되며 국내 1위를 달성했다.

현대차와 미쓰비시의 협력은 상위 라인업의 고급차로 확장되었다.

1990년 중반 당시 기아의 엔터프라이즈, 쌍용의 체어맨과 경쟁하기엔 현대의 그랜저는 사이즈도 작고 상품성도 부족했다. 이에 미쓰비시와의 협력을 통해 6기통 3.5리터 시그마 엔진과 8기통 4.5리터 오메가 엔진을 도입했다. 1999년 당시 8기통 4.5리터를 장착한 국산차가 없었기 때문에 플래그십 포지셔닝을 확보하려는 과감한 움직임이었다. 현대차의 플래그십 고급차 라인업은 이후 제네시스 BH로 확장되었고, 제네시스 라인업을 구축한 이후에는 G90이 명실상부한 대표 차종으로 현재까지 계승되고 있다. 기존 라인업에 고급 제품 확장을 위한 파트너십과 기술제휴를 통해 고객 인지도를 비교적 단시간에 확보하는 데 성공했다.

다른 국내 기업 중에서도 기술제휴 및 사업 파트너십 성공 사례를 드물지만 종종 찾아볼 수 있다. GS칼텍스와 LG디스플레이는 글로벌 선도 업체와의 조인트벤처를 통해 사업을 조기에 안정시킨 성공 사례다. 국내에 정유화학 산업이 태동하던 1967년 현 LG화학의 전신인 락희화학은 미국 정유사 쉐브론의 자회사 칼텍스와의 합작을 통해 호남석유를 설립했다. 이후 그룹 조정에 따라 이름이 여러 번 바뀌었지만 GS그룹과 칼텍스는 여전히 50%의 지분을 나눠 성공적으로 사업을 운영해 나가고 있다. 현재도 GS칼텍스는 GS그룹의 주요 사업으로 높은 현금흐름을 창출해내고 있다. LG디스플레이도 필립스와의 합작을 통해 현재 글로벌 디스플레이 시장의 수위 업체로 성장했다.

SK케미칼과 삼양사는 2000년 당시 불황이던 섬유 사업 부문을 떼내 50 대 50 출자로 휴비스를 설립했다. 국내 합성섬유업계는 10개 이상 기업이 경쟁하는 상황에서 누구도 살아남기 어려운 구도였다.

SK케미칼과 삼양사도 적자를 면하지 못했다. 이에 두 회사는 규모의 경제를 달성하기 위해 합작사를 설립하고 양사의 역량을 통합했다. 이런 과감한 결정으로 탄생한 휴비스는 이후 폴리에스터 합성섬유업계의 수위를 달성하게 된다. 현재까지 국내 1위 폴리에스터 합성섬유 제조사로 입지를 공고히 하고 있다.

한국의 산업화 태동 초기에는 외국의 기술과 자본을 끌어들이기 위한 파트너십이 활발했다. 2000년대 중반 대다수 산업에서 글로벌 수준의 경쟁력을 확보한 이후에는 해외 합작 파트너십 사례를 찾아보기가 힘들어졌다. 이는 과거에 비해 한국 기업이 점점 더 외부의 도움을 절실히 필요로 하지 않기 때문이다. 스스로 할 수 있다고 생각하는 경우가 많아지는 것 같다. 최근의 파트너십에 대해 국내 주요 기업의 경영자들과 얘기를 나눠보면 다양한 이유를 발견할 수 있다.

우선, 국내 사업에 투하할 수 있는 자본을 확보하기가 용이해졌다. 이는 일면 합당하다. 과거에 비해 규모가 큰 자본이 국내에 많아졌다. 국내에 IB 금융, 자본조달 시장, 사모펀드 등이 활발하게 성장하며 사업 확장을 위한 자본을 융통할 수 있는 시장이 커졌다. 최근에는 낮은 금리로 인해 자본조달의 어려움이 점점 사라지고 있다. 해외자본을 유치하기 위해 불리한 조건의 사업 합작을 실행할 이유가 없어졌다. 한국 기업이 과거와 같이 취약한 구조가 아니므로 맹목적인 사업 확장에 노출되어야 할 필요는 없다. 다만, 사업 운영의 고도화된 노하우를 습득하기 위해서는 일부 사업 이익을 공유하려는 의지도 있어야 한다. 모든 이익을 다 취하려고 한다면 사업에 관심을 가지는 파트너를 찾기 어렵다.

또한 해외 파트너사와의 합작회사 운영이 쉽지 않다는 시각이 팽배해 있다. 50 대 50의 의사결정 구조를 가졌다면, 상대방의 사업 의사결정과 진행에 발을 맞춰야 한다. 한국의 다수 기업이 대기업 그룹 체제로 구성된 상황에서 의사결정에 상당히 오랜 시간이 걸리는 게 일반적이다. 합작사의 경우에도 합작사 대표이사가 공동 대표로 임명되지만 주요 의사결정은 지주사 그룹 콘트롤 타워의 승인을 기다려야 한다. 이런 구조에서는 합작사 자체적으로 사업을 운영하고 성장시키는 데 필요한 결정을 적시에 하지 못하는 때가 많다.

필자도 컨설팅 현장에서 국내 대기업의 파트너십을 수차례 지원했다. 좋은 결과로 마무리된 경우도 있지만, 대다수는 검토 단계에서 여러 가지 이유로 중단되거나 취소되었다. 많은 사례가 의사결정권을 가진 국내 경영진이 보수적인 시각으로 주도권을 놓치지 않으려는 경우다. 합작의 초기 단계부터 결과물과 성과를 지나치게 빨리 기대하는 경향도 종종 발견된다. 아직 검토 단계이고, 이제 막 비밀보호 서약서NDA를 체결하는 초기 단계임에도 구체적인 합작 효과를 가시적으로 확인하려는 경영자가 많다. 합작이 유의미한 결과를 도출하려면 아이디어를 공유하는 당사자가 모여 최소 6개월에서 1년간 TF 또는 협력 팀을 만들어 논의를 지속해야 한다. 초기부터 확실한 협력 영역을 정의하기 어려움에도 불구하고 이를 금전적으로 해석하거나 정보보호 등 손실 영역에 대한 이해관계를 따지기 시작하면 유의미한 파트너십을 만들기 어렵다.

앞에서도 논의한 바와 같이 국내 다수의 경영진은 자체 내부 역량을 통해 충분히 글로벌 사업을 해나갈 수 있다는 확신을 가지고 있다.

DON'Ts

하지만 안타깝게도 아직까지 한국 기업의 운영 노하우가 해외 기업을 따라가지 못하는 사례가 빈번하다. 컨설팅 프로젝트를 수행하며 벤치마킹을 하는 경우가 많다. 국내 경영진 다수가 해외의 우수 사례 벤치마킹을 관심 있게 경청한다. 이는 해외 운영 사례로부터 배울 점이 많다는 것을 반증하는 게 아닐까? 아직까지 한국 기업은 해외 우수 기업으로부터 사업 노하우와 운영 역량을 좀 더 배울 필요가 있다. 이제 처음으로 사업을 시작하는 경우에는 더욱 그렇다. 글로벌 수준의 스탠더드를 갖추지 못한 기업은 이를 확보하기 위한 전략적인 제휴를 적극적인 자세로 대하는 것이 합리적이다.

한국의 대표 기업인 현대차와 LG전자도 2019년과 2020년에 각각 신사업 확장을 위한 합작회사를 추진하는 적극적인 모습을 보이고 있다. 현대차는 미국의 전장 업체인 앱티브와 합작회사인 모셔널을 설립하고 자율주행 시스템의 연구개발과 사업화를 함께 모색한다. 모셔널은 미국 보스턴 본사와 한국 지사를 두고 양사의 역량을 통합하기로 했다. 2023년까지 자율주행 택시 상용화를 서비스 단계까지 개발하겠다고 밝힌 만큼 이후 행보를 지켜봐야 한다. LG전자도 2020년에 캐나다 자동차 부품 회사인 마그나와 합작사 설립을 결정했다. LG-마그나는 인천에 기반을 두고 전기차에 적용되는 모터 등 동력 장치의 시스템을 개발하고 제품화하는 데 힘을 합치기로 했다. 양산과 사업화까지 다소 시간이 소요될 것으로 전망되나 향후 성장이 확실시되는 전기차 시장에서 주도권을 확보할 것으로 전망된다.

폭스바겐의 중국 합작사는 대표적인 성공 사례다. 1978년 중국은 개혁개방정책을 표방하며 자동차 산업을 육성하고자 했다. 해외 대형 자동차업계에 기술 이전과 부품 조달 등의 조건으로 해외 투자자를 물색했지만 대다수 투자자는 이를 거절했다. 중국 소득 수준이 너무 낮고 수요가 작아 매력을 느끼지 못했기 때문이다. 하지만 폭스바겐은 중국의 잠재력을 더 높게 봤다. GM이나 도요타 등이 장악하고 있는 다른 아시아 지역에 비해 사업 확장 가능성이 높다고 본 것이다. 당시 폭스바겐은 중국 정부에 세 가지 조건을 제안했다. 중국 정부와 국영기업의 관용차로 폭스바겐을 선정할 것, 다른 자동차 업체의 중국 내 투자를 제한할 것, 부품 관세를 낮추고 수입차 관세를 높일 것 등이었다. 장기적으로 시장을 성장시키며 안정적인 기반을 만들고자 하는 긴 안목의 과감한 투자였다. 1984년 폭스바겐은 상하이자동차와 합작사를 설립하고, 1991년에는 제일기차와 합작사를 설립했다.

1996년에는 현지에 연구개발 센터를 설립한 최초의 해외 브랜드가 되었으며, 상하이와 베이징 등 주요 도시에서 관용차로 활용되며 고급 브랜드 이미지를 구축했다. 2000년대 중반 이후 중국 경제가 폭발적으로 성장하는 과정에서 모터라이제이션motorization이 일어나며 중국의 자동차 수요도 폭발했다. 폭스바겐은 오랜 시간 쌓은 중국 내 브랜드 인지도, 영업 및 사후관리 네트워크, 생산거점을 토대로 시장을 장악할 수 있었다. 폭스바겐은 현재까지도 중국 시장에서 1위의 시장 점유율을 확보하고 있다. 2020년에도 상해기차, 제일기차의 폭스바겐 합작사는 중국 내 전체 판매 1, 2위를 나란히 차지했다.

폭스바겐은 상해기차와의 합작사 지분 50%, 제일기차와의 합작사 지분 40%를 가지고 있다. 중국은 법적으로 해외 직접투자 법인이

50% 이상의 지분을 갖지 못하도록 한다. 이 경우에도 해외 직접투자에서 상대 기업이 더 많은 이익을 올릴 것을 우려한 나머지 소극적인 자세를 취하게 되면 그나마 이익도 작아지게 된다. 50% 합작 투자 제한은 중국에 진출하는 모든 기업에게 동일하게 적용된다. 폭스바겐은 중국 업체에 의한 기술 유출 우려가 없었던 것은 아니지만 사업이라는 관점, 공동 파트너십을 통해 더 큰 이익을 확대하려는 관점에서 파트너를 진지하게 대했다. 이를 통해 진지한 파트너십 관계가 공고히 확장될 수 있었다.

해외 기술을 도입하기 위한 초기의 조인트벤처 협력 사례 이후 특별한 대표 사례가 없는 국내와 달리 해외에서는 지금도 다양한 종류의 대규모 파트너십이 탄생하고 있다. 특히 플랫폼 기업과 콘텐츠 기업, 제조 대기업 등 다양한 형태의 신규 사업 모색을 위한 합작회사 설립이 활발하다. 말 그대로 사업 탐색을 함께하기 위한 조인트벤처를 만들어나가는 것이다.

2000년대 중반 인터넷을 통한 콘텐츠 공유가 활성화되고 새로운 유형의 콘텐츠 공유 플랫폼인 OTT가 등장하며 대표 주자인 넷플릭스의 성장이 예측됐다. 이에 새로운 비즈니스 모델을 시도하기 위해 기존 미디어 업계의 주요 기업인 디즈니, 컴캐스트, 21세기폭스, 타임워너Time Warner 등도 합작을 통해 플랫폼 기업 훌루를 2007년에 설립했다. 미디어 대기업 간의 연합을 통해 만든 통합 플랫폼이므로 넷플릭스보다 콘텐츠 확보에 용이했다. 드라마 시리즈 이외에도 할리우드 영화 등 오리지널 콘텐츠를 제공했다. 이후 훌루는 4천만 명 이상의 가입자를 확보하는 성과를 이뤄냈다. 넷플릭스, 아마존 프라임에 비해서는 뒤지는 성적이지만, 이후 사업 확장의 기반으로 활용하기에는 충분했다. 디즈니는 21세기폭스를 인수하고 컴캐스트, 타임워너와의 거래를 통해 2019년 100% 지분을 확보했다. 디즈니는 이후 자사의 OTT 서비스인 디즈니플러스를 출시하여 기존 훌루 서비스와의 시너지를 강조했다. 디즈니가 가진 콘텐츠 네트워크 및 오리지널 시리즈 외에도 훌루 플랫폼의 고객 기반을 활용해 단기간에 디즈니의 OTT 서비스 규모를 확대할 수 있었다.

구글의 모회사인 알파벳은 생체전자공학bioelectronics을 연구하기 위해 영국 제약회사 글락소 스미스와 합작회사를 설립했다. 2016년에 설립된 새로운 회사의 이름은 갈바니 바이오일렉트로닉스Galvani Bioelectronics로 많은 질환에서 발생하는 생체전기 신호를 이용해 소형 이식 기기를 개발한다. 나노 기술을 이용해 쌀알만 한 크기로 생체 전력 같은 초저전력으로 작동되는 기기는 심장박동조율기, 심부뇌자극술을 통한 파킨슨병 조절, 비만 환자의 식욕 조절 등에 활용된다. 기술 구현까지는 시간이 걸리겠지만 의학과 공학의 새로운 영역으로 합작회사의 영향력이 확대되고 있다.

2006년 설립된 ULAUnited Launch Alliance는 보잉과 록히드 마틴 연합에 의해 설립되었다. 항공우주 산업에서 압도적인 영향력을 가진 양사는 미군과 NASA에 공급하는 발사체를 공동으로 개발한다. 후발 주자들로부터 지위를 공고히 하고 기술력과 규모의 격차를 통해 산업을 주도하겠다는 의도였다. ULA의 로켓 발사체인 델타와 아틀라스는 이후 10년간 군사위성 발사 비중의 대다수를 차지했다. 2016년 일론 머스크의 스페이스X가 왕복형 발사체를 통해 더 저렴한 대안을 제시했

DON'Ts

다. 이에 대응해 ULA도 왕복형 발사체 개발이 한창 진행중이다.

합작 성공을 위해서는 자신의 성공 공식을 넘어 미래의 사업적 대안을 폭넓게 탐색하는 열린 사고가 필요하다. 합작 대상을 우리 회사의 부족한 점을 보완해 줄 영역으로 생각하고 적극적 자세로 임해야 한다. 우리에게 없는 것을 모두 해결해 주는 마법의 지팡이쯤으로 여겨서는 곤란하다. 우리 회사가 못하는 부분에 당사보다 나은 역량을 가졌거나, 해외 판로를 뚫는 데 필요한 결정적인 자원을 가지고 있다면 이를 높이 평가해야 한다.

실패 사례로부터 무엇을 배울 수 있을까?

○
●

해외 실패 사례

해외 기업 간의 파트너십이 성공적으로 지속되는 사례를 자주 접하지만 그만큼 다양한 실패 사례도 존재한다. 협력 사업의 기회를 지나치게 높게 평가하거나, 양사의 문화가 적절히 조화되지 못하거나, 양사의 기대와 전략이 긴밀히 조율되지 못할 경우에는 파국으로 치달았던 사례도 찾을 수 있다.

글로벌에서 다양한 시계 브랜드를 보유한 스와치와 보석 산업의 선도 회사인 티파니는 2007년 브랜드 협력에 합의했다. 티파니 브랜드를 활용해 시계를 개발하고 스와치의 판매 채널을 활용하는 전략이었다. 럭셔리 시계 및 전 세계 시계 시장에서 영향력을 가진 스와치를 통해 티파니가 가진 고급 브랜드의 명성을 확대해 나가고자 했다. 이후 양사는 20년간 협력을 이어나갈 의도로 전략적 제휴를 시작했다. 하지만 양사의 협력은 오래가지 못하고 잡음을 내기 시작했다. 제품 개발은 당초 의도했던 대로 원활히 진행되지 못했고, 어렵게 출시한 제품의 시장 반응도 미적지근했다. 티파니 브랜드로 판매된 신제품은 스와치 브랜드 라인업에서 1% 미만의 판매고를 기록했다. 사업성이 낮다고 판단한 양사는 결국 2011년 파트너십 종료를 결정했다. 2012년에는 스와치 측에서 파트너십 실패의 원인이 티파니의 계약 위반에 있다는 취지로 손해배상 청구소송을 진행했다. 네덜란드 법원은 2013년 스와치의 손을 들어주고 티파니에 4억 4,950만 달러(한화 약 5천억 원)를 배상하도록 결정했다. 이 금액은 티파니의 1년 영업이익보다 많은 금액이었다.

자동차 산업에서도 양사 간의 시너지를 기대한 전략적 협력이 대규모 실패로 돌아간 사례를 찾아볼 수 있다. 1998년 독일의 대표적 프리미엄 브랜드인 다임러와 미국의 '빅3' 중 하나인 크라이슬러가 합병을 발표했다. 다임러는 고급 승용차와 상용 트럭 시장에서, 크라이슬러는 미니밴과 지프 같은 SUV 시장에서 확고한 입지를 가지고 있었다. 각 영역에서 장점을 지닌 양사의 합병을 통해 시너지와 규모의 경제가 가능하리라 전망되었다. 거래 규모는 360억 달러, 한화로 42조 원에 달했다. 당시 양사는 부품과 기술 교환, 구매와 유통망 등 가치사슬 공유를 통해 연간 14억 달러의 시너지를 얻을 것이라 발표했다.

당시 자동차업계는 규모의 경제를 달성한 5개 업체만이 살아남을 수 있다는 소위 '빅 5 생존론'이 팽배해 있었다. 다임러 크라이슬러도 합병을 통한 규모 확대로 단번에 세계 5위 업체가 되었다. 다임러 크라이슬러는 이후 '크로스파이어Crossfire' 같은 신차를 개발했다. 벤츠의 스포츠카인 SLK를 기반으로 3.2리터 V6 고성능 엔진을 탑재하고, 크라이슬러의 디자인을 적용해 2003년에 출시했다. 또한 크라이슬러의 300C는 벤츠의 E클래스와 플랫폼 일부를 공유하여 개발했으며, 지프의 그랜드 체로키와 벤츠의 M클래스도 섀시 계통을 공유하여 개발했다.

그러나 서로 다른 성격과 목표 시장을 가진 두 회사의 시너지는 쉽게 구현되지 않았다. 독일 고급 브랜드인 다임러와 미국 대중 브랜드인 크라이슬러는 서로 간의 판매에 도움을 주지 못했다. 특히 양 브랜드를 같은 수준으로 통합하겠다는 '대등한 합병merger of equals' 전략이 문제였던 것으로 평가된다. 양사의 역량을 통합하지 않고 서로 간섭하지 않는다는 원칙하에 구조조정을 적극적으로 시행하지도 못했다. 공장 통폐합이나 인력 구조조정 등 원가절감 노력이 수반되지 않아 비용 경쟁력 측면에서 당시 경쟁사들에 비해 높은 비용 구조와 낮은 이익률을 감수해야 했다.

내부 갈등도 불거졌다. 프리미엄 브랜드이자 업계의 전통을 만들어낸 벤츠의 임원진은 높은 자존심으로 크라이슬러 임직원들을 한 수 아래로 보며 무시하는 자세를 유지했다. 크라이슬러의 과거 히트작인 미니밴과 SUV 라인업이 성공하는 과정에서 큰 역할을 했던 많은 직원들이 여기에 실망하고 떠났다. 결과적으로 시간이 흐르며 크라이슬러의 손실은 계속 불어났고, 합병을 시도한 지 9년이 지난 2007년 다임러 벤츠는 사모펀드에 크라이슬러를 74억 달러에 매각하기에 이른다. 인수 금액 360억 달러의 5분의 1 수준으로 약 280억 달러의 가치를 상실했다. 크라이슬러는 이후 글로벌 자동차 시장에서 경쟁력을 거의 상실했고 선도적 지위를 완전히 잃어버렸다. 이후에는 피아트그룹에 다시 한번 매각되는 고통을 겪었다.

두 회사 간의 협력은 해외 선도 기업에게도 쉽지 않은 과제다. 파트너십을 맺는 양사가 사업의 장기적인 비전에 대해 충분히 공감하지 못하는 경우가 가장 흔하다. 진정성 있는 관점으로 새로운 사업에 대한 장기적 안목과 헌신적인 지원이 뒤따라야 하는데, 단기적이고 이해관계 중심으로 파트너십을 바라보는 때가 많다. 파트너십을 새로운 사업을 창업하려는 진지한 움직임으로 보지 않고 어떻게 하면 기존 사업에 도움이 될 것인지의 관점으로만 본다. 양사의 상이한 문화에 대한 이해 부족과 자기 문화에 대한 집착으로 새로운 기업문화를 창출하지 못하는 경우도 많다. 일하는 방식과 의사결정 방식에 대해 새로운 관점으로 접근해야 함에도 자신의 방법이 우수하다고 일방적으로 제시한다. 진지한 사업 파트너로서 상대방의 신뢰와 존중을 이끌어내 시너지를 만들기가 어렵다.

파트너십을 수립하는 전후로 지나치게 많거나 적은 투자를 집행하는 것도 문제다. 높은 비전을 가지고 지나치게 많은 가치를 부여하여 자본을 투입한 벤츠와 반대로, 크라이슬러는 현금 유출에 대한 부담으로 적절히 필요한 자본을 투입하지 않았다.

금융산업의 전략적 제휴 움직임

우리나라 금융산업의 글로벌 경쟁력에 대해 말이 많은 것은 어제오늘 애기가 아니다. 그도 그럴 것이 한국의 경제발전 역사가 다른 선진국에 비해 상대적으로 짧을 뿐만 아니라, 그 기간에도 시장원리보다는 국가의 경제개발계획에 따른 전략산업에 우선적으로 자금을 배분하는 관치금융의 영향으로 산업 경쟁력을 배양할 기회가 절대적으로 적었다. 한편으로 금융산업의 리스크는 곧 국가 실물경제에도 커다란 부정적인 영향을 끼치므로 정부가 다양한 규제를 통해 엄격히 관리하는 규제 산업이 되다 보니 금융기관들의 다양한 경영활동이 위축될 수밖에 없었다.

그러나 안정적인 경쟁 구도가 유지되던 금융산업에도 예외없이 변화의 소용돌이가 몰아치고 있다. 경제가 발전하고 금융산업의 규모가 커짐에 따라 각 기관들도 외형 성장뿐만 아니라 선진 금융 기법을 도입하여 사업구조를 고도화하고자 노력하고 있다. 전통적인 금융업체들 간 경쟁 심화 속에 정보통신기술의 발전에 따라 새로운 사업모델로 무장한 핀테크 기업들의 금융업 진출은 기존 금융업체들로 하여금 그 어느 때보다 위기감을 느끼게 하고 있다. 2021년 앱 분석 업체 와이즈앱이 집계한 '한국인이 가장 많이 사용하는 금융·결제 앱' 순위를 보면, 안드로이드 스마트폰 기준으로 1위는 삼성페이, 2위 토스, 3위 카카오뱅크로 1위부터 3위까지 빅테크 기업들이 나란히 차지할 정도로 기존 금융업체들의 경쟁 입지가 약화되었다.

이러한 경영환경 변화에 대응하기 위해 전통적인 금융기관들도 나름대로 전략적 제휴 등 다각적인 노력을 해왔다. 그러나 지금까지 금융업계 전반에 걸친 자발적인 노력들은 방카슈랑스나 주식거래 계좌와 같이 상호 보완적인 성격의 은행과 비은행권 사이에서, 또는 선진 기법을 전수받기 위한 국내 은행과 외국계 은행 중심의 '나에게 도움이 되는' 전략적 제휴 형태로 활발히 이루어져 왔고, '나에게 손해될 만한' 동종 업계 내 제휴나 인수합병은 산업구조조정 차원에서 정부 주도로 이루어져 온 게 대부분이다.

실제로 1998년 외환위기 직후 시중은행 간 합종연횡은 IMF가 구제금융 지원을 구실로 국제결제은행BIS 자기자본 비율이 8% 미만인 14개 부실 은행의 정리를 요구함에 따라 이루어진 반강제적인 인수합병의 결과였다. 동종 업계 간 자발적인 제휴는 명확한 필요성의 부재, 실패 시에 고객과 영업 기밀 누출 우려, 그리고 앞서 얘기한 규제 산업으로서의 각종 제약 등으로 인해 부진한 반면, 주요 금융기관별로 금융 지주사 체제하에서 금융 사업의 시너지와 다각화를 위한 자체 몸집 불리기에 집중하는 모습이다.

물론 그동안 국내 은행권과 비은행권 제휴 같은 금융산업 내 이종 업계 간 제휴도 소비자 접촉 채널 추가라는 의미에서는 긍정적이지만, 그 효용성과 사업 경쟁력 제고라는 전략적 제휴 본연의 목적에서는 다소 아쉬웠던 것이 사실이다. 그런 면에서 최근 금융 지주사를 포함한 전통적인 금융기관들이 핀테크 업체나 인터넷은행 등 동종 경쟁 사업모델에 대한 지분투자나 전략적 제휴를 통해 미래를 준비하는 모습은 다소 절박한 선택임에 틀림없다. 여타 산업과 마찬가지로 빅테크 기업의 파괴력은 규제 산업인 금융업이라고 해서 예외가 아니다. 전통적인 금융사들이 역차별 당한다는 볼멘소리도 나오고 있지만, 이미 소비자들은 디지털 변혁의 흐름 속에서 빅테크 기업들의 새로운 금융 서비스에 익숙해지고 있다. 2021년 하반기에 기업공개를 한 카카오뱅크는 2017년 출범 당시만 해도 찻잔 속의 태풍이 될 것이라는

DON'Ts

평가와 달리 2021년 5월 당시 장외시장에서 시가총액 40조 원을 넘어서며 시가총액 25조 원인 국내 은행지주사 1위인 KB금융을 무색케 하고 있었다. 카카오뱅크의 기업가치에 대해서는 거품 논란이 있지만, 금융 플랫폼으로서의 확장성을 고려한다면 현 단계에서 예단하기는 힘들다.

디지털 트랜스포메이션을 위한 우리나라 전통 금융기관들의 혁신은 불가피해 보인다. 급변하는 경쟁환경과 소비자 트렌드의 변화는 과거처럼 한 금융기관의 내부자원과 역량만으로 대응할 수 있는 수준을 넘어선다. 개방적인 문화 속에서 창의성을 기반으로 신속하게 움직이는 핀테크나 인터넷은행은 보수적이고 안정 지향적인 전통 금융기관의 조직문화 속에서는 제대로 싹틀 수 없다. 국내 한 카드사가 운영하는 간편결제 플랫폼에 다른 경쟁 카드들도 등록해서 사용할 수 있게 함으로써 빅테크 업체들의 간편결제 '페이pay'에 공동 대항하는 것처럼 전통적인 사고의 과감한 전환이 필요하다.

선진 금융기관들은 이미 '디지털 뱅크'로의 대전환을 위해 전략적 제휴를 포함하여 다각적인 방면에서 핀테크와의 협업을 강화하고 있다. 도이치뱅크는 이미 500여 개 이상의 핀테크 업체에 투자를 진행했으며, 씨티은행은 미국과 유럽, 아시아 지역에서 핀테크 스타트업을 적극 발굴하고 있다. 또한 이들은 미국 실리콘밸리에 인력을 파견해 핀테크 기술과 핀테크 산업 동향을 파악하며 자체 금융 서비스 개선에 총력을 기울이고 있다. 시중은행과 핀테크 업체의 제휴는 종종 '적과의 동침' 또는 '불편한 동거'에 비유되기도 하지만, 전통 금융기관 입장에서는 디지털 경쟁력 강화를 통해 글로벌 경쟁에서 살아남기 위한 불가피한 선택이다.

지속 혁신을 위한 파트너십을 구축하라
○
●

앞서 다양한 사례에서 살펴봤듯이, 드디어 국내에서도 비즈니스 파트너십에 대한 긍정적인 변화의 신호들이 나타나고 있다. 이러한 변화는 한편으로는 과거의 실패 경험을 통한 학습의 결과이기도 하고, 다른 한편으로는 새로운 산업 패러다임의 변화에 더욱 효율적으로 대응하기 위한 방법론을 익히는 과정이기도 하다. 이러한 변화의 모멘텀을 살리기 위해서는 일단 파트너십의 주체들이 더 주도적으로 딜 발굴에 나서야 하고, 다양한 금융자본 투자자 집단들도 파트너십 형태의 사업구조에 적극적으로 참여하며, 정부 관계 기관 역시 글로벌 시각으로 기업 간 제휴와 협력을 산업 발전의 또 다른 축으로 바라보고 지원해야 한다.

기업 주체들이 활발하게 파트너십을 실천하기 위해서는 파트너십을 경험한 다양한 전문가들이 훨씬 더 다양한 분야에서 활약해야 한다. 파트너십을 포함한 딜을 설계하고 협상하고 지원하는 전문가 집단의 참여도 필요하고, 실제로 파트너십의 처음과 끝을 경험한 경영진과 실무진이 새로운 기획을 하고 진행할 수 있는 기회가 주어져야 한다. 새로운 사업 기회를 찾는 기업들은 파트너십 전문가를 적극적으로 찾아 적재적소에 배치하는 노력을 과거와는 다르게 시도해야 한다. 국내외 우수한 인재를 찾아서 확실한 역할과 책임하에 미션을 주고 공정하고 확실하게 동기를 부여할 수 있어야 한다. 이를 위해 직무 군별 조직 체계는 물론이고, 신사업의 성공 목표에 걸맞은 권한과 보상체계가 시스템 차원에서 마련되어야 한다.

자동차, 철강, 화학, 건설, 중공업, 소재와 유통 분야 등 다양한 산업군에 속하는 국내 기업에서 이러한 시도를 했던 많은 사례에 직간접적으로 참여하며 느낀 아쉬움이 많다. 크게 두 부류의 아쉬움인데 거창한 비전으로 시작했다가 중간 과정 이후부터 닫힌 시각과 협상 능력 부족으로 결론에 도달하지 못하는 경우와, 정확한 목표치와 투자 규모에 대한 공감대 없이 시작해 검토와 준비 과정에서 한계에 직면하는 경우가 대표적이다.

국내 기업 책임자들은 해외 사례에 박식하고 비전 설계에는 대담함을 보이지만, 글로벌 기업과의 윈윈 설계 및 진행 경험은 대개 많지 않다. 이런 경우일수록 열린 마음으로 직접 대화에 나서며 어려운 상황을 미리 예상하고 준비하는 노력을 더 많이 기울여야 하는데, 오히려 최초 계획 단계가 지나 시간이 흐를수록 높은 직급의 책임자들은 실무진에 많은 일을 맡기고 진행 과정을 다그치고 평가만 하려고 한다. 인수합병만큼이나 복잡성과 불확실성이 많은 파트너십은 양사의 장단점을 정확히 이해하는 것이 우선이다. 이를 위해 많은 만남과 토론을 통해 상대의 경쟁력을 정확히 파악해야 하고, 때로는 상대방의 고객이나 경쟁사, 협력업체를 만나기도 해야 한다. 이러한 노력 없이, 특히 상대방이 해외 기업인 경우에는 제대로 안다는 것이 쉽지 않다. 물론 아이러니하게도 국내 기업을 이해하는 것이 더 어려운 경우도 있다. 국내 기업은 오히려 기존 인식과 과거의 경험이 있기 때문에 추가적인 노력 없이도 상대방을 잘 알 수 있다고 판단하기 때문이다.

어떠한 상황이든 새로운 사업구조에서 시너지를 창출하기 위해서는 상대의 장단점과 경쟁력을 현 시점에서 충분히 이해하고, 새로운 고객가치와 시장가치를 만들기 위해 각자가 가진 하드웨어와 소프트웨어 역량을 모두 발휘해야 한다. 그러기 위해서는 소프트파워에 해당하는 기업의 DNA와 조직문화까지도 이해하고, 이를 충분히 발휘하도록 최상의 협력 구조를 만들어야 한다. 상대방에 대한 정확한 이해를 통해 새로운 협력 구도를 설계하고 공동 투자안을 만들려면 사업의 책임자가 처음부터 끝까지 참여하여 전략 방향에 맞게 사업모델과 구조를 설계하고, 투자계획과 재원 확충 방안을 마련하며, 실행력을 담보할 수 있는 계약 조건을 만들어야 한다. 무엇보다 파트너십은 뚜렷한 목적과 잠재적인 유효기간이 있으므로 협상 과정에서 상호 신뢰 없이는 계약 체결이 어렵다. 아쉽게도 필자는 이러한 인식과 노력이 수반되지 않았던 수많은 중도 탈락 사례를 경험하며 전문성과 열정을 가진 책임자의 중요성을 다시 한번 느낄 수 있었다.

또 다른 형태로 아쉬움이 남았던 파트너십 추진 유형은 정확한 목표 설정과 투입 자원의 규모에 대한 가늠 없이 새로운 성장동력으로 파트너십을 검토하는 경우다. 성장의 정체를 돌파하거나, 해외시장의 거점을 확대하거나, 새로운 형태의 사업을 시작하기 위해서는 자신의 한정된 자원과 역량을 넘어서는 전략적 제휴나 파트너십 검토가 매우 자연스러운 접근일 수 있다. 부족한 부분을 메우기 위해 시작한 것이므로 우리가 가지지 못한 시장, 고객, 기술, 그리고 경쟁력을 가진 기업을 찾는 것에서부터 검토와 고민이 시작된다. 글로벌 차원에서 이

DON'Ts

러한 역량을 가진 기업을 찾는 것은 전체 작업 중 아마도 제일 쉬운 부분일 것이다. 물론 산업의 가치사슬 체계에 대한 이해와 경쟁 역학의 변화, 무엇보다 변화하는 산업 패러다임 속에서 지속적으로 차별화된 미래 경쟁력을 확보하고 있느냐 하는 문제는 꼼꼼하게 짚어봐야 할 부분이다. 이러한 작업으로 얻게 된 가설을 통해 1차 후보 기업들에 대한 초기 접촉을 시도한다. 하지만 이 부분에서 흔히 범하는 실수는 상대방의 입장에서 미리 더 고민하는 것과 내부적으로 감당할 수 있는 수준에 대한 공감대 형성이 부족하다는 것이다. 즉, 우리가 필요한 것을 얻기 위해 상대방과 접촉할 때, 과연 우리는 무엇을 제공할 수 있는지, 또한 어느 정도의 추가 투자를 감내할 여력이 있는지, 내부적으로 충분한 공감대가 형성되어 있는지 확인해야 한다.

파트너십의 진행은 기업가치 제고를 위해 새로운 사업을 시작하거나, 기존 사업의 성장을 위해서 새로운 사업모델과 전략을 도입하거나, 투자 재원과 인력의 투입을 재조정한다는 의미다. 이 모든 활동과 의사결정은 기존의 사업 추진 전략과 업무 진행 방식 및 관리체계에 매우 큰 영향을 주는 사항임에도 불구하고, 우리는 새로운 일을 시작하면서 이에 대한 충분한 검토와 고민 없이 우리가 원하고 얻고자 하는 것에만 초점을 맞추는 경우가 의외로 많다. 원하는 것을 얻기 위한 투자 규모와 새로운 방식의 도입에 대한 내부 의견 수렴과 공감대 형성이 없다면, 그렇지 않아도 부족한 경험 속에 수많은 불확실성을 가진 딜 추진 과정에서 계속 부딪히게 되는 내부 저항을 이겨내기가 어렵다. 파트너십을 추진하면서 이러한 안타까운 상황을 많이 접했다. 기존 사업의 책임자들과 재무나 관리 파트, 심지어 인사 파트의 고위급 임원들이 중도적인 입장을 보이는 상황이라면 최고경영자나 대주주의 상당한 지원이 있더라도, 기존 임무의 우선순위에 영향을 주는 새로운 업무를 위한 이슈 해결에 적극적이기 어렵다.

파트너십 추진은 최초의 기획 과정을 거쳐 본격적으로 후보 기업들과 협상을 하게 되면 상대방 요구에 따른 다양한 변수가 등장하고, 최초의 협업 구도는 훨씬 더 복잡하고 다양한 옵션으로 늘어나게 된다. 이러한 과정을 거치며 추가적으로 우리의 입장과 조건, 바라는 바를 재정의하게 된다. 우리의 비전이 더 커지기도 하고, 이에 따라 우리의 투자 규모와 제공 역량의 범위가 넓어지기도 한다. 옵션 선택의 자유도를 높이고 협상 능력을 높이기 위해서는 잠재적인 투자기관과 정부나 지자체의 지원을 받는 것도 필요하다. 따라서 딜의 주체가 되는 부서에서는 파트너십을 둘러싼 종합적인 생태계를 이해하고 필요한 이해관계자의 협조와 지원을 받기 위한 노력을 처음부터 시작해야 한다.

후보 기업과의 협상만큼이나 중요한 이해관계자의 지원 확보도 예상 외로 시간이 많이 소요되는 작업이다. 정부 관련 기관의 협조를 얻는 것은 내부 처리 과정과 승인 절차를 생각하면 1년 이상 시간이 걸리는 작업이 대부분이다. 결국 파트너십의 성공 가능성을 높이기 위해서는 내외부 이해관계자 모두의 협조를 이끌어내는 것이 선결 조건이다. 하지만 실제로는 파트너십을 추구하는 부문의 미션이나 위상, 팀 구성과 지원 구조가 작업의 난이도와 중요도에 비해 사전에 잘 정의되지 못한 경우가 대부분이다.

앞서서 파트너십의 중요성과 과거의 성공과 실패 사례, 최근의 긍정적인 변화 신호를 얘기했다. 이 장의 마지막 부분에서 다시 한번 강조하고 싶은 것은 실행과 결정의 주체로서 책임자의 중요성, 내외부 이해관계자의 지원 확보, 이를 위한 최고경영자와 대주주의 지속적인 몰입과 참여와 지원이다. 파트너십은 CEO 작업이다.

4

외면

고객의 목소리를
무시하지 마라

핵심 질문

고객 중심의 경영을 해야 한다고 모두가 말하지만, 경영 현실과는 왜
차이가 있을까?

성공한 창업자가 고객을 바라보는 시선에는 어떤 특별함이 있는가?

고객의 목소리를 듣기 위한 더 좋은 방법은 무엇일까?

한국의 거의 모든 기업들이 경영철학이라는 이름 아래, 혹은 사훈 속에서, 그리고 매년 신년사에서 고객, 고객, 고객을 외치고 있다. 아마도 '고객'은 신년사에서 '위기' 다음으로 많이 나오는 단어가 아닐까? 경영전략에서는 '고객가치', '고객 중심'을 늘 강조한다. 그러나 실제로 기업의 주요 의사결정이 고객 중심으로, 고객의 목소리를 반영하고 있는지는 되돌아볼 필요가 있다. 고객을 이해하고 만족시켜 충성고객으로 만들기 위해서는 우선 고객의 목소리를 들어야 한다.

하지만 고객의 목소리가 의사결정권자에게 전달되기까지 많은 각색과 정리와 순화가 이루어진다. 고객을 직접 응대하는 사람과 그 자료를 정리하는 사람이 다르고, 이를 취합하여 보고하는 과정에서 다시 한번 추려지고 정리된다. 실제로 우리 기업 중에 고객의 신랄한 비판 목소리를 있는 그대로 대표이사에게 보고할 간 큰 중간관리자가 얼마나 있을까? 기업에서 주로 신제품이나 새로운 서비스 출시와 관련해 소비자 의견을 수렴하기 위해 소비자 조사를 많이 하는데, 이 경우에도 보고서 작업 과정에서 고객에 대한 기초 데이터는 정리되고 걸러지고 각색된다.

"내가 그의 이름을 불러주기 전에는"이라는 구절로 시작되는 시인 김춘수의 〈꽃〉이라는 시를 누구나 기억할 것이다. 그 표현의 수려함이나 의미의 함축성이 감탄을 자아내는 아름다운 사랑의 시이자, 한편으로는 실존주의 철학 사상이 내포된 심오한 시로 많은 사람들의 사랑을 받고 있다. 고객에 대해 이야기하는 시점에 뜬금없이 이 시가 떠오르는 이유는 기업과 고객과의 관계가 이 시에 나오는 '나'와 '그'의 관계와 유사한 것이 아닐까 하는 생각 때문이다.

세상에는 다양한 기업들이 존재한다. 동일한 제품 카테고리 내에서도 다양한 기업들이 고객의 선택을 받기 위해 어떤 기업은 가격으로, 어떤 기업은 품질로, 어떤 기업은 특별한 성능으로 소구하며 경쟁한다. 고객들은 각자가 추구하는 가치에 따라 제품을 선택하고 지갑을 열어 대금을 지불한다. 많은 고객들에게 선택되는 제품을 생산하는 기업들은 실적이 향상되고 기업가치가 상승하여 말 그대로 '꽃'이 되는 것이다. 결국, 기업이 생산하는 제품이나 서비스는 기업이 타깃으로 하는 소비자에게 다가가기 위한 수단이자 매개체이지만, 소비자가 지갑을 열고 구매로 이어졌을 때만 의미가 있다. 그러기에 모든 기업들은 매출을 극대화하기 위해 자신의 고객이 누구인지, 어떤 특성을 갖고 있는지 이해하기 위해 노력하며, 고객 불만 사항을 해소하기 위해 많은 노력과 자원을 투입한다.

한국 기업들도 일찌감치 고객의 중요성을 인지하고 고객중심경영을 슬로건으로 내부 역량을 결집하고 시대적 요구에 부응하기 위해 노력해 왔다. 글로벌 시장에서 소형차 중심의 가성비 메이커라는 이미지를 가졌던 현대자동차가 글로벌 기업으로 도약하기 위해 품질 경영을 앞세우며 미국에서 5년 10만 마일 무상 보증 서비스를 공언했던 최초의 TV 광고 충격을 잊을 수 없다. 휴대폰 품질 불량 문제가 개선이 되지 않아 고객 불만이 지속적으로 이슈가 되자 대노하며 150억 원 상당의 휴대폰을 공장 마당에서 불태우는 화형식을 했던 이건희 전 회장의 자각이 있었기에 오늘날의 삼성전자가 있는 것이다.

고객중심경영의 과거와 현재, 그리고 미래

○
●

현대 경영학의 아버지라 불리는 피터 드러커는 "사업의 목적은 고객을 창출하고 유지하는 것이다."라고 했다. 결국 기업가치를 어디서 찾고, 어떻게 키워나갈 것인가라는 질문에 대한 답을 찾는 궁극적인 종착지는 고객이다.

고객이 기업의 운명을 좌지우지할 만큼 중요하다는 인식이 우리나

DON'Ts

라 경제발전 초기부터 있었던 것은 아니다. 산업화 초기를 되돌아보면 고객의 권리와 역할을 논하기 전에 인권에 대한 인식 자체가 미미했기 때문에 고객 개념이나 목소리는 상대적으로 중요하지 않았다. 고객이 제대로 목소리를 낼 수 없었다는 표현이 적절하다. 고객이라는 단어보다는 소비자라는 단어가 보편적으로 사용될 만큼 소비의 주체로 인식될 뿐이지, 오늘날처럼 기업의 생사여탈을 쥐고 있는 주체로 인식되지는 못했다.

전통적인 마케팅 활동에서 가장 중요하게 생각하는 전략 요소로 4P가 있다. Product(제품), Price(가격), Place(유통), Promotion(판촉)으로 많은 이들이 알고 있는 기본 개념이다. 그러나 아직까지 한국의 많은 경영자들, 특히 대기업 경영자들은 이 네 가지 요소 중에서 특히 제품에 집중하며 '제품만 잘 만들면 된다', '품질이 최고다'라는 목표 아래 조직을 독려하고 있다. 한국 대기업들의 주력 산업이 제조업임을 감안하면 어느 정도 수긍이 간다. 앞서 현대자동차 미국 광고나 삼성전자의 휴대폰 화형식도 이러한 예가 될 것이다. 분명히 잘못된 방향은 아니다. 소비자의 기호에 맞는 제품이 기본이 되어야 하고, 불량 없는 품질이 경쟁우위를 가져다주는 것은 맞다.

문제는 그 제품의 시장성을 바라보는 시각이 고객의 관점이 아니라 기업의 입장이라는 데 있다. 기업 내에서도 최고경영진의 입맛에 맞는 제품을 만든다. 하지만 오늘날 정보화 기술의 발달과 이커머스 업체들의 성장으로 글로벌 소비시장 접근이 아무런 제약 없이 가능한 시대가 되면서 신속한 정보 공유로 고객의 선택 폭은 더욱 넓어졌다. 이에 기업들은 독창적이면서 소비자들의 관심을 끌고 판매 과정에서 고객 서비스 수준을 고도화해야만 하는 방향으로 경쟁의 본질이 변화하고 있음을 경험하고 있다.

한 단어로 된 고객이라는 말이 그만큼이나 단순해 보이지만, 실제 고객은 수천, 수만 명의 다양한 개인 집합체로 구성되어 있고, 심지어 특정 고객의 기호와 성격도 시시각각 변하기 때문에 그런 고객들을 대상으로 '고객만족'을 위한 니즈와 취향을 제품이나 서비스에 녹여낸다는 것은 아주 난해한 일이다. 아니, 고객의 다양성과 독립성을 인정한다면 모든 고객을 만족시키는 일 자체가 불가능한 것인지도 모른다. 그래서인지 효율성을 중시하는 기업의 시각에서는 가장 가치 있는 고객군을 정의하고 이에 부합하는 특징을 파악하여 이들에게 소구하기 위한 제품 서비스 전략을 수립하는 마케팅 활동에 많은 시간과 자원을 투입한다. 마케팅 활동으로 성공을 거둔 기업이 늘어나면서 마케팅은 경영학 분야에서도 인기 있는 과목이 되었고, 소비재 기업에서 신입사원들이 우선적으로 배치받기를 희망하는 부서가 되기도 했다.

그럼에도 오늘날 고객의 세부적인 니즈나 변화 속도에 비해 기업들이 대응하는 속도와 생각의 깊이에는 차이가 있다. 고객은 통상적인 의미에서는 단일 성격의 집합체로 분류되지만 실상은 아이폰 고객처럼 충성도가 높은 고객이 있는가 하면, 블랙컨슈머로 불리며 영업을 방해하는 골치 아픈 고객도 있다. 또한 획일적이고 단순했던 과거의 고객들이, 소득수준이 증가하고 정보 접근성이 용이해지면서 개인화·차별화 없는 제품이나 서비스에는 지갑을 열지 않는 시대가 도래하고 있다. 시대상을 반영하는 존재로 고객을 이해하고 분석하는 데 더 많은 시간과 노력이 요구된다.

또한 소비자의 정당한 권리를 요구하는 목소리가 커지면서 정부가 나서서 소비자 보호를 법제화하여 보장하고, 제품이나 서비스에 대한 소비자 선택의 폭이 넓어지면서 시장 논리에 의해 자연스럽게 기업과 소비자의 관계가 전통적인 갑을관계에서 대등한 위치로 바뀌며 쌍방향 커뮤니케이션이 가능하게 됐다. 오히려 정보기술의 발달과 SNS의 활성화로 이제는 기업이 을의 입장에서 소비자의 목소리에 귀를 기울여야 하는 시대가 되었다고 볼 수 있다.

고객은 소비자로서뿐만 아니라 경영의 감시자로서 그 역할을 확대하며 기업활동에 영향력을 끼치고 있다. 남양유업은 2013년에 매출 밀어내기 과정에서 대리점주에 대한 갑질 논란으로 사회적 공분을 일으키더니, 2020년에는 창업주 외손녀의 마약 사건으로 또다시 사회적 지탄을 받으면서 남양유업 제품에 대한 고객들의 불매운동으로 이어졌다. 그 결과 2020년 매출이 근래 11년 만에 처음으로 1조 원 아래로 떨어지고 수백억 원의 영업 손실까지 내며 업계 2위 자리마저 위협받는 처지가 되었다. 여기에 최근에는 자사의 제품이 코로나19 억제효과가 있다는 마케팅 자작극으로 결국에는 회사를 매각하는 상황에까지 오게 되었다.

한편으로는 가끔씩 잘못된 정보가 SNS의 파급력으로 급속히 확산되면서 기업들이 선의의 피해를 보는 사례도 발생한다. 코로나19 확산으로 급속히 성장한 음식 배달 앱에서 한 고객의 악의적인 배달음식 이용후기 때문에 해당 음식점이 심각한 매출 감소와 함께 결국 폐업까지 하게 되었다는 안타까운 소식이 그것이다. 이러한 사례들을 통해 고객의 위상이 과거에 비해 얼마나 강화되었는지 알 수 있다. 기업에 의한 일방적인 커뮤니케이션 시대는 끝났다.

이제 기업들은 고객과 동등한 위치에서 기업가치 창출을 위해 적극적으로 커뮤니케이션해야 한다. 그만큼 고객의 위상이 높아졌을 뿐만 아니라 기업가치 제고의 핵심 동인으로 고객의 역할이 변화하고 확대되고 있기 때문이다. 과거 온라인 쇼핑몰 업체의 구매 후기는 소비자들 사이에서 정보 공유 차원으로 활용되었다. 그러나 매출에 직접적인 영향을 미친다는 것을 파악한 해당 기업에서 부정적인 후기에 대해 '관리'를 시작했다. 어느 쇼핑몰 사이트에서는 고객 리뷰 코너에 후기를 작성할 때 "관리자의 운영 방침과 어긋날 경우 기재되지 않을 수……"라는 문구가 마지막 단계에 등장하는 것을 볼 수 있었다.

오늘날 기업들은 이런 소극적인 관리를 넘어 적극적으로 고객과 협력하고 있다. 예를 들어, 덴마크의 블록 장난감 업체인 레고는 소비자들의 의견을 수렴하여 제품에 반영하는 '레고 아이디어스' 사이트를 오픈했다. 사용자들의 아이디어를 공개적으로 수집해서 신규 제품 개발과 기존 제품의 업그레이드에 활용하는 것이다. 그 결과, 레고는 인터넷 게임에 밀려 기업의 생존을 걱정해야 하는 상황에서 벗어나 고객 주도 혁신 기업으로 재도약하고 있다. 이처럼 글로벌 기업들은 다양한 방법으로 고객과 소통하기 위해 노력하고 있다.

디지털 시대의 고객은 이동이 자유롭다. 이들 중 대부분은 현재의 불만족을 굳이 이야기하려 들지 않는다. 불만족스러우면 타제품이나 서비스로 쉽게 갈아탄다. 이들과 적극적으로 소통하지 않으면 고객은 떠나고 기업은 발전의 기회를 놓치고 만다. 단편적인 고객 정보가 잘못된 해석을 낳는 경우도 있다. 할인점 매대에서 잘 팔리는 제품을 다음번 주문에서 대량 입고했더니 매출은 늘지 않고 그대로 재고로 쌓이는 경우가 있었다. 원인을 분석해봤더니 고객들이 진짜로 선호하는 제품의 재고가 일시적으로 소진되자 차선으로 그 제품을 선택한 것이었다. 떠난 고객에 대한 고민보다 새로운 고객 유치에 우선순위를 두는 기업은 가치 창출이 어렵다. 신규 고객을 유치하기 위해 드는 비용을 고려해 보면 기존 고객을 유지하는 것이 기업 입장에서는 훨씬 비용 효율적이다. 기존 고객을 정확히 이해하고 핵심 고객층의 충성도를 높이기 위해 노력하는 것은 기본 중의 기본이다.

다양성과 개인의 신념을 중시하는 MZ세대가 소비 주체로 등장하면서 물리적인 제품 자체보다는, 이에 추가하여 뭔가 다르고 특별한 것을 찾는 고객들이 증가하고 있다. 제품의 디자인이나 사용의 편리성 같은 가치는 이미 중요한 선택 기준으로 자리 잡았다. 이에 더하여 감성적인 가치까지 등장하고 있다. 자판기 커피가 계속 소비되는 이유는 물리적으로는 커피 한잔이지만 저렴한 가격과 편리함이라는 속성이 따로 제공되기 때문이며, 스타벅스는 단순한 커피 한잔과 더불어 신선한 커피 향과 맛, 쾌적한 공간이 함께 제공된다. 한겨울 해운대 앞바다가 보이는 곳에서 마시는 비싼 커피 한잔은 파도, 경치, 추억이 어우러져 그 값어치를 한다. 커피라는 물리적 특성은 동일하더라도 그 안에 내재된 경험적 속성이 다르면 상품 가치를 달리 판단하는 것이다. 외제차를 타는 주요 목적 중의 하나가 '하차감'이라는 우스갯소리도 같은 맥락에서 이해할 수 있다.

이처럼 오늘날의 고객은 경험적 속성까지 포함한 종합적인 제품 가치에 따라 그 대가를 지불할 의향이 있는지 결정함으로써 기업에 존재가치를 부여한다. 기업들은 고객 이탈이 쉽게 일어나는 디지털 시대에 이러한 종합적인 제품 가치의 차별화를 통해 이탈을 방지하고, 타제품이나 서비스로부터 이탈하는 고객을 나의 고객으로 유치하는 기회도 얻는다.

모든 고객이 다 중요하다. 좋은 고객은 좋은 고객대로, 나쁜 고객은 나쁘지만 전략적인 가치를 보유하고 있다. 불만 고객을 어떻게 대하고 어떻게 만족시킬지가 기업 실적과 더 큰 연관성을 가질 수 있다. 불만 고객의 대다수는 아예 뒤도 안 돌아보고 떠나버려 회사 실적에 직접적으로 영향을 미치지만, 불만 사항을 회사 홈페이지나 고객센터로 직접 알리는 경우에는 기업의 서비스나 품질 개선 기회를 주는 것이고, 만족스러운 응대가 이루어진다면 충성고객으로 계속 남아서 주변 지인들에게 선한 영향을 주어 실적에 긍정적 효과를 가져올 수도 있다. 불만 사항뿐만 아니라 고객 건의에도 귀를 기울이면 가치 창출의 기회를 찾을 수 있다. 밀리의서재라는 인터넷 독서 플랫폼이 구독경제의 붐을 등에 업고 가파르게 성장하고 있다. 이 회사의 초기 사업전략 중에 흥미로웠던 점은, 책을 전혀 읽지 않는 고객의 목소리에 귀를 기울이고 타깃팅을 한 것이다. 기존 출판사나 서점에서는 아예 배제했던 고객군이다. 이러한 전략 덕분인지 기존 인터넷 서점과의 충돌 없이 출판사로부터 책을 공급받을 뿐만 아니라, 오디오북이라는 차별화된 새로운 서비스를 개발하여 고객의 큰 호응을 얻고 있다.

시장조사 업체나 마케팅 회사 등 전문 업종을 제외하고, 한국 기업은 대부분 고객의 목소리가 중요하다는 것을 알면서도 리스크가 현실화되기 전까지는 수많은 개별 고객 목소리에 일일이 대응하면서 업무를 수행할 여건이 되지 못한다고 호소한다. 한국 기업에서 전통적으로 대고객 접점인 영업 부서나 고객 서비스 부서에 대한 내부 관심도나 중요도가 떨어지는 것도 문제다. 심지어 고객과의 소통을 전담하는 부서가 별도로 존재하지 않는 기업도 다수이며, 존재하더라도 한직으로 생각하는 경우가 대부분이어서 부서원들의 근로 의욕이 떨어지고 업무 성과는 제자리다. 비용 효율적이라는 이유로 외주 콜센터와 계약하는 기업들도 늘어나고 있다. 고객이 처음 기업과 직접 접촉하며 갖는 이미지가 기계적이고 사무적인 외주 고객센터를 통해 이루어지는 것이다. 특히 요즘은 사이버 고객센터를 메신저 앱에 설치하고 인공지능이 직접 고객을 응대케 하며, 문제해결이 안 될 시에만 상담원과 연결해 준다. 인공지능이 대화 문맥과 고객의 감정까지 정밀하게 분석하여 상담한다지만, 사이버 창에서 100자 이내로 고객의 목소리를 제한하는 것에서부터 이를 정형화된 패턴으로 정리한 결과물까지, 이 모든 과정에서 고객의 목소리는 왜곡될 수밖에 없다.

도요타는 가속페달에 문제가 생겨 속도가 제어되지 않아 일가족이 사망한 사건의 블랙박스가 공개되면서 2010년 리콜 사태로 세계 1위의 자동차 회사 자리를 내주고 한동안 어려움을 겪었다. 이 리콜 사태는 분명 기술적인 결함으로 발생했지만, 그동안 꾸준히 누적되어온 고객의 불만을 간과했기 때문으로 더 잘 알려져 있다. 한국 기업도 현실을 탓하며 고객 목소리를 외면한다면 언젠가 이런 재앙이 찾아오지 말란 법이 없다. 고객은 기업과 접촉하는 모든 순간이 불만스러워 떠나는 것이 아니라 불만족스러운 단 한순간 때문에 떠나는 것이라는 전문가의 조언에 귀 기울일 필요가 있다. 신세계 정용진 부회장은 2021년 신년사에서 "불요불굴은 고객"이라는 얘기를 했다. 불요불굴은 휘지도 않고 굽히지도 않는다는 뜻으로 코로나19 사태의 불확실성과 복잡성으로 여러모로 어려운 시기이지만 이런 때일수록 불요불굴하는 고객의 목소리에 집중해야 한다는 의미다. 그러기 위해 '원 팀, 원 컴퍼니ONE TEAM, ONE COMPANY'가 되도록 노력하자는 것이다. 위기 상황일수록 다시 한번 고객의 중요성을 되새기며 관련 조직의 강화와 교육, 그리고 조직 내 위상 점검을 해야 한다. 고객 이탈률을 핵심성과지표로 관리함으로써 고객 응대나 고객만족도의 척도로 삼는 것은 기본이고 돌아올 가망이 없는 고객, 고객이 아닌 고객, 그리고 내부 고객까지 제대로 이해하는 것이 핵심이다.

자포스의 고객감동경영
○
●

고객의 목소리에 귀 기울이며 고객중심경영을 실천하는 수많은 해외 기업들이 있다. 지멘스는 '고객이 우리의 행동을 결정한다'는 원칙 하에 고객을 모든 의사결정의 최우선 순위에 둔다. 아마존의 제프 베이조스는 "우리는 매일 아침 샤워를 하면서 고객을 위해 무엇을 발명할 수 있을지 고민한다."라고 하며 오늘날의 아마존이 되기 위한 혁신의 원동력으로 고객을 꼽는다. 그러나 이러한 아마존도 고객중심경영의 경쟁에서 이기지 못하고 결국 거액을 들여 경쟁 회사를 인수함으로써 경쟁 관계를 종식시킨 일화가 있다. 그 기업이 바로 '고객을 위해 극단까지 간 서비스를 추구하는 회사'로 알려진 자포스인데, 고객만족센터(콜센터)를 포함한 차별화된 개인 맞춤형 서비스가 타의 추종을 불허할 만큼 감동적이라고 알려져 있다. 고객중심경영을 넘어 고객감동경영의 대표 기업이라고 불리는 미국 자포스의 운영 실태를 살펴보자.

자포스는 2009년 7월 아마존이 그때까지 인수합병했던 기업 중 최고 금액인 12억 달러에 인수하며 세상을 놀라게 했다. 당시 시장 전문가들은 "아마존이 드디어 자포스의 탁월한 통찰력과 예지력을 갖게 되었다."며 인수 의의를 높게 평가했다. 이에 따라 인수 발표 시점에 약 85달러 수준이던 아마존 주가는 최종 딜 클로징을 발표한 2009년 11월 2일에는 약 125달러까지 상승하며 기대감을 나타냈다. 자포스가 이렇게 높은 가격에, 그것도 고객을 최우선시하는 아마존에 인수될 만큼 많은 감동을 전하는 고객만족경영 사례 중 이시즈카 시노부의 《아마존은 왜? 최고가에 자포스를 인수했나?》(북로그컴퍼니, 2014)에 담긴 유명한 일화를 소개한다.

한 여성이 몸이 아픈 어머니를 위해 자포스에서 신발을 구입했다. 그런데 그사이 어머니의 병세가 악화되어 세상을 떠나고 말았다. 얼마 뒤, 슬픔에 잠긴 채 유품을 정리하는 그녀에게 이메일 한 통이 날아왔다. 자포스에서 구입한 신발이 잘 맞는지, 마음에 드는지 확인하는 메일이었다. 그녀는 슬픔을 가다듬고 답장을 썼다. "병든 어머니에게 드리기 위해 구두를 샀는데 어머니가 그만 돌아가시고 말았습니다. 너무 갑작스럽고 경황이 없어서 반품할 기회를 놓쳤습니다. 그러나 이제 어머니가 안 계시니 이 구두를 반품하고 싶습니다." 그러자 곧바로 자포스에서 답장을 보내왔다. "저희가 배송 직원을 댁으로 보내 반품 처리를 해드리겠습니다. 걱정하지 마십시오." 다음 날 이 여성에게 한 다발의 꽃이 배달되었다. 꽃과 함께 배달된 카드에는 어머니를 잃고 슬픔에 빠진 여성을 위로하는 글이 적혀 있었다. 모두 자포스가 한 일이다. 이 여성은 "감동으로 눈물이 멈추지 않았습니다. 지금까지 받아본 친절 중에서 가장 감동적인 것이었습니다. 혹시 인터넷에서 신발을 사려고 하신다면 자포스를 적극 추천합니다."라며 자신의 사연을 소개했다. 원래 자포스 반품 규정에는 비용은 무료이지만 고객이 직접 택배를 불러 물건을 보내야 한다. 결국 이 사례를 통해 고객을 위해서라면 회사의 원칙을 무시할 수도 있으며, 일선 콜센터 직원들에게 그런 권한을 부여한 자포스의 기업문화도 엿볼 수 있다.

자포스의 창업자 토니 셰이는 "자포스는 우연히 판매업을 영위하는 기업이지만 실상은 서비스 컴퍼니"라고 말했다. 스스로를 온라인 판매 기업이 아닌 '최고의 서비스 기업'임을 자부한다. 이는 상품을 사는 고객에게 부수적으로 서비스를 제공하는 일반적인 유통업체의 사고와는 반대되는 생각이다. 자포스는 '고객이 만족했는가'에 회사의 모든 역량을 집중했다. 이를 위해 자포스 콜센터는 365일 24시간 열려 있다. 자포스는 콜센터를 콜센터라고 부르지 않고 '컨택센터'라고 부르며 전화뿐만 아니라 이메일, 라이브 채팅 등 다양한 채널을 통해 고객과 소통한다. 물류센터도 24시간 가동된다. 그렇기에 하와이와 알래스카를 제외한 미국 전역에서 주문한 상품을 다음 날 받을 수 있다. 게다가 모든 상품의 배송비가 무료다. 반품 배송비 역시 자포스가 부담한다. 반품을 원한다면 구입 후 365일 내에 반품하면 된다. 365일!

DON'Ts

놀랍지 않은가?

앵무새처럼 대답하는 고객 응대 매뉴얼도 없다. 직원들이 각자의 개성대로 상담한다. 몇 시간씩 고객과 통화해도 뭐라고 하는 이가 없다. 또한 자포스는 직원들에게 최소 세 군데 이상 경쟁업체 웹사이트를 검색하도록 교육한다. 왜 그럴까? 고객이 원하는 신발이 자포스에 없을 경우, 경쟁업체라도 그쪽에 상품이 있으면 안내해 주는 것이 자포스가 생각하는 고객만족경영이기 때문이다. 토니 세이는 "우리 목표는 전화 한 통을 통해 고객과 평생 유지되는 관계를 맺는 것이다. 고객이 전화를 걸었을 때 잊을 수 없는 기억을 만들어 주는 것이다. 가격경쟁력만 보고 오는 고객들은 결국 더 낮은 가격을 제시하는 곳으로 떠나게 된다. 우리가 평생의 인연을 중요시하는 것은, 고객에게 더 나은 서비스를 제공하면 고객들의 충성심이 커지고 입소문을 통해 새로운 고객이 찾아오면서 회사도 성장하기 때문이다."라고 말한다.

기업은 당연히 이윤을 남겨야 한다. 하지만 이윤은 결과이지 기업의 목적 그 자체가 아니다. 사람이 돈을 좇으면 안 되고, 일을 좇아야 한다는 격언처럼 기업의 이윤은 목적을 달성하는 과정에서 얻는 전리품 같은 것이다. 자포스의 재무책임자 겸 회장을 지낸 바 있는 알프레드 린Alfred Lin은 이렇게 말한다. "우리가 하는 많은 일에 엄청난 비용이 드는 것은 사실이지만, 우리는 어떤 것을 고민할 때 항상 장기적인 관점에 중점을 두고 있다."

고객의 니즈 파악을 위한 효과적인 방법

○
●

한 기업의 제품과 서비스에 대한 고객의 최종적 판단은 매출 추이를 보면 알 수 있다. 하지만 어떻게 하면 확실한 실적이 나타나기 전에 고객의 눈높이에서 평가받을 수 있을까? 많은 기업이 고객만족도를 이해하기 위해 정기적으로 다양한 고객 설문조사와 핵심 고객 대상 인터뷰를 실시하고, 서비스 만족도 평가를 위한 콜센터를 운영한다. 이러한 조사 방법은 오랜 기간 존재해 왔고, 앞으로도 계속될 것이다. 동시에 경쟁 기업도 비슷한 조사 방법론으로 현재의 만족도를 측정하고, 추이를 분석하며, 조금이라도 상대방보다 빠르게 고객의 요구 사항을 반영하려고 노력한다. 고객의 요구 사항을 확인하는 방법은 목적에 따라 다양하다. 제품과 서비스를 기획·개발하는 단계에서 고객의 심층 니즈를 파악하기 위한 목적, 판매 후 고객만족도를 파악하기 위한 것, 그리고 제품의 구매·선택·사용 과정에서 일어나는 모든 일을 관리하기 위한 것일 수도 있다. 이에 따라 각기 다른 접근방식으로 차별화되어야 한다. 여기서는 대표적인 세 가지 기법을 살펴보자.

고객만족도를 직접 묻는 순고객추천지수

현재까지 소개된 조사 방법론들 중 가장 적극적으로 고객의 시각을 반영하기 위해 노력했던 것은 순고객추천지수Net Promoter Score, NPS다. 지금도 여러 가지 새로운 방법론이 개발되고 있지만, NPS만큼 확실하게 단 하나의 숫자로 고객의 시각에서 만족도를 표현하지 못한다.

NPS 소비자 조사 방법론의 시사점에 기반하여 고객을 더 잘 이해하기 위해 어떤 노력이 필요한지 살펴보자.

NPS는 '순고객추천지수'로 직역할 수 있는데, 고객충성도를 나타내는 지표다. 2003년 베인앤드컴퍼니Bain & Company의 프레드 라이켈트Fred Reichheld라는 컨설턴트가《하버드 비즈니스 리뷰》에 〈성장에 필요한 단 하나의 숫자The one number you need to grow〉라는 기사로 처음 소개했다. NPS를 계산하는 방법은 의외로 아주 간단하다. 회사 제품이나 서비스를 사용하는 고객들에게 설문 형식으로 다음의 한 가지 질문을 던진다.

이 제품이나 서비스를 동료나 친구들에게 추천할 의향이 얼마나 되시나요?

고객들이 0(의향 없음)에서 10(의향 아주 높음) 사이의 점수를 매기면 고객을 다음의 세 가지 군으로 나눈다.

- 0~6점을 준 비추천자detractor
- 7~8점을 준 소극적 평가자passive
- 9~10점을 준 추천자promoter

NPS는 추천자 비율에서 비추천자 비율을 빼기만 하면 된다. 최대치는 100이고, 최저는 -100이다. NPS가 겉으로 보기에는 여타의 소비자 조사 방법론과 비슷하게 보이지만, 결정적인 차이는 고객 입장에서 모든 것(현재 만족도, 미래 구매 의향, 타제품과의 차별 정도 등)을 고려하여 단 하나의 질문에 답함으로써 주관적 편차를 최대한 줄일 수 있다는 점이다. 또한 미래 예측성이 가장 높다. 역대로 NPS 점수가 가장 높았던 사례로 인용되는 것이 전기차 테슬라다. 2015년에 출시된 테슬라 모델 S가 96.6이라는 경이적인 점수를 받은 적이 있다.

　실제로 NPS를 잘 활용하기 위해서는 추가로 고민할 부분이 있다. 먼저, 경쟁사와의 비교 평가다. 단순한 수치 비교도 중요하지만, 제품이 속한 산업과 섹터의 특징과 경쟁자의 속성을 고려하여 절대 수치와 상대적인 차이를 정확히 인지하고 해석하는 것이 필요하다. 또한 수치를 구성하는 세부 요소composition of promoter and detractor의 조합도 보아야 한다. 높은 점수를 준 고객과 낮은 점수를 준 고객의 비중과

그림 26 순고객추천지수의 샘플 이미지

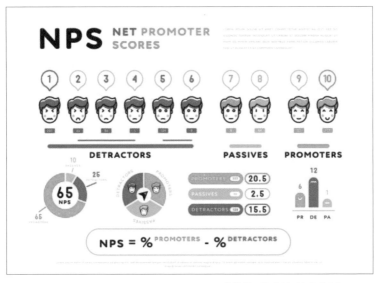

출처: Fred Reichheld, Bain&Company

DON'Ts

차이를 이해해야 한다. 낮은 점수를 준 고객에 대한 추가 조사도 반드시 필요하다.

NPS의 가장 확실한 장점은 고객충성도에 관해 최고경영진에게 매우 유용한 정보라는 점이다. NPS 수치는 매우 직관적이며 사업 성장을 예측하는 강력한 지표다. 또한 표준적인 수치로서 전 세계적인 벤치마킹을 매우 편리하게 수행할 수 있다는 장점도 있다. 반면, NPS의 확실한 단점도 있다. NPS 조사 방법론 자체가 단순한 만큼 구체적이지 않다. 따라서 별도의 추가 시장조사와 고객 설문이 없으면 고객충성도 개선을 위한 구체적인 실행계획을 수립할 수 없다. NPS 결과를 최고경영진이 고객충성도와 미래 성장 가능성을 판단하기 위한 지표 이상으로 활용하려면, 추가적인 실행계획의 가설 수립과 함께 관련 시장조사도 사전에 계획해야 한다.

고객의 실제 행동을 관찰하는 '에스노그래피 조사'

비즈니스 모델을 새로 정립하거나 새로운 제품과 서비스의 아이디어를 도출하는 단계에서는 정량적인 조사를 통해 고객의 잠재적인 요구 사항을 파악하기 어렵다. 소비자가 무엇이 문제인지, 어떤 대안이 존재하는지 정확히 이해하지 못하는 상태에서 설문조사를 통해 묻는 것은 한계가 있다. 이미 제품이 출시되어 사용해 본 단계가 아니라면 사람들마다 상상하는 것도 제각각이다. 고객이 직접 서비스와 제품을 사용해 보지 않은 상태에서 막연히 생각하는 것을 묻게 되면, 고객은 설문의 응답과 실제 다른 행동을 보이는 경우가 많다. 스스로 생각하는 것보다 자신의 니즈를 정확히 표현하지 못한다. 신규 사업을 구상할 때 고객이 주는 잘못된 시그널에 기반해 사업 계획을 세울 경우, 치명적인 실수로 이어진다. 전통적인 정량 조사가 아닌 심도 깊은 고객의 이해를 기반으로 한 조사가 필요하다.

'에스노그래피 조사ethnographic research'는 마케팅 조사 방법에서 부족한 부분을 보완한다. 에스노그래피는 그리스어 'ethnos(사람)'와 'graphein(기록)'에 어원을 두고 있으며, 인류학ethnography이라는 의미가 있다. 인류학적 조사 방법에서 기원했다. 인류학자들은 해당 민족을 심도 있게 파악하기 위해 문헌조사와 더불어 현지를 직접 방문한다. 연구 대상 민족들을 직접 만나 생활을 모두 관찰하고 인터뷰를 하기도 하며 친구가 된다. 이 과정에서 그들이 어떻게 생각하고 행동하는지 그 의미를 파악한다.

이러한 인류학적 접근을 소비자 관찰을 위한 방법으로 도입했다. 소비자를 가까운 곳에서 직접 관찰하고 기록하는 정성적 조사 방법이다. 조사를 진행하기 앞서 잠재 고객의 페르소나를 선정하고 적정 인터뷰 대상을 찾는다. 그리고 이들을 만나 심층 인터뷰를 진행한다. 정답이 없는 열린 주관식 형태의 질문을 계속 던진다. 질문은 고객경험을 직접적으로 묻기도 하지만, 보다 깊이 있는 관찰이 중요하다. 관련 제품과 서비스를 사용한 경험은 있는지, 그런 선택을 하게 된 이유는 무엇인지, 사용 과정에서 만족과 불만족은 있는지와 같은 직접적인 질문도 있다. 여기서 그치지 않고 한 단계 더 깊이 있는 질문으로 진행한다. 평소에 즐기는 취미 생활은 무엇인지? 일할 때는 어떤지? 쉴 때는 어떤지? 등이다.

일차적으로 대면 인터뷰를 마친 후에는 동행 조사를 실시한다. 고객이 느끼는 실제 불편 상황에서 함께 시간을 보내며 질문하고 관찰한다. 뛰어난 관찰 조사원이라면 고객이 스스로 인지하지 못하는 고객의 습관이나 행동도 파악한다. 이 과정에서 정성·정량 조사에서 고객이 언급하지 못한 내용을 파악할 수 있다. 조사를 마친 후 정리 단계에서는 고객의 언급을 바탕으로 고객경험을 하나의 '고객 여정 지도customer journey map'로 엮어내 정리한다. 제품과 서비스를 인지한 순간부터 구매, 사용, 재구매로 연결되는 과정의 고객 활동을 구조화한다. 다만, 여기서 고객이 언급한 사항을 단순히 정리하는 데서 한 단계 더 나아간다. 고객이 직접 언급한 사항을 포함하여 관찰의 시사점과 인사이트를 담는다. 고객이 언급할 수 있는 부분은 '만족스러운 것'과 '불만족스러운 것'에 그칠 것이다. 분석 과정을 통해 그 이유가 무엇인지, 어떤 새로운 제품과 서비스를 제공offering할 경우에 그 불만족 사항이 해소될 수 있는지 검토해야 한다.

고객도 모르는 니즈를 포착하는 '행동 데이터' 분석

2012년 2월, 《뉴욕타임스》에는 흥미로운 이야기가 소개되었다. '기업은 어떻게 당신의 비밀을 배우는가How Companies Learn Your Secrets?'라는 제목의 기사에는 미국 대형 할인마켓 타깃Target의 일화가 담겨 있었다. 당시 타깃은 고객의 행동 데이터를 기반으로 임신 여부를 예측, 이들에게 관련 쿠폰을 보내는 시스템을 도입했다. 문제는 분석 모델이 도입된 지 약 1년 뒤에 일어났다. 한 남성이 타깃 본사로 찾아왔다. 10대 딸을 둔 아버지라고 밝힌 이 남성은 딸의 명의로 '임신 축하 쿠폰'이 배송되었다며 항의했다. 황급히 사과한 매니저는 해당 쿠폰을 회수했다. 며칠 뒤 재차 사과하기 위해 전화를 걸었다. 그런데 오히려 그는 그 아버지에게 다음과 같은 대답을 듣게 되었다. "제 딸과 이야기를 나눴습니다. 8월이 출산 예정일이라고 합니다. 나에게는 그 사실을 숨기고 있었고요. 아무래도 당신이 아니라 내가 사과를 할 차례인 것 같습니다." 빅데이터는 부모도 모르는 딸의 임신 사실을 알고 있었던 것이다. 대부분의 기업들이 빅데이터의 중요성을 알고 있지만, 아직은 선도적인 기업조차 데이터를 잘 활용한다기보다 잘 모아놓는 수준에 머물러 있는 것이 현실이다. 사실, '잘 모아놓은' 데이터만으로도 고객에게 일어난 일을 파악하는 것이 가능하다. 이런 경우에 통상적으로 거래액, 접속 고객 수 같은 '운영 데이터'를 바탕으로 분석이 이루어지는데, 고객군의 대략적인 분류가 가능하기 때문에 어느 정도 도움이 된다.

그렇다면 우리는 어떻게 데이터를 잘 활용할 수 있을까? 답은 '행동 데이터'에 있다. 행동 데이터란 말 그대로 사용자가 서비스를 사용하며 겪게 되는 행동을 데이터화한 것을 의미한다. 가령 우리가 어떤 배달 앱을 분석할 때, 어떤 페이지의 조회 수가 몇 회인지, 총거래액은 얼마인지의 '운영 데이터' 이상으로 사용자가 음식을 배달시키기까지 몇 단계를 거쳤는지, 어떤 경로를 통해 움직였는지, 신규 사용자와 기존 사용자의 행동 패턴은 어떻게 다른지 등을 파악할 수 있다. 이것이 바로 행동 데이터 또는 '경험 데이터'라고 불리는 것이다. 행동 데이터와 운영 데이터가 결합되면 말 그대로 '폭발적인' 분석이 가능하다. 운영 데이터가 고객이 무엇을 하는지 알려준다면, 행동 데이터는 어떤 일이 '왜 일어나는지' 알려주는 단서가 되기 때문이다. 어떤 경로를 거

DON'Ts

쳐 이동한 사용자가 구매율이 높은지 확인하여 해당 경로로 사용자의 행동을 유도할 수도 있고, 신규 사용자를 빠르게 헤비 유저로 만드는 방법을 연구할 수도 있다. 말 그대로 단순한 날것의 데이터를 '가치 있는' 데이터로 바꿔주는 것이 바로 행동 데이터다.

이미 수많은 글로벌 기업들이 행동 데이터를 수집·분석하기 위해 달려들고 있다. 2019년 5월, 어도비는 기업용 이커머스 솔루션 업체인 마젠토를 16억 8천만 달러(약 1조 8천억 원)에 인수했으며, 경영 혁신 솔루션 기업인 SAP도 2019년 11월에 온라인 설문조사 업체인 퀄트릭스를 80억 달러(약 9조 원)에 인수했다. SAP와 어도비, 그리고 마이크로소프트는 단일 데이터 표준 구성을 목표로 하는 '오픈 데이터 이니셔티브ODI'를 발표하기도 했다. 그야말로 행동 데이터를 얻기 위한 조용한 전쟁이 시작된 것이다.

이런 동향은 비단 온라인 상거래에서만 사용되는 것이 아니라, 오

그림 27 마이크로소프트의 '다이내믹스 365'에서 제공하는 고객관리 콘텐츠

출처: 마이크로소프트

프라인 사업까지 확장되고 있다. 월마트, 아마존 등 글로벌 대형 유통업체는 최근 빅데이터 기반 고객 데이터 수집 및 분석체계 분야에 공통적으로 집중 투자하고 있다. 많은 양의 고객 라이프스타일 및 구매 정보 데이터를 가공·추출해 핵심 인사이트로 발굴하는 것이 필수 역량으로 대두하고 있다. 최근 정보통신기술 기업들의 O2O^{Online to Offline} 서비스가 확산되며 유통업계에서도 모바일 기술을 통해 오프라인 매장 경쟁력을 강화하고 있다. 특히 개인화된 쇼핑 경험과 서비스 정보 수집 역량이 향상되면서 오프라인 매장 고객 분석이 가능해졌다. 실제, 란제리 브랜드 훈케뮐러^{Hunkemöller}는 네덜란드 IT 솔루션 업체 케가^{Kega}와 협업을 통해 아이비콘 기술을 도입했다. 고객이 오프라인 매장에 들어서면 잠재적으로 온라인 쇼핑 바구니에 담았던 상품을 판매원이 미리 인지해 고객 응대 시 적극 활용할 수 있다. 반대로 고객이 오프라인 매장에서 주목했던 상품을 인지해 온라인 접속 시 해당 제품의 프로모션으로 유도하는 기술을 도입해 활용하고 있다.

이렇듯 모바일 기술 활용을 통해 오프라인 매장의 디지털화가 가속화되면서 매장 내 고객 쇼핑 행태 분석도 고도화되고 있다. 보유하고 있는 모바일 제품에서 나오는 무선 신호 수집을 통해 유동 인구수, 매장 방문자 수, 방문자 체류 시간, 재방문율 및 구매 전환율 등을 수집·처리하는 업체가 등장하고 있다. 한 업체 데이터를 통해 국내외 다양한 매장에 설치된 약 6천 개 센서에서 수집된 정보를 분석한 결과, 고객의 약 50~60% 정도가 무선 신호 활성화 상태를 유지하며 이를 통해 유효한 통계적 분석을 위한 충분한 모수 확보가 가능한 것으로 나타났다. 또한 스마트폰 기기의 맥 어드레스^{mac address} 정보를 수집하므로 고객 개인정보 침해 이슈에서 자유롭다. 기기 설치가 간편하며 매장 크기 및 분석 목적에 따라 매장별 설치 수를 유연하게 운영할 수 있다. 이를 통해 고객 행동 정보를 실시간으로 수집하며, 고객 행동 기반의 정교화된 핵심성과지표를 수립하고 효율적인 매장 운영 및 프로모션 수행이 가능하다.

IT 기술 진화에 따라 기존 온라인에서만 가능했던 고객의 구매 행동 분석이 오프라인 매장으로 점차 확장되고 있다. 오프라인 고객의 쇼핑 행동shopping behavior 데이터 수집과 분석이 가능해짐에 따라 온오프라인을 아우르는 O2O 관점의 연계 분석이 새롭게 대두할 것이며, 이를 누가 먼저 시도하고 새로운 인사이트를 발굴하느냐에 따라 리테일 비즈니스의 향방이 좌우될 것이다.

변화하는 고객, Z세대와 디지털 네이티브

Z세대는 Y세대(밀레니얼 세대)의 뒤를 잇는 인구 집단이다. Z는 알파벳의 마지막 글자로 '20세기에 태어난 마지막 세대'를 뜻한다. 세대를 가르는 정확한 기준은 없지만 보통은 1984년 이전에 태어난 사람들을 X세대, 그 이후 태어난 세대는 Y세대, 1990년대 중반 이후 태어난 세대를 Z세대라고 일컫는다. 인구통계학자들은 일반적으로 1990년대 중반에서 2000년대 중반까지 출생한 세대를 Z세대로 분류한다.

이들에게는 인스턴트 메신저 세대, 디지털 키드, 키보드 세대, 밀레니얼 세대 등 다양한 별칭이 있지만, 디지털 언어와 장비를 마치 특정 언어의 원어민처럼 자유자재로 구사한다는 측면에서 '디지털 네이티브'라는 말이 가장 적합하다. 디지털 네이티브와 유사한 개념은 미국의 톱 블로거 조시 스피어Josh Spear가 제시한 '디지털로 태어난 세대Born Digital'와 최근 엔제너라 인사이트nGenera Insight의 회장 돈 탭스코트Don Tapscott가 《디지털 네이티브》라는 책에서 제시한 넷세대Net Generation가 있고, 이와 대비되는 개념은 후천적으로 디지털 기술에 적응해 간 30대 이상의 기성세대를 일컫는 디지털 이민자Digital Immigrants가 있다.

디지털 이민자들은 디지털 언어를 구사함에 있어 마치 외국어를 구사할 때 모국어의 억양이 있는 것처럼 디지털 시대 이전의 흔적이 남아 있다. 실제로 디지털 네이티브와 디지털 이주민은 디지털 언어의 습득 및 활용에서 많은 차이를 보인다. 미국 스탠퍼드대학 자료에 의하면, 디지털 네이티브에 해당하는 현재 미국의 대졸자들은 살아오면서 50만 개 이상의 광고를 시청했으며, 20만 개 이상의 이메일과 인스턴트 메시지를 주고받아 왔다고 한다. 또한 그들은 TV 시청에 2만 시

그림 28 대한민국 세대 구분

1950 1960 1970 1980 1990 2000

세대 구분	베이비붐 세대	X세대	밀레니얼 세대 (Y세대)	Z세대
출생 연도	1950~1964년	1965~1979년	1980~1994년	1995년 이후
인구 비중	28.9%	24.5%	21%	15.9%
미디어 이용	아날로그 중심	디지털 이주민	디지털 유목민	디지털 네이티브
성향	전후 세대, 이념적	물질주의, 경쟁사회	세계화, 경험주의	현실주의, 윤리 중시

DON'Ts

간 이상, 휴대폰 사용에 1만 시간 이상, 비디오게임을 즐기는 데 1만 시간 이상을 쓰며 성장했다. 한마디로 이들의 성장 환경은 기성세대와 완전히 다르다. 이러한 성장 환경의 차이는 디지털 네이티브의 두 뇌 구조를 기존 사람들과 다르게 만들었다. 실례로 2007년 10월 미국 캘리포니아대학 신경과학자 게리 스몰의 책《디지털 시대의 뇌》에 의하면, 의사결정과 복잡한 정보 통합에 간여하는 DLPFC^{Dorso Lateral PreFrontal Cortex}라는 뇌 부위가 크게 활성화되어 발달해 있다고 한다.

디지털 네이티브는 성장 과정에 의해 엄청난 양의 정보 속에서도 멀티태스킹과 병렬처리와 같이 다양한 일을 동시에 처리할 수가 있다. 휴대전화, 문자메시지와 인스턴트 메신저 등을 통해 언제나 자신이 원하는 때에 상대방과 의사소통을 해왔기 때문에 신속한 반응을 추구하여 즉각적인 피드백에도 능숙함을 보인다. 또한 웹 2.0 기술의 대두로 발달한 소셜 네트워킹 서비스인 블로그와 트위터 같은 개인 가상공간에서도 적극적으로 자신을 드러내고 의견을 주고받는 것에 주저하지 않는, 청중이기보다는 주연배우가 되길 원한다. 마지막으로 그들은 '놀 때 놀고, 일할 때 열심히 일하자'는 놀이와 일의 이분법적 구분을 넘어, 일상 자체를 놀이나 게임처럼 인식하여 지루하고 따분한 일보다는 도전적이고 재미있는 일에 훨씬 더 적극적으로 몰입하는 특성을 보인다.

기존의 디지털 이민자 계층이 사회적 다수로 사회 전반에 포진한 가운데, 디지털 네이티브가 점차 사회로 진출하면서 많은 변화와 활기를 주고 있다. 예를 들어, 오픈마켓이나 소셜 네트워킹 서비스는 이들에 의해 폭발적으로 성장한 분야다. 또한 앱스토어, 블로거, 웹 2.0

같은 개방적 글로벌 라이프스타일은 디지털 주도 세력이 이끌어가는 세상의 단면이라고 할 수 있다.

진일보한 고객경험을 주는 '하이퍼 퍼스널라이제이션'

○
●

그림 29는 기업이 실천하고 있는 개인화 영역과 수익의 상관관계를 나타낸 것이다. 많은 기업이 간단한 메시지 메일 송신에서 타깃 세그먼트 정도를 하고 있다. 그에 비해 높은 수익을 올리는 아마존이나 스타벅스, 스포티파이가 하고 있는 것은 더욱 진일보한 유저 행동을 예측한 개인화personalization다. 유저 행동을 제압하는 것은 비즈니스도 제압할지 모른다. 그래프에 나와 있는 아마존과 스포티파이의 사례를 살펴보자.

아마존은 유저 행동 데이터를 정교하게 이용하여 유저 한 사람 한 사람에게 맞는 추천 시스템을 만들어냈다. 가장 잘 팔리는 상품을 랭킹 형식으로 표시하거나 신착 상품 라인업을 표시하는 일반적인 추천과 달리, 유저가 한 행동을 토대로 콘텐츠 큐레이션을 하므로 좀 더 유저 니즈에 가깝다. 예를 들어, 과거에 푸마 신발을 구입하고 검색 쿼리에 푸마가 있으면 푸마 신발이 라인업된 메일을 보내준다. 이로써 유저의 잠재적인 흥미나 구매욕을 불러일으켜 상품 구입으로 연결될 수 있다.

아마존은 아이템 기반의 협조 필터링item-to-item collaborative filtering이라는 추천 엔진을 만들어낸 것으로 유명한데, 사실 아마존의 컨버전

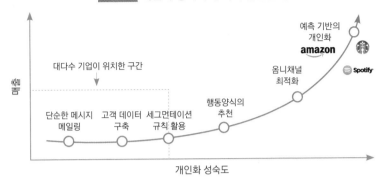

그림 29 개인화 영역과 수익의 상관관계

35% 이상은 이 엔진에서 나온다. 이 기능을 간단히 설명하면 ① 비슷한 유저끼리 매칭시키는 것이 아니라, ② 구입하거나 관람된 상품의 유사 패턴을 매칭시켜 추천을 만드는 것이다. ①은 '이 제품을 산 사람은 저런 상품도 산다 → 당신과 비슷한 관심사를 가진 유저를 매칭시켜서 추천'하는 것이다. ②는 '당신의 구입 상품에 기초해서 추천 → 당신이 구입한 상품과 비슷한 상품을 매칭시켜 추천'하는 것이다. ①은 매일 취미나 기호가 바뀌는 유저의 행동을 쫓는 것이라면, ②는 상품이라는 보편적인 내용을 조합시키므로 좀 더 정확한 추천이 된다. 가까운 미래는 자신이 원하는 상품만 나열되고 그것에서 선택하는 시대가 될지도 모른다.

1억 4천만 명의 유저가 활동하는 음악 스트리밍 플랫폼 스포티파이의 '하이퍼 퍼스널라이제이션'은 인공지능을 활용해 유저 취향의 곡을 큐레이션하는 '당신만의 플레이리스트, 디스커버 위클리Discover Weekly' 서비스를 말한다. 예전에는 음악 전문가들이 직접 큐레이션한 플레이리스트나 같은 태그를 가진 음악(힙합 등)을 매칭시키는 기술이 있었지만, 유저의 잠재적인 니즈를 끌어내기에는 역부족이었다. 그러나 스포티파이가 만든 디스커버 위클리는 다수의 알고리즘을 조합해 유저 취향의 음악을 추천할 수 있다. 여러 알고리즘 중에서도 특히 주목해야 할 것은 다음의 두 가지다.

첫째, 협조 필터링이다. 유저가 감상한 음악 기록, 플레이리스트 추가, 아티스트 페이지 이동과 같은 유저 행동을 토대로 '아직 들은 적은 없지만 듣고 나면 좋아하게 될 음악'을 추천하는 알고리즘이다. 둘째, 자연언어처리NLP다. 스포티파이는 매일 인공지능을 통해 각 음악이나 아티스트에 부속하는 자연언어(사람이 일상적으로 이용하는 언어)를 모은다. 구체적으로는 검색엔진, 블로그, SNS 등에서 사용되는 언어를 세밀하게 데이터 처리하고 음악 매칭 때 지표로 사용한다.

이들 알고리즘을 통해 유저 취향의 콘텐츠를 제공한다. 스포티파이가 디스커버 위클리만으로 70억 이상이나 되는 음악 스트리밍 실적을 올리는 것이 당연할지도 모른다. 스포티파이는 작년 새로운 추천 플레이리스트 타임캡슐Time Capsule을 론칭했다. 이것은 16세부터 85세까지의 유저에게 예전에 들었던 추억의 멜로디를 추천하는 것으로, 계정 등록 시 생년월일이나 유저 행동 데이터를 토대로 추천하는 것으로 보인다. 이처럼 스포티파이는 현재뿐만 아니라 과거와 미래라는 다른 시간 축에서도 콘텐츠를 제공함으로써 지속적으로 유저의 흥미를 불러일으키고 있다. 아마존과 스포티파이의 사례에서 보듯이 타깃 유저의 관심이나 흥미, 행동 데이터를 토대로 한 최적화한 정보 제공을 '하이퍼 퍼스널라이제이션'이라고 한다. 그렇다면 기존의 퍼스널라이제이션과 차이는 무엇일까?

DON'Ts

그림 30 클라우드 기반 CRM 업체 '세일즈포스닷컴'의 고객 여정 관리 시스템

출처: 세일즈포스닷컴

퍼스널라이제이션의 구체적인 예를 들면 다음과 같다. 타깃 유저의 이름을 수신인으로 한 뉴스레터를 보낸다. SNS 포스팅을 다른 지역이나 언어로 나눠 포스팅하는 등 최소한의 정보량(유저의 기본 정보나 취미, 관심도 등)만으로 유저에게 맞춘 콘텐츠를 제공한다. 이에 비해 하이퍼 퍼스널라이제이션의 구체적인 예는 다음과 같다. 유저에 관한 최소한의 정보와 유저의 행동을 파악해 좀 더 유저 관점에 가까운 콘텐츠를 제공한다. 당신이 온라인 쇼핑에서 B라는 브랜드의 신발을 보고 있다고 하자. 당신은 행동 1과 행동 2의 특징을 가졌다. 행동 1은 과거에 같은 브랜드 신발을 검색하고 구입한 적이 있다는 것이다. 행동 2는 온라인 쇼핑을 할 때 대개 19~21시에 구입하는 경향이 있다는 것이다. 이 두 가지 행동을 토대로 브랜드 B가 당신에게 19~21시 사이에 할인 안내 푸시 통지를 보내는 것이 하이퍼 퍼스널라이제이션이다.

유저가 제공하는 정보만이 아니라 유저의 행동도 활용함으로써 유저가 '그래! 이런 상품을 원했어!'라고 느끼도록 하는 것이다. 하이퍼퍼스널라이제이션을 위해 우선적으로 필요한 일은 다각적인 관점을 가지고 유저를 이해하는 것이다. 유저의 일상적 움직임이나 보는 것, 접하는 것, 느끼는 것을 눈여겨보고 다양한 가설을 세워 실제로 검증하는 것이다.

시장 친화적 기업으로 거듭나기 위해

○
●

기업은 시장과 끊임없이 소통한다. 주주와 만나고, 투자가와 상담하며, 협력업체와 협상하고, 노조와 교섭하며, 고객의 목소리를 듣는다. 기업을 둘러싼 주요 이해관계자와 다양한 형태로 의견을 전달하고 피드백을 받는다. 핵심 이해관계자인 투자자와 주주를 대상으로한 대표적인 접점들도 월별 컨퍼런스 콜, 분기별 실적 업데이트와 반기·연 단위 결산 및 감사보고, 그리고 정기·비정기 주총 등 매우 다양하다. 이렇게 정기적으로 사안별로 매우 구체적인 대화를 이어 나가면서도 어떤 기업은 시장 친화적인 데 반해, 또 어떤 기업은 시장과제대로 교감하지 못할까? 시장 친화적이라고 판단하는 주체는 누구이고 그 근거는 무엇인가?

시장 친화적인 기업과 그렇지 않은 기업의 차이는 현재에 대한 목표를 세우고 성과를 내기 위해 노력했던 과거 시점부터 시작된다. 계획 수립 단계에서는 불확실한 미래에 대한 시각 차이가 있거나, 실행과 투자 방식에 대한 공감이 부족할 수도 있다. 시장 친화적인 기업은 이러한 시각과 의견 차이가 발생했을 때 분명한 이유와 생각을 시장에 투명하게 공개한다. 불확실성에 대한 판단과 미래 계획에 대한 시각 차이는 항상 생길 수 있고, 최종 결정은 기업의 최고경영자가 리스크를 안고 할 수밖에 없다. 차이점은 이러한 판단 근거와 진행 상황의 사실관계를 명백히 공유하는 데서 드러난다. 또한 결과에 대한 투명한 정보 공유가 필요하다. 핵심은 전반적 과정 중에 소통과 조율이 얼마나 진정성 있게 진행되었는가 하는 점이다.

목표 수립 후 경영활동이 진행되어 실제 성과가 나타나면 또다시 입장 차이가 생길 수 있는 상황을 맞게 된다. 만일 성과 달성도에 대한 해석이 다르다면, 그 차이는 거의 대부분 목표 달성을 위한 실행의지와 역량 평가가 다르기 때문일 것이다. 이 시점에서 중요한 것은 일단 입장 차이가 발생하면 그 이유를 분명히 적시하여 상호 간에 차이의 근거를 정확히 이해하는 것이다. 더욱 중요한 것은 발생한 차이를 좁혀나가기 위한 노력을 구체화하고 그 달성 가능성에 대해서도 공감하는 것이다. 차이의 원인과 격차 축소 방향성에 대해 충분한 시간을 가지고 논의하여 교감할 수 있다면 문제의 절반 이상은 해결된 셈이다. 상대방의 시각으로 내부를 들여다보고, 시장 친화적인 기업이 되기 위해 차이를 줄여나가는 노력이 꾸준히 지속된다는 확신을 줄 수 있어야 한다. 일회성 논의와 타협의 시늉이 아니라, 변화를 위한 여정을 공유하고 그 과정을 투명하게 공개해야만 시장 친화적 기업으로 변신하기 위한 첫 단계를 밟게 되는 것이다.

앞 장에서 인수합병을 잘하거나, 혁신 기업으로 변화하기 위한 방법으로 작은 도전을 두려워하지 말고 많이 시도함으로써 경험을 축적하는 것이 최선이라고 말했다. 실패와 도전 경험의 축적 없이는 성공 가능성을 높일 수 없기 때문이다. 같은 맥락에서 자기 중심적 사고와 판단에서 벗어나 시장 친화적으로 변화하기 위해서는 주요 이해관계자와 다양한 영역에서 과거의 관행에서 벗어나는 시도를 해야 한다. 작더라도 새로운 시도의 축적 없이는 절대 큰 변화를 만들어낼 수 없다. 시장 친화형 기업으로 변한다는 것은 매우 쉽지 않은 도전이다.

누구나 얘기하고 아무도 제대로 시도하지 못하고 있는 ESG 변화를 예로 들어보자. 앞서도 얘기한 것처럼 E, S, G 각각의 변화 시도 없이 전체 ESG 달성은 허망한 주장일 뿐이다. 그럼, 각각의 영역에서 어떤 시도를 해야 할까? 먼저 E의 영역에서는 E의 가치와 변화 목적을 가장 잘 이해하는 각종 환경단체와 규제기관, 그리고 노조와 EHSEnvironment, Health, Safety 어젠다를 함께 정해야 한다. 매 3~5년 단위로 목표와 과제를 설정하여 지속적으로 함께 논의하고 성과와 상황에 따라 유연하게 수정·변경할 수 있어야 한다. G의 영역을 예로 들면, 주주가 참여하는 의사결정의 폭과 깊이를 대폭 확대해야 한다. 현재 주주총회에서 다뤄지는 사안들은 통상적인 결산 보고와 상위 수준의 사업 보고, 경영진과 이사 선임 등으로 매우 제한적이다.

주주 친화정책을 제대로 펼치려면 먼저 전자투표제를 통한 주주의 참여도를 확실하게 높여야 한다. 또한 주주총회의 어젠다가 미래 사업 계획뿐만 아니라 신규 사업 투자(비밀 유지가 필요하다면 최소한 방향성만이라도) 등 기업가치에 큰 영향을 미치는 주요 사항을 포괄하도록 확대되어야 한다. 기업가치에 크게 영향을 끼치는 핵심 사안을 주주가 정확히 알아야 하고, 투자 규모와 기대수익률의 로직을 충분히 이해하고 의사결정에 참여해야 한다. 의사결정 이후에는 실제 나타난 투자 성과를 주주에게 투명하게 공유하여, 이사의 보수에 관한 의사결정도 성과 기여도를 알고 참여하도록 한다. 임직원에게 부여하는 최상의 보상체계 중 하나인 스톡옵션 제도를 선진국의 글로벌 우수 기업 수준으로 적극 도입하도록 주주와 공감대를 형성한다. 또한 스톡옵션 제도를 제대로 운영하기 위해 장단기 성과의 균형을 도모할 수 있도록 경영 목표 수립과 관리방식의 개선뿐 아니라, 옵션 부여와 행사 시점 등에 대해서도 깊이 있는 고민이 선결되어야 한다. 이사회 주도하에 회계 및 감사 전문기관과 협력하여 세부적으로 제도를 설계하고 모니터링 방안도 개발하여 도입을 서두른다.

정리하면, 주주 친화 경영 또는 시장 친화적 기업이 되기 위해서는 다음의 네 가지 변화가 모두 필요하다. 의사결정과 성과 평가의 전 과정에 참여할 수 있는 공동 어젠다 설정, 투명한 정보 공개, 목표와 성과를 평가하는 시각 차이를 줄여나가는 과정 관리, 그리고 큰 변화를 위한 작은 변화 시도와 노력의 축적이 그 핵심이다. 한 가지 덧붙이자면, 한국 기업의 특수성을 고려해야 한다. 자기 중심적 사고로 그룹과 사업의 포트폴리오를 설계하고 판단할 때, 100% 사업 논리만 작동하지 않는 경우가 있다. 포트폴리오 효과가 주는 착시로 전체 성과에 가려 개별 기업의 성과를 객관적으로 보지 못할 때도 있고, 그룹의 소속사로서 갖는 부수적 효과를 가려내지 않고 성과를 평가하는 것이 대표적인 예다. 이러한 두 가지 사항을 정확히 가려서 평가하는 것이 매우 중요하다.

또한 신사업을 추진할 때에도 다른 계열사나 지주회사가 가진 자산과 역량을 활용할 수 있는 경우와 그 기여도를 정확히 구분하여 평가해야 한다. '우리 그룹이라면 이러한 사업을 시작할 수 있다' 또는 '우리 그룹의 역량으로 더 나은 성과를 만들어낼 수 있다'는 시각은 매우 위험할 수도 있다. 계열사 단위가 아닌 그룹 역량이나 그룹의 통합적인 경쟁력은 실체도 없는 경우가 많고, 만일 있더라도 실제로는 접목시키기 어려운 경우가 대부분이다. 그래도 그룹 역량, 시너지에 대한 판단을 하기 어렵다면, 주주와 투자자에게 직접 물어보라. 분명한 대답을 들을 수 있을 것이다.

5

타협

글로벌 스탠더드를
어설프게 흉내 내지 마라

$($ 핵 심 질 문 $)$

글로벌 성공 사례와 베스트 프랙티스를 잘 알지만 막상 실제 접목에
실패하는 이유는 무엇인가?

국내 기업 경영자는 글로벌 사례의 도입에 최선을 다하고 있는가?

글로벌 스탠더드와 베스트 프랙티스의 도입 효과는 얼마나 오랫동안
지속 가능한가?

우리는 언제부터 글로벌 스탠더드를 이야기했는가? 1960년대부터
산업화를 거치며 비약적으로 성장하던 한국 경제는 1990년대 말 아
시아 외환위기를 맞아 많은 국내 대기업과 금융기관이 어려움을 겪었
고, 일부는 역사 속으로 사라졌다. 이때의 충격으로 외부 변수와 글로
벌 불확실성에 기인한 위기 상황에 대처하는 관리체계의 고민이 본격
적으로 시작되었다.

또한 당시 위기 상황 극복을 위해 필요한 지원을 해주었던 IMF의 위기 대응 매뉴얼과 위험관리 가이드에 따라 경제와 산업을 성장시키기 위해서는 글로벌 기준에 맞는 새로운 경영 패러다임을 갖추어야 함을 받아들이게 되었다. 자원 활용의 생산성 기준, 실적 관리를 위한 적정 지표 및 위험관리 시스템, 성과의 투명성을 포함한 경영관리 체계의 글로벌 표준 등 글로벌 스탠더드의 실질적 도입이 시작되었다. 경제 규모의 획기적 성장에도 불구하고 미처 갖추지 못했던 글로벌 스탠더드의 필요성과 실체적 중요성을 뒤늦게 경제위기를 통해 깨닫게 된 것이다. 글로벌 경영 관행과 새로운 경제질서를 이해하게 되었고, 세계시장에서 경쟁하기 위해서는 글로벌 규율과 원칙에 기반한 경영관리 시스템이 필요하다는 것도 알게 되었다. 물론 시스템의 필요성을 이해하는 것과 제대로 갖추는 것은 엄청난 차이가 있다. 20년이 훨씬 지난 지금도 글로벌 수준의 규율과 원칙이 지켜지지 않는 안타까운 사례가 여전히 부지기수다. 하드웨어를 갖추는 것에서 끝나지 않고 이를 실제로 관리하는 소프트웨어 역량이 중요한데, 이는 문화의 변화에 기반한 경험 축적이 필요한 영역이라 단기간에 갖추기는 쉽지 않다.

예를 들어, 관리체계 도입을 생산설비 구축에 비유해 보자. 글로벌 경쟁력이 있는 생산설비를 갖추기 위해서는 무엇이 필요할까? 가장 먼저 검증된 기술과 엔지니어링 설계에 기반하여 수천억 또는 수조 원의 자본이 투입되어야 하고, 수년간 설비 하드웨어 구축 과정을 거쳐야 한다. 설비가 구축되면 상당한 테스트 운영 기간을 거치고 나서도 실제 생산 실적과 경험치가 일정 수준으로 누적된 이후에야 애

당초 기획된 생산설비 설계 수준의 생산성을 동반한 산출물을 기대할 수 있다. 이후 생산된 양질의 산출물이 기대한 판매로 연결되어야 최초에 계획했던 투자수익률과 적정 투자회수기간을 맞출 수 있다. 이를 위해서는 최소 5년 이상, 평균적으로는 7~10년의 기간이 필요하다. 또한 이는 연속적인 개선 과정이자 끊임없는 문제해결 과정이다.

반면, 경영관리체계와 운영 시스템을 갖추는 것은 유형의 생산설비 자산을 구축하고 그 운영 시스템을 갖추는 것보다 훨씬 어렵다. 상대적으로 사람의 개입도가 훨씬 높고, 그만큼 조직의 몰입도와 문화가 영향을 주는 부분이 매우 크기 때문이다. 지난 15년 동안(2005-2020년) 국내 생산설비 규모는 3~4배 이상 성장했고, GDP 대비 설비투자 비중도 9%대로 G7 국가와 비교할 때 2~3배 수준이다. 한국 기업이 글로벌 제조 경쟁력을 갖추기 위해 상당한 투자를 진행했고, 이에 따라 실질적 생산능력의 확장과 더불어 세계시장에서 입지와 위상이 향상되었다.

하지만 이에 비해 소프트웨어에 해당하는 경영관리 시스템과 운영 노하우에 대한 투자는 아직까지 부족한 것이 현실이다. 절대적인 투자 수준도 생산설비에 들이는 투자 규모에 비하면 형편없이 낮을 뿐 아니라, 경쟁력 있는 운영체계와 역량을 갖추는 데 필요한 절대 시간 개념이 턱없이 부족하다. 생산설비 구축에 5년 이상 기간을 생각하는 것에 비해 보통 1년, 길어도 2년이라는 시간 안에 새로운 운영체계가 갖춰지길 바란다. 많은 실패가 이렇게 잘못된 시간 개념에서 기인한다. 새로운 관리 시스템 구축이 성공하기 위해서는 조직 변경과 전문가 투입, 그리고 종합적인 변화 관리가 동반되어야 하고, 이는 생산설비 구축과 생산성을 확보하는 기간 이상의 시간 투입과 최고경영진의 전폭적 지원이 필요하다.

실제로 여러 기업의 경영관리 시스템을 개선하기 위한 프로젝트에 참여해 보면 한정된 물적·인적 자원과 시간의 한계로 최초에 기대한 성과를 낼 수 없는 경우가 대부분이다. 설상가상으로 최고경영진의 이해 부족 및 현업 담당이 갖는 여러 가지 제약으로 인해 실상 최초 기획 단계부터 이미 매우 낮은 성공 가능성으로 진행된다. 국내 대표 기업에서 진행했던 글로벌 목표 설정과 예산 및 성과 관리체계 도입을 위한 프로젝트가 10년이 넘는 기간 동안 과제의 이름만 바꿔가며 세 번 넘게 진행된 사례도 보았다. 애초부터 5년이라는 기간과 세 번의 프로젝트에 들어간 예산을 한 번에 주었다면, 그리고 최고경영자가 그 과제를 기간 내내 챙겼더라면 그 기업은 훨씬 높은 수준의 경영관리체계를 조직의 실패 경험 없이 구축하게 되었을 것이다. 처음부터 제대로 된 접근방법과 충분한 자원 투입만이 새로운 변화를 위한 도전 의식과 경쟁력 있는 조직문화를 갖추게 한다.

글로벌 스탠더드를 이해하고 도입하려는 노력과 함께, 대다수 국내 기업들은 일본 기업 사례 연구에서 벗어나 글로벌 기업을 본격적으로 벤치마킹하기 시작했다. 이 시기는 공교롭게 많은 기업에서 창업 1세대를 넘어 2세대가 경영 주도권을 갖게 되는 시점이기도 했다. 당시 제너럴 일렉트릭General Electric, GE은 업종을 불문하고 모든 기업의 연구 대상이었다. 섹터 내 1~2등을 하지 않는 사업의 철수, 매년 하위 5% 이상 인력의 정리, 그리고 6시그마 효율 경영으로 대표되는 잭 웰치의 경영방식은 모범 답안으로 인식되었다. GE의 뒤를 이어 유럽의 지멘스, 필립스, 미국의 애플과 인텔을 비롯한 수많은 벤치마킹 대상이 있었다. 그중 애플과 스티브 잡스 역시 업종을 불문하고 대표적인 벤치마킹 대상이었다. 몇 번의 위기 상황을 겪었고 경영진 교체도 있었지만, 결국 획기적인 사업모델 변화를 통해 성과를 만들어낸 기업으로서 애플은 모든 영역에서 훌륭한 연구 대상이었다.

애플을 포함한 글로벌 기업의 성공 사례는 매우 흥미롭다. 물론 실제로 성공의 배경이 된 경영철학이나 접근방식, 관리원칙 등을 추출해서 일반화하면 합리적이고 상식적인 것들이어서 독창적인 부분이 그리 크지 않은 것처럼 보인다. 하지만 '위기 시에도 4~5% 수준의 연구개발 투자 유지하기' 같은 경영철학과 원칙, 그것을 지속적으로 유지하며 성과로 연결시킨 치열한 실행력, 그리고 그 과정에서 생긴 돌발 변수들을 처리해 나가는 문제해결 능력과 리더십은 성공한 회사의 이름과 역사 속에서 오랫동안 빛나게 마련이다.

글로벌 스탠더드의 의미는 어떻게 발전해 왔는가?

국내 기업들은 산업화 1세대 과정을 거치며 해외 수출을 위한 생산설비와 해외 네트워크를 어느 정도 갖춘 이후, 본격적으로 글로벌 경쟁력을 고민하게 되었다. 지난 25~30년(1990/1995~2020년)이라는 기간은 국내 기업에게 글로벌 경영 관행을 제대로 이해하기 위해 노력하고, 동시에 글로벌 대표 기업들을 연구하면서 10년 주기로 생겨난 글로벌 위기를 극복하는 과정이었다. 글로벌 경영, 이른바 세계 경영을 추구하던 대우그룹이 무너진 1990년대 후반 아시아 외환위기를 겪으면서 겉으로 드러난 글로벌 경영 시스템(해외 생산설비와 판매망 구축 등)과, 지속 가능한 글로벌 경쟁력을 갖춘 글로벌 경영 체계(공급망 관리, 성과 관리, 위기관리, 그리고 글로벌 금융 네트워크 등)는 차이가 많음을 알게 된 것이다. 눈에 보이는 설비와 해외 거점은 글로벌로 가는 첫 단계에 불과함을 깨닫게 되었고, 이를 경쟁력으로 전환시키는 동력은 유형의 자산(하드웨어 설비와 네트워크)을 움직이고 유지하며 확장시키는 무형의 자산(소프트웨어 경쟁력)이라는 것을 위기 상황에서 인지하게 되었다.

이러한 무형의 자산 역량을 구축하기 위해서는 먼저 경영관리의 글로벌 스탠더드를 도입해야 한다고 판단했다. 그 시작으로 글로벌 스탠더드를 보다 잘 이해하기 위해 관련 전문기관의 도움을 받고, 해외 인재를 영입하며, 글로벌 경영관리 프로그램도 앞다퉈 도입하려고 노력했다. 결론적으로 이때 도입했던 ERP, 6시그마, 조직 설계, 자원관리, 성과관리와 위기관리 체계 등이 이후 글로벌 경영의 기초가 되었다. 1단계 해외 설비와 네크워크 구축, 2단계 글로벌 경영을 위한 글로벌 스탠더드 도입이 있었다면, 그다음은 경쟁의 수준을 높이기 위해 글로벌 초일류 기업을 대상으로 한 글로벌 베스트 프랙티스 연구가 시작되었다. 이후 산업별로 기업의 당시 경쟁력 수준을 고려한 심층적 벤치마킹이 본격화되었다.

2000년 닷컴버블이 꺼지고, 전 세계 테러 위협과 에너지 위기 후에도 건재한 글로벌 초일류 기업들이 벤치마킹 연구 대상이 되었다. 물론 해외 초일류 기업도 부침을 겪는다. 세대를 거치며 초기의 경쟁력을 잃고 기업의 일반적인 기업 생애주기를 넘어서지 못하기도 하고, 산업 패러다임 변화에 대응하지 못해 사업모델과 글로벌 위상이 완전히 달라지기도 한다. 여러 사례에 자주 등장하는 K마트와 노키아 사례가 바로 이런 경우에 해당한다. 하지만 글로벌 초일류 기업과 베스트 프랙티스에 대한 벤치마킹은 매우 유용한 경영 도구다. 기업들의 상황과 성공 요인은 모두 다른 것처럼 보이지만, 그 핵심 경쟁력의 저변에 흐르는 도도한 경영 원칙과 철학은 항상 '경영의 기본'에 대한 가르침을 준다. 또한 비슷한 원칙과 성공 요소라 하더라도 각자 상황에 맞게 풀어낸 해결 과정과 아이디어가 주는 다양성과 참신함은 일반적인 접목이 아닌 나만의 해결책을 찾아야 한다는 문제해결의 본질과 당위성을 가르쳐준다. 이러한 시도가 고객의 반응과 성과로 이어진다면, 결국 긍정적인 고객 반응과 감동만이 성공의 원천임을 깨닫게 된다.

글로벌 스탠더드의 도입과 글로벌 베스트 프랙티스에 대한 심층 벤치마킹은 국내 기업이 글로벌 경쟁력을 갖추기 위해서 과거에도, 그리고 현재에도 지속하는 대표적인 경영 어젠다다. 하지만 여기서 중요한 것은 이러한 벤치마킹이 정확한 상황 인식을 기반으로 이뤄져야 한다는 것과 성과와의 연결을 위한 투입 자원에 대한 면밀한 고찰이 필요하다는 것이다. 많은 경우 연구 대상을 독립적으로 보거나, 성과를 만들어내기 위한 투입 자원의 크기를 과소평가하거나, 실행력을 담보하기 위한 현장 노력을 지속하는 것이 얼마나 어려운 도전 요소인지 간과한다.

글로벌 스탠더드와 베스트 프랙티스 벤치마킹 원전

○
●

많은 책과 기사를 통해 다양한 형태의 글로벌 스탠더드를 접할 수 있다. 영역도 다양하다. 경영전략, 마케팅, 생산관리, 인사, 재무, 시스템과 실행체계 등 기업 경영의 모든 면이 포함된다. 문제는 각 영역이 언급될 때마다 각기 다른 원칙과 시각으로 저마다 최고의 사례를 논하다 보니 기준이 불분명하다. 이럴 때는 저런 사례가 최고라고 이야기되다가 상황이 바뀌면 다른 사례를 들고 나온다. 경영자가 바뀔 때마다 강조하는 포인트도 조금씩 다르다. 경영이 그만큼 복잡하다는 것을 반증하는 것이지만 계속 이런 식이면 곤란하다.

표준화된 원칙이 있어야 한다. 매일 회사로 출근하는 임직원 대부분들에게는 인수합병, 구조조정 같은 특수한 사례는 잘 일어나지 않는다. 관련 영역에서 업무를 전담하는 일부 인력에게만 관심 있는 단어일 것이다. 실제로 30년 직장생활을 하면서 한 번도 이러한 업무에 노출되지 않을 수도 있다. 하지만 일상적으로 일어나는 목표 설정과 실행은 언제나 일어난다. 모든 직장인들은 나름대로의 성과관리와 상하관계 속에서 영향을 받고 있다. 지금부터는 이들 단어가 언제, 어디서부터 생겨났고, 경영학의 대표 저서에서는 이들을 무엇이라고 언급하는지 알아보고자 한다.

경영학이라는 단어와 학문이 생겨나기 훨씬 오래전부터 둘 이상의 팀이 함께 일하는 환경에서는 공동의 목표를 달성하기 위한 관리방식이 존재했을 것이다. 수렵채집을 하던 시절에도 나름의 방식으로 개별 사냥꾼에게 공동체를 위해 감당해야 하는 성과 목표가 존재했을 것이 분명하다. 오늘 몇 마리의 토끼를 잡지 않으면, 우리 가족들이 굶주리지 않을 거야, 하는 식으로 말이다. 또 여기에는 팀과 일정한 실행방식도 존재했을 것이다. 대형 수렵 활동을 수행하기 위해 가장 힘이 센 전사가 사냥을 이끌었을 것이다.

여기서는 현대적인 개념으로 일컬어지는 최고를 위한 목표 수립과 성과관리의 몇 가지 원전을 소개하려 한다. 관심 있는 분들은 다시 원전을 찾아보길 추천하며 우리말로 번역된 책의 내용을 가급적 원전에 가깝게 전달하고자 노력했다.

최고의 성과를 관리하라, 앤드루 그로브

실리콘밸리 기술혁명의 근간인 반도체 기술이 태동하던 시기부터 산업의 선도자이자 맏형 역할을 했던 인텔은 앤드루 그로브의 리더십 하에서 비약적으로 성장했다. 현재 우리가 경험하는 마이크로프로세서에 의한 개인용 기기 발전의 근간에는 그가 인텔을 통해 이뤄낸 혁신이 있다. 앤드루 그로브가 CEO로 취임하던 1987년 19억 달러였던 매출액은 퇴임하던 1998년 251억 달러로 13배 가까이 성장했다. 1980년대까지 메모리 중심의 인텔을 마이크로프로세서 중심으로 전환시켜 현재 대다수 개인용컴퓨터와 고성능 컴퓨터에 들어가는 '인텔 인사이드Intel Inside'를 탄생시켰다. 앤디 그로브는 역사상 가장 뛰어난 경영자에 대해 논의할 때 자주 등장하는 혁신의 구루다. 그는 《하이 아웃풋 매니지먼트High Output Management》라는 책에서 인텔에서 그가 실행했던 조직관리와 성과 창출의 원리를 정리했다. 관리자는 리더십 자체로 평가받는 것이 아니고 오직 조직의 생산성과 성과를 통해 평가받는다. 따라서 관리자의 본분은 조직의 생산성을 책임지는 것이다. 그는 성과를 제대로 측정하고 보상과 연계해 실행력을 강화하고, 핵심 사업에서 파격적인 발탁과 승진, 확실한 보상을 제공하며 인재를 확보하고 육성했다. 이를 통해 임직원의 생산성을 극대화했다.

사실 조직관리와 성과 창출의 기본 이론은 이미 1950년대 피터 드러커가 제시한 바 있다. 피터 드러커는《경영의 실제》에서 목표에 의한 관리를 제시했다. 경영자는 기업의 상위 목표 개념을 정의하고, 이는 다시 하위 조직이 실행 가능하고 도전할 수 있는 세분화된 목표와 성과로 구분되어 제시되어야 한다. 이러한 목표와 성과관리의 체계를 기본으로 두고 실행력을 강화하는 것이 중요하다. 피터 드러커가 성과관리를 위한 이론과 기반을 수립했다면, 앤드루 그로브는 인텔의 경험을 바탕으로 한 실천 방안을 정리했다.

관리와 회의, 인사 평가, 승진, 조직관리 전반에 대해 앤드루 그로브가 제시하는 해법은 다음과 같다. 생산성을 위해 업무를 '더 빨리' 하게 만든다, 업무 레버리지를 올리는 구조를 만든다, 정보를 수집하기 위한 보고서를 만든다, 의사결정을 위한 팀 회의를 주도한다, 일대일 면담을 통해 정보를 교환한다, 운영 점검 회의로 업무 상황을 공유한다, 미션 지향 회의로 회사의 미래를 그린다, 자신의 지식을 직원과 공유한다, 직원의 성과를 평가한다, 피드백을 통해 직원을 교육한다.

한편, 경영진은 조직의 성과에 영향력이 큰 업무에 집중해야 한다. 즉 '관리 레버리지'가 높은 업무에 집중하는 것이다. 이는 직원들과의 일대일 면담을 통해 정보를 교환해서 조직 하부의 솔직한 의견을 종합하여 경영진이 통찰력을 가지고 판단해야 한다. 여기에서 조직의 생산성 차이가 발생하게 된다. "생산 방법을 적용"하고 "관리 레버리지를 활용"하며 "최고 성과를 추구하는 운동선수의 욕망"을 끌어내는 것이 관리자의 핵심 역할이다.

실행에 집중하라, 래리 보시디와 램 차란

우수한 전략과 비전을 보유했다고 해도 성공 기업과 실패 기업은 구분되기 마련이다. 많은 경우 기업이 실패하면 전략과 시스템을 문제 삼는 경우가 많다. 성공한 기업의 특성을 설명할 때 실행력이라는 개념은 자주 우선순위에서 뒤로 밀리기 마련이다. 간단한 케이스 스터디 보고서에 정리하기가 어렵고, 특별히 매력적이거나 자극적인 이야깃거리를 만들어내기가 어렵기 때문이다. GE의 전 부회장이었던 래리 보시디는 램 차란과 함께 종종 그 중요성을 잊어버리는 '실행력'이라는 주제로 2002년 《실행에 집중하라Execution》라는 책을 발표했다. 혁신적인 경영 이론, 또는 전략이더라도 기업의 현실에 적용되고 실현될 수 없다면 무용지물이다. 기업이 수립한 전략과 비전이 왜 자주 실패하는지, 이런 문제를 해결하려면 어떻게 해야 하는지 언급한다.

실행이란 목적과 방법을 수립하기 위해 의문을 제기하며 끈기 있게 추진하고 책임 관계를 명확히 하는 체계적이고 엄격한 프로세스다. 사업 환경에 대한 이해로부터 전략 수립과 실행에 이르는 단계에 걸친 개개인의 행동양식에 의해 구현된다. 실행은 리더가 주도하며, 이를 위해 리더는 자신이 가진 모든 것을 비즈니스를 위해 헌신해야 한다. 실행력을 높이기 위해서는 사업과 인력, 환경에 대한 폭넓은 이해가 필요하다. 요소들을 포괄적으로 이해하기 위해 존재하는 사람이 리더다. 리더는 조직에서 실행력을 현실화할 수 있는 유일한 존재이며, 스스로 먼저 행동하고 사소한 일까지 도맡아야 한다.

실행력을 비약적으로 개선하고자 하는 리더는 다음과 같은 행동 수칙을 따른다. 먼저 현실을 직시해야 한다. 실행은 현실을 정확히 인식하는 데서 출발한다. 스스로에 대한 현실적 시각과 커뮤니케이션을 정착시켜야 한다. 그리고 목표와 우선순위를 명확히 설정해야 한다. 자원의 최대 효과를 위해 우선순위를 서너 가지 정도로 한정해야 한다. 적극적인 추진력을 확보하기 위해서는 책임자를 분명하게 지정해야 한다. 결과를 위해서는 실적에 대해 충분히 보상한다. 실적이 우수한 사람과 그렇지 못한 사람 사이에는 현격한 보상 차이가 존재해야 한다. 자기 자신에 대한 솔직함과 현실에 도움이 되는 정보를 기꺼이 받아들이는 용기를 품은 '감성 의지'를 지녀야 한다.

균형성과표, 로버트 캐플런과 데이비드 노튼

대다수 경영자들의 보수와 성과는 매년 매출과 이익(성과급), 이에 따른 주가 상승(스톡옵션)에 연동되어 있다. 이에 따라 회계 성과와 주가 상승이라는 지나치게 재무적인 측면의 성과에 집중하게 되는 경향이 있다. 재무적인 관점에만 집중하면 단기적인 경영 성과가 장기적인 면에서 경쟁력 상실로 연결될 수 있다.

1990년대 하버드대학 교수 로버트 캐플런과 컨설턴트인 데이비드 노튼은 기업 성과의 원인과 결과를 좀 더 '균형 잡힌Balanced' 관점에서 해석하고 관리해야 한다고 생각했다. 과거 성과에 대한 재무적인 결과와 미래 성과를 야기하는 동인driver를 구분하고, 단기적 지표와 장

DON'Ts

기적 지표, 재무적 지표와 비재무적 지표, 후속 지표와 선행 지표를 구분하여 관리한다. 이러한 성과지표들을 재무적 관점, 고객 관점, 내부 비즈니스 프로세스 관점, 학습과 성장 관점의 네 가지 영역으로 구분한다. 재무적 관점 외 세 가지 관점은 비재무적 요소이며, 장기적이고 선행적인 특징을 가진다(최근에 누구나 이야기하는 ESG도 대표적인 비재무적인 장기 요소다). 하지만 기존의 재무적 관점의 중요성이 없어진 것은 아니고 핵심 역량 확보, 고객만족, 직원의 성장, 정보 시스템의 구축 등을 함께 관리해야 한다.

기업 및 사업 단위에서는 비전과 목표 설정에 있어 하위 조직이 달성해야 하는 목적을 설정한다. 비재무적 지표는 재무적 지표의 목표 달성 여부를 사전에 설명할 수 있도록 연결한다. 이를 통해 조직의 비전과 전략으로부터 도출된 성과지표를 조합하여 설정하고, 하부 조직에서는 전략과 연결된 변화 방향을 구체적으로 제시하여 동기를 부여

그림 31 균형성과표 프레임워크

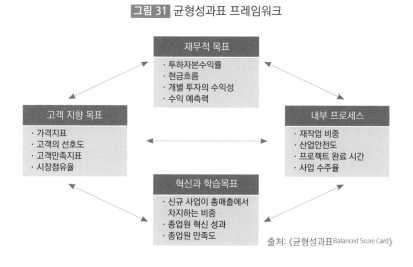

출처:《균형성과표Balanced Score Card》

할 수 있다. 계획 수립, 실행, 예산, 조직 운영 등의 실무적인 영역과 매일매일의 활동에서도 전략과의 연계성을 높일 수 있다.

1990년대 후반부터 균형성과표Balanced Score Card, BSC가 한국에 본격적으로 소개된 이후 여러 기업이 유사한 개념을 적용하기 위해 시도했다. 조직 성과를 측정하기에 앞서 이의 원천이 되는 요인들, 조직 역량, 프로세스, 임직원 개발 수준 등을 관리할 필요성에 관심을 가졌다. 그러나 이를 전사적인 통합 지표로 지속적으로 운영하고 관리하며 고도화하기 위해 노력하는 기업은 드물다. 임직원 교육 이수율, 영어 점수 등 지표화가 쉬운 영역은 관리가 이뤄지지만, 기업의 의사결정 프로세스와 같이 고도의 자기 인식이 필요한 영역은 객관화가 어렵다. 경영진에서부터 현재의 관리체계가 효율적인지, 성과에 이르는 전 영역이 균형 잡힌 시각에서 논리적으로 연결되어 있는지 점검해야 한다.

학습하는 조직, 피터 센게

연구에 따르면 기업 수명은 평균 40년이 채 되지 않는다고 한다(또한 기업의 수명은 역대 조사에서 점점 짧아지고 있다). 평균적인 경력을 가진 임직원이 20~25년가량 기업을 다닌다면 재직 기간 중 사라질 확률이 절반 이상이다. 피터 센게는 기업이 사라지는 현상이 하나의 '증상'에 불과하다고 설명했다. 그는 기업의 생존 가능성을 설명하는 요인 중 '학습 능력'이라는 관점에 초점을 맞췄다. 기업 운영에 있어 주변을 둘러싼 환경의 복잡도가 일정 수준을 넘어서면 소수에 집중된 관리 시스템으로 통제하기에는 그 한계를 넘어선다. 평가와 통제에 기반을 둔 관리체계로 단기적인 문제해결에 집중해서는 조직이 가진 근본적 문제를 해결하기가 어렵다. 소수의 '위대한 전략가'가 통찰력을 가지고 지시하는 대로 움직이는 조직은 장기적으로 생존하고 성장해 나가기가 어렵다. 결국 기업은 조직의 구성원 전반이 시스템적으로 학습하며 스스로 발전해 나가는 경우에만 지속 가능하다.

피터 센게는 이를 위해 다섯 가지 규율discipline을 강조했다. 이는 시스템 사고, 개인적 숙련, 정신 모델, 공유 비전 구축, 팀 학습으로 구성된다. 변화를 위해서는 조직이 '실천 가능한' 이론과 기법을 숙달해야 한다. 이는 단순한 지식의 전달과는 다르다. 실행에 옮길 수 있는 경험에 근거해야 하므로 톱다운 방식의 전달은 한계가 있다. 조직 하부에서부터 다양한 경험의 목소리가 융합되어야 한다.

이 중 핵심으로 꼽은 것이 '시스템 사고'다. 사건의 한 부분을 지나치게 확대 해석하여 집중하는 것이 아닌, 전체를 보고 능동적인 참여자의 자세로 구성원이 문제를 해결하는 일련의 사고방식이다. 조직에서 일어나는 문제를 구성원이 스스로 해결하도록 하며, 상층부의 명령이 미치지 못하는 영역에서도 혁신이 일어나게 한다. 시스템 사고를 통해 조직이 학습된 비전과 지식을 통합하여 성과로 연결할 수 있다.

한때, 학습 조직을 모방하려는 한국 기업들이 대규모 기업 연수 또는 워크숍 등을 통해 직원 교육에 몰두했던 시기가 있었다. 하지만 이는 단기간에 성과를 내지 못했다. 기업의 현실과 동떨어져 있을 뿐 아니라 조직이 '스스로 학습하는' 문화를 심어주기에는 역부족이었다. 자체 지식 공유망을 강력하게 운영하고, 자발적인 참여와 아이디어 공유를 장려하며, 이에 대한 보상을 실시하는 형태의 자생적인 지식·

경험 공동체를 만들어야만 가능하다. 아직까지는 학습 조직에 대한 피터 센게의 원래 의미에 부합하는 기업은 제한적이지만, 이 개념은 지속적으로 확산되는 추세다.

국내 기업의 벤치마킹 현황

○
●

벤치마킹은 원래 고도나 거리를 측정할 때 기준이 되는 표적을 의미했다. 토목공사를 하기 위해 높낮이를 측정하려면 지지대를 세워 이를 기준으로 지형을 측정했던 것이다. 1980년대부터 당시 미국 기업들을 위협하던 일본 기업을 모방하기 위해 목표 수준을 설정하던 활동으로부터 현대 경영에서 통용되기 시작했다. 미국 제록스사가 당시 경쟁사였던 일본 캐논의 경영 기법을 조사·분석하기 위해 경영 분야에 이 단어를 들여와 활용했다.

한국에서 벤치마킹의 개념은 주요 산업이 한국에 들어오던 태동기부터 존재했다. 자동차, 전자, 철강 등 현재 한국 경제의 중추적인 산업은 미국, 일본, 유럽의 동종 업계 선진 기업을 모방하며 시작되었다. 1970년대 자동차 개발에 착수했던 초기 시절 엔지니어들이 독일의 자동차 회사에서 배운 것을 자동차 개발의 노하우로 활용했다는 전설적인 이야기들이 전해져 온다. 전자산업에서도 초기의 삼성과 LG(금성)가 당시 TV, 냉장고, 카세트플레이어를 개발하며 일본과 미국의 선진 기업인 소니, 파나소닉, GE, 웨스팅하우스 등의 제품과 전략을 모방했다.

DON'Ts

표 3 산업군 내 베스트 프랙티스 벤치마킹의 주요 토픽

· 전략 · 조직구조 · 리더십	· 비용 · 투자 · 사업 수익성	· 스태프 · 숙련도 · 역량	· 서비스 · 활동 · 영향 분석
· 기술 · 혁신 · 미래 트렌드	· 품질 · 사이클 시간 · 수율 · 생산성	· 베스트 프랙티스 시사점 · 프로세스 우수성	· 신사업 론칭 · 사업 계획 · 생애주기 시사점

출처: Best Practices, LLC

본격적으로 경영전략 수립에 벤치마킹을 도입한 것은 1990년대 글로벌 컨설팅 업체들이 한국에 지사를 설립하고 컨설팅 서비스를 통해 해외 기업 사례를 제공하면서부터다. 인터넷을 통한 기업 정보 공개가 원활하지 않던 1990년대에는 글로벌 컨설팅 기업의 네트워크를 활용한 해외 기업 정보와 선진 사례를 참고했다. IMF 이후 본격적으로 자본시장이 개방되고 글로벌 수준으로 기업 경영 개선이 요구되던 2000년대에는 벤치마킹이 더욱 적극적으로 활용되기 시작했다. 업종별 선도 기업, 신규 진입 기업들을 기준으로 설정하고 전략, 조직, 재무, 프로세스, 제품, 기술 등에 대한 상세한 분석을 실시했다. 이를 현재 기업 현황과 비교하여 향후 전략과 실행의 방향성을 설정하고 선도사와의 격차를 줄이는 방안을 설계했다.

2000년대 초·중반 가장 많이 검토된 벤치마킹 대상은 GE의 전 CEO 잭 웰치의 과감한 기업 혁신 방법이었다. 잭 웰치는 매년 세션 C[Session C]라는, 1개월 동안 내부 역량을 진단하는 일련의 회의를 주재했다. GE가 거느린 각 사업부의 회의실에서 진행되고, 1월부터 3월까지 준비된 내부 평가를 기반으로 리더별 인력을 평가하며 최고의 비즈니스 리더를 발굴하기 위해 진행되었다. 여기서 다뤄지는 주요 내

용은 사업부를 책임지는 임원들의 업무 수행 능력, 승진 여부, 장단점 등을 검토하고 피드백을 제공하는 것이었다. 이를 기반으로 핵심 인재를 발굴하고 지원방안을 검토하며 잠재 역량이 뛰어난 인재에게는 조직 차원의 개발 계획을 부여하고자 했다.

잭 웰치는 인재를 평가하기 위해 활력곡선vitality curve을 도입했다. 활력곡선은 GE의 모든 직원을 A등급(20%), B등급(70%), C등급(10%)의 세 등급으로 구분했다. 우수한 역량으로 조직에 활력을 주며 핵심적인 능력을 가진 직원들은 A등급으로 평가되어 몇 배의 연봉과 스톡옵션을 제공받고 멘토가 지정되어 성장의 기반을 마련했다. 가장 능력이 부족한 직원들은 C등급으로 분류되어 퇴출 대상이 되었다.

잭 웰치는 부임 기간 내내 많은 인력을 이러한 기준으로 끊임없이 분류하고 육성했다. 당시 GE는 경영자를 키우는 사관학교로 불렸고, GE 출신 임원들은 미국 기업 시장에서 가장 우수한 평가를 받았다. "전략보다 사람이 우선한다People First, Strategy Second."는 신념에 따라 잭 웰치는 경영자와 관리자 육성 및 관리에 가장 많은 시간과 노력을 쏟았다고 인터뷰와 저서를 통해 밝힌 바 있다. GE의 크로톤빌Crotonville 연수원을 1983년 4,600만 달러라는 당시로서는 매우 큰 금액을 투입하여 재건했다. 잭 웰치는 당시 투자 지출안에 서명하면서 투자회수 기간 항목에 '무한infinite'이라고 기입했고, 이를 통해 인재 육성에 대한 그의 의지를 잘 드러냈다는 유명한 일화가 있다.

GE의 세션 C와 같은 인력 평가 및 육성 프로그램과 크로톤빌 연수원 모델은 이후 한국 기업의 다수가 벤치마킹하며 도입하기 시작했다. 3단계 또는 4단계의 인력 평가 시스템을 도입했고, 능력과 성과에

DON'Ts

따른 차등적 성과 보상과 인재 발탁의 기회를 제공했다. 더불어 주요 그룹사들은 연수원 형태의 별도 인재개발원을 설립하고 여기서 인력 육성에 필요한 교육을 실시하는 등 벤치마킹 결과를 시행했다. 일부 그룹에서는 이보다 더 적극적으로 GE의 사업모델을 벤치마킹했다. 특히 잭 웰치의 GE가 했던 방식으로 그룹 본사 기획조정실에 전담 조직을 설립하고 리스트를 항상 확보한 상태에서 적극적인 인수합병을 시도했다. GE 같은 글로벌 선도 기업에 대한 벤치마킹을 통해 한국 기업의 운영모델이 많은 부분 선진화되었다. 이 과정에서 글로벌 컨설팅 업체가 일정한 역할을 하기도 했다. 인사제도 벤치마킹을 통해 연공서열 중심의 경직된 인사 모델이 능력과 성과 중심의 유연한 모델로 변화했다. 인재 발굴과 육성도 현장 경험과 도제식 교육에 의존하던 방식에서 보다 공식적이고 체계적인 역량 육성 시스템으로 바뀌었다. 기업 구조조정 방식에서도 '적극적인 일부 기업'에 국한되었지만 차입매수Leveraged Buyout, LBO와 구조조정Restructuring 등의 기법이 활용되었다.

이러한 벤치마킹에 기반한 경영 개선 활동 효과에 대한 평가는 다소 조심스러운 측면이 있다. 기업의 전략적 판단이 성과와 연결되는 과정에서 온전히 벤치마킹 의도가 반영되지 못한 경우도 많았기 때문이다. 인사제도의 경우, 다수 기업에서 GE의 세션 C 형태를 도입해서 인사를 평가하고 우수 인재를 발탁하며 성과 부진 인력을 퇴출하는 등의 시도가 이뤄졌다. 하지만 벤치마킹 기업과 달리 한국 기업의 현실은 녹록치 않았다. 우수 인재에게 더 큰 보상을 하기에는 경영자원이 부족하거나 한국의 기업 정서가 달랐다. 성과 부진 인사를 퇴출시키는 것도 한국의 고용시장 특성, 노동조합, 규제나 기업문화 등으로 쉽게 실행하지 못했다. 승진과 발탁에서도 과감한 평가가 이뤄지기가 어려웠다. 연공서열에서 승진 연한에 가까운 직원들이 결국 더 높은 평가를 받는 식으로 이뤄져 과감한 실행과는 거리가 멀었다. 기업마다 세부적인 차이가 있지만, 인재 육성을 위해 설립된 인재개발원, 연수원도 크로톤빌 같은 소수 리더십 육성을 위한 공간으로 활용되기보다는 신입사원 연수, 직무 연수 등을 위한 수련원 수준으로 활용되는 경우가 많았다. 핵심 프로그램을 이수하고 이를 기반으로 기업 실무에 활용하기보다 정기적인 시점이 되면 일종의 보상 차원에서 기업 연수를 다녀오는 방식이다. 벤치마킹 대상인 GE에서 치열한 경영 현장 토론과 학습을 통한 리더 육성의 장으로 활용되던 방식과는 사뭇 다른 모습이다.

전략적 의사결정에 있어 선도 기업 벤치마킹을 적용하는 방식 역시 신중해야 한다. 엄연히 양사에는 문화, 경영환경, 전략, 재무구조 등 다방면의 차이가 존재한다. 이를 충분히 반영해야 한다. 또한 실행 가능한 형태의 벤치마킹이 이뤄져야 한다. 우수한 사례를 많이 알더라도 이를 실행하고 적용할 수 없다면 무용지물이다. 선도 기업에 대한 심도 있는 이해를 활용하되, 당사에 대한 냉철한 자기 인식에 기반해 적용 가능한 형태를 현명하게 고민해야 한다.

기업의 효율적인 운영과 관련하여 성공 스토리가 많은 사모펀드의 사례를 살펴보자. 사모펀드는 인수한 기업의 인수 후 통합과정에서 관리체계라는 모호하고 광범위한 개념을 투자자와 피투자회사 간의 보고 문제로 명확히 하고 단순화한다. 보고 내용은 재무 및 비재무 업무에 대해 전문경영인과 사전에 정의한 핵심성과지표, 경영 실적 등 다양한 관점에서 설계된다. ERP 등 IT 시스템을 새로 구축하기보다는 우선 기존의 IT 시스템을 활용하여 어떻게 업무를 효율화하고 분석을 고도화할지 고민한다. 보고 체계를 정의하는 과정에서 필요하다고 판단되는 시스템은 새로 구축하거나 보완한다. 이렇게 정리된 보고 체계를 통해 당장 다음 달부터 투자자가 원하는 수준의 보고가 이루어지고, 이를 기초로 다양한 의사결정을 적시에 할 수 있다. 의사결정이 이루어지면 신속하게 실행하고 그 결과를 체크하고 또 실행을 반복하는 애자일 접근법을 지향한다. 실행이 이루어지는 과정에서 현장의 목소리와 시장의 반응을 접하게 되면 업무 효율성이 증대된다. ERP 시스템과 선진 경영관리체계를 벤치마킹하여 도입했지만, 오너의 독단적인 의사결정과 비효율적 내부 업무 관행이 변함없이 지속되는 한국의 대다수 기업들에 비해 기업가치가 증가할 수밖에 없는 이유다.

지금까지는 오너의 역량과 결단력, 그리고 일사불란한 조직력이 기업 경영 성과의 중요한 성공 요인이었다면, 이제는 IT 기술의 발달로 지식과 정보량이 폭발적으로 늘어나고 새로운 사업모델들이 등장하면서 개인의 창의력이 중요한 시대가 되었다. 이러한 시대에 기업이 해야 할 일은 개인의 창의력을 표준화된 시스템 안에 묶어두려고 노력할 것이 아니라, 개개인의 역량을 최대한 발휘하도록 좋은 인재를 발굴하고 내부 시스템을 수정하는 것이다. 이를 위해 때로는 내부 관행을 과감히 타파하는 결단도 필요하다.

베스트 프랙티스의 효과적 접목과 파트너십

○
●

소문만 무성했던 전기차 '애플카'를 생산하기 위한 애플과 현대차그룹의 전략적 제휴가 결국 무산되었다. 현대차그룹은 자사의 브랜드가 묻히고 애플의 하청업체로 전락할 수 있다는 우려와 더불어 애플과의 협력 과정에서 자체 개발하고 있는 자율주행 전기차의 주도권을 빼앗길 수 있다는 위기감 때문에, 애플은 자세히 알려지지 않았지만 기존 글로벌 협력업체들과의 업무 관행처럼 조심스럽고 비밀스러워야 하는 협력 내용들이 국내외 언론에 흘러나오며 불편해진 상황 때문에 양사 협력이 가져올 긍정적인 시너지 전망에도 협력 논의를 중단한다고 선언했다. 협상이 최종 결렬되었다는 소식이 전해진 날 하루 만에 현대차그룹 관련 5개 계열사의 시가총액 13.5조 원이 날아갔다. 신사업을 혼자 추진하는 것보다 두 기업이 힘을 합쳐서 나아갈 때 과정은 수월해지고 결과적으로 경쟁우위도 창출 가능하지만, 태생적으로 다른 두 기업이 그렇게 조화롭게 되기까지는 수많은 난관이 존재한다.

기업들이 신사업을 추진하거나 새로운 국가로 진출하고자 할 경우에는 전략적인 필요에 의해 파트너십을 맺기도 한다. 그린필드에서부터 독자적으로 시작하거나 기존 업체를 인수합병하는 것보다는 자본 투하량이 적어도 되고, 신사업 추진 과정에서 소요되는 비용이나 인적·물적 자원을 파트너와 분담함으로써 비용과 위험을 분산시킬 수 있는 이점이 있다. 해외 진출 시에는 현지 파트너가 가진 자산, 즉 시장 지식이나 현지 문화에 대한 이해, 현지 유통 경로나 브랜드 인지도 등 영업 마케팅 자산의 공동 활용이 가능하여 사업 성공 가능성을 높일 수 있다.

한 예로, 글로벌 금융위기 이후 국내 기업의 해외 진출이 뜸했던 2010년대, 한식의 세계화를 필두로 글로벌 사업 확장에 주안점을 두었던 CJ제일제당은 다수의 로컬 기업 인수합병뿐만 아니라 현지 기업과의 파트너십을 통해 초기 리스크를 줄이는 방식으로 글로벌 진출을 추진했다. 비록 '재무제표 연결'이라는 전제 조건이 있기는 했지만, 인수 대상 기업의 최대주주와 사전 협의하에 인수 이후에도 일정 기간(보통 3~5년) 파트너로서 함께 경영하는 지분 구조를 선택했다. 기존 최대주주의 잔류 지분은 언 아웃earn-out 방식을 적용한 엑시트 구조를 약속해 파트너십 기간 동안 사업 안정화와 함께 기업가치 상승을 위해 최선을 다할 수 있는 제도적 장치도 마련했다. 2018년에 인수한 미국 냉동식품 회사 스완즈도 기존 최대주주가 30%의 지분을 재투자하는 형태로 잔류하여 CJ가 경영권을 인수한 이후에도 여전히 CEO로서 역할을 수행하며 사업 확장을 위해 함께 노력하고 있다.

사모펀드 산업 내 사모펀드 운용사끼리도 파트너십을 결성한다. 이른바 공동업무집행사Co-GP 형태인데, 블라인드 펀드에 대한 파트너십일 수도 있고 개별 투자 대상 기업 또는 프로젝트 단위의 일시적인 협력 구조일 수도 있다. 기업 간의 파트너십이 상호 실익에 기반하는 것처럼 블라인드 펀드를 Co-GP 형태로 추진하는 경우에도 한 운용사 단독으로 펀드를 결성하고 운용하기에 일부 부족한 역량을 보완하기 위해 사모펀드 운용사별로 차별적인 장점에 따라 합종연횡이 이루어진다. 딜 소싱에 강점이 있는 운용사와 가치 제고 활동에 특화된 운용사, 트랙레코드가 좋은 운용사와 내부자금이 풍부한 운용사 등 파트너십을 통해 각자의 약점을 보완하고 강점을 극대화하는 구조로 이루어진다.

또한 프로젝트의 투자회수를 염두에 두고 계획적으로 이루어지는 경우도 존재한다. 필자의 경우, 단독으로 투자 대상 기업의 경영권을 인수하여 가치 제고 활동을 진행하면서 더 큰 펀드 규모와 글로벌 네트워크를 보유한 바이아웃 전문 운용사에게 일부 지분을 매각하고 공동 경영 파트너로 초대한 경험이 있다. 필자의 입장에서는 투자회수 옵션을 하나 더 가지는 리스크 축소 효과가 있었고, 2대 주주로 참여한 펀드 입장에서는 일정 기간 공동 경영을 통해 회사의 사업에 대해 좀 더 깊이 이해하고 잠재력에 대해 확신을 가지는 상호 원윈의 기회였다. 물론 공동 경영 과정에서 불협화음도 없지 않아 있었지만, 기업인과 펀드의 조합과 달리 동일한 특성과 목적을 가진 펀드 운용사들이었기에 큰 어려움 없이 합의점을 찾아낼 수 있었다. 그렇게 파트너십을 형성하여 공동 경영을 하고 난 이후, 필자가 운용하던 펀드는 그 파트너사에 경영권을 매각했고, 또 일정 기간이 지난 후에 파트너 운용사도 높은 수익률을 기록하며 투자회수에 성공했다. 파트너사의 입장에서는 초기 파트너십의 긍정적인 경험을 바탕으로 성공적인 인수합병으로 이어진 것이다.

굳이 궁극적인 인수합병을 염두에 둔 것이 아니더라도, 파트너십은 그 자체로도 파트너 간 상호 실익을 바탕으로 효과적인 경영 수단으로 활용될 수 있다. 특히 요즘과 같이 정보통신기술이 발전하며 경쟁 구도가 급변하고 플랫폼 기업들의 등장으로 전통적인 사업모델의 불확실성이 그 어느 때보다 커진 상황에서는, 서로의 독립성을 유지하면서 외부 자원을 효율적으로 사용하여 리스크를 줄여나가는 파트너십 전략이 더욱더 유효해 보인다.

최근에 네이버와 CJ그룹 3개사(CJ ENM, 스튜디오드래곤, CJ대한통운)의 지분 맞교환을 시작으로 네이버와 빅히트 엔터테인먼트(현 하이브), 네이버와 신세계그룹의 이마트, 그리고 몇 해 전에는 SK텔레콤과 카카오의 지분 맞교환 등 빅테크 기업과 국내 대기업 사이의 전략적 파트너십 뉴스가 증가하고 있다. 수천억 원에 달하는 규모도 규모이지만, 상대방들이 한국에서 내로라하는 빅테크 기업과 재벌 그룹이기에 더욱 새롭다. 2~3개 기업들이 과점체제를 유지하며 안정적인 사업을 유지할 수 있는 전통적인 경제체제와 달리, 절대 강자가 시장을 독식하는 신경제 체제하에서는 기존의 대기업들도 생존 전략의 일환으로 파트너십을 결성하는 것이다.

물론 모든 파트너십이 장밋빛 미래만을 가져다주는 것은 아니다. 분명 장점도 많지만 눈에 띄는 단점도 있다. 게다가 지금까지 통계로는 파트너십의 약 50%가 실패로 끝난다고 한다. 이는 파트너십을 통한 리스크 축소와 양쪽 모두의 시너지에도 불구하고 성공이 그리 쉽지 않다는 것을 의미한다. 하지만 서로 다른 두 기업이 하나가 되는 파트너십은 비록 실패한다고 하더라도 그 경험 자체가 성공의 밑거름이 될 수 있을 것이다.

사모펀드의 등장과 전략적 도구로 재해석되는 파트너십

○
●

사모펀드가 국내 자본시장의 핵심 축으로 부상하면서 이들이 투자를 통해 진입하는 산업계가 긴장하고 있다. 사모펀드가 투자한 기업의 경쟁력이 좋아지고 이에 따라 기업가치가 상승하면서 이를 레버리지한 파격적인 보상체계를 앞세워 우수 전문 인력을 빨아들이고 있다. 일반 기업들도 이에 대항하여 사모펀드의 가치 제고 활동을 벤치마킹하기도 하고, 사모펀드의 가치 제고 핵심 전략인 볼트온 인수합병을 똑같이 추진하기도 한다. 그 결과 자연스레 산업구조조정이 이루어져 경쟁 구도가 완화되고 산업 평균 수익성도 올라간다. 사모펀드의 진입 이전에는 분산된fragmented 산업구조하에서 과당경쟁이나 규모의 경제 미확보로 수익성이 낮았지만, 사모펀드의 진입은 이같은 파급 효과를 가져와 산업구조를 효율적이고 긍정적인 방향으로 바꾸는 자극제 역할을 한다.

기업 입장에서 사모펀드는 경계의 대상이지만 다른 한편으로는 좋은 파트너십의 대상이 될 수도 있다. SK하이닉스와 알케미스트캐피털파트너스코리아 및 그래비티 프라이빗 에쿼티, GS건설과 도미누스 인베스트먼트, 롯데케미칼과 스카이레이크 에쿼티파트너스, 아이에스동서와 E&F 프라이빗 에쿼티, AJ그룹과 A2파트너스 등은 2020년 한 해 동안 굵직굵직한 인수합병 건에서 대기업과 사모펀드가 파트너십을 결성한 대표적인 사례들이다. 중소기업들이 사모펀드와 컨소시엄으로 추진한 인수합병 사례까지 포함하면 아마도 훨씬 많은 파트너십 사례를 어렵지 않게 찾을 수 있다.

한편, 대형 인수합병이라는 공동 목표가 생겼을 때 한시적으로 컨소시엄을 결성할 뿐만 아니라 상시적인 교류 차원에서 대기업 오너들과 사모펀드 경영진과의 만남이 늘어나고 있다. 사모펀드가 우리나라 산업의 한 축으로 급성장하며 다양한 성공 스토리를 써가는 상황에서 대기업에게도 벤치마킹 대상으로 학습하려는 필요성이 커지고 있기 때문이다.

사모펀드가 경영권을 인수하여 매각한 기업들의 인수 후 매출 성장률이 국내 전체 기업 매출 증가율의 3배, 영업이익 증가율은 8배를 웃돌았다는 실증 자료(〈PEF가 투자한 기업, 일반 기업 성장 3배〉, 《매일경제》, 2021. 2. 7)가 있다. 같은 맥락에서 사모펀드가 전략적 투자자[5]와 파트너로서 공동 경영한 기업의 실적도 국내 평균과 비교하면 어떤 결과가 나올지 궁금하다. 아마도 사모펀드가 비록 소수지분을 인수한 기업이라도 국내 기업 평균 대비 상대적으로 높은 실적을 기록했을 것으로 예상한다. 이는 바이아웃펀드뿐 아니라 소수지분에 투자하는 일반 경영참여형사모펀드들도 높은 투자수익률로 투자회수에 성공하는 사례가 대부분이고, 그 배경에는 투자기업의 실적이 개선되어 기업가치가 그만큼 상승했거나 최악의 경우에도 초기 투자액보다 불어난 펀드 회수 자금을 대상 기업이 외부에서 조달하여 상환할 만큼 재무구조가 건실해졌다고 해석할 수 있기 때문이다. 이렇듯 기업가치를 올리는 좋은 대안으로 사모펀드와의 파트너십이 부각되면서 여기저기서 러브콜이 쏟아지고 있다.

그동안 비즈니스 파트너로서 사모펀드는 부족한 자금을 제공해 주는 단순한 재무적 투자자로만 여겨졌다. 특히 대기업과의 거래, 예를 들면 자체적으로 신사업을 시작하기 위한 공장 건립 같은 성장 자금 조달뿐 아니라 대형 인수합병에 재무적 투자자로 참여할 때는 더더욱 그랬다. 그러나 최근 들어 빅테크 기업들의 출현과 정보기술의 발전으로 기업 간 경쟁 구도가 복잡해지면서 제4차 산업혁명과 관련된 새로운 산업 영역뿐만 아니라 전통 산업 내에서도 전문성과 경영 능력을 인정받은 사모펀드들과 기업들의 비즈니스 협업이 늘어가고 있다. 이전까지의 단순한 재무적 파트너가 아니라 사업 파트너로서 역할이 확대되고 있는 것이다. 즉, 사모펀드는 기업가치 제고에 특화된 시각을 바탕으로 대기업의 사업구조 개편에 아이디어를 제공하고, 그 과정에서 논의되는 비핵심 사업은 직접 인수를 통해 대기업의 사업구조 조정을 지원할 뿐만 아니라 산업의 지형을 바꾼다. 대기업들이 기존 사업과 연관성이 떨어지는 신사업에 진출할 시에는 해당 영역에 전문성을 보유한 사모펀드와의 파트너십을 통해 금전적·사업적으로 리스크를 분산하기도 한다.

경쟁 관계를 고려한 것이든, 사업적인 리스크 때문이든, 또는 사전 검증이 필요한 경우든 여러 사유로 인해 대기업이 직접 나서기 어려운 인수합병은 사모펀드를 앞세운 컨소시엄으로 참여하기도 한다. 앞서 언급한 매그나칩 반도체 파운드리 사업부를 인수하기 위해 SK그룹이 알케미스트 프라이빗 에쿼티와 크레디언 컨소시엄 펀드에 출자자로 참여한 것이나, 두산솔루스를 인수한 스카이레이크 펀드에 롯데케미칼이 참여한 것이 그 예다. 아마도 인수 이후 당장의 경영활동은 사모펀드 주도하에 이루어지고 SK그룹이나 롯데케미칼은 후선에서 지원하는 역할을 하겠지만, 추후 사업에 대한 검증이 완료되었을 때는 이 두 전략적 투자자들이 지분을 확대하여 지배력을 확보할 것으로 예상된다. 당장은 직접 인수로 인해 발생할 수 있는 전략적 투자자 측면의 리스크를 줄이고, 사모펀드는 잠재 인수자를 미리 확보함으로써 투자회수에 대한 불확실성을 줄이는 윈윈 구조다.

사모펀드의 업력이 길어지고 운용하는 자산 규모가 커지면서 리스크 분산 차원뿐만 아니라 글로벌 네트워크를 보유한 사모펀드와의 사업적인 시너지도 가능한 상황이 되었다. 글로벌 사모펀드 운용사인 베인캐피털은 단순한 재무적 투자를 하기보다는 투자 대상 기업의 글로벌 진출을 적극 돕는 '윈윈 전략'을 추구하는 것으로 알려져 있다. CJ제일제당의 미국 식품회사 스완즈 인수에 재무적 투자자로 참여하여 CJ의 미국 내 영업활동을 지원하고 있다. 2021년에는 국내 IT 기업인 더존비즈온에 투자, 2대 주주가 된 이후 더존비즈온의 기업 운영 솔루션을 베인캐피털 포트폴리오사에 판매한다거나, 글로벌 네트워크를 통해 중국 등으로의 해외 진출을 돕고 있다. 이 과정에서 투자 대상 기업의 경쟁력을 높이는 볼트온 인수합병 등 다양한 사모펀드 특유의 가치 제고 활동을 접목하고 있다.

사모펀드와의 파트너십이 확대되는 또 다른 이유는 대상 기업의 경영활동에 있어서 운영의 기본 원칙인 '견제와 균형'이 잘 이루어지기 때문이다. 대부분의 국내 기업들이 오너 체제하에서 운영되면서 최대주주만을 위한, 때로는 비효율적이고 때로는 과감한 의사결정들이 내려지기도 한다. 기존의 내부 임직원들은 수직적인 조직문화에서 이에 대한 직접적인 조언과 반대 목소리를 내는 것이 현실적으로 불가능하다. 그러나 투자 구조상 선순위이거나 최소한 동등한 파트너 입장으로 참여한 사모펀드는 기업가치를 높이는 동일한 목표를 보유하면서 동시에 균형적인 시각을 전략적 투자자에게 제공한다.

일반적으로 사모펀드 투자 시에 합의한 경영 참여 조항의 주요 내용을 보면 최대주주나 대표이사의 전횡을 막기 위한 다양한 안전장치가 마련되어 있다. 비효율적 의사결정을 사전에 차단하려는 의도일 뿐만 아니라, 회사의 재무구조에 영향을 미칠 만한 대규모 투자나 자금 이동은 사모펀드와의 합의를 거치게 함으로써 리스크의 원천을 차단하려는 목적도 있다. 처음에는 거북해하던 오너나 최고경영자들도 급변하는 외부 환경 속에서 올바른 판단을 하기 위한 조언자의 필요성을 느끼면서, 트랙레코드가 검증된 사모펀드의 의견을 존중하며 실제 경영활동에서 조화롭게 협력하고 있다.

최근 들어서는 기업의 ESG 관련 경영활동을 촉진하고 감시하는 역할을 사모펀드가 수행하고 있다. 이제 ESG는 기업의 미래와 직결된 이슈로, 국민연금 등 기관투자자들이 ESG 기업에 대한 투자 우선정책을 선포함에 따라 이들 자금을 운용하는 사모펀드 또한 스튜어드십 코드 등을 표방하며 ESG 점수가 낮은 기업에는 투자를 기피하고, 투자한 기업의 ESG 경영활동을 감시한다. 지원자이자 감시자로서 ESG 활동이 제대로 이루어지고 있는지, 부족한 부분은 없는지 모니터링하며, 단순히 투자수익의 제고를 위해서가 아니라 기업의 지속 가능성을 위해 독자적인 기업 경영 체제하에서는 부족하거나 놓칠 수 있는 부분을 외부와 소통하며 관리해 나가고 있다. 이 또한 기업과 상생하는 좋은 파트너 역할로 이해할 수 있다.

DON'Ts

임직원 교육의 점검

○
●

'인재 제일', '사람이 미래다'와 같이 경영이념이나 때로는 캠페인 슬로건 형태로 기업에서 훌륭한 인재의 중요성을 표현한 이 말들에 많은 사람들이 공감하고 응원을 보냈다. 다른 많은 국내 기업들도 비록 이러한 선언적인 표현은 하지 않았지만 내부 교육 시스템을 구축하여 임직원들의 역량 향상과 인재 양성에 많은 투자를 했다. 한국에서 기업 교육이 활성화되기 시작한 때는 1980년대 재벌들을 중심으로 그룹연수원이 설립되면서부터다. 1982년 삼성을 시작으로 현대가 1986년, LG가 1988년에 그룹연수원을 각각 설립했다.

이러한 하드웨어적 인프라 구축뿐만 아니라 우수 교육 프로그램 개발을 위해서도 많은 투자를 했다. 그 한 사례로, 국내 대기업들 사이에서 삼성을 필두로 GE의 교육 프로그램에 대한 벤치마킹이 유행하기도 했다. 당시 세계 최고의 기업으로 평가받던 GE의 후광 효과가 더해지면서 국내 많은 대기업들의 관심을 끌기에 충분했다. 2002년 삼성전자의 이재용 부회장이 외부인으로서는 이례적으로 이곳에서 최고경영자 양성 과정을 수료해 유명해지기도 했다. 선택받은 사람만 모아 놓고 차세대 GE의 리더를 양성하는 프로그램이다 보니 GE의 역대 회장들이 매주 한 번씩 빼놓지 않고 방문하여 수강생들을 격려한다. CEO가 주요 관심 사항으로 직접 챙기니 성공적으로 운영될 수밖에 없다.

GE의 선진 교육 시스템을 벤치마킹한다던 우리 기업들의 내부 교육 현실을 살펴보자. 1980년대에 시작된 기업 교육에 대한 관심이 제대로 실행되기도 전에 IMF 외환위기를 맞게 된다. 당장 기업의 존립 여부를 걱정해야 하는 상황에서 불요불급하게 여겨졌던 교육에 대한 관심은 자연히 후순위로 밀릴 수밖에 없었다. 대부분의 기업들이 연수 조직과 기능을 최소화하고 교육 예산은 대폭 삭감했다. IMF 위기가 슬기롭게 극복되고 이어진 닷컴 열풍과 정보통신기술의 눈부신 발전으로 기업 교육의 필요성이 다시 대두되면서 GE의 교육 시스템을 벤치마킹하는 등 기업 교육에 대한 관심이 늘어나던 상황에서 이번에는 글로벌 금융위기를 맞게 된다. 이렇게 두 차례의 경제위기 상황을 겪으면서 내부 교육에 대한 국내 기업들의 시각은 보수적으로 바뀌었고, 처음에 계획했던 기업 교육에 대한 신념과 비전은 현실과 타협하는 과정에서 어정쩡한 형태로 남게 되었다.

또한 경영환경의 변화에 따라 인사정책도 변하게 되는데, 이전까지 그룹의 독특한 문화로까지 여겨졌던 공채제도가 없어지거나 축소되고, 대신 각 계열사별 수시 모집, 더 나아가 신입사원 채용이 최소화되고 경력사원 채용 비중이 늘어나면서 기업 교육, 특히 직무 교육의 필요성도 점차 축소되었다. 여기에 임직원 개개인들이 인터넷을 통한 전문 지식 습득이 용이해진 현실도 기업 교육의 필요성과 시스템 변화를 이끄는 데 일조했다. 그 결과, 전략적 핵심 역량이나 사업 성과 개선을 위한 기능 교육 등 기업 교육 고유의 기능은 퇴색되었고, 오늘날 고용보험 청구가 가능한 필수 교육 프로그램 위주의 최소 교과 중심으로 운영되고 있는 현실이다.

이러한 일련의 환경 변화를 겪으면서 선진 교육 시스템을 벤치마킹하여 각 기업에 필요한 우수 인재를 양성하고자 했던 국내 기업들의 의도는 하드웨어만 선진화된 채 소프트웨어는 제대로 수용하지 못한 불완전한 모습으로 남아 있다. 직급별로 우수한 인력을 뽑아서 차세대 리더로 키우기 위한 역량 개발 교육에 집중하는 GE와 달리 우리나라 기업 교육은 승급자를 대상으로 변화된 직급에 대한 오리엔테이션 형태의 교육이 주를 이룬다. 업무 수행 능력이 뛰어난 우수 인력은 업무에서 빠질 수 없어서 교육 대상자임에도 참석하지 못한다. 그래서 교육에 참석하는 사람은 업무 능력이 떨어지는 사람으로 오해받기도 한다. 입사 후 주로 한 직군에서만 계속 근무하고, 다른 조직이나 직무에 대한 교육을 받을 기회도 없으며, 새로운 환경에 대한 문제해결 능력도 없으니 자연히 다른 분야에 대해서는 문외한이 된다. 전문성의 시각에서는 필요한 커리어 관리이지만, 사일로 현상 같은 조직 부작용과 더불어 고위직으로 승진할수록 갖춰야 하는, 전체를 이끌어나가는 균형 잡힌 지식이 부족하게 된다.

앞에서도 언급했지만, GE의 교육 시스템에서 가장 핵심적인 부분은 상위 10% 임원을 대상으로 한 크로톤빌 프로그램이다. 한국 대기업에서는 승진 임원을 대상으로 한 승급자용 일반 교육을 제외하고는 체계적인 임원 역량 교육을 받기 어렵다. 하지만 폭넓은 비즈니스 실무 중심의 GE 임원 리더십 프로그램은 인재의 산실로 인정할 만큼 부러운 것이 사실이다. 국내 기업의 승급자용 일반 교육은 주로 기업사, 경영철학, 사업구조, 조직관리 방안 등 경영 전반에 관한 사항으로, 최고경영자 후보군으로서 업무 수행에 필요한 핵심 역량을 배양하는 교육은 찾아보기 힘들다. 그도 그럴 것이 한 사업 영역에서만 커온 각기 다른 직군의 임원들을 집합 교육 형태로 교육하는 일반적인 과정에서 개인별 프로그램을 운영하는 것은 여러 차례 위기 상황을 겪는 과정에서 축소된 교육 예산으로는 실행하기 어려울 것이다. 임원으로 승진한 이상 업에 대한 전문성은 이미 보유한 것으로 인정하더라도 리더로서 다양한 시각과 역량에 대한 조직 차원의 필요성은 고려해야 한다.

GE의 최고경영자는 자신의 시간 중 30%를 인재 발굴에 쓴다고 한다. 교육 현장을 매주 방문할 뿐만 아니라 교육 참가자 개인별 최종 결과물에 대한 프레젠테이션을 직접 듣고 논의하며 평가한다. 한국 대기업들의 실상과 비교해 보면 이 또한 차이가 크다. 한국 기업의 임원은 업무 보고 때를 제외하고는 교육이나 인재 육성 차원에서 공식적으로 오너나 CEO와 토론하며 커뮤니케이션할 수 있는 기회가 거의 없다. 명령과 복종의 수직적 조직문화로 인해 업무에 대한 보고와 지시 외에 공식적 접촉은 제한적이다. 임원의 커뮤니케이션 수단은 오직 실적뿐이다. 상황이 이렇다 보니 최고경영자와의 일대일 코칭을 통한 임원의 자기계발은 가장 효과적인 교육 수단임에도 현실에서는 이를 찾아보기 어렵다.

하지만 코칭의 필요성과 효과를 인지하기에 외부 전문 코칭 기관을 통해 임원 교육을 실시하는 대기업들이 늘어나고 있다. 이를 통해 주로 자기 성찰과 조직관리 방안을 객관적인 시각으로 바라보게 되는 교육 효과가 있기는 하지만, 상사로서 최고경영자의 경험과 전문성이 코칭을 통해 보완된다면 더욱 효과적일 것이다. 이 부분에서는 국내 빅테크 기업들도 예외는 아닌 듯하다. 지식 기반 산업이 급격히 성장하면서 경제의 큰 축으로 등장함에 따라 이러한 산업 변화에 적응하

DON'Ts

는 인재 육성이 기업 경쟁력의 근원이 되고 있다. 기업 교육의 중요성과 필요성이 다시금 부각되고 있는 것이다. 그동안 한국 기업 교육의 문제점들을 인식하고 우리의 현실에 맞는 해결책을 통해 경쟁력 있는 기업으로 성장하기를 기대해 본다.

여전히 풀어야 할 숙제는?

국내 산업을 대표하는 재벌 그룹사들은 글로벌 경쟁력을 확보하기 위해 다양한 노력을 전개한다. 글로벌 스탠더드 도입과 글로벌 베스트 프랙티스 벤치마킹 등을 통해 적극적으로 업의 형태도 바꾸고 다양한 형태의 새로운 전략도 시도한다. 업의 본질을 유지하면서도 여기에 얽매이지 않고 새로운 방식을 통해 새로운 영역으로 사업을 확장해 나가는 것이다. 가전에서 개인용컴퓨터와 휴대폰으로, 이후 메모리반도체와 시스템반도체로 핵심 사업을 변화시켜 나가는 삼성전자가 대표적이라고 할 수 있다. 이와 반대로 기간산업을 담당했던 공기업을 모태로 한 기업들은 글로벌 경쟁력 확보를 위한 노력에 다소 소극적일 수밖에 없다. 순수한 이익 극대화를 추구하기에는 기업이 감당하는 사업의 영역이 국민 대다수에 영향을 끼치고 있고 사업 추진 방식의 변화에도 한계가 있다. 대표적인 기업이 KT, 포스코, 산업은행 등으로 성장을 위한 포트폴리오 확대와 신규 투자에 제한적인 모습을 보일 수밖에 없다.

KT는 2002년 민영화 이후 사업구조를 다변화하기 위해 다양한 시도를 하고 있다. 2009년까지 KT와 이동통신 전문사 KTF로 이원화되어 운영되던 사업을 합병하여 거대 통신사로 변모한 것은 물론, 유무선 통신사업의 시너지를 꾀했다. 통신사업 이외에 렌털, 금융업으로의 확장을 지속적으로 시도했다. 금호그룹으로부터 금호렌터카를 인수하여 KT금호렌터카로 확장을 시도했다. 2010년 인수 금액 3천억원 중 1,500억 원을 투자해 2015년 매각 시점에 약 5천억 원의 시세차익을 올렸다. 2011년 비씨카드를 인수하여 계열사로 편입했다. 카드사가 가진 네트워크와 금융업 확장을 염두에 둔 시도였다. 2016년에 설립된 인터넷전문은행 케이뱅크에도 참여하여 금융 사업으로 확장하려고 시도 중이다. 미디어 콘텐츠 분야의 투자도 적극 확대하고 있다. 스카이TV, 스카이라이프, 올레TV, 시즌Seezn(OTT) 등 미디어 콘텐츠 유통 채널을 확보해 왔으며, 이러한 밸류체인을 확장하기 위해 콘텐츠 IP 확보 노력을 계속하고 있다. 2021년 신설 법인인 'KT 스튜디오 지니'를 설립하고 콘텐츠 사업에 적극 투자를 발표했다. 4천억원을 투입해 오리지널 드라마 100개를 포함한 콘텐츠 제작에 나선다. 연계 플랫폼으로 유통을 강화하여 지식 콘텐츠 사업 경쟁력에 보탬이 되는 방향으로 성장시킬 계획이다.

포스코는 2000년 산업은행 지분 매각으로 민영화되며 대규모 기업 집단으로 변모했다. 2002년 모기업을 포항제철에서 포스코로 변경하며 본격적인 민영기업의 길로 들어섰다. 20년 이상 민영기업의 길을 걸어왔지만 신규 사업 투자가 활발한 편이라고 보기는 어렵다. 2005년 한화그룹으로부터 한국종합에너지를 인수하고, 2008년 대우엔지니어링, 2010년 대우인터내셔널 등을 인수했다. 이후 사명을 변경한

포스코인터내셔널은 해외 자원개발, 프로젝트 오거나이징, 해외 물류에 적극 나서며 에너지 등 사업 확장의 다양한 방안을 모색하고 있다. 다만, 2010년대 들어 글로벌 철강 경기가 우호적이지 않은 상황에서 신규 사업 확장에는 다소 소극적인 모습을 보이고 있지만, 2차전지 시장의 성장이 전망됨에 따라 호주에 니켈 광산을 인수하는 등 자원 확보에는 적극적이다. 사업 다각화를 위한 신사업 모색에 좀 더 적극적인 움직임이 필요할 것으로 판단된다.

산업은행은 포트폴리오 구성에서 해외 유력 투자은행과는 다른 한계를 가질 수밖에 없다. 산업은행은 대한민국 정부가 100% 지분을 소유한 국영은행이다. 유망 기업의 자금 조달 또는 성장 기업의 투자 같은 일반 기업금융과는 다른 형태의 투자를 할 수밖에 없는 한계가 있다. 부실기업이나 유동성 위기 기업에 대한 정책자금 지원이 주를 이룬다. 외환위기 이후 위기에 빠진 대우증권, 서울투자신탁운영 등을 인수하여 정상화 기간 동안 자금을 지원한 바 있다. 대우조선해양과 금호아시아나 등 유동성 위기의 기업 지원을 통해 국가적인 주요 산업의 정상화에도 기여했다. 대우건설, STX 등 부실기업의 사후 구조조정 과정에도 참여했다.

다만, 사업 포트폴리오 확대 관점에서는 추가 수익을 올리기 어려운 한계가 있었다. 하지만 산업은행은 최근 변화하는 모습을 보이고 있다. KDB캐피탈, KDB인베스트먼트 등 자회사를 통해 사모펀드 및 메자닌Mezzanine 투자 등 투자은행 역할을 계속 확대하고 있으며, 벤처 투자와 그린 산업 등 보다 미래 지향적인 개발 산업에 적극 투자하는 중이다. 산업은행 자회사인 KDB인베스트먼트는 두산인프라코어와 한진중공업, 한진칼 등의 인수 과정에 참여했고, 두산인프라코어 인수에서는 성과를 내고 있다. 자본시장에 국영은행이 역할을 확대하면서 시장 질서를 흐트러뜨린다는 비판도 있으나, 한국의 정책 투자은행이 투자 확대에 나서는 모습은 향후 자본시장 확대 차원의 성과로 평가받아야 한다.

동종 업계에서 가장 뛰어나다고 평가받는 기업의 경영방식은 그 우수성이 실적으로 증명된 이상, 이를 배우고자 하는 많은 기업들 입장에서도 주저할 이유가 없다. 그러나 현실에서는 이런저런 사유로 도입을 주저하게 되고, 한편으로는 과감히 들여왔지만 개별 기업의 상황과 맞지 않아 제대로 작동하지 않는 경우가 대부분이다. 모든 기업은 저마다 독특한 특성이 있기 때문에 한 기업에서 성공적인 전략이나 역량, 작업 프로세스가 다른 기업에서도 반드시 성공하리라는 보장은 없다. 특히 성공한 기업이 다른 나라 기업일 경우에는 법적인 규제와 문화, 종업원의 특성 등 근원적인 경영환경의 차이가 더해져 베스트 프랙티스의 성공 가능성은 더욱 낮아진다. 또한 베스트 프랙티스라는 것이 실적이 우수한 기업의 유기적인 작업 방식에서 중요한 몇 가지 핵심 성공 요인을 간추려 정리한 것이기에 우수 기업의 성공을 가능케 한 보이지 않는 수많은 요소들에 대한 주의 깊은 분석이 동시에 이루어져야 성공 가능성을 높일 수 있다.

베스트 프랙티스는 다양한 경영 요소들이 상호 작용하여 나타난 결과물이다. 이 요소들 중에서는 겉으로 드러난 부분이 있는가 하면 구성원들에게 체화된, 흔히 얘기하는 현장 작업자의 손끝 경험에 의존하는 노하우도 있다. 기업의 역사와 사내 제도 등 어쩌면 무관해 보이는 요소까지 포함하여 총체적인 각도에서 기업을 이해하고 분석해야 성공 가능성을 높일 수 있다. 예를 들어, 성과 보상체계에 대한 분석 없이 단순히 업무 프로세스만 따라 하게 될 경우, 프로세스 자체는 문제가 없겠지만 효과가 떨어질 수 있다. "하루에 잠은 6시간 자고 학교 수업에 충실했습니다."라고 얘기하는 대학 입시 전국 수석 학생의 얘기를 곧이곧대로 따라할 사람은 없을 것이다.

이와 같은 벤치마킹 시의 주의점에도 불구하고 한국 기업들은 너나 없이 기존 내부 업무 관행을 부정하고 경쟁적으로 글로벌 베스트 프랙티스를 벤치마킹했다. 혹은 무에서 유를 창조하는 것에 비유될 만큼 그린필드에서 신사업을 시작할 경우에는 처음부터 베스트 프랙티스를 벤치마킹하여 밑그림을 그리기도 했다. 그러나 이렇게 도입했던 베스트 프랙티스로 인해 직원들, 특히 기업의 역사와 함께한 숙련 직원들의 사기가 저하되고 조직의 저항이 발생하여 기대한 효과를 얻지 못한 경험도 있다. 또한 이미 성공한 기업의 경영방식을 답습하는 후발 주자 입장에서는 완벽하게 벤치마킹했더라도 차별화 전략이 미흡하게 되고, 톱다운식 벤치마킹으로 구성원의 혼란과 비효율을 야기하기도 했다.

돌이켜 보면, 1990년대 후반 국내 완성차 업체의 미국 시장 진출 전략을 검토하는 컨설팅 프로젝트를 진행하면서 기존 브랜드 이외에 별도의 하이엔드 브랜드를 론칭하는 이원화 전략을, 도요타의 렉서스 브랜드 사례를 벤치마킹하며 논의한 적이 있다. 물론 그 당시에는 하이엔드 브랜드가 별도로 필요한가에 대한 고민부터 시작하던 시기였지만, 그로부터 만 20년이 지난 후 미국 시장에 하이엔드 브랜드로 진출한다는 발표가 나왔다. 그리고 성공적으로 안착하는 모습이다. 지난 20년 동안 어떤 논의와 준비가 있었는지는 정확히 알기 어려우나, 상기한 벤치마킹의 성공 가능성을 높이기 위한 분석 작업과 더불어 한국 기업의 경영환경에 맞는 전략과 경쟁력 확보 방안을 도출하고, 적절한 실행 속도를 설계하며 조직 구성원들의 컨센서스를 확보하기 위한 고뇌의 시간이 있었을 것으로 짐작된다.

도요타의 베스트 프랙티스를 배우고자 하는 노력은 이외에도 더 있었다. 전통적인 제조업체들에게 칸반 방식으로 대표되는 도요타의 린 생산방식은 레전드로 평가된다. 도요타 생산 현장을 방문하여 이 방식을 직접 보게 되면 굉장히 인상적이다. 일정 매출 규모 이상의 한국 제조업체 대부분이 도요타를 벤치마킹하여 생산방식을 변경하고, 생산성을 일부 높이는 효과를 얻기도 했다. 그러나 여전히 도요타와의 격차가 좁혀지지 않고, 과거 도요타만큼의 생산성도 달성하지 못하는 것을 보면 아마도 한국 기업들이 벤치마킹한 것은 린 생산방식의 본질이 아니라 칸반이라는 단편적인 생산방식이 아닐까 하는 생각이 든다.

도요타 생산방식의 아버지라고 불리는 오노 타이치는 "한 달 동안 작업 표준을 바꾸지 않으면 회사에서 돈을 훔치고 있는 것이다."라고 얘기할 만큼, 도요타 생산방식의 본질은 끊임없이 문제를 해결하고 개선하는 것이다. 도요타에서 1년간 구현되는(제안되는 것이 아니라) 개선 아이디어 수가 100만 개라고 한다. 하루로 환산하면 거의 3천 개의 크고 작은 개선 활동들이 실제 이루어지고 있다. 많은 기업들은 도요타 내에서 이러한 개선 활동들이 실제로 일어나도록 하는 조직문화와 내부 시스템을 세부적으로 파악하기보다는 칸반 시스템 같은 외형적이고 단편적인 요소에만 집중하고 접목하면서 제대로 된 효과를 보지 못한 것이다. 한국의 기업 경영자들은 벤치마킹이 효과가 없다고 단언할 것이 아니라, 이러한 시각에 비추어 자신의 벤치마킹이 실패한 원인을 비교하면서 살펴보아야 한다.

과거의 성공 방식은 패러다임 변화 시에는 더 이상 유용하지 않다. 이제까지 글로벌 스탠더드와 글로벌 베스트 프랙티스의 의미와 그 도입을 위한 국내 기업의 노력과 여정을 살펴보았다. 노력 대비 성과가 혼재되어 있다. 먼저 패스트 팔로워fast follower 전략으로 산업 기반을 구축하고 글로벌 대기업으로 성장하는 과정에서는 큰 도움이 되었다. 생산설비로 대표되는 하드웨어 구축 역량과 외형 성장을 위한 벤치마킹은 소기의 성과를 달성했다. 대한민국이 세계 10위권 교역 국가로 성장하는 데 일등 공신의 역할을 한 기업의 발전 과정에서 중요한 글로벌 인풋을 제공했다. 산업의 성장 로드맵을 설계하는 동시에 핵심 기업의 효율적이고 효과적인 자원 활용 방식을 연구하는 데 큰 도움을 주었다. 이러한 연구와 선진 방식의 접목을 통해 철강, 조선, 자동차, 석유화학과 건설업이 발전했다. 내수에 기반해 수출산업으로 성장을 이끌었던 대표 기업들은 글로벌 기업으로 성장하기 위한 핵심 경영방식과 관행을 연구하고 접목시켰다. 물론 내수에 주력한 특정 산업의 경우에는 글로벌 경쟁력보다는 국내시장의 산업 발전모델이 더욱 큰 비교연구 대상이었다.

반면에, 몇 번의 경제 산업 위기를 거치며 이제까지 벤치마킹 대상과 방식, 그리고 우리의 접목 방식에 문제가 있음이 여실히 드러나기도 했다. 위기 상황을 극복하지 못하고 성과가 하락하며 경쟁력이 쇠퇴하여 글로벌 시장에서 철수하고, 결국 인수합병되거나 퇴출당한 많은 기업들의 사례가 이를 단적으로 보여준다. 외형 성장과 하드웨어 경쟁력 중심의 벤치마킹 방식은 글로벌 초일류 기업의 문턱에 서 있는 국내 많은 대기업에게 더 이상 적합한 방식이 아니다. 물적자원뿐 아니라 인적자원의 경쟁력을 높이기 위한 효율적·효과적 경영관리방식을 보다 깊이 연구해야 한다.

　각각의 상황에서 어떻게 경영 원칙을 차별적이고 독창적으로 고객 감동과 연결하여 본연의 경쟁력을 확보하며 실제 성과를 창출했는지, 문제해결 능력을 배우고 이를 무형의 시스템으로 풀어내야 한다. 그리고 역량을 개발하고 내재화시키는 조직을 설계하고 기업문화로 승화시켜야 한다. 이를 위해서는 주요 경쟁자에 대한 보다 심도 깊은 이해를 기반으로 개별 기업의 해결책을 도출하기 위한 세부 역량 개발이 필요하고, 무엇보다 시간이라는 자원의 과감하고 지속적인 투자가 중요하다.

6
모순

소유와 경영의
불편한 동거를 끝내라

핵심 질문

기업가치를 온전히 추구하기 위한 최고경영자의
바람직한 모습은 무엇인가?

'기업가치 증대와 경영진 감시자'의 역할을 수행하는 이사회의
바람직한 모습과 현재 상황은 어떻게 다른가?

기업가치를 위한 주주(대주주, 비대주주, 소액주주), 경영진,
이해관계자의 이상적인 역할 분담은 어떻게 되어야 하는가?

2020년에는 코로나19의 전 세계 확산으로 한국 경제도 상당히 큰 충격을 받았다. 산업 전체적으로 보면 반도체나 게임 같은 코로나 수혜주가 등장하여 일부 충격을 완화시켜 주었으나, 연간 GDP 성장률이 1998년 외환위기 시절의 −5.1% 이후 22년 만에 −1%를 기록할 만큼 대부분의 기업과 국민들이 고통스러운 한 해를 보냈다. 2022년에도 상황은 현재진행형이다. 코로나19 이전 수준으로의 회복은 최소

2~3년은 더 소요될 것으로 보인다.

근대사에서 많은 어려움들을 슬기롭게 헤쳐 나왔던 경험을 교훈 삼아 이 어려운 경영환경을 극복하는 데 혜안을 얻고자 지난 우리 경제를 되돌아보면, 우리 국민들의 헌신적인 위기 극복 노력에 숙연해지는 동시에, 몇몇 뉴스에는 씁쓸함을 지울 수가 없다. 삼성그룹 경영권 승계와 관련한 뇌물 공여로 삼성전자 이재용 부회장이 2년 6개월의 실형을 선고받았다. 고 조양호 회장의 별세 이후 한진그룹은 가족들 사이의 경영권 분쟁으로 가뜩이나 코로나19로 고통받고 있는 항공산업 종사자들을 힘 빠지게 했다. 불과 얼마 전에는 롯데그룹 후계 구도를 둘러싼 수년간의 형제의 난이 일단락되었다. 그러나 그 과정에서 더 이상 경영활동은 물론 거동도 제대로 할 수 없는 그룹 창업자까지 포함되어 진행된 갈등과 분쟁은 롯데 고객과 모든 이해관계자들의 마음을 불편하게 만들었다. 효성그룹과 한국타이어도 유사한 과정을 거쳤거나 현재 진행 중이다. 이 모두가 경영권 승계와 소유를 둘러싸고 일어난 분쟁들이다.

대를 이어 세습하든, 동세대 가족 사이에서 경영권을 차지하기 위해서든, 결국 소유와 지배를 둘러싼 대주주들의 갈등이 공통분모다. 선대가 창업을 하고 자식들에게 물려주는, 그래서 그 후손들이 가업으로 지키려고 하는 우리의 유교문화 영향이라고 하면 일견 이해가 간다. 하지만 과거 수십 년간 반복된 소유와 경영을 둘러싼 국내 재벌그룹들의 가족 간 갈등과 대결 구도, 분쟁은 일반 국민들이 재벌에 대해 가지고 있는 '반기업 정서' 형성에 일조한 대표적 원인 중 하나임을 부인할 수 없다.

DON'Ts

가족기업이 나쁘다는 게 아니다. 미국 하버드대학 교수 데이비드 랜디스David S. Landes는 《기업 왕조들: 글로벌 가족기업들의 행운과 불행Dynasties: Fortunes and Misfortunes of the World's Great Family Businesses》(2006)에서 우리가 알고 있고, 우리 모두에게 친숙한 세계적 기업의 상당수가 가족기업임을 언급하며 중소기업들만 가족기업이라고 생각하지 말고, 또 가족기업이라고 특별히 싫어할 이유도 없다고 주장했다. 그는 2000년대 초반 《포천》지 선정 500대 기업 중 3분의 1이 가족이 지배하거나 창업자 가족이 경영에 참여하고 있으며, 유럽연합EU에서도 가족기업 비중은 60~90%에 이른다고 지적했다. 그리고 가족기업의 실적이 실증적으로 더 우수하기 때문에 전문경영인 기업Managerial Enterprise을 위한 제도적 여건이 미비한 개발도상국에서는 가족기업을 경제발전 수단으로 적극 장려해야 한다고 주장하기까지 했다(김민구, 〈미·유럽 가족기업 연구 열풍〉, 《매일경제》, 2005. 6. 6). 이러한 주장의 기저에는 자수성가한 사람들을 존경하는 서구 사회의 문화적 풍토가 깔려 있다. 이에 반해, 한국에서는 가족기업 그 자체보다 가족기업을 유지하고 승계하기 위해 이루어지는 편법과 불법적인 반시장적 행위들과, 소유자이자 동시에 경영자인 후계자들의 노블레스 오블리주를 망각한 부도덕한 행태와 그들의 경영 능력에 대한 의문 때문에 부정적인 시각이 꼬리표처럼 따라다닌다.

미국의 사례를 좀 더 들여다보면 가족기업의 70%는 2세대가 경영에 참여할 기회를 얻기 전에 사업을 접거나 매각한다는 《하버드 비즈니스 리뷰》 보고서가 있다. 3대까지 이어지는 가족기업은 단 10%에 불과하다고 한다. 그러고 보니, 이혼 위자료로 당시 시가 기준 40조

원에 이르는 주식을 지급한 아마존의 창업자 제프 베이조스 CEO가 화제가 될지언정, 한국과 같은 경영권 세습이나 분쟁으로 이슈가 되는 미국 기업은 찾아보기 힘들다.

한국도 가족기업의 전통을 유지하면서 혁신을 주도하고 지속 성장하며 사회적으로도 존경받는 기업이 될 수는 없는 것일까? 그 해결책의 첫 단계는 다시 기본으로 돌아가 '소유와 경영의 권한과 책임'을 명확히 하는 것이다. 이를 위해서는 기업가치 창출을 최우선 목표로 두고 대주주, 이사회, 최고경영진 사이에 힘의 균형이 바탕이 되는 삼각 구도를 짜야 한다. 다시 말해, (해당 기업의 베스트 오너임을 전제로) 대주주의 명확한 권한과 책임하에 (대주주의 참여 형태는 다양하더라도) 투명경영 원칙으로 이사회를 구성하고, 시장의 요구에 부응하도록 생산적으로 이사회를 운영하며, 동시에 시장에서 검증된 전문가로 구성된 최고경영진이 기업가치 극대화를 위해 노력하는 '선진화된' 지배구조가 절실하다.

소유하고 경영하는 한국의 오너들

○
●

경영참여형사모펀드를 통해 투자활동을 하면서 한국의 대기업과 중소기업, 그리고 상장사와 비상장사 등 다양한 기업들의 사외이사 또는 기타 비상무이사로 이사회에 참여할 기회가 많았다. 이를 통해 투자 대상 기업에 대한 정밀 실사 과정에서 이사회 의사록을 점검하며 간접적으로나마 여러 기업들의 이사회 의사결정 내용과 역할을 들여다볼 수 있었다. 다양한 발견 사항들이 있었지만 당시에 느꼈던 몇 가지 주요 에피소드를 정리해 보면 다음과 같다.

첫 번째 사실은 국내 기업들이 이사회와 무관하게 잘 굴러간다는 것이다. 극단적으로 표현하면 '이사회 무용론'이라고 할 만큼 회사의 주요 의사결정 과정에서 이사회가 반대하여 부결된 사안이 하나도 없었다. 심지어 인수 대상으로 검토했던 비상장 기업들은 이사회 결의 사항임에도 관련 사안에 대한 이사회 의사록을 찾을 수 없어서 난감했던 경우도 있었다.

둘째, 이사회 멤버들의 면면을 살펴보았을 때, 오너 경영인이나 전문경영인을 제외한 사외이사는 대내적인 업무에 대한 이해보다는 대외적인 업무를 중심으로 회사에 도움을 줄 수 있는 인사들로 구성되어 있었다. 회사 외부의 주요 이해관계자인 정부나 규제기관과의 관계 구축을 위해, 또는 잠재적으로 이해관계가 충돌할 수 있는 상황에 대비하여 (예를 들어, 경쟁업체와의 소송, 공정거래상의 이슈, 비정기적인 세금 발생 상황 등) 관련 경험을 가진 법률 및 회계 전문가, 그리고 해당 분야에서 자문 역할을 수행하는 교수 등이 대표적인 사외이사들로 선정되어 있었다. 물론 이들 중에는 회사의 영업을 포함한 전반적인 성과 개선에 실질적으로 도움이 되는(또는 되었던) 외부 인사들도 많았다. 하지만 이사회, 특히 사외이사 본연의 임무(견제와 균형을 위한 임원 선임과 평가 및 보상, 주요 의사결정 참여, 그리고 정기 감사 등)를 성실히 수행하기에는 구조적인 문제점이 있었다. 상황이 이렇다 보니, 한국은 선진 기업에서는 유례를 찾아보기 힘들 만큼 오너 개인에 의해 회사 경영이 좌지우지되고 있다. 경영학 교과서에서 설명하는 감시와 통제 기구로서 이사회, 기업 경영의 최고 의사결정 조직으로서 이사회가 현실에서는 제대로 역할을 하지 못하고 있는 것이다.

최근 들어 정부에서 한국 기업들의 이러한 지배구조 문제점을 인식해 소유와 경영을 단편적이지만 분리하고 오너의 전횡을 막기 위한 감시체계를 도입하는 법안을 통과시켰다. 2020년 말 국회에서 통과된 상법 개정안 중 감사위원 분리 선임 및 최대주주와 특수관계인 보유지분의 의결권을 3%로 제한하는 법안이 그것이다. 이는 경영을 감시하는 감사의 독립성을 확보하고 소액주주의 권익을 보호하려는 의도로 해석된다. 이에 대해 국내 경제계는 이 법안이 펀드의 입김만 강화하고, 외국계 투기 자금 등 적대세력이 이사회에 진입하여 정상적 경영활동을 방해하고 기술 유출, 단기 배당 추구 등 성장 추진력을 떨어뜨리는 부작용을 야기한다며 거세게 반발했다.

그러나 실제로 사모펀드 업계에서 활동하는 사람의 입장에서 기업 경영에 대한 펀드의 조언과 영향력이 '펀드의 입김'으로 표현되며 기업가치에 부정적인 것으로 오해될 수 있는 여지에 대해서는 동의하기 어렵다. 펀드의 속성이 기업가치 제고를 통한 투자수익 확보임을 감안할 때, 단기 수익성 추구와 장기 기업가치 제고 사이에서 입장 차이는 있을 수 있지만(단기 중심과 장기 고려의 적절한 균형은 매우 중요하지만, 현실적으로 복잡성이 크고 결론 도출이 어려워서 이를 잘 해결하는 기업은 장기적으로 고성과를 창출하는 경쟁력 있는 기업이라고 볼 수 있다), 이 책에서 기업가치 측정 기준으로 제시하고 있는 총주주수익률 측면에서는 단기 중심이든 장기 중심이든 펀드와 회사 경영진은 한배를 타고 같은 방향으로 나아가고 있는 것이다. 이에 대한 추가적인 논의는 뒤로 하고, 이러한 법안이 나오게 된 우리나라 현실을 다시 한번 되돌아볼 필요가 있을 것 같다.

한국의 대주주, 소액주주, 그리고 전문경영인
○
●

한국은 재벌 그룹에서부터 소규모 중소기업에 이르기까지 오너가 경영에 직접 참여하며 대규모 투자를 포함한 일상의 주요 의사결정을 직접 수행한다. 중소기업은 그렇다손 치더라도 소위 '시스템으로 돌아간다'는 대기업에서조차 오너 경영인 없이는 주요 업무 진행이 안 될 만큼 그 영향력은 절대적이다. 이는 창업 세대든 3세, 4세로 넘어온 상황이든 마찬가지다. 과거에는 이러한 오너들이 대표이사 타이틀로 등기이사에 정식으로 등재되어 형식적으로나마 이사회를 통해 경영권을 행사하는 모양새를 갖추었다.

그러나 최근 들어서는 이런저런 사유를 들어 오너들이 등기이사에서 물러나고 있다. 공식적으로는 이사회를 통한 독립적인 전문경영인 체제를 구축하여 소유와 경영을 분리하려는 의도라고 설명하지만, 현실에서는 공식적인 의사결정 과정에는 보이지 않는, 이사회의 독립성을 저해하는 실질적인 결재 라인으로 존재한다. 실상이 이렇기에 소유와 경영의 분리라는 대의명분에도 불구하고 책임 경영을 회피하기 위한 꼼수라는 비판을 받고 있다. 실질적으로 경영을 장악하고 있음에도 이사회의 통제와 견제, 그리고 사회의 눈에서는 벗어나 있는 것이다.

그동안 우리 기업들이 오너 체제하에서 경험했던 여러 가지 비효율과 조직적인 문제점들을 인식하고 개선해 나아가기 위해서는 이사회를 통한 민주적인 기업 경영이 정착되어야 한다. 또한 전문경영인의 역량 개선도 수반되어야 한다. 하지만 지금까지 한국의 전문경영인들은 오너 경영인을 통해 주어진 경영 목표나 전략적 과제의 실행에 집중해온 탓에 진정한 기업가정신을 배양할 수 있는 토대가 미약했다. 이러한 현실 때문에 그동안 오너들이 도맡았던 과감한 투자나 대형 인수합병의 의사결정 권한을 넘겨받기도 어렵고, 역할을 담당하더라도 제대로 추진할 수 있을지 의문스럽다는 시장의 평가가 있으며, 실제로 성공 사례도 많지 않다. 오너가 비공식적이지만 최고 의사결정권자로서 조직 내에 남아 있는 한, 오너에 의해 선임된 전문경영인이 실질적인 상하관계 속에서 역량을 발휘하며 경험을 축적하기란 사실상 어렵다. 더 중요한 것은 앞서 얘기한 바와 같이 이사회의 지원과 협조를 받기도 쉽지 않은 구조적 문제를 안고 있다는 사실이다(이는 이사회 구성의 제약과 전문성의 한계, 그리고 이사회 본연의 역할을 다하기 위한 실행 지원체계가 없는 것에도 기인한다).

이러한 오너 중심의 의사결정 구조하에서 최대주주를 견제할 수 있는 소액주주들은 철저히 무시된다. 대기업일수록, 오너의 영향력이 막강할수록 이러한 경향은 짙다. 소액주주의 주주총회 참석은 철저히 통제되고 원천 봉쇄에 가까울 만큼 발언권이 차단된다. 대부분의 국내 우량 대기업에서 최대주주 오너에 이어 지분율로는 2대 주주인 국민연금조차도 그에 걸맞은 영향력을 발휘하기가 힘든 현실이다. 하물며 개미들로 통칭되는 소액주주들의 영향력은 어떠하랴. 이러한 현실적인 장벽을 경험한 소액주주들은 투자 대상 기업 경영에 불만이 있으면 주식을 팔고 떠나는 소극적인 대응에 익숙하다. 이러한 과정에서 오너 체제는 전횡적인 경영 스타일을 더욱 공고히 이어갔다.

개별 기업의 경쟁력을 강화하고 기업가치를 높이려면 이러한 비상식과 불합리를 해결해 나가야 한다. 이를 위해 소액주주들은 (증권사나 운용사 같은 전문기관의 도움을 받아) 기업을 객관적으로 평가하고, '주주가치 중심 경영'을 요구하는 목소리를 높여서 국민연금 등 기관투자자의 경영 참여를 유도해야 한다. 이를 통해 소수지분으로 전권을 행사하는 대주주를 견제하여 합리적이고 미래가치 지향적인 경영으로 소액주주와 대주주 모두의 주주가치 실현과 '성과를 공유하는' 변화를 만들어내야 한다.

현재까지는 비효율적인 오너 경영에 대해 반기를 들고 주주 권리를 주장하는 활동을 일부 사모펀드가 담당했을 뿐이다. 하지만 이러한 외국계 행동주의 펀드들의 주주 권리 요구는 일방적으로 국내 기업의 오너십에 대한 도전으로 왜곡되고 폄하되어 애국적인 적대심의 희생양이 되었다. 행동주의 펀드 요구 중 이제까지 제대로 보호받지 못했던 주주가치를 위한 내용은 무엇이고, 단기적인 성과 분배로 장기적인 성장 잠재력을 희생시키는 내용은 무엇인지 명확히 구분하는 '주주의 판단'과 '합리적 대응'이 필요하다.

그렇다면 대주주의 이상적인 역할과 권리는 무엇인가? 아마도 기업가치 극대화에 초점이 맞춰진 의사결정과, 주요 이해관계자의 이익과 기대를 조율하는 것으로 귀결될 것이다. 하지만 현실에서는 항상 수많은 이해관계의 상충이 표면으로 드러난다. 심지어 오너와 오너의 특수

관계자 사이에서도 회사의 미래 비전과 현재의 성과에 대해 서로 다른 평가를 내리고, 이로 인해 대한항공 오너들처럼 경영권 갈등이 빚어져 주총에서 표 대결과 극단적으로 집안 식구 간의 소송전으로까지 비화 된다. 오너들이 역할 인식에 대해 무지한가? 아니면 대주주로서의 권리에 기초한 또 다른 전횡인가? 배경이 어떻든 확실한 해결책은 대주주 지분을 제외한 (기업의 상황에 따라) 60~70% 이상의 지분을 소유한 소액주주와 투자기관, 연기금이 주주로서의 권한을 되찾고, 이들 역시 '주주가치 창출'을 위한 역할을 수행해야 한다는 것이다.

외부 투자기관의 시각이 다른 이유

"과대평가된 제일모직과 과소평가된 삼성물산의 합병에 대해 발언권이 있는 모든 사람이 눈을 감거나 찬성하는 모습을 보고 기분이 안 좋았다. 증권회사까지 합병을 옹호하는 걸 보고…… 창피했다." 2016년 12월, 박근혜 정부의 최순실 국정농단 사건 관련 청문회 당시 주진형 전 한화증권 대표가 했던 말이다. 한화증권은 이 두 회사의 합병에 대해 당시 국내 증권사에서는 유일하게 반대 보고서를 발표했다. 합병을 반대했다는 이유로 주진형 대표는 사퇴 압박을 받았다고 한다. 주진형 대표의 이 발언에 어떤 사람들은 속 시원하다고 환호했고, 또 어떤 사람들은 의아해하며 다소 충격도 받았다. 국회 청문회까지 벌어진 사안에 대해 거의 모든 증권사가 아무 문제 없다는 보고서를 냈다는 사실을 어떻게 받아들여야 할까? 기업의 가치는 평가하는 사람과 평가기관마다 어느 정도 차이가 있기 마련인데, 한 중견 증권사 대표는 반대 의견을 표명한 다른 증권사가 창피하다고까지 했다.

또한 이 일로 인해 삼성물산 합병 건에 찬성 의견을 냈던 국민연금의 최고투자책임자CIO가 구속되기까지 했다. 합병 이전 삼성물산의 주주였던 국민연금에게 불리한 합병 비율로 찬성하도록 압력을 행사하여 손해를 입힌 혐의(업무상 배임)다. 이 사건 이후 국민연금은 2018년부터 '스튜어드십 코드'를 도입하여 모든 자체 투자 및 기금 운용사들의 투자에 가이드라인으로 활용하도록 요구하고 있다.

스튜어드십은 피투자회사의 중장기 가치 제고와 사회적 책임을 효과적으로 수행하기 위해 주주는 단순히 의결권만 행사하는 것을 넘어 ESG에 입각해 회사와 소통하고 경영에 관여할 책임이 있다는 개념이다. 본래의 스튜어드십은 민간기업의 경영에 민간 투자자가 수익률을 높이기 위해 기업 집사로서 관여하는 제도에서 유래했다. 그러나 우리나라에서는 정부가 국민연금 등 기관투자자를 동원해 스튜어드십 도입을 설계하고 적용하도록 주도하고 있다. 그 결과, 사적인 기업의 방향성을 공적인 국민연금을 동원해 결정하겠다는 '연금 사회주의' 우려를 낳기도 하지만, 국민연금은 그간의 소극적인 주주 역할에서 벗어나 다각적으로 경영에 직접 관여하며, 소액주주의 권익을 보호하는 적극적인 역할을 수행하고 있다. 2020년에 한진칼의 경영권 분쟁 상황에서 현 조원태 회장을 지지하는 의결을 했으며, LG배터리 분사는 반대표를 행사하는 등 주주가치를 훼손하는 경영활동에 대해 스튜어드십 차원에서 목소리를 내고 있다. 이러한 활동들의 성공 여부를 떠나 한국 기업들의 자기 중심적인 경영활동을 감시하는 역할로 존재감을 드러내고 있는 듯하다.

기업을 둘러싼 다양한 이해관계자들이 존재한다. 특히 기업의 금융 활동과 관련된 이해관계자들은 기업의 태동에서부터 성장에 이르기까지 매우 중요한 역할을 하는 지원자이자 감시자다. 증권사나 회계법인은 기업과 자본시장의 커뮤니케이션 활동을 지원한다. 은행과 같은 금융기관들은 투입 자금에 대한 리스크 관리 차원에서 기업의 경영활동을 감시한다. 그러나 은행권은 선순위자로서 주주나 투자자들이 부담하는 리스크 프로파일과는 근본적으로 차이가 있다. 소액주주, 국민연금을 포함한 기관투자자, 행동주의 펀드 등은 주주로서, 또한 상대적으로 큰 리스크를 안고 과감히 투자하는 모험자본가로서 각자의 이익을 보전하기 위해 목소리를 강하게 내고 있다.

그동안 한국의 경영자들은 최대주주만을 위한 경영에 집중해 왔다. 경영에 방해되거나 부정적인 주가 전망을 하는 증권사에는 다양한 길들이기 방식을 동원했고, 2대 주주인 국민연금이 대표하는 국민의 이익은 최우선 순위가 아니었다. 행동주의 펀드들을 애국 프레임이나 기업 사냥꾼의 이미지로 엮어 반감의 대상으로 몰아세웠다. 그러나 자본시장이 성숙하면서 각 이해관계자의 지위가 향상되고 역할이 강화되고 있다. 과거의 성공 습관에 갇혀 자기 중심적인 고집으로 기업을 경영하다가는 기업 실적에 악영향을 미칠 만큼 세상이 바뀌고 있다. 기업의 이해관계자이자 감시자들인 이들 외부 투자자들과 소통하고 조율하며 맞춰나가야 한다. 시장 친화적인 기업은 자기 중심적인 경영이 가져다주는 것보다 훨씬 높은 기업가치로 보상받을 것이다.

헤지펀드의 습격

○
●

1999년 3월 미국계 헤지펀드인 타이거 펀드는 당시 한국 주식시장의 시가총액 3위 기업인 SK텔레콤에 대해 적대적 인수합병 가능성을 내비쳤다. 타이거 펀드는 SK텔레콤 지분의 6.6%를 획득하고 다른 외국계 펀드를 우호 세력으로 끌어들였다. 당시 SK그룹의 SK텔레콤 지분은 21%에 불과했기에 몇몇 우호 지분을 확보할 경우 위협이 허세로 끝나지 않을 가능성도 있었다.

SK그룹은 경영권을 방어하기 위해 시설 투자를 겸한 유상증자 계획을 발표했다. 신규 발행 주식 출자를 통해 지분율을 높이기 위함이었다. SK 계열사의 자금을 동원하여 1조 3천억 원을 투입했다. 이로 인해 그룹 계열사의 재무구조가 악화되었고, 특히 6천억 원을 투입한 SK글로벌은 워크아웃에 내몰리게 되었다. 한편, 이듬해 보유지분을 모두 매각한 타이거 펀드는 1년여 만에 6천억 원이 넘는 시세차익을 올리는 투자 성과를 내고 떠났다. 당시 SK텔레콤은 적대적 인수합병에 취약한 구조였다. 많은 자금이 투입되어 급격히 성장하던 이동통신 사업에 대한 기대로 주가는 계속 상승할 것으로 전망되었다. 하지만 SK그룹은 보유지분이 상대적으로 높지 않았던 반면에, 2대 주주인 KT가 19%여서 제3의 우호 세력과 연합할 경우 경영권을 위협할 수 있었던 것이다. 내부 경영 성과와 성장에 집중하면서 외부 시각을 간과한 나머지 막대한 피해를 입을 수 있는 공격을 받게 된 것이다.

문제는 여기서 끝나지 않았다. 2003년 SK글로벌의 분식회계 사건으로 총수가 구속되고 주가가 폭락하자 또 다른 헤지펀드인 소버린이

SK의 지분을 확보했다. 불과 20여 일 만에 14.99%의 주식을 확보하며 2대 주주로 등극하게 되었다. 이후 소버린은 경영진 퇴진과 부실 계열사 지원 반대를 요구하며 공격적인 행보를 시작했다. 이로 인해 주가는 상승했고, 소버린은 다시 주식을 처분하여 9천억 원이 넘는 시세차익을 거둘 수 있었다.

타이거펀드와 SK텔레콤 사례로 국내 경제계도 경각심을 가지기 시작했지만 이후 다양한 형태의 행동주의 헤지펀드의 공격은 계속되었다. 다수의 펀드가 한국 기업에 영향력 행사를 시도했다. 2006년엔 기업 사냥꾼으로 유명한 칼 아이칸의 펀드가 KT&G 지분을 매입하며 경영 참여를 선언했고, 이후 주가가 오르자 매각했다. 2015년에는 삼성물산의 지분 7.12%를 매입한 엘리엇 매니지먼트가 삼성물산과 제일모직의 합병 반대를 주장하며 소송을 제기하고 주주총회에서 표 대결을 벌였다. 2018년에는 현대차그룹의 지배구조 개편에 참여하여 지배구조 간소화, 고배당 등을 요구했다. 결국 요구 사항이 계속 받아들여지지 않고 표 대결에서도 불리하자 지분을 정리했지만, 그 과정에서 현대차그룹은 긴장의 끈을 놓을 수 없었다.

행동주의 펀드는 주로 주주가치 개선, 주가 상승을 위해 지배구조 개편이나 인수합병, 경영진의 교체 등을 요구한다. 최고경영자 교체 및 지배구조 개선으로 궁극적으로는 주가 상승을 통한 시세차익을 올리려는 게 주된 목적이다. 이를 통해 행동주의 펀드는 한국뿐 아니라 글로벌 시장에서도 그 규모와 영향력을 키우고 있다. 금융시장으로 흘러드는 자금이 증가하며 자연스럽게 행동주의 펀드의 활용도 점점 거세지고 있다. 그 과정에서 한국형 지배구조펀드도 등장했다. 장하성

전 청와대 정책실장이 주도했던 소위 '장하성 펀드(한국형 지배구조펀드)'와 강성부 대표가 이끄는 행동주의 펀드 KCGI가 대표적이다.

기업의 내부 시각에서는 글로벌 수준으로 운영되고 있다고 생각하더라도, 자기 중심적인 사고를 버리지 못하는 경우 해외 행동주의 펀드의 목표가 될 수 있다. 단기적으로 이들은 비효율적으로 운영되는 기업의 자산을 정상화하고 기업이 해외 기준으로 보아도 건전하게 탈바꿈할 것을 적극 요구한다. 공격의 주된 이유는 기업의 제한적인 지배구조 개선 노력과 소극적인 주주가치 제고 활동 등이다. 기업의 오너십이 대다수 주주들에게 단단히 지지를 받고 있는 경우에는 행동주의 펀드 활동이 우호적으로 해석되기 어렵다. 현 이사회 활동이 부족하고 경영진에 대한 불만이 있는 경우, 이를 표출하는 수단으로 활용되는 경우가 대부분이기 때문이다.

이사회가 소수 지배주주의 이해관계에 지나치게 집중되어 운영되며, 다수 주주의 이익에 집중하지 않는 경우 불만이 확산될 수 있다. 또 경영진이 기업의 미래 성장보다 현재의 지배구조를 공고히 하고 대주주의 이익에만 부합하는 활동에 집중하는 것처럼 보일 때, 소액 주주들이 불만을 보일 수 있다. 하지만 앞에서 예로 들었던 타이거 펀드, 소버린, 엘리엇의 타깃이 되었던 한국의 대기업이 모두 그런 측면만을 가지고 있었던 것은 아니다. 그럼에도 헤지펀드 입장에서는 한번 '해볼 만'하다고 생각했을 것이다. 기업이 내부적으로 가치 개선을 위한 노력에 집중하지 않음으로써 외부 시각에서 봤을 때는 가치 개선의 여지가 많은 점이 노출된 것이다.

이런 행동주의 펀드의 경영 참여, 가치 제고 참여에 비판적인 시각도 있다. 소위 해외의 '먹튀' 자본에 의해 한국 기업의 자본이 유출된다는 부정적 여론도 많다. 행동주의 펀드의 지배구조 개편 시도를 방어하기 위해 기업은 막대한 자금을 융통해야 한다. 이 과정에서 신규 사업에 대한 투자 여력이 상실된다. 생산설비나 인프라, 인수합병 등 신규 사업 확장을 위한 투자에 활용되지 못하고, 기존 사업의 소유권과 지배구조를 강화하기 위해 대규모 자금이 투입된다. 이는 기업 성장과 경제 전반에 부정적인 영향을 끼칠 수 있다. SK그룹의 경우, SK텔레콤을 방어하기 위해 지분을 추가로 확보하는 활동을 벌일 수밖에 없었다. 이 과정에서 약 2조 원의 자금이 사용되었다.

하지만 이런 헤지펀드의 공격은 그동안 기업이 얼마나 내부적인 시각과 자기 중심적인 판단 기준으로 운영되어 왔는지 경종을 울리는 계기가 되었다. 소수 주주와 경영진, 이사회가 기존에 일방적으로 유리한 지배구조를 가지고 있었다는 것을 반증한다. 직접 표출하지는 못했어도 행동주의 펀드의 움직임을 말없이 응원하며 변화를 원하는

표 4 주요 행동주의 펀드의 한국 기업 진출 현황

연도	사모펀드	공격 대상	내용
1999년	타이거펀드	SK텔레콤	인수합병 및 경영진 교체 요구
2003년	소버린 자산운용	(주)SK	최고경영자 교체 및 지배구조 개선 요구
2004년	헤르메스 인베스트먼트	구 삼성물산	인수합병 시도
2006년	칼아이칸 연합	KT&G	자회사 및 자산 매각
2006년	장하성 펀드(라자드 자산운용)	대한화섬, 한솔제지 등	지배구조 개선
2015년	엘리엇 매니지먼트	삼성그룹	삼성물산-제일모직 합병 반대
2018년	엘리엇 매니지먼트	현대자동차 그룹	현대모비스-현대글로비스 분할합병 반대
2019년	KCGI	한진그룹	지배구조 개선, 유휴자산 매각, 일부 자회사 및 사업부 기업공개 등

출처: 《아시아 경제》 2019년 1월 28일

DON'Ts

소액주주들의 목소리를 듣는 계기가 되었다. 주주 중시 경영방침이 강화되었다는 평가도 있다. 내부 경영체계를 재점검하고, 기업가치 제고 계획을 보완하며, 자본 조달 관행과 지배구조 개선 활동을 글로벌 관점에서 고도화하려는 노력을 하게 되었다. 변화의 과정이 쉽지만은 않지만 기업이 좀 더 건전한 구조에서 장기적으로 성장할 수 있는 기반을 다시 구축할 수 있다.

100년 기업 포드의 경영권 변천

○
●

1903년 헨리 포드Henry Ford가 창업한 포드 자동차 회사는 현대 문명의 변화를 이끌어냈다. 컨베이어 생산방식을 도입하여 자동차 가격을 획기적으로 낮췄으며, 일반인들이 자동차를 구입해 일상에서 쓸 수 있게 했다. 또한 노동자들의 근무 여건을 개선하여 열악하던 숙련 노동자들의 일급을 종전에 2배인 5달러 수준까지 끌어올렸고, 주 5일 근무를 정착시켜 미국의 중산층이 태어나는 기반을 만들었다. 산업화와 이를 통한 중산층 형성, 저렴해진 모델 T로 인한 자동차 보급으로 도로망이 정비되며 미국의 현대화에 일조했다. 이 과정에서 헨리 포드 자신은 10억 달러의 부를 일군 최초의 기업인이 되었다.

헨리 포드는 생전에 그의 아들 에드셀Edsel Bryant Ford을 후계자로 키웠으며, 에드셀은 모델 A를 개발하고 머큐리, 링컨 등의 사업에서 성과를 보여주었다. 하지만 위암으로 한창 일할 나이인 49세에 생을 마감했다. 이에 헨리 포드는 에드셀의 아들이자 장손인 헨리 포드 2세에게 소유권과 경영권을 넘겨주었다. 헨리 포드 2세가 사업을 물려받은 1940년대 중반, 포드는 어려움에 처해 있었다. 전쟁으로 인해 유럽 내 생산시설은 큰 피해를 입었고, 시장에서도 GM에 비해 제품 경쟁력이 뒤지고 있었다. 헨리 포드 2세는 낡은 경영체계를 개선하고 신제품을 도입했으며, 젊고 유능한 인재를 적극 기용했다. 노사관계를 위해 그동안 막고 있던 노동조합과의 관계를 개선하고 선더버드Thunderbird, 머스탱Mustang 같은 혁신 제품을 출시해 시장을 선도했다.

한편, 합리적 경영관리체계를 만들기 위해 전문가들을 고용했는데, 훗날 미국 국방장관이 되는 로버트 맥나마라Robert Mcnamara는 1960년 전문경영인 출신으로는 처음 포드의 사장 자리에 올랐다. 리 아이아코카Lee Iacocca도 혁신적인 차량 개발을 주도하며 능력을 인정받아 1970년에 사장으로 기용되었다. 헨리 포드 2세는 물러나며 포드 가문 출신이 아닌 전문경영인들에게 자리를 물려주었다. 포드의 소형차 피에스타 개발에 성과를 보인 필립 콜드웰Philip Coldwell에게 1979년 CEO 자리를 물려주었으며, 1980년에는 이사회 회장까지 넘겨주면서 포드 가문이 경영 일선에서 물러나고 본격적인 전문경영인 시대를 맞이하게 되었다. 1980년대 초반 미국 경제 침체기와, 본격적으로 위협이 되기 시작한 일본 자동차 회사와의 경쟁에 대비한 사업 운영을 이들 전문가들이 담당했다. 필립 콜드웰은 재임 기간 중 토러스Taurus를 출시하여 미국 시장에서 입지를 강화하고, 유럽 시장 진출을 적극적으로 진행했다.

이후 포드는 20년 이상 전문경영인 CEO에 의해 운영되었다. 도널드 피터슨Donald Peterson, 1985-1990, 헤럴드 폴링Harold Arthur Poling, 1990-

1993, 알렉스 트로트먼Alex Trotman, 1993~1998, 자크 나세르Jacques Nasser, 1999~2001가 연이어 포드의 경영을 책임졌다. 5명의 전문경영인을 거치며 안정적인 성장을 거듭했으며, 기업가치 또한 1990년대 후반까지 지속적으로 성장했다. 포드 가문은 이사회 의장을 맡아 경영진을 임명하고 감독했지만, 세부적인 경영활동은 위임했다. 이런 균형적인 체계는 포드가 위기를 맞이하기 전까지 유지되었다.

2000년 포드 익스플로러Explorer 차량에 적용된 파이어스톤Firestone 타이어가 주행 중 이탈하는 현상이 있다는 제보가 언론을 통해 보도되었다. 당초 미온적으로 대처하던 CEO 자크 나세르는 결국 1,300만 개의 타이어를 리콜하는 조치를 할 수밖에 없었고, 포드는 리콜 및 배상금으로 5억 3천만 달러를 지출하게 된다. 이로 인해 포드의 주가가 폭락하고 위기에 봉착하게 되었다. 단기적으로 당장의 위기를 극복하고자 헨리 포드의 증손자이자 포드 가문을 대표하여 빌 포드William Clay Ford Jr.가 CEO 자리를 직접 맡으면서 오너 가문이 22년 만에 경영의 전면에 다시 등장했다.

빌 포드는 2001년 취임 후 타이어 리콜 사태를 마무리 짓고, 마쓰다를 인수하여 기술력과 신규 생산라인을 보완하고 일본 자동차 회사와의 경쟁에서 살아남기 위한 전략을 구사했다. 경쟁력을 확보하기 위해 자동차 연비와 품질을 개선하고 하이브리드 기술을 적극 도입하는 노력도 기울였다. 하지만 미국 자동차 산업의 뒤처진 경쟁력을 극복하기 위해서는 근본적이고 대대적인 변화가 필요함을 느꼈다. 2006년 대대적인 구조조정과 경쟁력 개선을 위한 전략 '더 웨이 포워드The Way Forward'를 수립하고 이를 실행하기 위해 전문경영인을 영입했다.

보잉사의 CEO로 일하던 앨런 머랠리Allan Mullaly는 2006년 포드의 CEO가 되었다. 5년간 오너가 직접 경영하던 포드는 다시 전문경영인 체제로 돌아오게 되었다. 새로운 CEO는 강력한 구조조정에 착수했다. 재규어와 랜드로버를 인도의 타타자동차에 매각했고, 이어 애스턴 마틴과 볼보도 매각하며 경쟁력과 수익성이 떨어지는 브랜드를 과감히 정리했다. 한편 글로벌 포드의 라인업과 공용화를 극대화하는 '원 포드One Ford' 전략을 도입하여 비용 효율성을 제고하고, 연비 효율이 좋은 터보 엔진을 적극 적용하는 다운사이징 기조를 제품 개발 전략에 도입하여 독일, 일본, 한국의 경쟁사에 대한 경쟁력을 확보하기 위해 노력했다. 2008년 금융위기가 닥쳤을 때 포드도 어려운 시기를 겪었다. 하지만 2006년 이후 시작된 적극적인 구조조정 노력으로 포드는 GM이나 크라이슬러와 달리 미국 정부의 도움을 받지 않고 위기를 극복했다. 2006년 이후 지속되던 적자는 점차 폭을 줄여 2010년에는 흑자를 달성했다.

앨런 머랠리 이후 포드의 CEO 자리는 마크 필드Mark Fields, 짐 해켓Jim Hackett을 거쳐 제임스 팔리James D. Farley Jr.가 이어받았다. 빌 포드는 경영 일선에 관여하지는 않았지만, 이사회 의장으로서 포드가 나갈 방향에 대해 이따금씩 언급하고 있다. 포드 가문이 가진 주식은 자본의 2%이지만, 의결권은 40%를 소유하고 있어 필요할 경우 경영진 교체를 포함한 대다수 중요한 의사결정을 주도할 수 있다.

현재의 포드는 다양한 도전과 위협에 직면하고 있다. 자동차 산업은 전기차로 대표되는 구동방식 변화, 자율주행과 모빌리티 도입으로 인한 사업모델의 거대한 변화에 직면해 있다. 이러한 변화를 선도하는 테슬라 같은 혁신 기업과는 상당한 격차를 두고 따라가야 하는 상황이다. 전통 자동차 경쟁사들 가운데에서도 폭스바겐, 도요타, 르노닛산, 현대와 비교했을 때 제조원가와 상품 경쟁력 측면에서 강점을 보여주지 못하고 있다. 빌 포드와 주주들은 전문경영인들이 기업가치 제고를 위해 계속 노력할 것을 주문하며 충분한 성과를 창출해 내길 기대하고 있다.

실적 기대치와 실제 성과가 차이 나는 이유

주식이 거래소에 상장되어 있는 기업은 매 분기마다 실적을 발표한다. 그 과정에서 실적이 시장이 예상하는 기대치보다 일반적으로 10% 이상 하회하면 어닝쇼크, 10% 이상 상회하면 어닝서프라이즈라고 한다. 여기서 주목할 점은 어닝쇼크와 어닝서프라이즈의 기준이 되는 실적이 '주식시장에서 기대한 수치'라는 점이다. 즉 전년 동기와 비교한 실적은, 예를 들면 전년 동기 대비 매출액 또는 손익구조가 30%(대규모 기업은 15%) 변동할 경우에는 별도로 공시를 해야 하지만, 이것은 어닝서프라이즈나 어닝쇼크가 될 수도 있고 안 될 수도 있다. 시장이 사전에 이러한 실적 변동 규모를 충분히 예측했는지 여부가 판단 기준이다.

상장기업들은 주요 경영 내용을 불특정 다수에게 공시를 통해 공표하고, 내부 IR 부서를 통해 자본시장과 커뮤니케이션한다. IR 부서를 별도로 둘 여유가 없는 중소기업은 속칭 주담(주식 담당) 직원을 통해 소액주주들 및 자본시장과 수동적으로 커뮤니케이션하기도 한다. 일정 규모 이상의 상장기업 중에서도 IR 부서가 없는 회사들이 꽤 존재한다. 어쩌면 이 또한 오너의 자기 중심적 경영의 일면일 수 있다. 이해관계자 자본주의라는 최근 트렌드 변화에 맞게, 상장 후 시장과 담을 쌓은 기업들도 좀 더 적극적으로 시장과 소통하길 기대해 본다.

여하튼 상장기업의 어닝쇼크나 어닝서프라이즈의 판단 기준이 되는 예상 실적은 이러한 IR 활동이 기초가 되어 형성된다. 기업은 연초에 당해 연도 실적 가이던스를 발표하고, 이후 정기적인 분기 실적 발표나 비정기적인 설명회 등으로 시장과 커뮤니케이션하면서 진척 사항이나 변경 사항을 공유한다. 일반적으로 시장의 기대 실적과 동일시되는 증권사 컨센서스는 증권사별 담당 애널리스트들이 추정하는 실적의 평균치다. 그런데 애널리스트들의 실적 추정은 회사가 제시하는 가이던스와 이후 지속적인 커뮤니케이션을 통해 형성된다. 애널리스트들이 아무리 전문가라고 하더라도 실적에 영향을 미치는 기업 내부 상황이나 세부 비용구조까지 세세하게 파악하기는 힘들다. 결국 시장이 바라보는 대상 회사의 미래 실적은 사업 내용을 가장 잘 아는 회사의 예상과 의도가 중요한 변수이고, 이를 알기에 애널리스트들은 회사가 제시하는 IR 자료를 근거로 미래 실적을 추정할 수밖에 없다. 이렇듯 증권사 컨센서스로 도출되는 시장의 기대치는 기업의 의도와 회사의 역량에 대한 자기 중심적인 해석이 들어가 있기 마련이다.

이는 한국 상장기업의 실적 발표 시 어닝서프라이즈에 비해 어닝쇼크가 더 많이 발생한다는 사실로 확인할 수 있다. 실적이 주가에 비례한다는 암묵적인 믿음 때문에, 주가를 올리고 싶은 또는 최소한 주

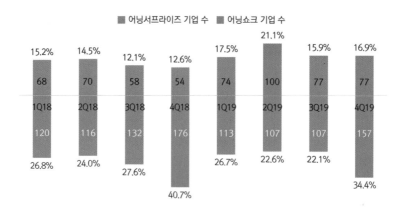

그림 32 한국 상장기업의 어닝서프라이즈와 어닝쇼크 비율

가가 떨어지길 바라지 않는 기업들은 내부 예상보다 다소 과장하거나 미래를 너무 낙관적으로 판단하여 경영 상황을 시장과 커뮤니케이션 하기 때문이다. 한국의 상장기업에 대해 2018년부터 2019년까지 매 분기 3개 이상의 증권사 실적 추정치 평균(컨센서스)과 실제 발표 실적이 10% 이상 하회하거나 상회한 어닝쇼크와 어닝서프라이즈 비율을 분석한 결과, 그래프에서 보는 바와 같이 한 분기도 빠짐없이 어닝쇼크 비율이 다소 높게 나타났다. 참고로 2020년에는 코로나19로 인해 기업의 예상 실적을 비관적으로 낮게 예측하여 어닝서프라이즈와 어닝 쇼크가 비슷하게 발생했다.

어닝쇼크나 어닝서프라이즈가 발생하는 원인은 다양하다. 일회성 원인일 경우도 있고 내부 구조조정이나 체질 개선 또는 산업의 구조적 성장으로 인해 지속될 수도 있다. 그러나 어닝쇼크가 이렇게 2년 동안 매 분기마다 어닝서프라이즈보다 발생 비율이 높다는 것은 그만큼 기업 상황을 자기 중심적으로 해석한다고 볼 수밖에 없다. 만약 어닝쇼크가 주가 관리 차원에서 발생한 것이라면 정말로 근시안적인 대응 활동이 아닐 수 없다.

상장사의 IR 활동과 관련하여 많이 회자되는 기업이 있다. 바로 우리나라의 대표적인 바이오 기업인 셀트리온이다. 현재는 경영 일선에서 물러난 서정진 명예회장은 2010년대 초반 소액주주들의 지지를 받으며 주식 공매도 세력과 전쟁을 벌이기도 할 만큼 주가가 기업가치를 제대로 반영하도록 직접 IR 활동을 수행했다. 2020년 12월에는 세계적인 투자은행인 JP모건이 기업 분석 보고서를 통해 셀트리온에 대해 부정적인 의견을 내놓으면서 주가가 급락하자 JP모건 리포트 내용을 조목조목 반박하는 회사 의견을 내며 대응했다. 그러나 최근 들어 코로나19 치료제 및 백신 개발에 대한 서정진 회장의 호언장담이 실제 내용에서 시장의 기대에 미치지 못하자, 2021년 1분기 실적이 전년 동기 대비 어닝서프라이즈 수준으로 증가했음에도 주가는 2020년 말 35만 9천 원에서 4개월이 지난 2021년 4월 말 26만 6천 원으로 오히려 약 26% 하락하며 결속력이 대단했던 소액주주들의 원성을 사고 있다. 실적 그 자체보다 시장과의 커뮤니케이션 과정에서 지나친 확신, 커뮤니케이션 자체 오류가 기업가치에 더 큰 영향을 미친 것으로 해석할 수 있다.

그동안 자기 중심적이었던 IR 활동의 변화가 국내 대기업들 사이에서 감지되고 있다. 행동주의 펀드를 비롯한 소액주주의 적극적인 활동과 최근의 ESG 등 산업 전반의 기류 변화는 기업의 IR 활동도 주주 친화적, 시장 친화적으로 변모시키고 있다. 현대글로비스는 2018년 현대차그룹의 지배구조 개선을 위해 현대모비스와의 분할합병을 시도하다가 행동주의 펀드인 엘리엇뿐만 아니라 세계 최대의 의결권 자문사인 ISS를 비롯한 국내외 의결권 자문기관들이 우리나라 국민연금 등 기관투자자에게 반대 권고를 지속함에 따라 결국에는 합병 계획을 철회했다. 이후 시장 친화적인 방향으로 정책을 수정하여 적극적으로 시장과 소통하고 있다.

삼성화재는 2015년 초와 2019년 8월 두 차례의 주가폭락을 경험했다. 이유는 동일했다. 경영진이 내부 어젠다에 따라 해외 사업 진출 및 인수합병 등 성장 의지를 강력히 피력하면서 자사주 매입이나 배당 확대 같은 주주환원책이 다소 약해지고, 이에 따라 보험주 특유의 배당 프리미엄이 작동하지 않을 것이라는 시장의 예상 때문이었다. 그 결과는 주지하다시피 회사가 2021년까지 배당성향을 50%까지 확대하겠다는 입장을 발표하면서 마무리되었다.

국내 기업이 ESG를 수행하면서 겪는 오류

최근 경영계의 최대 화두는 단연 ESG다. 국내 4대 그룹의 총수를 포함해서 경제단체의 대표와 금융기관, 학계, 그리고 언론사의 대표들까지 모두 ESG를 이야기한다. 앞서도 여러 번 언급되었듯이, ESG는 환경적 건전성과 사회적 책임, 투명한 지배구조를 바탕으로 기업 가치를 높이고 지속 가능한 발전을 추구하는 새로운 경영전략이다. 이미 영국이나 독일, 스웨덴 등에서 연기금이 투자해 높은 수익을 낸 기업들이 ESG에 강한 것으로 드러나면서 여러 기업으로 빠르게 확산되고 있다.

사실, ESG의 개념은 오래전부터 E, S, G의 개별 요소로 발전해 왔다. '환경'을 강조한 EHS는 글로벌 대표 기업의 핵심 경영 가치로서 기업의 미션과 가치체계에 이미 내재화되어 있고, '사회' 역시 CSR^{Corporate} ^{Social Responsibility} 이니셔티브로 선진국의 대표 기업 내에 확고하게 자리 잡았으며, '지배구조' 역시 선진형 이사회 제도와 IR 베스트 프랙티스를 통해 발전된 개념이다. 이 모든 것이 각각의 필요조건에 머물지 않고 다 함께 합쳐져, 필요충분조건으로서 전체 가치가 더욱 중요하게 인식되면서 글로벌 기업의 최상위 과제로 정립됐다.

국내에서도 금융위원회가 2025년부터 자산 2조 원 이상 상장사의 ESG 공시를 의무화하면서 우리 기업도 이제 ESG는 선택이 아니라 필수로 인식하고 있다. 하지만 국내 기업이 추진 중인 ESG 전략에서는 유독 G가 보이지 않는다. 이와 달리 세계경제포럼^{WEF}은 ESG의 3개 축 중 G를 가장 강조한다. 그래서 우리 기업에도 G 강화를 위해 대표이사의 이사회 의장 겸직이나 거수기 역할의 이사회 개혁을 강력히 권고하고 있다.

하지만 우리 기업 중 상당수는 아직도 퇴직 고위 공무원이나 판검사, 교수의 이사 선임을 당연시하고, 또 그들을 대국회, 대관 활동을 위한 로비스트로 여기는 구조를 바꾸지 않고 있다. 이사들이 이사 고유의 임무(신의성실의 의무와 충실 의무)는 제대로 수행하지 못하고, 임시직인 '대외 대변인' 역할을 맡고 있다. 그 결과 기업의 이사회는 경영진 견제라는 본래의 기능을 잃은 채 거수기나 들러리에 불과하다는 오명에서 벗어나지 못하고 있다. 실제로 2020년 기준으로 64개 대기업 상장 계열사 277곳의 이사회에 올라온 안건 6,716건 중 99.5%가 원안대로 통과했다. 반대는 단 33건(0.5%)뿐이었다. 현대자동차, 포스코, GS, 현대중공업 계열사에선 반대가 단 한 건도 없었다.

우리 기업들이 ESG를 아무리 외친다고 한들 G를 빠뜨린다면 온전한 목적을 달성할 수 없다. 사실, 새로운 경영전략은 시대마다 등장해 유행하다 사라지곤 했다. 시너지(1960년대), 글로벌 스탠더드(1990년대), 6시그마(2000년대), 지속 가능성(2008년 금융위기 이후) 등이 그것이다. 그때마다 어느 기업은 글로벌 스탠더드에 올랐고 사회적 책임을 다하는 기업으로 성장했다. 또 다른 기업은 그저 사내 게시판에 어느 순간 붙어 있던 단어로만 기억할 것이다. ESG 경영전략의 도입과 실천을 위한 최근 움직임에서도 알 수 있듯이, 이러한 개념이 한순간의 유행에 그치지 않고 우리 기업을 본질적으로 변화시키기 위해서는 시장이 요구하는 바를 정확히 인식해야 한다. 시장이 바라는 기준으로 E, S, G를 수행하려면 지금까지의 내부 중심적·자기 중심적 시각에서 벗어나야 한다.

이사회의 현주소

○
●

바람직한 기업지배구조가 자리 잡기 위해서는 최고경영진을 포함한 이사회 구성원의 자질과 더불어 이사회 자체의 정상적이고 효과적인 역할이 전제되어야 한다. 그러나 앞서 언급한 대로 한국 기업들의 이사회는 제대로 된 역할을 하지 못하고 있다. 이사회 멤버의 구성과 역할 면에서 개선해야 할 점들이 많다. 국내 기업의 이사회는 오너의 전형적인 경영 스타일을 반영하듯 주로 오너 본인을 포함하여 오너의 신임을 받는 대표이사로 사내이사가 구성되어 있고, 이를 견제하기 위한 제도적 장치인 사외이사는 주로 오너의 지인이나 회사 영업에 도움이 되는 전직 고위 관료(국세청, 검찰, 금감원, 공정위 등) 출신 또는 정부 기관을 상대로 활동하는 대학교수들로 구성되어 있다.

사외이사 제도가 우리나라에 처음 도입되었을 때 그 취지는 기업의 지배주주와 경영진을 견제하기 위한 것이었지만, 시간이 지나면서 본래 의도가 변질되었다. 감독과 견제보다는 오너의 의사결정에 한목소리로 동조했으며, 한편으로 이러한 목적으로 회사의 운영 방안에 찬성하고 대외 활동을 도와줄 수 있는 사람이 사외이사로 선정되었다. 최근 대신기업지배구조연구소가 발표한 보고서 〈2020년 주주총회 트렌드〉에 따르면 2020년 정기 주주총회에서 선임된 30대 그룹 상장회사 사외이사의 28%는 감독기관·사법기관·청와대 등 3대 권력기관 출신이었다. 고위 관료가 사외이사 자리로 옮겨 가는 관행이 통계로 증명된 것이다. 그 역할도 거수기 노릇에 불과하다는 지적을 받고 있으며, 그 결과 오너의 전횡을 견제하는 본연의 임무를 다하지 못하고 있다.

이사회 구성의 다양성 부족도 문제다. 여성 사외이사는 아예 찾기 힘들고 젊은 사외이사는 일정 규모 이상의 지분을 보유한 펀드에서 지명한 인력 이외에는 찾아보기 어렵다. 이에 2021년부터 자산 2조 원 이상 상장법인을 대상으로 여성 이사를 1인 이상 선임하도록 제도화했다. 정확히는 "이사회 이사 전원을 특정 성으로 구성하지 않아야 한다."는 문구다. 그만큼 다양한 의견을 수렴하여 기업 경영의 질을 높이려는 의도로 해석할 수 있다. 법률 공포 초기에는 처벌 규정이 따로 없고, 자산 2조 원 이상 상장기업으로 제한되어 있어서 그 실효성이 의문시되었지만, 최근의 ESG 열풍에 편승하여 국내 대기업을 중심으로 여성 이사 선임이 이어지고 있다는 소식이다. 2022년 8월 본격적인 자본시장법 개정안 시행에 따른 구색 맞추기에 지나지 않을지 지켜볼 일이다.

아직까지는 한국 기업들의 이사회 구성의 한계점으로 인해 이상적인 이사회 기능을 수행하며 제대로 작동할 것이라고 기대하는 것은 무리로 보인다. 사외이사제도가 처음 도입된 미국의 경우에는 이사회 내에 각종 위원회를 설치해 기업 경영의 관리감독과 지원 등 핵심 기능을 강화했다. 이를테면 감사위원회, 보수위원회, 집행위원회, 지명위원회, 재무위원회 등을 설치하여 해당 영역의 업무를 관리하고 통제하는 것이다. 여기서 주목해야 할 점은 이런 위원회 대다수가 사외이사로 구성되어 있다는 것이다. 사외이사들 입장에서도 명확한 역할이 주어지고 제도적으로 지위를 보장받으며, 소액주주를 대변한다는 사명감 때문에 적극적으로 활동할 수밖에 없다. 미국은 사외이사를 '인디펜던트 디렉터independent director'라고 표기한다. 우리말로 번역하면 '독립 이사'다. 단어의 의미에서 역할이 무엇인지, 무엇을 중요하게 여기는지 충분히 짐작할 수 있다.

코로나19 사태를 겪으면서 우리나라 국민의 역량과 전반적인 시스템 수준을 확인할 수 있었다. 선진 기업들과 비교해 낙후된 우리 기업의 지배구조도 이제는 개선할 때가 되었다. 변화의 과정인 만큼 처음에는 불편할 뿐만 아니라 받아들이는 데 많은 시간이 걸릴 수도 있다. 그러나 다양한 목소리를 반영하여 협의하고 조율하는 기능은 우리가 선진국이 되기 위해서는 어느 분야에서건 꼭 학습해야 하는 것이고, 그럼으로써 기업은 지속 가능성을 높일 수 있다. 오늘날 한국 기업들의 글로벌 경쟁력을 감안할 때 충분히 이사회 본연의 역할을 기대할 수 있고, 또 이는 시대적 요구이기도 하다. 한국 기업의 특징인 오너가 갖는 태생적인 절대권력 때문에 전체 기업활동이 왜곡되고, 속칭 오너 리스크가 기업가치의 디스카운트 요소로 작용하는 현실은 치열하게 경쟁하는 글로벌 경영환경에서 안타까운 일이 아닐 수 없다.

결국 소유와 경영의 불편한 동거가 이 모든 문제의 출발점으로 보인다. 회사의 상황이나 준비 상태에 따라 다르지만, 이사회를 통한 합리적인 경영이 기업가치 제고의 지름길이라는 게 증명된 만큼 우선 이사회 중심의 기업 경영을 위해 필요한 조치를 취해야 한다. 지금이야말로 '선진 한국형' 새로운 대주주-이사회-전문경영인의 삼각구도를 설계하고 실천에 옮겨서 소액주주와 투자기관을 포함한 대중의 지지와 공감을 받을 수 있는 최적기다.

우리에게 꼭 필요한 기업지배구조

○
●

앞서 대주주의 이상적인 역할 중 하나로 기업을 둘러싼 주요 이해관계자들의 이익과 기대를 잘 이해하고 조율하는 것이라고 했다. 그러나 한국의 대주주들이 대부분 오너 경영인으로서 일상적인 기업 경영활동 전반을 제왕적 권위로 쥐락펴락하는 현실을 감안할 때 이런 역할을 기대하기에는 다소 무리인 듯하다. 대주주가 이사회나 주주총회에서 민주적인 논의를 통해 최대한 합리적으로 의사결정을 하고 얽힌 이해관계를 조정하는 것이 에너지만 낭비하는 비효율적 활동이고 기업의 가치 제고에는 도움이 되지 않는 것일까? 한국 기업보다 역사가 깊은 유럽과 미국 선진 기업들의 지배구조는 어떤 모습인지 살펴보자.

소유와 경영의 분리를 얘기할 때 모범 사례로 꼽히는 기업이 있다. 북유럽 국가 스웨덴 GDP의 약 30%를 차지하며 우리에게도 친숙한 사브SAAB, 일렉트로룩스, ABB 같은 스웨덴뿐 아니라 유럽을 대표하는 기업을 보유한 인베스터 AB^{Investor AB}다. 가족기업인 이 회사의 최대주주인 발렌베리 가문이 전체 그룹을 지배하는 구조가 한국 기업들의 지배구조에 큰 시사점을 준다. 발렌베리가는 지난 165년 동안 5대에 걸쳐 가족에게 경영권을 상속해 온 대표적인 세습 재벌이다. 한국에서 세습 재벌이라면 온갖 부정적 시각과 언론의 공격 대상이 되기도 하지만 이 가문은 스웨덴 국민들로부터 칭찬과 존경을 받고 있다. 165년을 넘게 기업을 경영하며 고용을 창출하고, 가족의 지분을 보유한 재단의 이익을 사회에 환원하는 등 국가 경제와 지역사회에 공헌하고 있다. 이들의 기업지배구조는 가족기업이 어떻게 소유와 경영의 분리라는 해묵은 경영 과제를 효과적으로 풀어가고 있는지 보여준다. 그 명성으로 2000년대 초에는 삼성그룹의 고 이건희 회장과 이재용 부회장이 발렌베리를 직접 방문하여 세간의 화제가 되기도 했다.

발렌베리 가문의 기업지배구조 핵심은 객관적이고 합리적인 경영 승계와 더불어 이사회를 통한 투명한 기업 경영에 있다. 현재 5대째

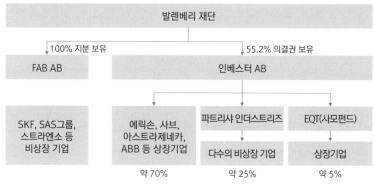

그림 33 그림 33 인베스터 AB의 지배구조 현황

발렌베리 재단

100% 지분 보유

55.2% 의결권 보유

FAB AB

인베스터 AB

SKF, SAS그룹,
스트라엔소 등
비상장 기업

에릭손, 사브,
아스트라제네카,
ABB 등 상장기업

파트리샤 인더스트리즈

EQT(사모펀드)

다수의 비상장 기업

상장기업

약 70%

약 25%

약 5%

출처: 인베스터 AB, 중앙일보

이어오고 있는 발렌베리의 경영 승계 후계자는 장자에게만 그 자격이
주어지는 것이 아니라 패밀리 사이에서 오로지 능력에 따라 공정하게
경쟁한다. 후계자 기회는 수십 명의 자녀에게 동등하게 주어진다. 그
러나 후계자 후보가 되기 위해서는 매우 엄격하고 객관적인 능력 검
증 과정을 거쳐야 한다. 명문대를 졸업하고 세계적인 금융기관에서
실무 경험을 쌓는 등 누가 보더라도 우수한 자질과 글로벌 경험을 보
유해야 한다. 최종적으로는 2명의 오너 경영자가 선발되어 상호 보완
적인 역할을 수행하며 견제와 균형을 통해 오너로서 독단적인 경영을
할 수 없도록 한다. 이들은 각각 지주사격인 인베스터 AB와 그룹의
모태인 SEB은행의 회장직을 맡게 되나 실제 대부분의 경영은 전문경
영인에 의해 이루어진다. '소유하되 지배하지 않는다'는 원칙하에 소
유권은 세습하되 전문경영인을 위시한 이사회를 통해 투명하게 경영
하며, 누가 보아도 능력 있는 후계자를 선임하여 가족을 대표하는 (검
증되어 당당한) 이사회 멤버로서 기업 경영에 참여한다.

발렌베리 가문의 이러한 지배구조가 가장 이상적인 것이 아닐 수도 있다. 그러나 소유에 대한 기득권과 집착, 그리고 기업에 대한 애착과 (검증되지 않은) 경영에 대한 욕심, 이에 따른 전횡을 보여온 한국의 많은 오너들이 '소유와 경영의 불편한 동거'를 보다 생산적이고 '미래 기업가치 지향적으로' 풀어가는 하나의 참고가 될 수 있을 것이다.

지배구조와 관련하여 벤치마킹 대상으로 언급되는 글로벌 기업들이 다수 있다. 특히 세계에서 가장 오랜 역사를 보유한 제약 회사이자 화학 회사인 독일의 머크Merk사는 소유와 경영을 철저히 분리한 기업 지배구조를 보유하고 있다. 머크사는 주주인 가족 구성원들이 지주회사를 설립하고 지주회사의 이사회를 통해 머크사의 이사회에 참여한다. 머크 이사회는 7인으로 구성되어 있으며 가족 구성원은 2인뿐이다. 경영과 관련된 일상적 업무는 전문경영인에 의해 이루어지며, 특이한 점은 가족이 아닌 최고경영자가 임기 10년이 지나 자리에서 물러나더라도 이후 5년 동안 경영에 대한 무한책임을 져야 한다는 것이다. 그 기간 동안 회사가 부도나면 전 재산을 몰수당할 수도 있다. 하지만 최고경영자들은 이를 명예로 생각하고 수락한다. 앞에서 현실적으로 쉽지 않다고 얘기한 성과의 균형 문제에 대한 해답이 될 수 있다. 진정한 의미에서 '단기 성과와 장기 성과를 함께 확보하기 위한 목표 부여'인 동시에 최적의 관리방식이다. 이를 통해 이사회와 경영진은 '주주가치의 보호'를 위한 '견제와 균형 및 투명경영 원칙' 기반 위에서 동반자 관계를 구축할 수 있다.

또 다른 사례로 2016년 한국경제연구원은 미국의 할인점 경쟁업체였던 K마트와 월마트를 비교하며, K마트가 파산하고 월마트가 세계 최대 유통기업으로 성장하게 된 배경에는 기업지배구조의 차이가 있다는 보고서를 발표했다. 그런데 당시 보고서는 우리가 상상하는 전문경영인 체제의 승리가 아니라, 월마트의 소유 경영 체제가 기업의 장기 성과 달성에 긍정적인 영향을 미친다고 분석했다. 전문경영인 체제하에서는 단기 성과를 내는 데 집중하느라 장기투자에는 소홀할 수밖에 없어서 장기투자나 프로젝트의 영속성을 확보하는 소유 경영 체제가 오늘날의 월마트를 있게 했다는 얘기다. 이 주장을 곧이곧대로 받아들여서 한국의 오너 경영 체제가 우월하다고 얘기할 수 있을까? 월마트의 소유 경영 체제를 자세히 살펴보자.

월마트는 창업자 일가가 세대를 넘어 지배적인 대주주이자 이사회 의장으로서 경영에 관여하는 체제를 이어오고 있고 실적 또한 우수하다. 4차산업이 성장하기 전까지 세계 최대 부호 집안에 월마트 창업자인 샘 월튼 후손들이 거론된 것을 기억할 것이다. 여기까지는 한국의 오너 경영 체제와 크게 다를 것이 없어 보인다. 그러나 실제 운영

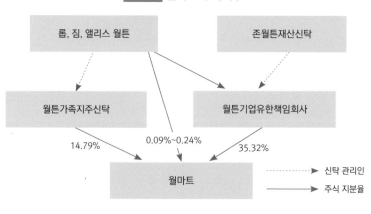

그림 34 월마트의 지배구조

출처: Forbes Korea

DON'Ts

에서는 차이점이 확연하다. 창업주 월튼 형제가 보유했던 월마트 주식은 월튼 2세대와 3세대 후손들에게 분할 상속됐다. 그러나 월튼 가문의 후손들은 신탁trust 및 지분 관리회사를 통해 지분을 통합·관리하는 방식으로 의결권의 과반수를 보유하며 경영권을 유지·승계하고 있다. 샘 월튼 네 자녀 중 생존해 있는 3인이 개인적으로 보유한 주식은 전체 발행 주식 28억 3,300만 주 중 각각 0.09%, 0.22%, 0.24%에 불과하다. 대신 이들은 월튼기업유한책임회사Walton Enterprises, LLC와 월튼가족지주신탁Walton Family Holding Trust을 통해 각각 10억 90만 주(35.3%)와 4억 1,920만 주(14.8%)를 공동으로 보유하고, 사망한 존 월튼의 지분은 존월튼재산신탁을 통해 월튼기업유한책임회사와 공동으로 의결권을 행사하고 있다.

이러한 지배구조를 통해 가문 단위에서 견고한 지배력을 확보하고 있지만, 실질적으로는 이사회와의 유기적인 협력과 권한 위임을 통해 지속 가능한 성장을 이루었다. 오너와 전문경영인 사이의 협력 및 전문경영인 간의 성공적인 승계와 관련한 5대 비결이 소개된 바 있다. 첫째, CEO 후보들을 선발한 뒤 여러 분야를 경험시켜라. 둘째, CEO 후보들을 이사회와 최대한 많이 접촉시켜서 이사회가 원하는 리더십, 기업의 방향이 무엇인지 일찍부터 깨닫고 준비하게 하라. 셋째, 전임 CEO와 충분한 대화를 나눠라. 넷째, 부하 직원들로부터 보고받을 때는 CEO의 책상이 아닌 편한 장소를 택하라. 직원들이 긴장을 풀고 편하게 대화할 수 있는 분위기를 조성하기 위해서다. 다섯째, 겸손하라. 명령만 내리면 모든 일이 이루어질 것이라고 생각하면 큰 오산이고, 직원들을 통하지 않고서는 아무 일도 이룰 수 없다.

월마트의 기업지배구조는 어떻게 보면 앞서 소개한 스웨덴의 발렌베리 가문과 유사한 형태라고 할 수 있다. 세부적인 다이내믹스는 파악하기 어렵지만, 발렌베리 가문과의 차이점은 월마트에서는 대주주 역할이 좀 더 강하게 작용하지 않을까 추측해 본다. 그렇다고 오너에 의한, 오너를 위한, 오너의 의사결정이 이루어지는 것은 아니다. 강력하지만 협동적인 이사회가 자리하고 있다. 한국 기업들이 당장은 소유와 경영의 분리가 어렵지만, 충분히 실행 가능한 지배구조 벤치마킹 대상이 아닐까 생각한다.

인베스터 AB와 머크, 그리고 월마트 세 회사 모두 가족기업, 오너 경영이라는 한국 기업 실정과 유사한 지배구조에서 소유와 경영의 분리를 각기 다른 방식으로 풀어내며 오늘날 선도적이고 존경받는 글로벌 기업으로 발전해 왔다. 장기간 오너 경영에 익숙한 기업에서 하루 아침에 소유와 경영을 분리하기란 그리 쉽지 않다. 하지만 현실적으로 대를 이어 오너 경영 체제, 즉 소유와 경영이 일체가 된 경영 세습을 유지하기도 제도적으로 쉽지 않다. 그렇다면 오늘날과 같이 급변하는 경영환경 속에서 일반적인 선진 기업의 지배구조는 어떤 특징을 갖고 있으며 어떤 형태로 적응하며 변화해 가고 있을까?

첫째, 대주주의 지분이 대를 이어 유지되는 경우가 극히 드물다는 것이다. 지식 기반 산업 중심으로 경제구조가 바뀌면서 후계자들의 관심사도 달라진다. 기업의 수명과 지배주주의 연속성 사이에는 거의 관계가 없다는 실증적 연구 결과도 있다. 경영철학과 기업문화, 그리고, 일부 핵심 사업 기반이 남아서 이어질 뿐이다.

둘째, 이상적인 지배구조의 모습이 시대 요구를 반영하며 변하고

DON'Ts

있다. 점점 종업원, 주주, 지역사회 등 다양한 이해관계자의 관심을 담고자 노력하는 동시에, 사회적 책임과 지속 가능성이라는 주제에도 관심을 기울여야 한다. 물론 여기에서도 단기와 장기라는 시간 개념의 균형점과, 재투자와 배당정책 사이의 절충점을 어떻게 찾을 것인지에 대한 치열한 논쟁 가능성이 분명히 있다. 이러한 논의는 각 기업의 특수한 상황하에 미래 방향에 대한 해당 기업의 이사회와 시장(투자자, 주주) 사이의 끊임없는 대화를 통해 공감대를 만들어야 한다. 이 둘 사이의 시각 차이가 커지게 되면, 어떤 경우에는 행동주의 펀드가 개입한다. 이들이 참여한 이후 3자간 합의는 모두에게 합리적인 절충안이 되기는 어렵다.

셋째, 기업지배구조를 법제화하거나 제도적 장치를 강제하지는 않는다. 주주의 지위는 자발적으로 선택 가능한 것이기에, 주주의 기본적 권익이 지켜지고 경영의 투명성과 성과 평가의 정확성이 담보되는 수준에서 적절하고 정기적인 감독이 이뤄지면 된다. 지나친 규제나 감독기관의 통제보다는 원칙과 상식을 통해 경영이 이뤄질 수 있는 이사회의 기능과 주주총회의 역할이 중요하다.

출발점, 대주주와 전문경영인의 파트너십 구축

○
●

현재 한국의 대부분 기업에서는 대주주가 적극적으로 경영에 참여하든, 다소 간접적인 방식으로(이사회나 지주회사를 통해) 참여하든 기업의 주요 의사결정 과정의 정점에서 최종 결정을 하고 있다. 그리고

C 레벨 전문경영인들은 각자의 책임 범위 내에서 자신에게 허락된 자원으로 한 해 한 해 최적의 경영 성과를 창출하기 위한 의사결정과 합리적인 프로세스 관리를 한다.

이러한 일상적인 경영활동과 기업의 주요 의사결정(일정 규모 이상의 자본투자, 임원 인사권, 사업 진출 및 철수 결정 등) 사이에는 밀접한 상관관계가 있다. 하지만 현실 경영에서는 대주주의 적극적 개입이나 소극적 개입의 정도 차이와 상관 없이 두 핵심 이해관계자 사이에 시너지가 발휘되기에는 많은 한계가 존재한다. 대표적인 것이 사전 협의나 합의되지 않은 전결권 침해, 그리고 부적절한 시점에 시장과의 일방적인 커뮤니케이션 등으로 상호 간의 역할 존중이 무시될 뿐 아니라, 더 나아가서는 충분한 잠재력 실현이 어려워지는 상황이 비일비재하게 일어나는 것이다. 이는 열린 소통과 최선을 찾기 위한 토론, 합리적 결론에 도달하는 원칙과 문화, 이를 만들어 나가고 지키기 위한 노력 등이 절대적으로 부족한 데서 기인한 바가 크다. 이러한 불편한 일상이 쌓이게 되면 인사권자는 결국 C 레벨을 교체하게 되고, 그 결과 경험 축적과 인재 양성을 위한 소중한 기회를 놓치게 된다. 이는 소유와 경영의 분리라는 지배구조 개선 방향에서 절대적 필요조건인 전문경영인의 역량 개선이 어려워지는 원인이 된다.

바람직한 지배구조 개선에 대한 공감대가 있다면 대주주와 전문경영인 사이의 역할 분담과 시너지에 대해서도 충분한 협의와 학습을 통해 적절한 협업 모델을 구축할 수 있다. 한 가지 출발점으로 계열사의 CEO와 그룹 회장과의 커뮤니케이션 채널과 빈도를 생각해 볼 수 있다. 보통의 경우, 회장과 CEO는 미리 정해진 형태의 회의체나 간담회, 또는 면담 형태로 보고나 대화의 기회를 갖게 되는데, 많은 경우 중간 배석자가 있다. 물론 단 둘만의 대화나 전화 통화가 이루어지기도 하겠지만, 이는 앞서 언급한 형태의 공식적인 자리가 물리적으로 불가능한 경우나 질문, 확인, 지시 등의 짧은 소통만이 필요한 경우로 한정된다. 정기 회의체와 별도로 분기에 한 번이라도 주요 계열사의 CEO와 일대일로 2~3시간 이상, 반기에 반나절 이상을 회사의 장단기 상황에 대해 '둘만의 열린 토론' 기회를 꼭 가져보기를 제안한다.

현재 경영에 참여하면서 실질적으로 최종 결정을 내리는 대주주에게 묻고 싶다. 오늘날 같은 인재 전쟁 시대에 당신은 얼마나 당신의 핵심 인재를 알고 있고, 그들과 '본질적 기업가치 창출을 위한 둘만의 허심탄회한' 대화를 위해 투자하고 있는가? 이런 상황이 발생하지 않기 위해서는 바람직한 지배구조 원칙과 그것을 달성하기 위한 실행 가이드라인, 그리고 실행 과정에서 자주 접할 것으로 예상되는 갈등 상황의 조정 방안과 각종 참조 사례 등을 준비하고, 실제 경영활동에 접목함으로써 조직 내 공감대를 이룰 필요가 있다. 하지만 이 역시 특별한 상황이 발생하기 전까지는 논의하기에 민감한 영역이라 비상 상황 발생 시의 EHS 매뉴얼처럼 미리미리 준비하고 정기적으로 리뷰와 업데이트를 하기가 쉽지 않다.

그렇다면 이를 가장 잘 해결할 수 있는 현실적인 대안은 무엇일까? 주주총회에서 연기금 등 다수의 소액주주를 대변할 수 있는 기관투자자가 제안하고, 이사회는 이를 받아들여 대주주, 소액주주, 전문경영인이 모두 공감하는 바람직한 지배구조의 원칙, 가이드 사례를 만들어 투명경영의 기초로 활용하는 것이다. 이것이 '지속 가능성 보고서'

나 통상적인 '연간 보고서'를 만드는 활동에 비해 진정한 장기 기업가치 창출을 위해 훨씬 더 중요하므로 그만큼 공들여서 준비하고 지속적으로 관리해야 한다.

국내 경영의 선진화를 위해 지배구조 및 경영권의 분배 방식, 의사결정 구조는 계속 변화해야 할 필요가 있다. 더욱 선진적인 의사결정 체계의 확립은 한층 개선된 경영 성과로 이어질 것이다. 이를 위해 국내에서도 지배구조 및 주주의 경영 참여와 관련된 제도 보완이 지속적으로 일어나고 있다. 먼저 2016년 이후로 스튜어드십 코드 도입이 금융 투자기관을 중심으로 확대되고 있다. 투자기관도 주주로서 권리를 주장하는 국내 환경이 조성되고 있는 것이다. 국민연금도 사회적인 이슈가 되는 경영권 분쟁에서는 의사를 표출하는 방식으로 스튜어드십 코드를 이행한다.

또한 2020년에는 소위 '5% 룰'이라고 불리는 자본시장법 개정안이 실행되었다. 5% 이상의 주식을 획득하거나 1% 이상의 지분 변동이 있는 경우 경영권 참여 여부를 공시해야 한다. 적대적 투자자가 인수합병이나 경영진 교체를 목적으로 주식을 사는 경우 5% 룰에 따라 지분 변동 내용을 시장에 공개해야 한다. 경영권 참여를 보다 엄격하게 공시해야 하는 것이므로 자칫 규제로 볼 수도 있지만, 실질적으로는 주주의 권리를 강화하는 것이다. 주주로서 배당을 요구하거나 불법 행위를 저지른 임원에 대한 해임을 요구하는 당연한 권리에 대해서는 경영권 참여 의사 범위에서 제외했다. 경영 참여 범위와 주주 권리를 명확히 하고, 예상되는 경영권 분쟁 상황을 체계적으로 관리하고 대응하기 위함이다. 이러한 제도의 지속적인 보완을 위해서는 개

DON'Ts

별 정책 차원의 접근으로는 한계가 있다. 또한 개별 정책의 실행은 이해관계자들의 상충되는 요구를 동시에 만족시키기 어렵다. 이렇게 복잡하게 실타래처럼 얽힌 문제를 해결하기 위해서는 좀 더 큰 프레임에서 문제를 정의하고 해결해 나가야 한다.

실질적인 이슈 해소를 위해, 그리고 관련 정책이 조기에 안정화되도록 하기 위해서는 정부와 주주, 현재 경영권을 가진 이해관계자들이 모두 참여하여 합의할 수 있는 정책이 필요하다. 그리고 정치권의 주도와 대다수 시민의 지지를 통해 합의를 이끌어내야 한다. 다만, 대승적인 사회적 타협을 위해서는 진보와 보수 정치세력이 모두 동의할 수 있는 어젠다 세팅이 필요하다. 자유를 중시하는 보수 진영의 가치와 복지와 평등을 중시하는 진보 진영의 가치를 한번에 담을 수 있어야 한다. 공정한 경쟁 아래 경제 자유화를 지지하는 정책을 허용하는 대신, 소득세제 확대 등을 통해 복지와 사회적 안전망을 확보하는 정책이 동시에 검토되어야 한다.

예를 들어, 소득이 없는 국민에게는 보조금을 지급하고 최저 소득을 보장하되 소득이 늘어나면 보조금이 줄어드는 부의 소득세제*를 시행하고, 이를 통해 사회복지제도를 강화한다. 동시에 규제 개혁 기준을 명확히 하고 경쟁력 있는 국가를 기준으로 과감한 규제 완화를 시행한다. 이는 기업지배구조의 혁신을 통해 주주와 이사회, 경영자가 제 역할을 하도록 하고 비재무적 주주의 이사 선임 제도를 재설계

---

*경제학에서 고소득자에게는 세금을 징수하고 저소득자에게는 보조금을 주는 소득세 또는 제도. 특정 수준 이하의 소득이 있는 사람은 정부에 세금을 내는 것이 아니라, 반대로 정부로부터 보조금을 지급받는 세금 체계.

하는 등 사회적 타협의 일환으로 추진할 수 있다. 이런 형태의 패키지 딜을 통해 정부와 경영계, 노동계와 시민사회가 동의하는 타협점을 찾을 수 있다. 현재 한국 경제 전반에 이슈가 되고 있는 기본소득과 계층 간 양극화 해소, 성장과 경쟁을 위한 규제 완화, 고질적 이슈인 경영 지배구조의 안정화를 신속한 방식으로 한번에 달성할 수 있다.

경영계 내에서 일어나는 지배구조의 문제라도 이런 환경을 바꾸는 법적·제도적 변화는 국민들의 공감대 형성과 지지가 선행되어야 한다. 기업의 지배구조 문제가 '그들만의 리그'라는 인식에서 벗어나 삶의 터전인 기업에 영향을 끼치고, 결국 우리 삶 전반에 영향을 끼치는 중요한 문제라는 것을 일반 국민들이 이해하도록 돕는 노력도 필요하다. 사회적인 복지나 안보, 보건과 같은 좀 더 근본적인 문제들에 비해 관심도는 떨어질 수 있지만, 충분히 중요한 문제임을 이해하게 될 것이다. 국민들의 삶에 직접적인 영향을 끼치는 경제 이슈들과 함께 이러한 지배구조 문제도 함께 언급하여 관심을 이끌어내야 한다.

어떻게 시작할 수 있을까?

○
●

앞서 살펴본 바와 같이 기업이 지속적인 가치 창출 활동을 통해 지속성을 확보하기 위해서는, 기업이 가진 부가가치 잠재력을 극대화해야 한다. 시장의 패러다임이 변화하고, 새로운 사업모델로 무장한 경쟁자가 출현하며, 글로벌 경쟁이 한층 치열해지는 현실을 고려하면 더욱더 그러하다. 하지만 현재 기업이 그 잠재력을 최대한 발휘하고

DON'Ts

있는 것인가? 장기 발전 시각과 단기 가치 개선 과제의 균형점을 제대로 찾고 있는지 살펴보면 부족한 측면이 많고, 그 저변에는 결국 지배구조 문제가 있다.

하지만 지배구조 문제의 해결은 소유와 경영의 분리뿐만 아니라 이를 포함해 경제 3대 주체 간의 명확한 현실 인식과 변화 필요성에 대한 공감이 가장 중요한 시발점이 되어야 한다. 서로 다른 시각과 입장이 너무나 분명하기 때문이다. 정부, 기업, 가계 3대 주체가 '한국의 국가 경쟁력 제고와 시장경제의 발전'이라는 핵심 어젠다에 공감하고, 서로 간에 주고받을 것을 명확히 정의해야 한다.

이는 미래를 설계하기가 매우 어려운 과제인 동시에, 실천하기에는 더더욱 힘든 과제라는 것을 말해준다. 따라서 전체가 합의하고 서로의 희생과 혜택을 생각하면서 동시에 진행해야 한다. 이를 위해서는 '한번에 합의'하는 것이 핵심이다. 이러한 내용을 깊이 고민하고 변화의 방향을 설계하며 실천 방향을 제시한 책이 있어 소개하고자 한다. 전직 경제 관료 5인이 공저한 《경제정책 어젠다 2022》(변양호 외, 21세기북스, 2021)다. 여기서 제시한 '사회적 대통합'에 우리 필자들도 크게 공감하는 바다. 정책 어젠다의 일부가 수정될 수 있고 방법론도 현실적인 고려 사항이 좀 더 포함될 수 있겠지만, 주체 간의 이해관계가 너무 복잡하기 때문에 변화 방향에 대한 공감을 바탕으로 전문가 그룹의 세부 실천 방향 도출이 바람직하다.

'상식'이라는 혁명

'그릇된 것'에 대해 아무 생각도 하지 않는 것이 오랜 습관으로 굳어지면, 그 '그릇된 것'은 표면상 '옳은 것'처럼 보이게 된다. 이렇게 될 경우, 처음에는 관습을 지키려는 무서운 아우성이 일어난다. 그러나 소동은 곧 가라앉기 마련이다. 시간은 이성보다 더 많은 개종자를 만들어낸다.

- 토머스 페인, 《상식》, 서문 중에서

민주공화국의 개념이 상식인 시대는 그다지 오래되지 않았다. 18세기 말에 와서야 비로소 인권이 상식으로 주장되면서 미국이 독립하고, 프랑스혁명이 발발하고, 영국에서 노동운동이 전개됐다. 미국 독립의 아버지인 조지 워싱턴조차 1770년대 초반까지 미국 독립이라는 개념에 동의하지 않았다. 독립선언서 작성에 참여한 토머스 제퍼슨과 벤저민 프랭클린도 독립이라는 개념을 처음부터 편안하게 받아들이지 않았다. 영국과의 분쟁이 격화되던 1770년 중반까지 상식으로 받아들여지지 않던 독립과 인권의 개념을 시대에 앞서 분명하게 주장한 인물이 토머스 페인이다.

토머스 페인은 30대 중반까지 성공적인 삶을 살지 못했다. 영국에서 세무 관료로 근무하다 공공연히 횡행하는 비리를 폭로하는 글을 써서 해고당했다. 이후 사업에서 실패했고, 두 번의 결혼도 안타까운 종말을 맞이했다. 1774년 벤저민 프랭클린의 권유로 미국으로 넘어온 후, 《펜실베이니아 매거진》에서 기자로 생활하기까지 그는 성공한 인생도 주목받는 인물도 아니었다. 기자로 활동하며 미국의 노예무역과 흑인 인권 보장에 관한 글을 쓰기 시작했다.

1775년 렉싱턴-콩코드 전투는 토머스 페인으로 하여금 미국에게 필요한 것은 '독립'이라는 사실을 깨닫게 한다. 7년 전쟁에 따른 빚을 해결하기 위해 영국 정부는 미국 식민지에 더 많은 세금을 거둬들이는 법안을 제정했다. 이에 식민지 대표들은 보스턴을 중심으로 민병대를 결성하고 저항했으나, 영국군은 반란군 주모자를 투옥하는 등 압박을 가했다. 양측의 갈등은 보스턴 인근의 콩코드 다리에서 충돌했다. 영국군 1,500명과 렉싱턴-콩코드 민병대 수백 명의 전투는 초반에 영국군이 유리한 것처럼 보였다. 하지만 이후 민병대의 자발적인 지원 병력이 수천 명으로 불어나며 영국군의 패배로 끝났다. 이 충돌은 1770년 보스턴 학살 사건과 1773년 보스턴 차 사건에 이어 식민지 주민들의 불만을 폭발시키는 기폭제가 되었다. 이후 조지 워싱턴은 대륙군 총사령관에 임명되어 보스턴 인근의 민병대를 규합하게 된다.

토머스 페인의 《상식》은 이런 변화가 밀려오던 1776년 1월 출간되었다. 식민지가 영국의 과세에 저항하는 수준에 머무는 데서 나아가 독립을 요구해야 한다고 역설했다. 군주제의 한계를 지적하고, 공화제를 통해 인권과 민주주의를 이뤄야 한다는 주장을 담았다. 영국과의 화해를 주장하는 의견을 비판하며, 식민지로 머무르면 지속적인 불이익을 감내해야 한다고 했다. 그리고 이 모든 주장이 혁명적인 주장으로 받아들여질 수 있으나, 사실은 지극히 '상식'적인 것임을 강조했다. 토머스 페인의 《상식》은 출간 3개월 만에 10만 부가 팔리며 식민지 대중들에게 센세이션을 일으켰고, 독립선언문과 독립전쟁으로 이어지는 미국 독립의 횃불이 되었다.

책을 기획하고, 메시지를 정리하며 많은 고민을 했다. 뇌리를 떠나지 않았던 두 가지 질문은 '왜 굳이 지금 상식을 이야기하려고 하는가?', 그리고 '이런 주장과 논의가 실질적인 변화를 만들려면 어떻게 해야 할까?'였다. 과거에도 기업 경영의 원칙, 성공한 기업들의 사례, 바람직한 경영과 리더십에 대한 훌륭한 저서와 주장 들은 많이 있었다. 과거 10년 동안 경제경영 베스트셀러 목록만 보더라도, 국내외 경영 구루들이 설파한 주옥 같은 메시지가 많다. 특히, 레이 달리오의 《원칙Principles》과 게리 해멀의 《지금 중요한 것은 무엇인가What matters now?》의 주장에 공감한다. 책에서 공통으로 언급하는 기본fundamental에 대한 소신과, 혁신을 위한 변화에 대한 믿음을 지지한다.

그렇다면 굳이 이 책을 지금 써야 할 이유는 무엇이었을까? 무엇보다 우리 기업이 글로벌 초일류로 갈 수 있는 '기회의 시간'이 그리 많이 남지 않았다는 걱정이 앞섰다. 우리나라의 산업화 기반이 어느 정도 마련된 1980년대 후반과 1990년 초반 이후부터 30년 동안 한국 경제는 크게 세 번의 위기를 겪었다. 모두가 잘 아는 것처럼, 1997년 IMF 외환위기, 2008년 미국발 금융위기, 그리고 2020년 코로나19 글로벌 경제위기다. 역설적으로 세상을 바라보는 시선은 큰 위기 이후에 바뀌게 된다. 이렇게 큰 변화 이후에는 국가 단위의 위기 극복뿐 아니라, 경제 전반과 주요 산업 단위에서도 여러 가지 본질적인 질문과 현실적인 해답을 찾는 노력을 하게 된다. 기업 차원에서도 기업 성과를 평가하는 기준의 변화, 산업 경쟁력의 속성을 바라보는 시각의 변화, 그리고 미래 성장 동인을 발굴하는 패러다임의 변화를 고민한다.

1990년대 후반의 위기 이후, 우리는 '글로벌 스탠더드'를 도입하고 접목하기 위해 많은 노력을 했고 한 단계 선진화하는 기반을 마련했다. 이때 글로벌 차원의 위험관리에 대한 확실한 시각과 위기관리 시스템을 갖추게 되었다. 하지만 선진 경영 시스템과 지배구조는 결국 코리안 스탠더드에 머무르면서 현재의 경영 관행으로 정착됐다.

2008~2009년 경제위기는 우리가 다시 한번 글로벌 수준의 경쟁력과 새로운 형태의 지배구조에 대해 고민하는 시간을 갖게 했다. 산업구조가 바뀌며 글로벌 수준에서 경쟁력을 갖춘 기업과 그렇지 않은 기업의 실적 차이가 많이 났다. 지금 한국 경제와 주식시장을 이끄는 일류 기업들의 성장은 2010년대 과감한 글로벌 투자와 경영 혁신으로 가능했다. 다만, 이런 혁신과 글로벌화에 성과를 달성한 곳은 그만한 자원과 인력을 가진 소수 기업에 한정되었다.

2020년 코로나19 팬데믹 상황에서 비롯된 글로벌 경제위기와 한국의 '동학개미운동'은 기업에 직접 종사하지 않은 사람들도 기업활동의 투명성과 성과 창출에 관심을 갖도록 했다. 한국의 자본시장과 기업의 기업의 가치 개선에 큰 변화를 불러올 이 기회를 잡기 위해서는 기업과 투자 생태계 또한 줄탁동시啐啄同時로 변화되어야 한다.

2022년은 새로운 변화의 출발점이 되기에 좋은 몇 가지 여건을 갖추고 있다. 특히 거시적 환경(글로벌 경제와 정부의 대응)과 미시적 측면(국내 경기와 일반 국민의 반응)의 현재 위기 상황은 매우 어려운 시련을 주고 있다. 하지만 동시에 변화의 필요성에 대한 국민적 관심이 환기될 수 있는 시점이기도 하다. 글로벌 경제위기는 각국 정부와 선도 산업의 대표 기업들에게 위기 극복 리더십과 성장을 위한 도전을 요구하고 있다.

국내 상황도 마찬가지다. 국민들은 정부와 기업이 변하기를 바라고 있다. 특히 2020년부터 일반 국민들은 개인적인 부의 원천으로 기업을 바라보기 시작했다. '동학개미운동'으로 불리는 개인 주식투자가 의미 있는 규모로 본격화되었다. 선진국의 경우 이미 퇴직연금이나 펀드, 개별 주식투자 형태로 자리 잡은 투자 흐름이 한국에도 본격적으로 등장하기 시작한 것이다.

동학개미운동은 개인들이 경제적 가치를 창출할 수 있는 부동산과 저축 같은 기존 투자 수단이 한계를 맞이하고, 이를 극복하기 위해 일반 대중들이 한국 기업과 주식투자를 새로운 부의 창출 수단으로 바라봤기 때문에 시작되었다. 이제는 일반 국민과 소액주주들이 한국의 대표 기업과 좋은 기업, 미래를 이끌어 나갈 기업에 대해 큰 관심을 가지게 되었다. 기업을 더 잘 이해하고, 이들이 더 잘되도록 만들기 위한 고민을 시작했으며, 주주로서 질문하고 요구하게 되었다. 바람직한 변화의 방향에 대한 우리의 믿음이 실질적인 성과로 연결되어 너무 늦지 않게 근본적 변화가 시작되기를 바란다.

이 책에서 전달하려는 '상식'이라는 메시지가 효과적으로 받아들여지기 위해서는 어떻게 해야 할까? 필자들이 주장하는 변화들이 실질적으로 일어나기 위해서는 두 가지가 필요하다. 기업의 주요 이해관계자 권리rights of stakeholders에 대한 정확한 이해와 실천, 그리고 지배구조의 선진화best practice governance다. 이 두 가지의 선진화를 이루기 위한 글로벌 수준의 원칙을 도입하자는 것은 매우 상식적인 요구이고 주장이다. 하지만 이런 상식이 원칙이 되고 관행이 되기가 현실적으로 쉽지 않아 보인다.

다행히 2020년부터 ESG가 대기업을 필두로 재계에서 큰 화두가 되기 시작했다. 금융기관과 정부에서도 새로운 경영 어젠다에 공감하고, 본격적으로 주요 이해관계자들 사이에 대화의 장이 열리게 되었다. 매우 긍정적인 변화의 신호이고, 전혀 예상하지 못했던 글로벌 경제위기 상황이 오히려 미래를 위한 진정한 변화의 계기를 마련해 준 것 같아 어려운 시기에도 큰 위안을 받는다. 최근 '상식'이라는 기준이 합리적 판단의 기초로 재조명되고, 절차적 공정성과 원칙의 의미에 대한 국민적 관심사가 생겨나는 것도 긍정적인 신호다. 필자들이 주장하는 새로운 혁신이 실질적인 변화로 연결되기 위한 여건이 국내에도 마련되고 있다. 어려운 시기에 얻은 소중한 기회가 '월드 클래스 코리아 주식회사World Class Korea Inc.'로 거듭나는 계기가 되길 바란다.

한국의 기업과 경영 관행이 한 단계 도약해 글로벌 초일류가 되려면 기업을 둘러싼 이해관계자들, 즉 고객, 거래처, 직원, 금융기관과 정부 등이 원칙을 준수하고 상식적인 판단으로 사회적 공감대social consensus를 이뤄야 한다. 정부의 산업정책과 관리 및 지원, 금융기관의 감시와 균형 있는 협조가 필요하다. 거래처, 노동조합, 고객의 응원과 감시가 있어야 한다. 기업과 경제를 둘러싼 경영활동이 비상식적인 판단과 결정을 극복하고, 원칙을 준수하고 합리적으로 판단되며 상식적으로 진행되기를 바란다.

토머스 페인이 1776년 1월 《상식》을 통해 독립에 대한 아이디어를 대중적으로 널리 알린 후, 식민지 13개 주 대표들은 1776년 7월 대륙의회를 열어 독립선언문을 발표하고 미국의 독립을 만천하에 공표했다. 렉싱턴-콩코드 전투로부터 시작된 독립전쟁은 1781년까지 계속되었고, 이 과정에서 수많은 사람들이 자유와 독립을 위해 투신했다. 기나긴 전쟁 이후 1783년 파리조약을 통해 미국은 독립을 인정받았으며, 1787년 미국 헌법이 수립된 후 최초의 대통령을 민주적 투표 절차를 통해 선출했다. 독립전쟁의 리더인 조지 워싱턴이었다. 이후는 모두가 잘 아는 이야기다. 미국의 독립은 점진적으로 인권과 민주주의라는 상식에 근거해 많은 사람들의 능력을 최대한으로 끌어올렸다. 스스로의 미래를 책임지는 자유로운 시민들은 수없이 많은 도전과 실패를 기꺼이 감수했다. 그 결과 수많은 혁신이 일어났으며, 새로운 개념과 아이디어, 기업이 태어났다. 성공한 도전자들은 자본가가 되어 혁신을 시도하는 새로운 도전자들에게 투자했고 이는 모든 혁신을 더욱 가속화시켰다. 초일류 국가의 탄생은 '상식'을 목숨 걸고 지켜낸 사람들로부터 시작되었다.

〈들어가는 글〉에서 이야기한 것처럼 우리는 대부분 회사에서 시간을 보낸다. 하루하루가 희망적이고 즐거운 삶이 되려면 우리의 일터인 회사가 상식적으로 운영되어야 한다. 반드시 애플, 아마존 같은 초일류 기업이 아니더라도 지금보다 더 나은 방법이 분명히 있을 것이다. 또한 수많은 개미들이 투자하는 한국 기업이 좀 더 상식적인 목표와 경영 원칙, 관리방식에 의해 경영되길 기대한다. 투자자로서, 주주로서 투자한 기업이 얼마나 투명한지, 원칙적으로 경영되는지 따져보고 공개적으로 질문해야 한다. 주주의 권리 주장이 당연한 '상식'으로 받아들여지는 시장의 공감대가 형성되길 바란다.

필자들이 주장하는 바가 모두 옳다고 할 수는 없다. 세부적으로는 더 나은 연구 결과와 사례들이 계속해서 업데이트되어야 한다. 사소한 오류가 있더라도 너그러운 마음으로 이해해 주길 바란다. 이 책에서 전달하고자 하는 바를 큰 틀에서 바라봐주면 좋겠다. 당연한 상식으로 받아들여지고, 주주들이 원하는 지배구조의 선진화가 이뤄지며, 글로벌 스탠더드가 한국적 스탠더드를 대체하여 진정한 의미에서 혁신의 DNA로 변화하기를 바란다. 필자들이 쓴 글의 후속으로 머지않은 미래에 혁신의 성공 사례와, 주주를 포함한 기업의 '이해관계자 권리'를 다룬 책이 나오기를 기대한다.

미국 독립에 오랜 시간이 걸린 것처럼, 우리 세대에 '상식'을 도입하려는 변화가 짧은 시간에 끝날 것이라고 생각하지 않는다. 5년, 10년, 아니면 그 이상의 시간이 소요될지도 모른다. 필자들 중 막내인 30대 청년이 50대 중후반의 비즈니스 리더가 되어 있을 때, 이 책에서 전달하는 상식이 더욱 널리 당연하게 받아들여지길 기대한다. 지금은 상식을 '혁명'이라고 하지만, 상식이 상식으로 받아들여지는 그날이 오길 염원한다.

상식 경영 확산을 위한 어젠다와
Common Sense 2

이 책에서 언급한 사항들은 기업의 경영진과 직원들의 노력만으로 이뤄지기 어렵다. 결국 기업도 사회를 구성하는 하나의 요소이고, 구성원들 간의 폭넓은 공감대가 있어야 기업이 가고자 하는 방향에 합의할 수 있다. 한국 사회에서 기업은 어떤 존재여야 하는가? 많은 이들에게 경제적 번영을 가져다주고, 동시에 국가적 발전에 기여하는 기업은 본연의 역할을 충실히 수행하고 있는 것인가? 갈수록 커지는 기업의 책임은 어디까지이며, 이를 확보할 수 있는 방법은 무엇인가? 결국 많은 논의들이 최종적으로는 국가 공론장에서 이뤄지고 이를 정책에 반영하는 과정이 필요하다.

이 책을 통해 저자들은 기업의 지배구조와 이해관계가 기업의 성과에 연결된다고 언급했다. 이러한 방향성은 몇 가지 패러다임 변화를 요구한다. 여기서 일반적인 시각과는 다소 벗어날 수 있는 몇 가지 변화 방향을 제안한다. 대중적 인식과 감성적인 평등 가치와는 차이가 있을 수 있지만, 몇 걸음만 더 나아가 찬찬이 생각한다면 터무니없는 이야기는 아니라는 점을 이해할 수 있을 것이다.

첫째, 기업의 경영인이 받는 보수는 지금보다 더 많아져야 한다. 이 보수는 기업의 장기적인 성과에 직접적으로 연결되어야 한다. 여기서 '많은 보수'란 전문경영인으로 성공할 경우 일반적인 상식선에서 이야기하는 '부자'의 기준을 충족시키는 것이며, 인생을 걸고 도전해 볼 수 있을 정도의 경제적 보상을 뜻한다. 강남 아파트를 한두 채 구입하는 수준은 뛰어넘어야 한다. 이 사회에서 가장 유능하고 재능 있는 젊은 이들이 자기 자신의 모든 가능성을 걸고 기업에 투신하여 최고의 성과를 올린다면, 그 기업에서 창출하는 부의 일정 부분으로 보상해야 동기부여가 가능할 것이다. 이를 통해 더욱 창의적이고 탁월함을 추구하는 야심 찬 사람들이 최고의 자리에 오르기 위해 최선을 다할 것이다. 다만, 이 보상은 승진과 자리 보전에 따르는 수동적인 것에 그쳐서는 안 되며 탁월한 실적과 성과를 보여준 경우에 받는 것이어야 한다. 당해 연도의 매출 성장, 이익률, 현금흐름 등에 의해 결정되어서는 안 되며, 은퇴 후 중장기적인 시점까지 고려해 최선의 의사결정을 할 수 있는 형태로 보수구조가 연계되어야 한다. 은퇴 후에도 시점별로 행사 가능한 주가 연계 옵션 형태를 생각해 볼 수도 있다.

　특히 전문경영인의 의사결정과 판단은 일부 지배주주의 이해관계를 대리하는 데 연결되어서는 안 된다. 전체 주주의 성과 극대화에 연동되어야 하며, 이를 이사회에서 보장하는 구조로 만들어야 한다. 또 이러한 성과와 연계된 보수가 매해 고용 상태에 의해 결정되어서는 소기의 목적을 달성하기 어렵다. 보다 장기적인 시각과 전략적인 관점에서 기업가치를 극대화하는 데 매순간의 고민과 판단을 집중하도록 보수와 성과 판단을 연결시켜야 한다.

둘째, 기업의 법인세는 줄어들어야 한다. 한국의 법인세는 최고세율 25% 수준으로 OECD 회원국 중 10번째로 높은 수준이다. 법인세 논란에서 항상 언급되는 점은 법인세 인하 효과와 기업의 투자, 고용 연계 효과가 직접적이지 않다는 점이다. 법인세를 낮춰도 잉여자본을 활용해 국내 투자를 집행하지 않으니 인하 효과가 부족하다는 부분에서 찬반양론이 부딪힌다. 역사적인 사례를 통해 실증해 보면, 실제로 법인세 인하와 투자, 고용의 상관관계는 기간, 대상 국가에 따라 차이가 난다. 이를 근거로 각기 다른 정치적 입장에 따라 법인세 수준에 대한 시각을 달리한다.

기업 내부 입장에서 이 논쟁을 살펴볼 필요가 있다. 기업은 법인세를 낮춘다고 당장 투자를 늘릴 수는 없다. 법인세를 차감한 이익잉여금은 일단 현금화되었다가 곧 회사에 가장 유리한 자산으로 교체된다. 금리가 낮은 현금과 단기 예금을 보유하고 있어서는 기업의 가치 증대에 도움이 되지 않기 때문에 이를 어떤 자산으로든 교환해야 한다. 이 교환되는 자산은 금융투자 자본일 수도 있고, 기계장치나 건물 같은 실물자산이 될 수도 있고, 다른 기업의 지분이 될 수도 있다. 기업 운영에 필요한 운전자금의 규모를 보다 넉넉하게 마련하기도 한다.

유휴 현금이 반드시 직접 투자를 활성화하는 방향으로 기업의 성장에 기여하는 것은 아니다. 기업의 이익잉여금, 즉 자본이 쌓이게 되면 더 큰 레버리지를 활용한 성장을 추구할 수도 있다. 성장의 속도와 기업가치를 유지시키고 이를 시장에 정당화하기 위한 투자처를 찾아야 한다. 특히 기업이 인수합병을 통해 성장하려고 할 경우 사업에 의한 현금흐름을 직접적으로 확보하는 것이 매우 중요하다. 일정 규모의 신규 투자를 지속하기 위해 기존 투자에서 발생한 레버리지를 회수해야 한다. 법인세가 유지되거나 내려간다면 기존 투자의 수익성에 영향을 주지 않겠지만, 법인세율 인상으로 이 회수 기간이 길어지면 투자가 합리적이지 않게 보일 수 있다. 이와 같이 전반적인 기업가치의 수준은 법인세와 투자 의사결정에 직간접적인 영향을 끼친다.

셋째, 상속과 증여에 부과되는 세금과 비용은 경감되어야 한다. 동시에 불법적이고 편법적인 경영권 대물림에 대해서는 돌이킬 수 없는 책임을 부여해야 한다. 한국에서 재벌 대기업과 총수 일가의 지배구조는 기업에 대해 이야기할 때 자주 등장하는 단골 주제다. 중요한 것은 왜 유독 한국에서 이렇게 기이한 기업지배구조가 생겨나는지 원인을 이해하는 것이다. 한국의 재벌 총수가 미국 등 선진 경제권의 기업인보다 유독 탐욕스럽기 때문에 한국의 기업인들만 자식에게 기업을 편법적으로 승계하려 한다는 시각은 곤란하다.

기업이 사업을 일으켜 성공을 하고 막대한 부를 성취하면, 이 부는 대부분 기업에 대한 지분 형태로 보유된다. 그리고 자신이 일으킨 사업에서 지속적으로 발생하는 부가 가족과 자녀의 안정적인 경제적 기반으로 활용될 수 있도록 증여하려는 의도와 동기를 가지는 것은 자연스럽다. 그런데 지분으로부터 나오는 가치를 훨씬 뛰어넘는 수준의 증여세를 지급해야 하는 경우, 지분가치가 지속적으로 희석되고 기업지배권이 시간이 지남에 따라 불투명해진다. 지배권을 회복할 수 없을 정도로 잃어버리게 된다. 증여와 상속 세금이 일정 수준을 넘어서면 합법적인 형태로는 기업에 대한 권리를 도저히 유지할 수 없는 수준이 된다.

이로 인해 기상천외한 승계 방식과 기업지배구조가 등장한다. 가장 자주 등장한 수법은 자식에게 작은 기업을 만들어 주고 일감을 몰아주어 기업의 가치를 성장시키는 형태였다. 이런 회사는 주로 급식, IT 시스템, 물류, 부동산 관리, 직원 교육 등 비교적 진입장벽이 높지 않은 사업을 영위했다. 그리고 2010년 중반 이후, 한국에서 이런 기업 운영 형태는 사회적으로 논란을 일으키고 일부 대기업에서는 총수와 경영진이 구속되는 등 이슈가 되었다.

논란 자체도 문제지만, 본질적으로 더 큰 영향은 이런 기업들로 인해 정상적인 기업 경쟁과 시스템이 기업 내부에 자리 잡지 못하게 된다는 데 있다. 기업의 효율을 떨어뜨린다. 집행하지 않아도 되는 영역에서 과도한 비용 발생을 유도할 수도 있다. 만들지 않아도 되는 IT 시스템을 중복 개발하거나, 성장을 위해 기술과 생산시설에 투자를 해야 하는데 부동산에 투자하거나, 급식이나 관리 용역 단가를 높게 측정하여 간접비용이 과도하게 올라가는 것 등이다. 이런 행태는 기업가치를 극대화하는 데 필요한 정당한 성장에 부정적 영향을 끼치고, 결과적으로는 기업의 주인인 대다수 주주들에게 피해를 준다.

근본적인 수준에서 해결책이 도입되어야 한다. 세계 최고 수준의 증여세를 현실적인 수준으로 조정해 기업인들이 합법적인 방식으로 승계하도록 해야 한다. 지분의 가치는 유지를 하되, 기업의 정당한 배당과 사업소득을 통해 수년간 납부함으로써 사회에서 정한 기준을 충족할 수 있어야 한다. 그와 동시에 불법적·탈법적인 상속 시도와 공정거래 질서를 해하는 행위에 대해서는 가차 없는 책임을 물어야 한다.

Common Sense 2를 향한 고민

이 책을 처음 기획하며 지금 할 수 있는 이야기와 전달하고 싶은 메시지도 있지만, 그렇지 못한 이야기가 훨씬 많았다. 저자의 능력과 경험이 충분하지 못한 부분이 제일 크다. 동시에 아직은 선진국형 경제 구조 형태와 그 안에서 기업의 역할을 바라보는 사회적 공감대가 충분하지 못한 면도 있다. 또한 문제해결의 주체인 정부와 기업과 (정부와 기업의 가장 큰 이해관계자이며 궁극적으로 변화의 주체인) 개인 모두가, 변화의 필요성과 시급성에 대한 인식이 높지 못한 측면도 있다. 하지만 지금 쉽게 결론 내리지 못하는 큰 질문들에 대해서도 이 책에 고민의 방향 정도는 담는 것이 필요하다고 판단했다. 이 책을 함께한 후배들의 경험과, 이 작업을 지원해 준 많은 전문가들의 지혜가 사회적 분위기의 변화와 함께 축적된다면 자연스럽게 우리에게 맞는 해답과 변화 방법도 함께 도출되리라 기대한다.

고민 1: 패러다임의 변화와 펀더멘털의 유효성

10년, 20년, 혹은 30~50년 단위로 경제와 산업, 기업을 보는 패러다임이 변화한다. 테일러의 효율적 생산방식, 도요타의 공급망 관리, 마이크로소프트의 OS, 아마존의 클라우드 서비스 등이 패러다임 변화를 사업의 기회로 풀어낸 것이다. 빅테크 기업에 고객과 관심이 집중되는 지금은 누구나 플랫폼 사업을 이야기하고 있다(심지어는 정치권에서도 스스로를 플랫폼 정당이라고 칭하는 흥미로운 현상이 나타나고 있다). 사업모델이 바뀌고 경쟁 방식이 변화해도 꾸준히 사업의 근간을 이루는 원칙이 있다. 고객가치의 차별화, 생산성을 담보하는 독점적 기술 기반, 경쟁사와의 압도적 실행 역량 격차, 지속 투자를 가능케 하는 재무 건전성과 자금조달 능력 등이 그것이다. 패러다임 변화에 대응하는 역량과, 비즈니스 펀더멘털을 갖춰 나가는 경쟁 역량을 어떻게 구분하여 정리할 것인가? 새로운 기술이 등장하고, 새로운 고객경험이 시작되면서 고객이 일상에서 느끼기 시작하는 변화의 속도보다 패러다임의 변화가 실제 기업의 경쟁력과 연결되는 데는 많은 시간이 걸린다. 모든 기업이 디지털 혁신digital transformation을 이야기하지만, 빅테크 기업과 기술 벤처를 제외하면 대기업과 중견기업들에게는 멀게만 느껴지고, 오히려 조기 학습과 섣부른 시도는 진정한 변화의 걸림돌이 된다. 비즈니스 펀더멘털의 강화와 함께 패러다임 변화에 대한 대응력을 조화롭게 키우는 방법은 무엇인가? 장기 계획하에서 인력과 자원 투자를 위한 과감한 결단과 동시에, 안팎의 저항과 도전을 계속 막아내고 흔들림 없이 밀어부치는 용기와 인내가 필요하다.

고민 2: 장기 시각과 단기 시각의 조화

기업가치 창출을 지속하기 위해서는 장기와 단기 시각의 조화가 제일 중요하다. 지나치게 한쪽에 치우쳐서는 기업의 영속성을 담보하기 어렵다. 일반적으로 대주주는 장기 시각을, 전문경영인은 단기 시각에 초점을 둔다고 이야기한다. 하지만 전문경영인에게 완벽한 자율성과 독립성, 그리고 장기 인센티브 보상체계가 마련된다면 전문경영인 역시도 5~10년 이후의 미래와 기업의 지속적 가치 증대를 고민할 수밖에 없다. 대주주와 이사회 역시도 장단기 균형과 가치 창출의 지속성을 강조하며 경영진을 지원하고 동시에 견제하는 역할을 맡아야 한다. 그럼에도 최고경영진에게 단기 성과는 달성하면서, 동시에 미래를 위한 투자를 지속적으로 유지하고 전담 인력과 역량을 확보해 나간다는 것은 매우 어려운 숙제다. 한편으로, 사업부나 조직 책임자들은 본인의 역할, 임기, 그리고 당해 연도의 목표치KPI를 고려하며 움직일 수밖에 없기 때문이다. 기업의 투자가 그룹들도 그 성격과 투자 성향에 따라 장기와 단기 성과에 대한 시각이 다를 수밖에 없다. 이렇듯 다양한 조직 내외부의 이해관계자와 공감대를 형성하는 것은 매우 어렵다.

고민 3: 이해관계자의 역할 분담과 공감대 형성

대주주–전문경영인–투자자, 혹은 주주총회–이사회–경영진이라는 거버넌스의 3대 축 간의 명확한 역할 분담과 성과 평가 체계가 갖추어지는 것이 매우 중요하다. 이를 위한 고민과 다양한 시도에 기초한 경험 축적을 통해서만 한국형 지배구조가 완성될 수 있다. 또한 대한민국 4, 10, 30대 그룹의 개선 방향과 중견·중소기업의 방향은 다를 것이고, 변화에 필요한 시간도 많이 다를 것이다. 이에 대한 본격적인 대화의 장이 먼저 열려야 한다.

고민 4: 기업의 본질가치와 밸류에이션의 공통점과 차이점

이 기업이 좋은 기업인가? 질문의 주체와 바라보는 시각에 따라 여러 가지 대답이 있을 수 있다. 고객의 입장에서 믿을 수 있는 상품과 서비스를 생산하는 기업인지? 협력업체 입장에서 신뢰할 만한 파트너인지? 혹은 투자자 입장에서 매력적인 투자수익을 기대할 수 있는 대상인지? 이에 따라 기업 평가는 달라질 수 있다. 지속적으로 기업의 부가가치 총량이 늘어난다면 기업가치는 개선될 것이다.

그 기업이 주식시장에서 거래되고 있다면 기업의 본질가치와 시장가치에 차이가 있는지 질문하게 된다. 글로벌 자본시장에서 뛰어난 성과를 수십 년간 일군 투자자들은 일반인과는 다른 시각으로 기업의 본질가치와 시장가치의 차이를 읽는다. 이 차이는 기업의 미래 경쟁력에 대한 기대에서 비롯된다. (결국 기업의 수명도, 기업의 경쟁력도 유한하다. 경쟁 상대방이 있기 때문이다.) 어떤 시점에서 보는 시장의 평가는 기업의 본질가치에 비해 저평가 또는 고평가되어 있을 수도 있다. 기업의 본질가치는 미래의 현금 창출 능력에 대한 판단인데, 시장은 이를 인정하기도 하지만 그렇지 않을 때도 많다. 현재나 미래에 그 기업의 시장이 얼마나 클 것인지, 경쟁자와 비교해 상대적 점유율은 얼마나 될지, 그리고 지속 가능성을 평가하여 가치를 매긴다.

몇 년째 영업이익을 못 내고 있는 쿠팡이 100조 가치로 미국 나스닥에 상장되었다가 이후 상당한 가치 하락이 이루어졌다. 'PDR^{Price to Dream Ratio}'이라는 신조어가 생길 정도로 작금의 플랫폼 기업이나 바이오 기업, 전기차 관련 기업들의 밸류에이션과 변동성은 지금껏 우리가 경험하지 못한 수준으로 높다. 기업들의 현재 수익 창출 규모와 그만큼 괴리가 크다는 의미다. 이들뿐만 아니라 다른 업종의 기업들도 코로나19 사태로 기업 실적은 하락했지만 주가는 과거 수준을 회복하면서 밸류에이션 부담이 더 커졌다. 미래의 성장 잠재력이 높다는 것은 어느 정도 인정하지만, 과연 '꿈'을 소환할 정도의 본질가치인가 하는 의문이 존재한다.

추천 도서

이 책을 통해 언급된 생각과 개념들을 다양한 방식으로 더 깊이 있게 고민해볼 수 있다. 기업 경영에 폭넓게 적용되는 생각들을 머릿속에 정리하는 데 도움이 되는 책들을 서재에 두고, 깊이 있게 고민해야 할 때 한 권씩 꺼내서 읽어보면 크게 도움이 될 것이다. 국내에서 소개되는 경제경영 관련 책들은 당시의 트렌드에 초점을 맞춘 것이 많아서, 한 발짝 물러서서 시간을 넘어선 가치를 주는 책들로 선정하고자 했다. 오래전에 나온 책부터 최근에 한국에 번역되어 나온 것도 있다. 시간을 넘어서 생각할 만한 주제와 혜안을 주는 서적들이므로 일독을 권한다.

원칙과 가치 _____

레이 달리오, 고영태 옮김, 《원칙》, 한빛비즈, 2018.

팀 콜러·리차드 돕스·빌 휴잇, 고봉찬 옮김, 《기업가치란 무엇인가?》, 인피니티북스, 2011.

피터 드러커, 남상진 옮김, 《피터 드러커·매니지먼트》, 청림출판, 2007.

게리 해멀, 방영호 옮김, 《지금 중요한 것은 무엇인가》, 알키, 2012.

조안 마그레타, 권영설 외 옮김, 《경영이란 무엇인가》, 김영사, 2004.

앨리스 슈뢰더, 이경식 옮김, 《스노볼》, 랜덤하우스코리아, 2009.

역량과 평가 _____

크리스 주크·제임스 앨런, 김용열 외 옮김, 《핵심에 집중하라》, 청림출판, 2002.

클레이튼 크리스텐슨 외, 이종인 옮김, 《일의 언어》, 알에이치코리아, 2017.

짐 클리프턴·짐 하터, 고현숙 옮김, 《강점으로 이끌어라》, 김영사, 2020.

황이석, 《CFO 강의노트》, 서울경제경영, 2019.

하워드 막스, 김경미 옮김, 《투자에 대한 생각》, 비즈니스맵, 2012.

엘리 골드렛, 강승덕 외 옮김, 《더 골》, 동양북스, 2019.

조직과 인재 _____

피터 드러커, 이재규 옮김, 《경영의 실제》, 한국경제신문, 2006.

애덤 그랜트, 윤태준 옮김, 《기브 앤 테이크》, 생각연구소, 2013.

권오현, 《초격차》, 쌤앤파커스, 2018.

앤드루 그로브, 유정식 옮김, 《하이 아웃풋 매니지먼트》, 청림출판, 2018.

피터 센게, 강혜정 옮김, 《학습하는 조직》, 에이지21, 2014.

라즐로 복, 이경식 옮김, 《구글의 아침은 자유가 시작된다》, 알에이치코리아, 2021.

존 도어, 박세연 옮김, 《OKR》, 세종서적, 2019.

대니얼 케이블, 이상원 옮김, 《그 회사는 직원을 설레게 한다》, 갈매나무, 2020.

스콧 켈러·콜린 프라이스, 서영조 옮김, 《차이를 만드는 조직》, 전략시티, 2014.

에이미 에드먼슨, 최윤영 옮김, 《두려움 없는 조직》, 다산북스, 2019.

전략과 경쟁 _____

짐 콜린스, 이무열 옮김, 《좋은 기업을 넘어 위대한 기업으로》, 김영사, 2002.

짐 콜린스·제리 포라스, 워튼포럼 옮김, 《성공하는 기업들의 8가지 습관》, 김영사, 2002.

마이클 포터, 미래경제연구소 옮김, 《마이클 포터의 경쟁전략》, 프로제, 2018.

톰 피터스·로버트 워터맨, 이동현 옮김, 《초우량 기업의 조건》, 더난출판사, 2005.

김위찬·르네 마보안, 김현정 외 옮김, 《블루오션 전략》, 교보문고, 2015.

마틴 리브스·크누트 하네스·잔메자야 신하, 문직섭 옮김, 《전략에 전략을 더하라》, 한국경제신문, 2016.

신시아 몽고메리, 이현주 옮김, 《당신은 전략가입니까?》, 리더스북, 2014.

애비너시 딕시트·배리 네일버프, 이건식 옮김, 《전략의 탄생》, 쌤앤파커스, 2009.

미타니 고지, 김정환 옮김, 《경영전략 논쟁사》, 메가스터디북스, 2020.

게리 해멀, 이동현 옮김, 《꿀벌과 게릴라》, 세종서적, 2015.

짐 콜린스·모튼 한센, 김명철 옮김, 《위대한 기업의 선택》, 김영사, 2012.

요시 셰피, 류종기 외 옮김, 《무엇이 최고의 기업을 만드는가》, 프리이코노미북스, 2016.

바라트 아난드, 김인수 옮김, 《콘텐츠의 미래》, 리더스북, 2017.

존 브룩스, 이충호 옮김, 《경영의 모험》, 쌤앤파커스, 2015.

피터 드러커, 권영설 외 옮김, 《피터 드러커의 위대한 혁신》, 한국경제신문, 2016.

게리 해멀·빌 브린, 권영설 외 옮김, 《경영의 미래》, 세종서적, 2019.

레스터 서로, 한기찬 옮김, 《지식의 지배》, 생각의나무, 2001.

경영자와 리더십 _____

체스터 바너드, 이정현 옮김, 《경영자의 역할》, 21세기북스, 2009.

월터 아이작슨, 안진환 옮김, 《스티브 잡스》, 민음사, 2015.

제임스 쿠제스·베리 포스너, 김예리나 옮김, 《리더》, 크레듀, 2008.

제프 베조스, 이영래 옮김, 《제프 베조스, 발명과 방황》, 위즈덤하우스, 2021.

기업가치와 투자 _____

조엘 그린블라트, 안진환 옮김, 《주식시장을 이기는 작은 책》, 알키, 2021.

이남우, 《좋은 주식 나쁜 주식》, 한국경제신문, 2021.

강방천, 《강방천의 관점》, 한국경제신문, 2021.

존 리, 《존리의 왜 주식인가》, 한국경제신문, 2022.

스타트업 _____

에릭 리스, 이창수 외 옮김, 《린 스타트업》, 인사이트, 2012.

피터 틸·블레이크 매스터스, 이지연 옮김, 《제로 투 원》, 한국경제신문, 2021.

제프리 무어, 윤영호 옮김, 《제프리 무어의 캐즘 마케팅》, 세종서적, 2021.

탈레스 테이셰이라, 김인수 옮김, 《디커플링》, 인플루엔셜(주), 2019.

토드 휴린·스콧 스나이더, 박슬라 옮김, 《골리앗의 복수》, 인플루엔셜(주), 2020.

에릭 리스, 김원호 옮김, 《스타트업처럼 혁신하라》, 인사이트, 2019.

알렉산더 오스터왈더·예스 피그누어, 유효상 옮김, 《비즈니스 모델의 탄생》, 비즈니스북스, 2021

빌 올렛, 백승빈 옮김, 《스타트업 바이블》, 비즈니스북스, 2015.

스티븐 데닝, 박설영 옮김, 《애자일, 민첩하고 유연한 조직의 비밀》, 어크로스, 2019.

고객과 시장 _____

번트 슈미트, 윤경구 외 옮김, 《번 슈미트의 체험 마케팅》, 김앤김북스, 2013.

알 리스·잭 트라우트, 이수정 옮김, 《마케팅 불변의 법칙》, 비즈니스맵, 2008.

A. G. 래플리·로저 마틴, 박광태 외 옮김, 《승리의 경영전략》, 진성북스, 2013.

라자 라자만나르, 김인수 옮김, 《퀀텀 마케팅》, 리더스북, 2021.

필립 코틀러, 방영호 옮김, 《필립 코틀러의 마케팅 모험》, 다산북스, 2015.

라젠드라 시소디어·데이비드 울프·잭디시 세스, 권영설 외 옮김, 《위대한 기업을 넘어 사랑받는 기업으로》, 럭스미디어, 2008.

문영미, 박세연 옮김, 《디퍼런트》, 살림Biz, 2011.

홍성태·조수용, 《나음보다 다름》, 북스톤, 2015.

홍성태, 《모든 비즈니스는 브랜딩이다》, 쌤앤파커스, 2012.

김난도, 《트렌드 코리아 2022》, 미래의 창, 2021.

혁신과 빅테크의 기업가정신 _____

클레이튼 크리스텐슨, 이진원 옮김, 《혁신 기업의 딜레마》, 세종서적, 2020.

게리 피사노, 김하늘 옮김, 《혁신의 정석》, 이와우, 2020.

마틴 린드스트롬, 박세연 옮김, 《고장 난 회사들》, 어크로스, 2021.

리드 호프만, 정수진 옮김, 《하버드 머스트리드: 인사 혁신 전략》, 매일경제
　신문사, 2019.

스티브 존슨, 홍지수 옮김, 《원더랜드》, 프런티어, 2017.

스티브 존슨, 강주헌 옮김, 《우리는 어떻게 여기까지 왔을까》, 프런티어,
　2015.

홍성용, 《네이버 vs 카카오》, 매일경제신문사, 2021.

김강원, 《Kakao와 Naver는 어떻게 은행이 되었나》, 미래의창, 2020.

정희선, 《사지 않고 삽니다》, 미래의 창, 2021.

디지털과 플랫폼 _____

에릭 슈미트·제러드 코언, 이진원 옮김, 《새로운 디지털 시대》, 알키, 2014.

조지 웨스터먼·디디에 보네·앤드루 맥아피, 최경은 옮김, 《디지털 트랜스포
　메이션》, e비즈북스, 2017.

스콧 갤러웨이, 이경식 옮김, 《플랫폼 제국의 미래》, 비즈니스북스, 2018.

앤드루 맥아피·에릭 브린욜프슨, 이한음 옮김, 《머신 플랫폼 크라우드》, 청림
　출판, 2018.

데이비드 로완, 김문주 옮김, 《디스럽터, 시장의 교란자들》, 쌤앤파커스,
　2020.

창의와 혁신 _____

에이미 월러스·에드 캣멀, 윤태경 옮김, 《창의성을 지휘하라》, 와이즈베리,
　2014.

로저 마틴, 현호영 옮김, 《디자인 씽킹 바이블》, 유엑스리뷰, 2021.

애덤 그랜트, 홍지수 옮김, 《오리지널스》, 한국경제신문, 2020.

로버트 아이거, 안진환 옮김, 《디즈니만이 하는 것》, 쌤앤파커스, 2020.

클레이튼 크리스텐슨, 이진원 옮김, 《혁신 기업의 딜레마》, 세종서적, 2020.

유현준, 《공간의 미래》, 을유문화사, 2021.

지배구조 개선과 경제 주체의 바람직한 역할 _____

김낙회·변양호·이석준·임종룡·최상목, 《경제정책 어젠다 2022》, 21세기북
스, 2021.

강성부, 《좋은 기업 나쁜 주식 이상한 대주주》, 페이지2, 2020.

천준범, 《법은 어떻게 부자의 무기가 되는가?》, 부키, 2020.

한국경제신문 및 한국경제매거진 전문기자, 《한경무크: ESG K-기업 서바이
벌 플랜》, 한국경제신문, 2021.

염재호, 《개척하는 지성》, 나남출판, 2018.

콜린 카터·제이 로쉬, 보스턴컨설팅그룹(BCG) 옮김, 《이사회, 원점에서 시작
하라》, 쓰리메카닷컴, 2007.

김화진, 《ESG와 이사회 경영》, the bell, 2021.

린 스타우트, 우희진 옮김, 《주주 자본주의의 배신》, 북돋움coop, 2021.

리베카 헨더슨, 임상훈 옮김, 《자본주의 대전환》, 어크로스, 2021.

오웬 워커, 박준범 옮김, 《이사회로 들어간 투자자》, 워터베어프레스, 2020.

이 책의 인세는
코로나19로 수고하시는
의료진과 의료기관에
전액 기부할 예정입니다.

COMMON SENSE
상식, 불변의 원칙

초판 1쇄 발행일 2022년 4월 10일
초판 2쇄 발행일 2022년 4월 25일

지은이 이병남 · 김양우 · 신규섭

발행인 윤호권
사업총괄 정유한

편집 이영인 **디자인** 박지은 **마케팅** 명인수
발행처 ㈜시공사 **주소** 서울시 성동구 상원1길 22, 6-8층(우편번호 04779)
대표전화 02-3486-6877 **팩스(주문)** 02-585-1755
홈페이지 www.sigongsa.com / www.sigongjunior.com

글 ⓒ 이병남 · 김양우 · 신규섭, 2022

ISBN 979-11-6579-938-0 03320

*시공사는 시공간을 넘는 무한한 콘텐츠 세상을 만듭니다.
*시공사는 더 나은 내일을 함께 만들 여러분의 소중한 의견을 기다립니다.
*잘못 만들어진 책은 구입하신 곳에서 바꾸어 드립니다.